新世纪

新世纪普通高等教育市场营销类课程规划教材

市场营销学

SHICHANG YINGXIAOXUE

普通高等教育教材编审委员会 组编

主编 韩 丹 王 蔚 柳 杨

副主编 李 坚 肖 瑶

大连理工大学出版社

图书在版编目(CIP)数据

市场营销学 / 韩丹，王蔚，柳杨主编. — 大连 ：大连理工大学出版社，2016.8(2020.1 重印)
新世纪普通高等教育市场营销类课程规划教材
ISBN 978-7-5685-0466-9

Ⅰ. ①市… Ⅱ. ①韩… ②王… ③柳… Ⅲ. ①市场营销学—高等学校—教材 Ⅳ. ①F713.50

中国版本图书馆 CIP 数据核字(2016)第 171532 号

大连理工大学出版社出版
地址:大连市软件园路 80 号　邮政编码:116023
发行:0411-84708842　邮购:0411-84708943　传真:0411-84701466
E-mail:dutp@dutp.cn　URL:http://dutp.dlut.edu.cn
大连永盛印业有限公司印刷　大连理工大学出版社发行

幅面尺寸:185mm×260mm　印张:19.25　字数:436 千字
2016 年 8 月第 1 版　2020 年 1 月第 5 次印刷

责任编辑:白　璐　责任校对:王凌翀
封面设计:张　莹

ISBN 978-7-5685-0466-9　定　价:46.80 元

前言

《市场营销学》是新世纪普通高等教育教材编审委员会组编的市场营销类课程规划教材之一。

世界经济一体化、信息全球网络化的发展，为企业市场营销活动提供了更广阔的空间。然而当今社会经济发展充满了不确定性，世界各国经济发展不平衡，金融危机在全球扩散，恶化了企业的市场营销环境。消费者环境保护意识的增强及自我需求满足意识的日益成熟，也给企业的市场营销活动带来了新的机遇和挑战。市场营销学是一门与市场营销实践紧密联系的应用型学科。市场营销学是建立在经济学、管理学等课程基础上的应用型学科，研究以市场需求为中心的企业营销活动规律。本教材详细地阐述了市场营销学的基本理论和方法，同时吸收了国内外市场营销领域研究的新成果，对所涉及的概念表达清楚，理论联系实际，大量引入营销案例，在每个章节进行营销实践应用的素质拓展训练。

通过本教材的学习，学生能明确市场营销管理的基础原理和方法；掌握分析市场购买行为、研究市场营销环境变化、运用市场营销组合满足市场需求、在市场竞争中谋求生存和发展的能力；熟练掌握市场分析、市场调研、市场预测、市场细分、市场选择、市场定位、市场竞争策略的选择的基本方法和技能；了解企业营销计划、营销执行、营销组合和营销控制的具体方法，为今后营销工作打下坚实的基础。本教材共十三章，分为市场营销基本原理、理解市场和消费者、目标市场定位与战略选择、市场营销4P’s策略和市场营销管理五个部分。

本教材具有以下特点：

1.知识系统完整。本教材系统地介绍了市场营销的基本知识体系，即市场营销学的基本理论、营销战略基础、营销策略、营销基本方法和技巧。

2.结构新颖。本教材每章以学习目标、学习重点入篇，紧接着以案例导入，最后再全面介绍本章的专业知识，结构安排科学合理。

3.突出实用性。本教材遵循理论知识深厚，注重培养学生的应用能力的原则，设计有“案例导入”“案例应用”“练习题”和“实践应用讨论”等模块，在全面介绍市场营销学理论知识的同时，更好地联系实际，突出市场营销的实践性、技能性和操作性。

本教材既可作为经济学、管理学专业学生的学习用书，也可以作为企业营销人员在岗培训的参考用书。

本教材由海口经济学院韩丹，集美大学诚毅学院王蔚、柳杨任主编；海口经济学院李坚、肖瑶任副主编；海口经济学院吴强、曹丹、李垚参与了编写。具体编写分工如下：韩丹编写第五章、第六章、第七章；王蔚编写第八章、第十一章；柳杨编写第二章、第四章；李坚和曹丹合作编写第九章、第十章；肖瑶编写第一章、第三章；吴强编写第十二章；李垚编写第十三章。全书由韩丹负责统稿并定稿。

在编写本教材的过程中，编者参考、引用和改编了国内外出版物中的相关资料以及网络资源，在此表示深深的谢意！相关著作权人看到本教材后，请与出版社联系，出版社将按照相关法律的规定支付稿酬。

尽管我们在教材的特色建设方面做出了许多努力，但由于经验和水平有限，所以教材中仍有可能存在疏漏之处，恳请各相关教学单位和读者在使用过程中给予关注并提出改进意见，以便我们进一步修订和完善。

编　者

2016年8月

所有意见和建议请发往：dutpbk@163.com
欢迎访问教材服务网站：http://www.dutpbook.com
联系电话：0411-84708445　84708462

目录

第一部分　市场营销基本原理

第二部分　理解市场和消费者

第三部分　目标市场定位与战略选择

第四部分　市场营销4P's策略

第五部分　市场营销管理

第一部分

市场营销基本原理

第一章 市场营销导论

学习目标和要求

了解市场营销的基本含义，理解和掌握市场营销的内涵；掌握市场营销与推销的比较；熟悉市场营销的相关概念；了解市场营销学的产生和发展历程；了解市场营销学的相关理论及基本内容；理解研究市场营销学的意义，掌握研究市场营销学的方法；了解市场营销管理哲学思想的演进过程。

学习重点

教学重点：市场营销的基本含义、研究市场营销学的意义。

案例导入

金六福的“福文化”营销之道

在中国众多的白酒品牌中，有一个快速崛起的品牌——金六福，其系列酒的销量连续九年保持两位数增长，2011 年进入“中国 500 最具价值品牌”排行榜，品牌价值约为 92.86 亿元。

要研究金六福的成功经验，首先要研究它的营销之道。“对于金六福不产酒而是擅长品牌和渠道建设的说法，金六福从不讳言。白酒行业的特殊性，注定了不是仅靠白酒企业的实力就可以速成的。”白酒行业的竞争相当激烈。广告战、开瓶返利战、通路模式战、历史文化战、星级战、年份及窖藏战、窖池战、香型战，直到近年反复提价的奢侈战，此起彼伏。尽管竞争花样不断翻新，但战术性竞争很快就失去效用，因为这些方法没有抓住白酒营销的本质。

“中国白酒最早出现于祭祀活动中，而祭祀是为了祈福。在中国人的心中，酒与福几乎是不可分开的。白酒从诞生那天起就与‘福文化’相伴相随。”金六福品牌总监傅志钢说，“一直以来，我们都在对‘福文化’长期投资，消费者购买金六福产品时，已经超越了纯粹购买的范畴，而是和品牌建立了无形的情感关系——信任、喜爱福文化氛围和拥有产品实质的感觉。把握住消费者的精神世界，这是金六福最有力的竞争武器。”

让消费者真切感受到金六福的“幸福、喜庆、好运、吉祥”的理念，是金六福营销成功的关键所在。研究金六福所有的传播媒介和营销活动，都可以感受到金六福与消费者之间的零距离体验。消费者从“看”到“听”再到“融”最后到“味”，都能感受到中华民族传统文化的精髓——“福文化”。喜庆的祝福包装、广告、促销活动现场、终端POP展示等，以中国红配合不同的主题营销，让消费者“看”见金六福的“福文化”；在喜庆的视觉行为装饰下，“喊”出不同的主题营销传播口号，让消费者“听”到金六福的“福文化”；在欢乐的氛围中，消费者逐渐“融”入金六福的“福文化”中……当消费者越来越对单纯的电视或者报纸、杂志、户外广告牌等传统媒体的广告产生抗体时，企业应该更加关注与消费者之间建立情感沟通和互动体验。

白酒营销不是卖古董，不是越老越好。在高喊白酒文化建设的时候，企业应该清醒地意识到：其实人们每天都在创造历史、创造文化、创造时尚和潮流，而消费者的价值观、消费观也在发展和变化。因此，关注现实，关注现实中的消费者，才能和消费者走到一起。酒，不一定都是陈的香。白酒营销应该从人们的工作和生活方式入手，关注消费者的需求，并力所能及地满足消费者的需求，进行贴心营销，是未来营销的关键所在。

第一节　市场营销概述

一、市场营销的含义

对于市场营销的理解和论述，一直以来理论界和企业界都存在着众多不同的声音。早在1935年，美国营销教师协会便发表了营销的定义：“营销是将产品和服务从生产者传送至消费者的商业活动。”到了1960年美国营销协会将这一定义修改为“市场营销是引导货物和劳务从生产者流转到达消费者或用户所进行的一切企业活动”。这表明当时对市场营销的理解主要集中在产品生产活动结束时开始，中间经过一系列经营销售活动，当商品转到用户手中就结束了，因而将企业营销活动仅局限于流通领域的狭窄范围，而不是视为企业整个经营销售的全过程。25年后随着市场的发展和对营销活动理解的深入，美国营销协会更新了对市场营销的定义：“市场营销是对理念、货物和劳务的构想、定价、促销和分销的计划与执行过程，以创造达到个人和组织的目标的交换。”这一概念明确指出营销是由产品开发、定价、促销和分销等一系列活动构成的满足个人或组织需要的交换过程。随着市场变化带来的营销哲学和理念的转变，美国营销协会在2004年再次提出：“营销是采用企业与利益相关者都可获利的方式，为顾客创造、沟通和传递价值，并管理顾客关系的组织功能和一系列过程。”在今天网络信息技术飞速发展的条件下，美国营销协会在2007年又提出了新的市场营销的定义：“市场营销是为客户、委托人、合作者和社会提供创造、沟通、传递和交换供给品的一系列活动、职能和过程的总和”，以此突显营销活动的整体性和互动性。

除美国营销协会在不同时期提出了营销的定义外，被誉为“现代营销学之父”的菲利普·科特勒在其不断更新的营销学系列教材《营销管理》中也提出：“所谓市场营销，就是识别并满足人类和社会的需要并以此获得利润，即把个人需要和社会需要转化为商机。从社会学的角度来理解，所谓市场营销，就是个人和集体通过创造、提供、出售、同别人自由交换产品和服务的方式获得自己所需产品或服务的社会过程”。[①] 查尔斯·W.小兰姆则认为，营销

①菲利普·科特勒(Philip Kotler)，凯文·莱恩·凯勒(Kevin Lane Keller). 营销管理(第14版)[M]. 王永贵等译. 北京：中国人民大学出版社，2012

是一种哲学、一种态度、一种预见或是一种以顾客满意为导向的管理模式，以及用来实施这种哲学的一系列活动。[①] 路易斯·E.布恩和大卫·L.库尔茨指出，“市场营销是指对概念、产品、服务、组织和活动制订构想、定价促销和分销计划并加以实施，以创造和维护能实现个人和组织目标的关系的活动”。[②]

目前国内许多学者对市场营销定义也提出了各自的理解，如纪宝成、吕一林指出，“所谓市场营销，就是在变化的市场环境中，旨在满足消费需要、实现企业目标的商务活动过程，包括目标市场、产品开发、定价、销售、提供服务等一系列与市场有关的企业业务经营活动”，[③]强调营销环境对营销活动的重要影响。又如吴晓云、庄贵军认为，“市场营销是在企业经营活动中，不同于生产、财务和物流运作等职能领域，但又要与这些职能领域进行有效协作的活动过程，这些协作越来越多地被视为与企业营销价值链相关的重要管理任务”，[④]以此强调企业在为顾客创造价值的过程中，营销职能部门与其他部门之间的分工、协作关系。此外，在我国工商业界也有许多知名企业家提出了对营销的看法，海尔集团首席执行官张瑞敏指出：营销的本质不是‘卖’而是‘买’。买进来的是用户的意见，然后根据用户的意见进行改进，达到用户的满意，最后才能得到用户的忠诚度，企业也才能获得成功。阿里巴巴集团董事局主席马云认为，营销强调既要追求结果，也要注重过程，既要“销”更要“营”，营销＝营(好卖)＋销(卖好)＝投其所好＝成就他人。

综上所述，随着时代科技的不断进步和全社会生产力发展水平的不断提高，市场中人们的消费观念、消费需求、购买方式以及各国相关政策法律也在发生相应的调整和改变。为了满足日益变化的市场消费需求，企业不断提升市场竞争力，在不同的历史时期，企业的营销重点和市场策略也会发生相应的改变，并且由于不同行业和顾客多样化需求所形成的差异，不同类型的企业所关注的营销重点和采取的营销模式会有较大差异，因此，对市场营销的理解不是一成不变的。总体而言，市场营销是旨在满足顾客需求，实现企业目标的系统化、整体性的经营活动过程。

基于对市场营销定义的理解，结合对营销活动的时代特征、行业区别以及市场差别的考虑，对营销概念的提炼应该突出其共性和本质的特征，归纳和概括其最核心、最本质的内容，本书更倾向于采用菲利普·科特勒对市场营销概念的表述：所谓市场营销，就是个人和集体通过创造、提供、出售、同别人自由交换产品和服务的方式获得自己所需产品或服务的社会过程。根据这一定义，可以将市场营销内涵归纳为以下几点：

(1)营销活动的参与者是一个复数概念，包括卖方(供给方)和买方(需求方)；

(2)买卖双方的主要行为就是交换，“交换”是市场营销的核心；

(3)交换所围绕的主要对象是产品；

(4)市场营销的最终目标是满足人们的“欲望和需要”；

---

①查尔斯·W.小兰姆(Charles. W. Lamb, Jr).营销学精要[M].杨洁等译.大连：东北财经大学出版社，2000

②路易斯·E.布恩(Louis. E. Boone)，大卫·L.库尔茨(David. L. Kurtz).当代市场营销学.10版[M].赵银德等译.北京：机械工业出版社，2003

③纪宝成，吕一林.市场营销学教程.4版[M].北京：中国人民大学出版社，2008

④吴晓云，庄贵军.市场营销管理[M].北京：高等教育出版社，2009

(5)交换过程是否有效取决于营销人员创造的产品和价值满足顾客需求的程度以及对交换过程的管理水平。买方与卖方交换图如图 1-1 所示。

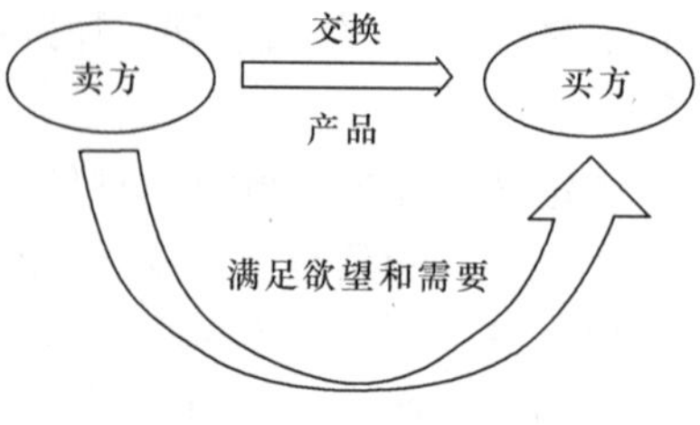

图 1-1　买方与卖方交换图

二、市场营销与推销

(一)市场营销与推销的关系

1. 推销是市场营销的职能之一,但往往不是最重要的职能

推销仅仅是市场营销过程中的一个步骤或者一项活动,在整个市场营销活动中并不是最主要的部分。当企业面临的销售压力很大时,很多人都会把推销放在非常重要的位置。但是,如果通过周密的市场调研,科学的市场细分,有针对性的目标市场选择,按照顾客的要求组织产品设计,按照顾客能接受的价格水平来确定价格,按照顾客购买最便利的要求来构筑分销网络,就可能顾客盈门。相比之下推销或者销售就不会那么重要。如果前期工作不完善,产品生产出来,销售压力很大,企业必然会觉得推销更重要。

2. 推销是市场营销冰山的顶端(一角)

推销的目的就是要尽可能多地实现商品的销售,市场营销的目的当然也是如此,所以两者的落脚点是一致的。如果把市场营销比作一座冰山,推销就是冰山的顶端。市场营销这座冰山的最高点是尽可能多地实现产品的销售,可是这座冰山容易融化,如果做不好,山尖就没那么高。推销的目标就实现不了。因此,必须踏踏实实地做好市场营销的每一项工作,才能实现推销目标。

3. 市场营销的目标是使推销成为多余

现代管理学之父彼得·德鲁克(Peter F. Drucker)说过:"市场营销的目标是使推销成为多余。"也就是说,如果能够重视市场营销工作,科学地做好营销管理工作,就可以使我们的推销压力变得越来越小。不过,它不可能变成零,原因就在于市场营销过程的第一步是市场营销调研,通过市场营销调研搞清楚该做什么,所以市场营销实际上是以当前环境为基础对未来市场环境的一种推测,在对未来环境推测的基础上设定营销目标,构筑营销方案,营销方案的实施是在未来环境下进行的。预测不可能百分之百准确,因此,处于市场营销过程末端的推销不可能没有压力。当然,前面的工作做得越有成效,后面的压力就越小。因此要重视市场营销工作的整体性和协调性。

(二)市场营销与推销的区别

1. 出发点不同

推销活动注重的是自身利益并以此作为前提,它认为顾客不会主动来购买航空公司的座位或舱位,只有用大量的推销活动或利用低价位的促销活动才能吸引顾客。而市场营销是以顾客需求和欲望为导向的经营思想,它注重的是顾客的利益并以此为前提,不是我有什么给顾客提供什么,而是顾客需要什么我能提供什么。

2.实施手段不同

推销活动通过各种手段或利用低价格等来实现或增加利润。市场营销活动通过企业的整体营销,用优质的服务使顾客感到满意,来实现或增加企业的利润。

3.结果不同

由于推销活动的出发点是自身,实施手段是促销,宗旨是推销,所以其结果无论从哪个角度讲,只能暂时拉住顾客,不能永久地占领市场。市场营销活动则不同,它从顾客的需求出发,以顾客需求作为自己的工作宗旨,用优质服务来满足顾客的需求,这样不仅留住顾客,而且开发了潜在客源,因而能长期占领市场。市场营销与推销对比图如图 1-2 所示。

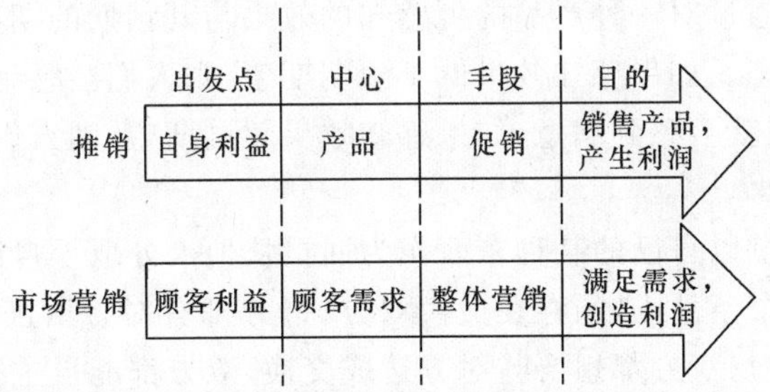

图 1-2　市场营销与推销对比图

三、市场营销相关概念

(一)需要、欲望和需求

需要是指人们与生俱来的匮乏感,即没有得到某些基本满足的心理感受状态。例如,人为了生存在饿了的时候就会需要食物,渴了就需要饮水,冷了就需要衣服,累了就需要休息。人为了更好的生存和发展还必然产生包含各种情感因素的社会性需要,如人们需要通过生产劳动创造财富来改善生存条件,人们还通过人际交往,沟通信息,交流感情,相互协作。

欲望是指想得到各种满足自身需要的具体满足品的愿望,是由人的本性产生的想达到某种目的的内在心理要求。由于个人受不同的文化及社会环境影响表现出来的对需要的特定追求也会不同,当人们选择某个具体商品来满足自身需要的时候,人们内心的需要就转变成为具体的欲望。例如,人们为了满足对食物的需要,有的人会选择汉堡、牛排,有的人则会选择米饭、面条;人们为了满足对水的需要,有的人会选择白开水,有的人则会选择可乐,还有人会选择咖啡……

需求是指人们有支付能力并愿意购买某个具体产品的欲望。当人们的欲望在购买能力的支持下就会形成需求。需求受到购买能力和购买愿意两个因素的共同制约。从营销的角度来看,消费者的需求则是一种利益的集合,即消费者所选择的产品,应当是既能够满足个体的需要和欲望,又能够买得起的产品。

将需要、欲望和需求加以区分的重要意义在于,市场营销人员并不能创造消费者的需要,需要作为人们与生俱来的心理感受早就存在于市场营销活动之前,市场营销人员连同社会上的其他因素,只是通过产品来影响人们的欲望,并试图向人们指出何种特定产品可以满足其特定需要,进而通过使产品富有吸引力,以及适应消费者的购买能力且使之容易获得,来影响消费者的需求。

(二)效用、价值和满意

效用是指消费者对产品满足其需要的整体能力的评价。效用实际上是一个人的自我心理感受，它来自人的主观评价。效用是用来衡量消费者通过商品和服务所获得的幸福感或满足感的尺度，消费者通常会根据对某种产品效用的主观评价和为之所支付的费用来做出相应的购买决策。

价值是指人们通过产品所获得的利益与支出的成本之比。其中，利益主要包括各类功能利益与情感利益，而顾客所付出的成本则包括货币成本、时间成本、精力成本及体力成本等。产品价值的大小与人们获得的利益成正比，即在相同成本条件下，顾客将其购买的产品按最喜欢的到最不喜欢的次序进行排列，顾客最喜欢的那个产品价值最大。产品价值的大小与人们付出的成本成反比，即在无差别利益条件下，产品成本越小带给人们的价值越大。

满意是指一个人通过对一种产品的可感知的效果与其预期的期望值相比之后所形成的愉悦或失望的感觉状态。如果感知效果低于预期期望，则人们会感到不满意；如果感知效果与期望相符合，则人们就会感到满意；如果感知效果超过期望，则人们就会感到非常满意。

（三）交换与交易

交换是指人们通过以自己的某种东西作为回报从他人处取得自己所需之物的行为。交换的产生需要满足五个条件：必须存在交换双方；每方都有对方所需的物品或价值；双方都有能力进行沟通和交换；双方都想要与对方达成交换；双方都能自主接受或拒绝对方提供的产品。具备了上述五个条件就有可能发生交换行为，但交换最终的发生还取决于双方能否找到实现交换的条件，即交换完成以后双方都比交换以前更好。人们通过自给自足或者强取、乞求的方式满足自身的需求和欲望都不属于市场营销，只有通过等价交换来使双方都获得所需产品时才是市场营销。因此，交换是市场营销的核心概念，营销的全部内容都包含于交换的概念之中。

交易是交换的基本组成部分，是营销的度量单位，即交换双方之间的价值交换。交换是一种过程，在这个过程中，如果双方达成一致协议，我们就称为发生了交易。例如，如果双方正在进行谈判，并趋于达成协议的过程就意味着他们正在进行交换。一旦达成协议，我们就说发生了交易行为。由此可见，一次交易包括三个可以明确量度的实质内容：至少有两个有价值的事物、交易双方共同认可的交易条件、交易的时间和地点。

第二节　市场营销学的产生和发展

一、市场营销学的产生

关于最早的市场营销实践活动，彼得·德鲁克的研究表明：最早的市场营销实践产生于日本。市场营销作为企业自觉的实践性工作最早起源于17世纪中叶的日本，当时日本三井家族的一位成员在东京开设了世界上第一家百货商店，该店比美国老牌的百货企业西尔斯·罗巴克公司还要早250年。这家商店制定了一些经营准则，其基本内容包括：公司充当顾客的采购人员；为顾客设计和生产适合需要的产品；无条件退货还款准则；为顾客提供丰富多样的产品，而不仅是一种工艺、一种产品或一种购买方式等。这些内容在一定程度上体现了当今市场营销的思维方式。

直到19世纪中期，市场营销行为才在美国国际收割机公司出现。第一次把市场营销当作企业的中心职能，并把满足顾客需求作为管理的专门任务的是美国国际收割机公司的赛勒斯·麦考密克(Cyrus H. McCormick)。在历史记录中只提到他是收割机的发明者,而事实上,他还创造性地提出了现代市场营销的一些基本手段和理念,例如市场调研与市场分析、市场定位、定价政策、向顾客提供零部件和各种相关服务的服务营销、分期付款等。在此之后的50年,市场营销才在美国成为一门专门的学科。市场营销成了美国学术界的研究对象,进而登上了企业经营管理的舞台。1902年,密歇根大学开设了美国工业分销和管理课程,内容涉及对各种产品的分类、分等、品牌管理、批发和零售等方面。1904年,克鲁希(W. E. Kreusi)在宾夕法尼亚大学讲授了一门名为"产品市场营销"的课程,这是"市场营销"这一名词首次作为大学课程的名称出现。1910年,拉尔夫·斯达·巴特勒(Ralph Star Butler)在威斯康星大学讲授了一门名为"市场营销方法"的课程。巴特勒提出了市场营销方法构想:"在对整个销售领域进行考察时,我有一种想法和发现,即人员推销和广告往往与推销观念的最终表现有关。我在宝洁公司的那段经历也使我坚信这一点,一个试图销售其产品而寻找市场的制造商,在派遣推销员或在出版物上做广告来体现其推销观念之前,必须考虑并解决一系列问题的方法可以概括为市场营销方法。"

在市场营销思想发展的进程中,美国的大学教师起到十分重要的作用,尽管当时更多地采用的是"分销"而不是"市场营销"这个术语。正是这些早期的市场营销教师最先洞察到市场营销的未来发展趋势,坚信随着社会经济的不断发展,市场营销必将有远大的发展前途,为市场营销思想的发展做出了历史性的贡献。

二、市场营销学的发展

市场营销学起始于20世纪初期,发展至今已有逾百年的历史。这期间,市场营销学大体经历了以下四个发展阶段。

(一)市场营销学萌芽时期(1900—1920)

20世纪初期市场营销学刚刚产生于企业的商业活动之中,分销体系作为商业系统中的一个快速发展、大有作为的组成部分得到了越来越多的学术关注。通常,经济学家们没有研究过这一课题,因为传统经济理论的注意力集中于作为经济价值创造者的产品(土地、劳动力以及资本)上,而几乎不强调分销所提供的服务。当市场范围完全限于国内时,这种观点是可以理解的。然而,随着20世纪的到来,美国外来移民涌向城市中心,产品以及技术、交通、物流的进步等使得市场状态发生了引人注目的变化,促进了分销体系的迅速发展和改进。因此,确实需要一些经济学家着手接触,进而解释新的市场中这些并没有融入当时主流思想的要素。

在这种形势下,美国高校承担大学商科教学任务的教师开始注意到交换领域的定价、分销和广告问题的研究,分别开设了一些新课程以考察市场营销系统的不同方面,譬如密歇根大学开设的"产业分销"、纽约大学开设的"商业制度"等。

在这一时期的后半段,经济学刊物对刚刚出现不久的市场营销学给予了很多帮助,使其开始创立出概念上与众不同的方法,促进了该领域知识的发展。比如产品研究法、机构研究法和职能研究法就是在这一时期发展起来的,学者也开始运用这些方法进行市场营销研究。同时,学术界陆续提出一些本学科的新概念,初始的学科体系逐渐形成。

(二)场营销学规范时期(1920—1950)

在这一时期的开端,市场营销学是一个产生不久、尚未成形的研究领域。然而,到了1950年时,市场营销学已经成为一个欣欣向荣、有影响的学术领域。

市场营销系统的一个关键特征是它内嵌于日复一日的社会生活之中，并随着外部环境的变化而不断发展和变化。这一时期是个特殊时期，美国社会在此期间面对种种机会及挑战，譬如经历了快速发展和繁荣的20世纪20年代，大萧条的20世纪30年代，大动荡的第二次世界大战以及战后恢复时期的20世纪40年代。这些机会和挑战都要求进一步明晰市场营销学术范围，以使其成为一个规范的研究领域。为实现这一目的，学术界开始对各专门学科和各种研究方法的成果加以整理，融合提炼，博采众长，形成了较为系统的市场营销理论。本学科的独立性、系统性和完整性日趋明显。不过，与其后的研究相比，这一时期市场营销学者的研究更多地侧重于对市场营销实践的描述而较少考虑解决管理方面的问题。

(三)市场营销学迅速发展时期(1950—1980)

尽管前有先驱，后有来者，1950年至1980年之间的30年还是在市场营销思想的发展史上标出了一个分水岭。这是因为，这一时期是一个伟大变革的阶段。在这个时期，发展和革新普遍受欢迎，营销思想的领域被相当程度地扩大了，行为科学和数学几乎同时出现于市场营销学主流之中，对市场营销思想的发展起到了很大的促进作用。这一时期，市场营销学有以下五大主要特征：

(1)致力于从管理角度观察这一领域，更加强调市场营销管理，具体表现为这一时期提出了许多具有重要意义的概念，如营销观念、4P理论、品牌形象、营销管理以及营销近视等。

(2)广泛吸收其他学科(包括自然科学和社会科学)的概念、原理，使理论体系更加充实，并注重市场营销决策研究和定量研究。

(3)市场营销理论的阐述更加准确，强调市场营销活动必须适应消费者需求的变化，强调目标市场营销、市场营销信息和市场营销系统的重要作用。

(4)市场营销学从原来的总论性研究转变为区别不同研究对象的具体性研究，分化出许多子学科，譬如服务市场营销、国际市场营销和非营利组织营销等。

(5)这一时期末期，市场营销学开始强调企业市场营销活动所关联的社会责任、社会义务和商业道德，强调借助市场营销学原理和方法来推进社会福利的增加和社会事业的发展。

(四)市场营销学重构时期(1980年至今)

1980年以来，营销内外部环境发生了巨大的变化，例如和平与发展成为世界主题，经济全球化的趋势愈加明显，知识经济迅速发展等。这些变化促进了市场营销学的分支科学——国际市场营销学的理论化、系统化，使市场营销学理论在国际范围内迅速传播，广为采纳，并促进了市场营销学的分化和重构。

进入20世纪90年代，科学和文明的发展给营销领域带来了更为复杂的概念和方法，市场营销学术界也日益重视高新技术、文化等方面对市场营销的影响和渗透。专门化研究的发展，使得数据库营销、网络营销、关系营销、绿色营销、文化营销和体验营销等新的营销理论不断涌现和发展，极大地丰富了市场营销学的理论内容。总之，探索市场营销在新经济、新技术革命条件下的走向，成为这一时期市场营销教学与研究的课题。

三、市场营销学在中国的发展

(一)初识市场营销

20世纪三四十年代，西方的市场营销学被引入中国。我国现存最早的有关市场营销的教材是复旦大学于1933年出版的由丁馨伯编译的《市场学》。当时，一些大学的商学院聘请欧美留学归来的学者开设市场学课程。当时西方的一些企业也开始进入中国从事营销活动，曾兴起一阵明星广告热潮，如1927年，美国可口可乐公司进入中国，在老上海做广告销售产品。但由于长期战乱及半封建半殖民地政治经济条件的制约，市场营销学在中国没有得到很好的发展。新中国成立后到1977年间，由于西方的外部封锁和国内实行高度集中的计划经济体制，市场和商品经济在理论上遭到否定，在实践中没有基础、缺乏需要，市场营销学的研究在中国内地基本中断，我国学术界和企业界几乎无人了解和传播市场营销学，对国外的市场营销学理论了解运用得更少。

(二)再识市场营销

1978年党的十一届三中全会后，中国确定实施以经济建设为中心，对外开放、对内搞活的经济方针，由此中国的经济政策发生了重大变化，人们开始关注和重视市场经济和商品流通。社会经济学界努力为商品生产恢复名誉，改革开放的实践也不断冲击着旧体制，逐步明晰了以市场为导向，建立社会主义市场经济体制的改革目标，为我国重新引进和研究市场营销学创造了良好条件。在此期间，广州、北京和上海等地的学者首先接触西方的市场营销学的系统理论并将其引入中国，并为这一学科的宣传、研究、应用和人才培养做了大量工作。通过论著、教材翻译，到国外访问、考察和学习，邀请境外专家学者来华讲学等方式，系统引进了当代市场营销理论和方法。1979年春节过后，中山大学教授何永祺率先为中山大学商业经济专业的高年级学生开设市场营销学课程。1979年春天，国家经委在肇庆开设了厂长、经理培训班，由暨南大学教授讲授市场学，当时各大企业的厂长、经理听了以后都兴致勃勃，认为“学这个东西(市场营销学)真有用”。1979年秋天，暨南大学正式开设市场营销课程。1980年，外经贸部与设在日内瓦的国际贸易中心合作，在北京举办了市场营销培训班。同年8月18日，中美两国合办的以国有企业厂长、经理为主要培训对象的中国工业科技管理大连培训中心第一期研究班开班，聘请美国著名的营销专家授课，这对营销理论和方法的实际运用起到了推动作用。在此期间，除许多国内学者到国外访问、考察和学习，并邀请国外专家学者来华讲学外，各个高校图书馆也积极从国外购买和通过交流获得外文原版教科书，翻印、翻译了多种多样的市场营销学教材，继而一些大学也组织编写出版了国内的市场营销学教材，相继开设了市场营销课程，系统地介绍了西方的市场营销理论和方法。但是此阶段中国的市场营销学，仅仅是局限于高校学者关注和重视的西方市场营销学理论，中国绝大多数企业界及其他各界人士对市场营销学还比较陌生。

(三)深入理论研究

1984年至2000年是市场营销在中国迅速传播的时期。为适应国内深化改革、经济快速发展和市场竞争日益加剧的环境，企业界营销管理意识开始形成。市场营销理论与方法学习和运用的热潮从外贸企业、商业企业、乡镇企业逐步扩展到国有工业企业；从消费品市场扩展到工业品市场。能源、材料、交通、通信企业开始接受市场营销理念。市场营销热点也开始从沿海地区向内地推进，全社会对市场营销管理人才出现了旺盛的需求。

1984年1月，为加强学术交流和教学研究，推进市场营销学的普及与发展，全国高等财经院校、综合性大学市场学教学研究会在湖南长沙成立，1987年更名为中国高等院校市场学研究会。该研究会汇集了全国100多所高等院校的市场营销学者，每年定期交流研讨，公开出版论文集，对市场营销学的传播、深化和创新运用做出了积极贡献。1991年3月，中国市场学会经国家民政部批准在北京成立，它是由国内从事市场流通、市场营销、信用管理、法学等理论与实务研究的著名专家学者、企业及经济管理部门的高层主管，根据自愿的原则联合组织的全国性的社会团体，意在促进学术界和企业界、理论与实践的结合，为企业提供营销管理咨询服务和培训服务以及建立对外交流渠道。

20 世纪 80 年代末至 20 世纪 90 年代初，国内各高校已普遍开设了市场营销学课程，专业教师超过 4 000 人。不少学校增设了市场营销专业，有 50 多所大学招收了市场营销方向的硕士研究生，至 1992 年前后，部分高校开始培养市场营销方向的博士生。与此同时，国内学者陆续编著出版了市场营销教材、专著 300 多种，发行销售超过一千万册。国内最早编写的几本《市场学辞典》和篇幅达 210 万字的《现代市场营销大全》，也在 1987 年至 1990 年间出版。

1992 年邓小平南方谈话奠定了我国建立社会主义市场经济体制的改革基调，广大国有企业加快改革步伐，民营企业茁壮成长，外资企业大举进入并角逐中国市场，使中国内地在迅速成为“世界工厂”的同时，买方市场特征逐步明显，市场竞争进一步加剧。在这种形势下，强化营销和营销创新成为企业的重要课题。由此，中国的市场营销学者开始全方位、大规模地登上国际舞台，与国际学术界、企业界的合作也进一步加强。1995 年在北京召开的“第五届市场营销与社会发展国际会议”，标志着市场营销在中国的传播、研究与应用进入了一个新的阶段。中国营销学界一方面全方位加强国际学术交流，举办了一系列市场营销国际、国内学术会议；另一方面，抓住中国高层领导日益关注、重视市场营销的机遇，展开了以中国企业实现“两个转变”(从计划经济向市场经济转变，从粗放经营向集约化经营转变)为主题的营销创新研究以及以“跨世纪的中国市场营销”“中国市场的特点与企业营销战略”“新经济与中国营销创新”等为专题的营销学术研究，理论与实践结合更为紧密，出现了一批颇有价值的研究成果。

(四)本土应用发展

进入 21 世纪以来，市场营销学也进入本土化的理论与实践相结合的应用阶段。2001 年中国加入世界贸易组织，标志着中国的对外开放进入了一个新的历史时期，也标志着西方市场营销学在中国的传播、发展和应用进入了一个崭新的阶段。在这一阶段，中国出现了一批颇有价值的本土化的市场营销研究成果，也加强了与国际的市场营销方面的沟通交流与合作，举办了一系列市场营销国际学术会议。这一时期，中国内地已形成了庞大的营销教育与人才培养网络，全国有数千所高职、中职专科学校，普通高校设立了市场营销专业，培养从专科、本科到研究生层次的数以万计的营销专门人才。截至 2006 年，中国内地累计出版市场营销相关教材上千种，各类学校的营销专业任课教师逾万人。值得一提的是，教育部在进入新千年之际将市场营销学列为高校工商管理类各专业的核心课程，这意味着有更多学生研读市场营销学。另外，从企业发展的角度来看，人类进入新经济时代后，新经济以信息技术为基础，追求的是差异化、个性化、网络化和速度化。中国企业正在调整国际市场营销的战略、策略，一方面从“中国制造”走向“中国创造”，另一方面根据国家制定的“互利共赢”“合作共赢”方针到海外直接投资建厂。我国企业逐步根据市场营销环境的变化及时调整了市场营销的战略与策略，在技术进步和产品升级换代、自主创新和新产品开发、节能减排和环境保护、品牌建设和树立企业形象、市场开发和满足社会新的需求等市场营销的诸多方面，取得了许多新的进展。

第三节　市场营销学的相关理论及基本内容

市场营销学在其发展的历史进程中，充分吸收了相关学科的概念、原理和方法，博采众家之长，理论体系日趋充实、完善，最终形成了自己的理论体系。市场营销学的发展史，就是经济学、心理学、社会学以及管理学等相关学科对其不断渗透的历史。

社会生产的最终目的是消费。人类的消费需要引发其生产行为，指示着生产方向和规模，推动着生产和交换的发展。在社会分工和商品生产条件下，交换是连接生产和消费的要素，同时也是生产不可或缺的条件。任何生产者必须面向消费、面向市场，不断提供能满足消费者需求和欲望的产品和服务，通过交换过程实现其价值，才能生存和发展。市场营销学作为一门应用科学，将交换作为一个相对独立的范畴抽出来，以解决包含在交换中的各种矛盾、实现价值为切入点，并运用系统论、信息论和决策论方法，构建了一个完整的理论体系。

一、经济学与市场营销学

市场营销思想在其发展过程中，对其影响最大的便是经济学。除市场营销本身就属于人类经济活动之外，另一个重要原因是，一些早期的市场营销学者其本身也是经济学家，或者大量接触过经济学相关理论。例如，亚当·斯密提出的许多概念被广泛地运用于市场营销领域，他认为，人类天生就有交换的倾向，加入市场机制是不可抗拒的历史趋势。他给市场所下的定义被早期的市场营销学界广为采用。他还提出，所有经济活动的目的都是为了满足消费。赞同这一观点的营销学者都宣称消费者就是上帝，并站在消费者的立场上进行市场营销分析。其他经济学家也对市场营销提出了许多积极的概念，例如，边际学派的经济学家提出效用的概念，用于解释消费者行为；福利经济学家有关市场营销的评价，对测定广告效果产生了重要影响。此外，市场营销学者借用了货币理论中有关信用的概念、财政学中与连锁店发展有关的税收概念等。另一方面，许多市场营销学者致力于通过管理企业来提高市场营销效率，他们都大量使用了经济学中有关企业的概念。地租理论用于解释各种市场营销机构的位置和布局；价格和非价格竞争理论用于解释市场营销决策；竞争结构用于解释完全竞争、垄断、购买者独家垄断、两家卖主垄断、两家购买者垄断、多家卖主垄断、多家购买者垄断和现实竞争；产品差异化理论用于解释定价、品牌、广告和服务战略；恩格尔定律为市场分析和解释消费者行为提供了概念。

二、心理学与市场营销学

心理学在其发展过程中对市场营销学产生了重要影响。例如，威廉·冯特创立的结构主义学派所提出的本能、欲望和感觉等术语被市场营销学者广泛借鉴和采用；弗洛伊德创立的精神分析学派所提出的许多概念和方法被市场营销学者用于研究消费者的潜意识以解释市场行为。总体而言，心理学对市场营销学的影响来自以下三个方面：

第一类是有关动机的，在市场营销学中就是销售吸引力。动机概念本身就说明了加入市场抱有某种目的，并暗示了某些对市场行为产生影响的因素。早期的一些市场营销学著作中讨论了本能、欲望和冲动，并以此作为购买的基础；满意、舒适和方便则被解释为从感觉中产生的动机。市场动机特定地被称为购买动机，分为始发动机和选择动机、理性动机和感性动机、购买动机和惠顾动机以及最终动机和产业动机等。刺激的概念可用于解释销售吸引力，即产品和服务刺激满足欲望的特征，它们能激起购买动机。对刺激无反应或反应冷淡被称为销售阻力，但这可以通过适当的行为刺激来克服。

第二类心理学概念与沟通和教育的心理功能有关。某种想法通过知觉、顿悟和直觉被意识接受，通过思考、推理、联想被理解和发展，通过记忆来保留和回忆，通过判断被应用。这样，功能心理学的概念解释了学习的过程、被营销人员对营销人员渴望传递的信息如何感兴趣的过程以及沟通如何成功的过程。

第三类概念与市场营销信息通过何种方式才能有效地传递到人们心中有关。例如，销售过程分为知晓、兴趣、欲望、确信和行动五个阶段；在某种环境下，个体按照冲动而不是逻辑推理来采取行动。作为心理分析对象整体中的个人，是具有个性的人。个性的概念也被用于无生命的市场营销机构。另一个概念是意象，或者可以说仅仅由于心目中对某人的印象而形成的对他人性格特征的认识。意象是由暗示、教育和经历发展而来的，意象的存在仅仅是一种心理现象。

三、社会学与市场营销学

在市场营销发展历程中可以找到许多评估社会自身变化及其对市场营销影响的论述。市场营销学者曾依据社会历史的变迁来解释市场营销的发展，并将对这些变迁的反应称作市场营销系统的“应变”，大量的社会学概念被引入市场营销理论体系。例如，社会动机问题，一直以来，大量的社会学家对人类行为动机颇感兴趣，他们强调个体和群体的相互影响，社会变迁改变了人们的需要，也改变了奢侈品和必需品的判断标准。再如社会学家对社会群体的研究，个人通过成员关系、社交、爱好与很多群体交往，其中的家庭就被认为是一个消费单位，在市场上作为一个统一体行动。社会阶层则反映的是人们的出身、教育、个性、社会领导地位等因素，此外人们在诸如政府、教会等组织中结成的工作群体、娱乐群体和机构群体，同样对人们的市场及消费行为产生重大影响。又如社会学家认为竞争和合作是社会成员和社会群体互相影响、互相作用的重要的社会互动表现形式，市场营销学家则用此来描述商业关系，揭示市场营销过程中的生产者、中间商、消费者等个人或组织间的相互关系。另外，社会学家为描述社会发展趋势所做的努力，对市场营销思想的发展十分有用。例如，妇女在社会中的角色转换、家庭中领导权的转移、孩子作为一个消费市场的增长、个人和社会的新价值观、对信用的新态度、长期存在的风俗传统的消失、禁欲、社会事物的商业化，以及重视流行时尚、闲暇和娱乐等。这些因素在市场营销文献中被描述为影响消费的力量，并且为了适应这些变化，市场营销学者采纳了社会学家的相关概念和分析方法。

四、自然科学与市场营销学

市场营销学属于社会科学的范畴，但市场营销学的研究和市场营销活动需要用到许多自然科学如数理统计学、信息科学等知识。例如，统计学作为应用数学的一个分支，主要利用概率论建立数学模型，收集所观察样本的数据，进行量化的分析和总结，并进行推断和预测，为相关决策提供依据和参考。它被广泛地应用在各门学科之中，主要用于研究社会经济问题。市场营销学的基础是市场调查和预测，市场调查和预测的研究方法目前主要采用统计学的方法，特别是数理统计学、应用统计学、经济统计学、社会统计学、人口统计学、环境与生态统计学等。同时，市场营销活动离不开信息科学的支持，特别是现代的市场营销活动，已经脱离了空间和地域的限制，信息科学的信息论、控制论、系统论，使全球的市场营销活动紧密相连。市场营销学的基础是信息，只有根据现实中正确的信息做出的决策，才能达到理想的目标和效果。

第四节　研究市场营销学的意义和方法

一、研究市场营销学的意义

（一）满足时代发展要求

当人类社会进入 21 世纪以后，新经济时代的严峻挑战和发展机遇并存。现代科技的飞速发展，从根本上改变了人们的生活方式和社会生产方式，也带来了比以往更为复杂和快速变化的社会经济环境以及更为剧烈的全球竞争。无论是在国家（地区）综合国力的发展层面，还是在微观企业经营与发展层面，新世纪的挑战都是崭新的、全面的。

经济全球化、高技术（特别是信息科技产业）的崛起、金融危机和全球企业并购之风的兴起，预示着未来的营销从观念、规划到方式都将发生深刻变化。一些学者将这些变化方向归纳为“学习”型营销。善于学习、创新和运用新知识的组织将是最大的赢家。

新的环境要求经营者善于洞察消费者的知识及其学习过程，并在购买者的学习过程中发挥作用。因此，经营者不仅要向顾客学习，建立学习型组织，而且要对顾客“半教半学”。这种新的营销观念认为，营销活动的规则正在伴随购买者不断的“学习”过程而演变，这种演变在一定程度上取决于营销人员教给购买者的学习内容。可见，研究市场营销学是知识经济时代的要求，是迎接新世纪挑战、适应环境变化的需要。

（二）促进经济健康发展

宏观经济的稳定、健康和持续发展，已经成为各国（地区）普遍关心的问题。经济发展取决于多方要素。其中，市场营销占据重要地位。回顾我国改革开放三十多年来的经济发展历程，不难看到，市场营销对经济发展的重要作用。可以预言，随着我国社会主义市场经济体制的构建和完善，这种作用还将进一步加强。

第一，市场营销在促进经济总量增长方面发挥着重要作用。在社会主义市场经济条件下，经济总量的增长取决于能满足人民日益增长的物质文化需要的社会有效供给，即能为市场接受的价值生产的总增长。市场营销以满足消费者需求为中心，强调不断开拓新的市场，为生产者、经营者提供向新的价值生产领域拓展的手段以及实现产品价值的手段，从而有效地促进经济增长。

第二，市场营销通过营销战略与策略的创新，指导新产品开发经营，降低市场风险，促进新科技成果转化为生产力，充分发挥科学技术作为第一生产力在经济成长中的作用。

第三，市场营销的发展在扩大内需和进军国际市场以及吸引外资，解决经济增长中的供求矛盾和资金、技术等方面，开拓了更大的市场空间。

第四，市场营销为第三产业的发展开辟道路。专业性市场营销调研、咨询机构的发展，企业营销机构的充实，市场营销支持系统的发展，提供了大量的就业机会，并直接、间接地创造价值，促进第三产业的成长和发展。

第五，市场营销强调经营与环境的系统协调，倡导保护环境、绿色营销，对经济的可持续发展起到重要作用。

在上述五个方面，市场营销已经和正在做出自己的贡献。面对新的情况和问题，进一步研究市场营销学，对促进我国经济的健康成长，具有重要作用。

（三）支持企业持续成长

企业是现代经济的细胞。企业的效益和成长是国民经济发展的基础。市场营销学对经济成长的贡献，主要表现在其解决企业成长与发展中的基本问题上。

价值交换（实现）是企业生存和发展的基础。作为社会分工单位的企业，必须按社会的某种需要创造价值（产品或服务），并通过交换过程实现其价值。市场营销学以满足需要为宗旨，引导企业树立正确的营销观念，面向市场组织生产过程和流通过程，不断从根本上解决企业成长中的关键问题。

市场营销学为企业成长提供了战略管理原则，将企业成长视为与变化的环境保持长期适应关系的过程。企业为此必须不断了解变化的环境，预测其趋势，不断创新产品及营销策略，避免营销短视风险，不断在更高层次上满足需要，从而实现自身成长。

市场营销学为企业成长提供了一整套竞争策略，指引企业创造竞争优势。在战略与策略层面，市场营销学十分重视研究企业以满足需求为中心，形成自己的经营特色，以保证其立于不败之地。

市场营销学为企业成长提供了系统的策略方案。企业可以通过市场营销战略和营销组合策略决策及系统实施来达到其成长目标。市场营销学也为企业成长提供了组织管理和营销计划的执行与控制方法。

总之，研究市场营销学，将在一些最重要的方面强化企业最基本的功能，促进企业的健康、持续成长。结合我国当前实际，许多国有企业、乡镇企业在经过一段时间发展后陷入成长困境，固然有多方面的原因，但其营销管理薄弱是共同原因。此外，在营造有影响力的跨国公司时，研究和运用市场营销学、国际市场营销学也是必不可少的。

二、研究市场营销学的方法

市场营销学的研究方法正在不断创新和发展，这也是这门学科的生命力所在。常见的研究方法主要有下列几种。

（一）传统研究法

1.产品研究法

产品研究法即对产品（商品）如农产品、机电产品、纺织品等分门别类的研究方法。其优点是具体实用，缺点是有许多共同的方面造成重复。这一方法的研究结果形成了各大类产品的市场营销学，如农产品市场营销学。

2.机构研究法

机构研究法即对分销系统的各个环节（机构）如生产者、代理商、批发商、零售商等进行研究的方法。该方法侧重分析研究流通过程的这些环节或层次的市场营销问题，其研究结果形成了批发学、零售学等。

3.职能研究法

职能研究法即研究市场营销的各类职能以及在执行这些职能过程中所遇到的问题及解决方法。如将营销功能划分为交换职能、供给职能和便利职能三大类,并将之细分为购、销、运、存、金融、信息等内容,分别和综合进行研究。这一方法在西方学术界颇为流行。

(二)历史研究法

这是从发展变化过程来分析阐述市场营销问题的研究方法。如分析市场营销的含义及其变化、工商企业100多年来营销管理哲学(观念)的演变过程、零售机构的生命周期现象等,并从中找出其发展变化的原因和规律。市场营销学者一般都重视研究对象的历史演变过程,但不将其作为唯一的研究方法。

(三)管理研究法

这是战后西方营销学者和企业界较多采用的一种研究方法,它是一种从管理决策的角度来分析、研究市场营销问题的方法,综合了产品研究法、机构研究法和功能研究法。其研究框架是,将企业营销决策分为目标市场和营销组合两大部分,研究企业如何根据其"不可控变数",即市场环境因素的要求,结合自身资源条件即企业可控因素,进行合理的目标市场决策和市场营销组合决策。企业营销管理的任务在于全面分析外部不可控制因素的作用,针对目标市场的需求特点,结合企业目标和资源,制定最佳的营销组合策略,实现企业的盈利目标。它运用多元数理分析方法求解消费者的效用值,市场调查中的统计分析,价格制定,营销的计划、执行和控制都借鉴了管理学中的量化研究方法。管理研究法广泛采用了现代决策论的相关理论,将市场营销决策与管理问题具体化、科学化,对营销学科的发展和企业营销管理水平的提高起到了重要作用。

(四)系统研究法

这是一种将现代系统理论与方法运用于市场营销学研究的方法。在管理导向的营销研究中,常常采用这一方法。企业市场营销管理系统是一个复杂系统。在这个系统中,包含了许多相互影响、相互作用的因素,如企业(供应商)、渠道伙伴(中间商)、目标顾客(购买者)、竞争者、社会公众、宏观环境等。一个真正面向市场的企业,必须对整个系统进行协调和"整合",使企业"外部系统"和企业"内部系统"步调一致、密切配合,达到系统优化,产生"增效作用",提高经济效益。

(五)社会学研究法

实证分析法是社会科学研究方法之一,着眼于当前社会或学科现实,通过事例和经验等从理论上推理说明。实证分析要求运用一系列的分析工具,诸如个量分析与总量分析、均衡分析与非均衡分析、静态分析与动态分析、定性分析与定量分析、逻辑演绎与经验归纳、经济模型以及理性人的假设等,主要研究企业营销活动对社会利益的影响。市场营销活动,一方面促进了社会经济繁荣,提高了社会及广大居民的福利;另一方面造成了某些负面效应,诸如污染社会及自然环境,破坏社会生态平衡。因此,有必要通过社会研究方法,寻求使市场营销的负面效应减少到最低限度的途径。

第五节 市场营销管理哲学思想的演进

市场营销管理是指企业为实现其盈利目标,创造、建立并保持与目标市场之间的互利交换关系而进行的分析、计划、执行与控制过程。它的基本任务就是通过营销调研、计划、执行与控制来管理目标市场的需求水平、时机和构成，以达到企业目标。为了保证营销管理任务的实现，营销管理者必须对目标市场、市场定位、产品开发、定价、分销、信息沟通与促销做出系统决策。

市场营销管理的本质是需求管理。在现实生活中，企业市场营销管理的任务会随目标市场的不同需求状况而有所不同。营销人员通常需要应对各种不同的需求状况，调整相应的营销管理任务。由于顾客是需求的载体，市场营销管理实际上也是顾客关系管理。建立和维系与顾客之间的互惠关系，是市场营销管理的基本目标。在传统营销中，企业往往更注重新顾客的开发管理，以争夺更高的市场占有率。随着市场环境的变化，越来越多的企业已将营销管理的焦点转移到与有价值的老顾客建立长期互惠关系上，以追求更高的顾客占有率。

市场营销管理哲学是指企业对其营销活动及管理的基本指导思想。它是一种观念、一种态度或一种企业思维方式。任何企业的营销管理都是在特定的指导思想或观念指导下进行的。确立正确的营销管理哲学，对企业经营成败具有决定性意义。

市场营销管理哲学的核心是正确处理企业、顾客和社会三者之间的利益关系。在许多情况下，这些利益是相互矛盾的，也是相辅相成的。企业必须在全面分析市场环境的基础上，正确处理三者之间的关系，确定自己的原则和基本取向，并用于指导营销实践，才能有效地实现企业目标，保证企业的成功。随着生产和交换日益向纵深化发展，社会、经济与市场环境的变迁以及企业经营经验的积累，都使企业的营销管理哲学发生了深刻变化。这种变化的基本轨迹是由企业利益导向转变为以顾客利益导向，再发展到社会利益导向。

一、传统营销观念——以企业为中心

以企业为中心的传统市场营销管理观念，就是以企业利益为根本取向和最高目标来处理营销问题的观念。它主要包括生产观念、产品观念和推销观念。

（一）生产观念

生产观念是指导企业营销行为的最古老的观念之一。生产观念认为，消费者总是喜欢和接受那些可以随处买得到而且价格低廉的产品，因此，企业应当集中精力提高生产效率和扩大分销范围，以便增加产量、降低成本以扩展市场。以生产观念指导营销管理活动的企业，称为生产导向型企业。其典型口号是企业“生产什么，就卖什么。”

生产观念在西方盛行于19世纪末20世纪初，是一种在卖方市场条件下产生的重生产、轻营销的商业哲学。当时，资本主义国家处于工业化初期，市场需求旺盛，整个社会产品供应能力相对不足。企业只要提高产量、降低成本，便可获得丰厚利润。因此，企业的中心问题是扩大生产价廉物美的产品，而不必过多关注市场需求差异。在这种情况下，生产观念为众多企业所接受。我国在计划经济体制下，由于市场产品短缺，企业不愁产品没有销路，企业在其经营管理中也奉行生产观念，具体表现为：工业企业集中力量发展生产，轻视市场营销，实行以产定销；商业企业集中力量抓货源，工业企业生产什么就收购什么，工业企业生产多少就收购多少，根本谈不上市场营销。

（二）产品观念

产品观念认为，消费者最喜欢高质量、多功能和具有某些特色的产品，它产生于市场产品供不应求的“卖方市场”形势下。因此，企业管理的中心是致力于生产优质产品，并不断精益求精。持产品观念的企业假设购买者欣赏精心制作的产品，相信他们能鉴别产品的质量和功能，并愿意出较高价格购买质量上乘的产品。这些企业的经营人员常迷恋自己的产品，而不太关注市场是否欢迎。他们在设计产品时只依赖工程技术人员而极少让消费者介入。产品观念和生产观念几乎在同一时期流行，与生产观念一样，产品观念也是典型的“以产定销”观念。由于过分重视产品而忽视顾客需求，这种观念最终导致“营销近视”，即不适当地把注意力放在产品上，而不是放在市场需要上，在市场营销管理中缺乏远见，只看到自己的产品质量好，看不到市场需求在变化，致使企业经营陷入困境。

（三）推销观念

推销观念，又称销售观念，认为消费者通常有一种购买惰性或抗衡心理，消费者一般不会足量购买某一企业的产品，因此，企业必须积极推销和大力促销，以刺激消费者大量购买本企业产品。执行推销观念的企业，称为推销导向型企业。其口号是：“我们卖什么，就让人们买什么。”

推销观念盛行于20世纪三四十年代。在这一时期，由于科技进步、科学管理和大规模生产的推广，商品产量迅速增加，整个社会已经由商品不足进入商品过剩，卖主之间的市场竞争日益激烈。1929年爆发的资本主义世界空前严重的经济危机，前后历时五年，堆积如山的货物卖不出去，许多工商企业纷纷倒闭，市场极度萧条。这种现实使许多企业家认识到，企业不能只顾生产，即使有物美价廉的产品，也未必能卖得出去，企业要想在日益激烈的市场竞争中求得生存和发展，就必须重视推销工作，只有努力推销才能保证产品被人购买。

在推销观念的指导下，企业相信产品是“卖出去的”，而不是“被买去的”。企业致力于产品的推广和广告活动，以求说服甚至强制消费者购买。他们收罗了大批推销专家，做大量广告宣传，夸大产品的“好处”，对消费者进行无孔不入的促销信息“轰炸”，迫使人们购买。与前两种观念一样，推销观念也是建立在以企业为中心，“以产定销”，而不是满足消费者真正需要的基础上。

二、市场营销观念——以消费者为中心

市场营销观念，又称以消费者为中心的观念。这种观念认为，企业的一切计划与策略应以消费者为中心，正确确定目标市场的需要与欲望，比竞争者更有效地满足顾客需求。

市场营销观念形成于20世纪50年代。第二次世界大战后，随着第三次科技革命的兴起，西方各国企业更加重视研究和开发，大量军工企业转向民用生产，使新产品竞相上市，社会产品供应量迅速增加，市场竞争进一步激化。同时，西方各国政府相继推行高福利、高工资、高消费政策，社会经济环境也出现快速变化。消费者有较多的可支配收入和闲暇时间，对生活质量的要求提高，消费需要变得更加多样化，购买选择更为精明，要求也更为苛刻。这种形势迫使企业改变了以卖方为中心的思维模式，将重心转向认真研究消费者的需求上，正确选择为之服务的目标市场，以满足目标顾客的需要，即从以企业为中心转变到以消费者（顾客）为中心。

执行市场营销观念的企业，是从选定的市场出发，通过整体营销活动，实现顾客需求的满足和满意，并以此获取利润、提高盈利率，其座右铭是“顾客需要什么，我们就生产供应什么。”市场营销观念认为，得到顾客的关注和实现顾客价值才是企业获利之道，因此必须将旧

观念下企业“由内向外”的思维逻辑转向“由外向内”。它要求企业贯彻“顾客至上”的原则，将营销管理重心放在首先发现和了解“外部”的目标顾客需要，然后再协调企业活动并千方百计去满足它，使顾客满意上，从而实现企业目标。因此，企业在决定其生产、经营决策时，必须进行市场调研，根据市场需求及企业本身的条件选择目标市场，组织生产经营。其产品设计、生产、定价、分销和促销活动都要以消费者需求为出发点。产品销售出去之后，还要了解消费者的意见，据以改进自己的营销工作，最大限度地提高顾客满意度。总之，市场营销观念根据“消费者主权论”，相信决定生产什么产品的主权不在于生产者，也不在于政府，而在于消费者，因而将过去“一切从企业出发”的旧观念，转变为“一切从顾客出发”的新观念，即企业的一切活动都围绕满足消费者需要来进行。

三、社会营销观念——以社会利益为中心

从 20 世纪 70 年代起，随着全球环境破坏、资源短缺、人口爆炸、通货膨胀和忽视社会服务等问题日益严重，要求企业兼顾消费者整体利益与社会长远利益的呼声越来越高。由此市场营销学界提出了一系列新的观念，如人类观念、理智消费观念和生态绿色营销观念。社会营销观念认为企业生产经营不仅要考虑消费者需要，而且要考虑消费者和整个社会的长远利益。企业和组织应该确定目标市场的需要、欲望和利益，然后向顾客提供超值的产品和服务，以维护与增进顾客和社会的福利。

社会营销观念是对市场营销观念的补充与修正。市场营销观念的中心是满足消费者的需求与愿望，进而实现企业的利润目标。但往往出现这样的现象，即在满足个人需求时，与社会公众的利益发生矛盾，企业的营销努力可能不自觉地造成社会的损失。以消费者为中心的市场营销观念虽然也强调消费者的利益，不过它认为谋求消费者的利益必须符合企业的利润目标，当两者发生冲突时，保障企业的利润要放在第一位。社会市场营销观念则强调，要以实现消费者满意以及消费者和社会公众的长期福利作为企业的根本目的与责任。理想的市场营销决策应同时考虑到消费者的需求与愿望、消费者和社会的长远利益以及企业的营销效益。

社会营销观念对市场营销观念作了一定程度的修正：一是以消费者为中心，采取积极的措施，如供给消费者更多、更快、更准确的信息，改进广告与包装，增进产品的安全感和减少环境污染，增进并保护消费者的利益。二是整体营销活动，即视企业为一个整体，全部资源统一运用，更有效地满足消费者的需要。三是求得顾客的真正满意，即视利润为顾客满意的一种报酬，视企业的满意利润为顾客满意的副产品，而不是把利润摆在首位。上述修正同时要求企业改变决策程序。在市场营销观念指导下，决策程序一般是先决定利润目标，然后寻求可行的方法来达到利润目标；社会市场营销观念则要求，决策程序应先考虑消费者与社会的利益，寻求有效满足与增进消费者利益的方法，然后再考虑利润目标，看看预期的投资报酬率是否值得投资。这种决策程序的改变，并没有否定利益目标及其价值，只是将消费者利益置于企业利润目标之上。

本章小结

本章在系统地概括国内外具有代表性的机构、学者和企业家对市场营销概念的相关表

述基础上，阐述了对市场营销的核心概念的理解，分析了市场营销的内涵，并对市场营销和推销做了重点比较。本章基于对市场营销发展历程的回顾，介绍了市场营销发展的各个阶段，重点介绍了市场营销学在中国的发展。本章基于对市场营销的相关理论及基本内容的介绍，探讨了研究市场营销学的基本意义和常用的研究方法，整体性地介绍了市场营销管理哲学思想的演进。

案例应用

"顾客至上"的经营理念

在美国，一位顾客在沃尔玛店买了一个食物搅拌机，不久出了故障。他拿着机器和收银小票来到另一家沃尔玛店，几乎没费什么周折，营业员就给他换了一台新搅拌机，还解释说搅拌机又降价了，并退给顾客5美元。这是展现沃尔玛"顾客至上"经营理念的一个实例。

作为全球最大的零售商，沃尔玛创始人山姆·沃顿在其整个职业生涯中一直遵循着一个非常简单的既定原则：顾客至上和保证顾客满意。世界著名连锁企业都有一套成熟理念来统领运营规范，这一理念贯穿在商品采购、价格定位、营销方式的全过程中。沃尔玛提出"顾客至上""顾客是合作伙伴"等经营理念，注重"以人为本"的服务方式，突出"方便"二字，站在消费者采购代理的立场上，苛刻地挑选供应商，顽强地与其讨价还价。以顾客的观点看待商品陈列、商品选择、各项服务等。美国一家研究公司调查发现，在购物遇到问题的消费者中，有60%的人不向商家投诉，但他们会将其经历告诉另外9至10人。如果能让顾客在店里遇到问题就投诉，并很快得到解决，这些顾客就会成为商店的回头客。为此，不少零售企业的店内专门设立顾客投诉台，随时记录和解决投诉。所有这些做法的最终目的都是为顾客节省购物成本，为顾客提供方便。

案例思考

1. 上述案例有何营销启示？
2. 市场营销对企业的发展有什么样的作用？

练习题

一、简答题

1. 试述市场营销的基本内涵。
2. 试述市场营销与推销的比较。
3. 试述市场营销的发展历程。
4. 试述研究市场营销学的意义。
5. 试述市场营销学的研究方法。

二、论述题

试述市场营销管理哲学的演进。

实践应用讨论

市场营销观念应用实训

一、实训内容

假如你负责经营店铺(经营项目任选),尝试运用五种不同的市场营销观念,探索不同的产品经营思路,提出相应的市场营销策略,并讨论市场经营效果。

二、实训要求和步骤

1. 同学们3～4人组成一个小组,确定经营产品项目,提出经营假设项目和市场经营环境条件假设。

2. 基于不同的市场营销观念提出相应的市场经营对策,要求切合实际,具有一定的新颖性。

3. 集体讨论不同的市场营销观念和经营策略条件下产生的不同市场经营效果,并对各种效果进行比较分析。

4. 将整体实训过程及分析结果形成书面报告。

第二部分

理解市场和消费者

第二章 市场环境理论与应用分析

学习目标和要求

掌握市场营销环境的概念和特点；了解企业营销微观环境的构成及其与营销活动之间的关系；了解企业营销宏观环境的构成及其与营销活动之间的关系；分析在各种市场营销环境中企业应采取的营销策略。

学习重点

市场营销环境的概念和特点及营销策略。

案例导入

古巴睡衣的纷争

1997 年，美国和加拿大围绕“古巴睡衣”问题发生了一场政治纷争，而夹在两者之间的是一家百货业的跨国公司——沃尔玛公司。当时，争执的激烈程度可以从以下的几则报纸新闻标题中见得一斑：“将古巴睡衣从加拿大货架撤下：沃尔玛公司引起纷争”“古巴问题：沃尔玛公司因撤下睡衣而陷入困境”“睡衣赌局：加拿大与美国赌外交”“沃尔玛公司将古巴睡衣放回货架”。

这一争端是由美国对古巴的禁运引起的。美国禁止其公司与古巴进行贸易往来，但在加拿大的美国公司是否也应执行此禁令呢？当时沃尔玛加拿大分公司采购了一批古巴生产的睡衣，因为那样做违反了《美赫尔姆斯—伯顿法》。这一法律禁止美国的子公司与国外的古巴通商。而加拿大则是因为美国法律对其主权的侵犯而恼怒，他们认为加拿大人有权决定是否购买古巴生产的睡衣。这样，沃尔玛公司便成了美国和加拿大对外政策冲突的牺牲品。沃尔玛在加拿大的公司如果继续销售那批睡衣，则会因违反美国法律而被处以 100 万美元的罚款，且还可能会因此而判刑。但是，如果按其母公司的规定将加拿大商店中的睡衣撤回，按照加拿大法律，会被处以 120 万美元的罚款。在与加拿大官方磋商后，沃尔玛公司恢复了古巴产睡衣的销售。

案例分析：

上述案例显示，任何公司无论大小，也无论是国内的还是跨国的，在经营中必然要遵守国家的政治法律。在评价公司所处的营销环境时，政治法律环境的影响是营销人员必须关心的重要因素。

实际上，每个企业的市场营销活动都是在一定的外界条件下进行的。除了政治法律的干扰外，企业经常面临经济环境、人口环境、社会和文化环境、自然环境以及科学技术环境等因素的影响。为了实现营销目标，企业必须了解、分析和研究市场营销环境，并努力谋求企业外部环境与内部条件与营销策略的动态平衡。

第一节　市场营销环境概述

风靡全球的可口可乐，在世界大部分地区销售采取的都是红白相间的色彩搭配，而在阿拉伯地区却变成了绿色包装，因为那里的人民酷爱绿色，对他们来说，绿色意味着生命和绿洲。再如红色在中国人的观念里象征着热烈、吉祥、美好，但西方有些国家却有不同的理解，认为红色是一种危险的、令人不安的、恐惧的颜色，使人联想到流血、事故等。由于这种观念上的差异，我国出口到德国的鞭炮曾经被要求换成灰色的外包装才被接受。

由此可见，任何企业都是在一定的环境中从事活动的，环境是客观存在的，不断变化发展的，可能给企业带来有利的机会，也可能会造成各种威胁。对市场营销环境进行研究分析，有利于企业及时识别和把握市场机会，并及时采取切实有效的措施，避免环境威胁。

一、市场营销环境的内涵

环境是指事物外界的情况和条件。企业的市场营销环境指的是与企业市场营销活动有潜在关系，直接或间接影响企业营销活动的所有外部因素和条件的总和。这些因素和条件由企业营销管理机构外部的行动者与力量所组成，它们影响着企业管理当局发展和维持为目标顾客提供令其满意的产品或服务的能力。

企业的市场营销管理与之所处的环境密切相关，具体表现为以下三种关系：第一，对应关系。企业的营销管理与环境之间存在着相互对应的关系，社会上的各种因素总是不可避免地在组织内部体现出来。第二，交换关系。企业的营销战略和计划实施要以环境为依据，并不断地与外界环境发生交流。企业从外界吸纳各种物质和信息资源的同时，也通过企业自身的活动，输出产品、劳务和信息，对外界施加影响。企业的营销活动是一种促使企业内外资源发生交流的活动。第三，影响关系。营销环境对企业营销活动的影响有两个方面：一是能为企业营销提供机遇；二是对企业营销活动造成障碍和威胁。但同时企业的管理也会反作用于外部环境。二者存在着极为密切的影响和制约关系。因此，重视对市场营销环境的研究是企业开展营销活动的前提。

二、市场营销环境的特征

市场营销环境具有以下一些特点：

（一）客观性

客观性是营销环境的首要特征。营销环境的存在不以营销人员的意志为转移。也就是说，企业营销管理者虽然能分析认识营销环境，但无法摆脱营销环境的制约，也无法控制营销环境。主观地臆断某些环境因素及其发展趋势，往往造成企业盲目决策，导致企业在市场竞争中的惨败。因此，企业的营销活动必须适应营销环境。

（二）动态性

动态性是营销环境的基本特征。任何环境因素都不是静止的、一成不变的。相反，它们始终处于变化甚至是急剧的变化之中。现代营销人员认为，企业营销活动成败的关键在于能否适应不断变化着的营销环境，寻找营销机会并避免环境威胁。营销机会是指能获得更多的竞争优势和差别利益的市场机会。环境威胁是指营销环境中对企业营销不利的趋势，对此如无适当应变措施，则可能导致某个品牌、某种产品甚至整个企业的衰退或被淘汰。

（三）复杂性

营销环境包括影响企业市场营销能力的一切宏观和微观因素，这些因素涉及多方面、多层次，而且彼此之间相互作用和联系，既蕴含着机会，也潜伏着威胁，共同作用于企业的营销决策。营销管理者的任务就在于善于抓住机会，解除或减缓威胁，以有力的措施迎接市场的挑战。

（四）相关性

营销环境的相关性是指各种环境因素间相互影响和互相制约。这种相关性表现在两个方面。一方面，某一环境因素的变化，会引起其他因素的互动变化。如一个国家的体制、政策与法令总是影响着该国的科技、经济的发展速度和方向，继而改变社会习惯。另一方面，企业营销活动受多种环境因素的共同制约。如企业的产品开发，就要受国家环保政策、技术标准、消费者需求特点、竞争者产品、替代品等多种因素的制约。

第二节　市场营销环境构成

2011 年，全国各地尤其是温州频繁曝出民间借贷资金链断裂以及老板跑路的消息，其中还有不少担保公司老板跑路的传闻。2011 年 9 月后，温州的一些网络开始流传一份《近期温州老板跑路清单》，其中涉案金额高达几千万、几亿甚至十多个亿的规模。温州地区中小企业出现生存问题，是其疯狂借取高利贷导致的结果，更反映出我国民营企业融资环境的严峻形势。

目前，我国的民营中小企业信用市场还没有完全建立起来，对银行来说，贷款给这样的民营企业存在巨大的风险，通常要求抵押贷款。而一些没有征信却迫于发展需要的中小民营企业，只能转向民间借贷资本。温州民间资本超过 6 000 亿元，且每年以 14%的速度增长，其中参与民间借贷的资本约 1 100 亿元，占全市银行贷款的 20%左右。近年来，由于劳动力价格和原材料价格大幅度上涨，企业的生存压力增大。2011 年以来，温州民间借贷综合利率持续上扬，2011 年 8 月，温州民间借贷综合利率首次突破 25%，比年初提高了 2.08 个百分点，同年 9 月份，民间借贷综合利率又升到 25.44%，处于阶段性高位。而在温州做实业，大多数中小企业的毛利润不会超过 10%，一般为 3%～5%，借高利贷却又无法偿还，终于把温州民营中小企业逼上绝路。

由此可见，市场营销环境对于企业生存发展的重要性。

企业市场营销环境的内容既广泛又复杂。根据营销环境对企业市场营销活动产生影响的方式和程度，可将市场营销环境大致分成两大类：即微观营销环境和宏观营销环境，所谓微观营销环境因其与企业紧密联系，直接影响企业为目标市场服务的能力，因而又被称为直接营销环境或作业环境，包括企业内部、供应商、营销中介、顾客、竞争者及公众。宏观营销环境的诸要素与企业不存在直接的经济联系，是通过影响直接环境的相关因素作用于企业的较大的社会力量，又称为间接营销环境，包括人口、经济、政治法律、社会文化、自然及科技等多方面的因素。这两种环境之间不是并列关系，而是包容和从属的关系，微观（直接）环境受宏观（间接）环境的大背景所制约，宏观（间接）环境则借助于微观（直接）环境发挥作用。

一、微观环境

微观环境，又称直接营销环境，是指与企业紧密相连，对企业服务其目标市场的营销能力构成直接影响的各种力量，包括企业内部及其供应商、营销中介、顾客、竞争者和公众等与企业具体业务密切相关的个人和组织。这些因素与企业市场营销活动有着密切的联系，如图 2-1 所示。

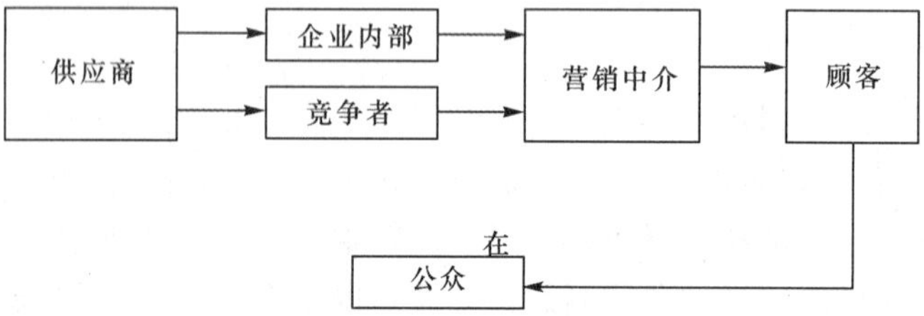

图 2-1　企业的微观环境因素

企业要想通过市场营销活动在满足目标市场消费者或购买者需求的同时达到自身赢利的目的，不可能单独行动，必须与一系列相关企业联合行动，这是客观环境的要求。供应商—企业内部—营销中介—顾客，形成了一个链式系统。这个“链条”上的每一个环节都是影响企业营销活动的重要的、直接的因素，是企业营销系统的核心。即使在某个市场上只有一个企业在提供产品和服务，没有明显的竞争对手，也不能说这个市场上就没有潜在的竞争企业。作为一个企业的竞争对手的状况将直接影响企业的营销活动。因此，企业必须认真分析竞争对手的情况。

（一）企业内部

微观环境中的第一种力量是企业内部的环境力量。一个企业的市场营销部门不是孤立的，它面对着许多其他职能部门，如高层管理（董事会、总裁等）、行政、财务、研究与发展、采购、制造和营销等，而营销部门又由品牌、管理、营销研究人员、广告及促销专家、销售经理及销售代表等组成。企业营销部门与企业其他职能部门之间既存在着多方面的合作，也存在着争夺资源方面的矛盾。因此，这些部门、各管理层次之间分工的合理性、科学性和协调性均影响着企业的营销管理决策和营销方案的实施。例如，在营销计划的执行过程中资金的有效运用，资金在制造和营销之间的合理分配，可能实现的资金回收率都与财务部门有关。所有这些部门都同营销部门的计划和活动发生着密切的关系，如图 2-2 所示。因此，如何通过内部有效沟通，协调好企业各职能部门和营销管理系统的内部关系，就成为营造良好微观环境，更好地实现营销计划的关键。

（二）供应商

供应商是指向企业及其竞争者提供生产所需的原材料、设备、能源、劳务、资金、信息、技

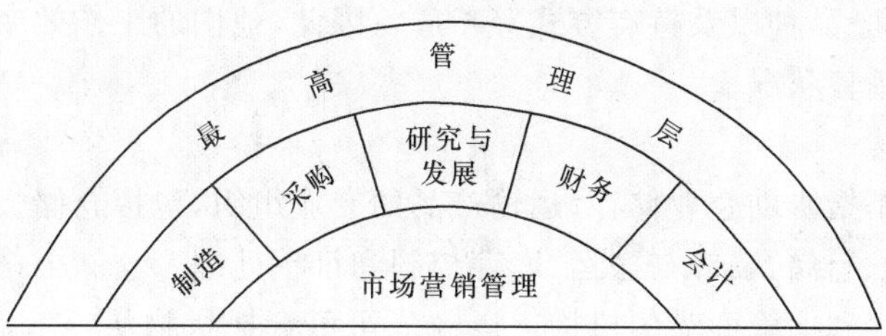

图 2-2　市场营销管理与各部门的关系

术、服务和关系等资源的企业和个人。供应商对企业营销产生的影响是巨大的，所提供资源的价格、数量、质量、时间及运输、信贷、承担风险等方面，直接影响着企业产品的价格、销量和利润，以及企业服务于目标市场的能力。例如，供应短缺，工人罢工或其他事故，都可能影响企业按期完成交货任务。从短期来看，损失销售额；从长期来看，则损害企业在顾客心目中的信誉。因此，企业应正确认识并处理好与供应商的关系。在寻找和选择供应商的时候充分考虑供应商的信用状况，选择那些能保证质量，交货期准确和低成本的供应商，并且拓展供应渠道，而不可过分依赖任何单一的供应商，以免受该供应商突然提价或限制供应的控制。

对于供应商的选择，传统的做法是选择几家供应商，按不同比重分别从他们那里进货，并使他们相互竞争，从而迫使他们利用价格折扣和优质服务来提高自己的供货比重。这样做，虽然能使企业节约进货成本，但也隐藏着很大的风险，如供货质量参差不齐，过度的价格竞争使供应商负担过重放弃合作等。认识到这点后，越来越多的企业开始把供应商视为合作伙伴，设法帮助他们提高供货质量和供货的及时性。

1992 年，菲利普·科特勒提出了整体市场营销(Total Marketing)的观点。他认为，从长远利益出发，企业的市场营销活动应囊括构成其内外环境的所有重要行为者。“供应商市场营销”即是其中很重要的内容。“供应商市场营销”主要包括两个方面：其一，为选择优秀的供应商严格确定资格标准，如技术水平、财务状况、创新能力和质量观念等；其二，积极争取那些业绩卓越的供应商，并与他们建立良好的合作关系。

(三)营销中介

营销中介是指帮助企业推广、销售以及分配产品给最终购买者的机构，具体包括转卖者(中间商)、实体分配机构(物流公司)、营销服务机构(调研公司、广告公司、咨询公司等)、金融机构(银行、信托公司、保险公司等)。这些都是企业进行营销活动不可缺少的中间环节，大多数企业的营销活动都需要他们的协助才能顺利进行，如生产集中和消费分散的矛盾需要中间商的分销予以解决，广告策划需要与广告公司的合作等。

1. 转卖者

转卖者，又称为中间商，是协助企业寻找顾客或直接与顾客进行交易的商业组织和个人。中间商分为两类：代理中间商和经销中间商。代理中间商是指专门介绍客户或与客户磋商交易合同，协助达成交易，推销产品，并由此获得佣金，但不拥有商品所有权的中间商，如经纪人、代理人和制造商代表等。经销中间商是指从事商品购销活动，并对所经营的商品拥有所有权的中间商，包括批发商、零售商和其他再售商。除非企业完全依靠自己建立销售渠道，否则中间商对企业产品从生产领域成功地流向消费领域有着至关重要的作用。中间商是联系生产者和消费者的桥梁，他们直接和消费者打交道，协调生产者与消费者之间所存在的数量、地点、时间、品种以及持有方式等矛盾。因此，他们的工作效率和服务质量就直接影响到企业产品的销售状况。

2. 实体分配机构

实体分配机构是指协助企业储存、运输产品的专业组织，包括仓储公司和运输公司。其职能包括包装、运输、仓储、装卸与搬运、库存控制和订单处理。仓储公司是在货物运往下一个目的地前专门储存和保管商品的机构。运输公司负责把货物从一地运往另一地，包括从事铁路运输、汽车运输、航空运输、船舶运输以及其他搬运业务的公司。企业根据成本、运送速度、安全性和方便性等因素选择合适的实体分配机构。实体分配机构的作用在于使市场营销渠道中的物流畅通无阻，为企业创造时间和空间效益。近年来，随着仓储和运输手段的现代化，实体分配机构的功能越发显著和重要。

3. 营销服务机构

营销服务机构是指协助企业选择市场并帮助他们向选定的市场进行产品促销的机构，包括市场调研公司、财务公司、广告公司、各种广告媒体和营销咨询公司等，他们提供的专业服务是企业营销活动不可缺少的。尽管有些企业自己设有相关的部门或配备了专业人员，但大部分企业还是与专业的营销服务机构合作，以合同委托的方式获得相关服务。在企业决定委托外部专业公司提供这些服务时，除根据需要进行筛选外，还必须定期检查委托机构的业绩，以确保质量和服务水平。

4. 金融机构

金融机构包括银行、信贷公司、保险公司等对企业营销活动提供融资或保险服务的各种机构。在现代社会里，几乎每一个企业都与金融机构有一定的联系和业务往来。在市场经济中，企业间的财务往来要通过银行结算。企业的信贷来源、银行的贷款利率和保险公司的保费变动无一不对企业市场营销活动产生直接的影响。

供应商和营销中介都是市场营销中不可缺少的中间环节，是企业向消费者提供产品或服务价值过程中不可缺少的支持力量，是价值让渡系统中主要的组成部分。企业通过各种市场营销中介来进行市场营销过程中的各种活动，正是社会分工的要求，也是社会发展的标志之一。随着商品经济的发展，社会分工愈细，这些中介机构作用就愈大。企业不仅仅把他们视为营销渠道成员，更视为合作伙伴，追求整个价值让渡系统业绩的最大化。因而要求企业在营销过程中，必须处理好同这些中介机构的合作关系。

（四）顾客

顾客即目标市场，是企业服务的对象，是企业产品的直接购买者或使用者。企业与市场营销渠道中的各种力量保持密切关系的目的就是为了有效地向其目标顾客提供产品和服务。企业需要仔细了解自身的顾客市场。顾客的需求正是企业营销努力的起点、核心和归宿。因此，认真分析目标顾客需求的特点和变化趋势是企业极其重要的基础工作。

按购买者及其购买动机的不同来对企业的目标市场进行分类，一般可以分为消费者市场、生产者市场、转卖者市场、政府市场和国际市场五种市场，如图 2-3 所示。

1. 消费者市场

消费者市场由为了个人消费而购买的个人和家庭构成。

2. 生产者市场（产业市场）

生产者市场由为了加工生产以获取利润而购买的个人和企业构成。

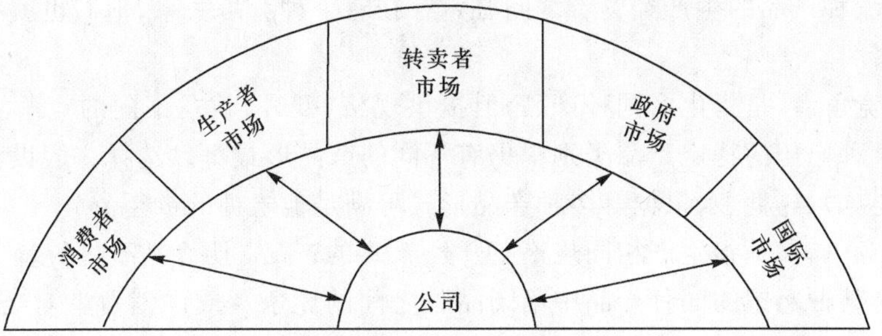

图 2-3　企业目标市场的构成

3. 转卖者市场(中间商市场)

转卖者市场由为了转卖以获取利润而购买的批发商和零售商构成。

4. 政府市场

政府市场由为了履行政府职责而进行购买的各级政府机构构成。

5. 国际市场

国际市场由国外的购买者构成,包括国外的消费者、生产者、中间商和政府机构。

每种市场类型在消费需求和消费方式上都具有鲜明的特色。企业的目标顾客可以是以上五种市场中的一种或几种。也就是说,一个企业的营销对象可以不仅包括广大的消费者,也包括各类组织机构。这些市场上顾客不同的变化着的需求,必然要求企业必须分别了解不同类型目标市场的需求特点、购买动机等,以不同的服务方式提供不同的产品(包括劳务),从而制约着企业营销决策的制订和服务能力的形成。

(五)竞争者

任何企业都不大可能单独服务于某一顾客市场,完全垄断的情况在现实中不易见到。而且,即使是高度垄断的市场,只要存在着出现替代品的可能性,就可能出现潜在的竞争对手。所以,企业在某一顾客市场上的营销努力总会遇到其他企业类似努力的包围或影响,这些和企业争夺同一目标顾客的力量就是企业的竞争者。企业要想在激烈的市场竞争中获得营销的成功,就必须比其竞争对手更有效地满足目标顾客的需求。因此,除了发现并迎合消费者的需求以外,识别自己的竞争对手,时刻关注他们,并随时对其行为做出及时的反应是成败的关键。

1. 竞争者的类型

从消费需求的角度划分,企业的竞争者包括愿望竞争者、类别竞争者、形式竞争者和品牌竞争者。

(1)愿望竞争者,是指提供不同产品以满足不同需求的竞争者。表现为消费者想要满足的各种愿望之间的可替代性。比如,当一个消费者休息时可能想看书、进行体育运动或吃东西,每一种愿望都可能意味着消费者将在某个行业进行消费。再如,对于一个电视机制造商来说,生产冰箱、洗衣机、地毯等不同产品的厂家就是愿望竞争者。如何促使消费者更多地首先购买电视机,而不是首先购买其他产品,这就是一种竞争关系。

(2)类别竞争者,是指提供不同产品以满足同一种需求的竞争者。表现为满足消费者某种愿望的产品类别之间的可替代性。假设消费者吃东西的愿望占了上风,可供其选择的食品很多,如水果、冰淇淋、饮料、糖果或其他。再如,自行车、摩托车、小轿车都可以作为家庭交通工具，这三种产品的生产经营者之间必定存在着一种竞争关系，他们也就相互成为各自的类别竞争者。

(3)形式竞争者，是指生产同种产品，但提供规格、型号、款式不同的竞争者。表现为在满足消费者某种愿望的特定产品类别中仍有不同的产品形式可以选择。假设消费者选中了糖果，则有巧克力、奶糖、水果糖等多种产品形式可满足他吃糖的欲望。

(4)品牌竞争者，是指生产相同规格、型号、款式的产品，但品牌不同的竞争者。表现为在满足消费者某种愿望的同种产品中不同品牌之间的竞争。或许消费者对巧克力感兴趣，并特别偏爱 M&M 牌，于是，该品牌的产品在竞争中赢得了最后的胜利。品牌竞争是这四个层次的竞争中最常见和最显著的，其他层次的竞争则比较隐蔽和深刻。有远见的企业并不仅仅满足于品牌层次的竞争，而会关注市场发展趋势，在恰当的时候积极维护和扩大基本需求。

2. 波特五力模型分析

波特五力模型是迈克尔·波特(Michael E. Porter)于 20 世纪 80 年代初提出的，波特认为行业中存在着决定竞争规模和程度的五种力量，这五种力量综合起来影响着产业的吸引力。五种力量分别为新进入者的威胁、替代品的威胁、购买者的议价能力、供应商的议价能力以及同行业竞争者的竞争程度。任何产业，无论是国内的或国际的，无论是生产产品的或提供服务的，竞争规律都将体现在这五种竞争的作用力上。如图 2-4 所示。

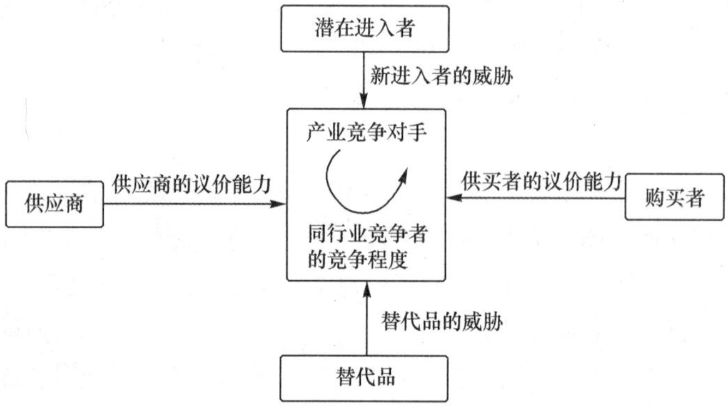

图 2-4　波特五力模型分析

(1)供应商的议价能力

供应商主要通过其提高投入要素价格与降低单位价值质量的能力，来影响行业中现有企业的盈利能力与产品竞争力。供应商力量的强弱主要取决于他们所提供给购买者的是什么投入要素，当供应商所提供的投入要素的价值构成了购买者产品总成本的较大比例，对购买者产品生产过程非常重要或者严重影响购买者产品的质量时，供应商对于购买者的潜在讨价还价力量就大大增强。

一般来说，满足如下条件的供应商会具有比较强大的讨价还价力量：第一，供应商行业为一些具有比较稳固市场地位而不受市场激烈竞争困扰的企业所控制，其产品的购买者很多，以致每一单个购买者都不可能成为供应商的重要客户。第二，供应商各企业的产品各具有一定特色，以致购买者难以转换或转换成本太高，或者很难找到可与供应商企业产品相竞争的替代品。第三，供应商能够方便地实行前向联合或一体化，而购买者难以进行后向联合或一体化。

(2)购买者的议价能力

购买者主要通过其压价与要求提供较高的产品或服务质量的能力，来影响行业中现有企业的盈利能力。购买者的议价能力产生影响的主要原因如下：第一，购买者的总数较少，而每个购买者的购买量较大，占了供应商销售量的很大比例。第二，供应商行业由大量相对来说规模较小的企业所组成。第三，购买者所购买的基本上是一种标准化产品，同时向多个供应商购买产品在经济上也完全可行。第四，购买者有能力实现后向一体化，而供应商不可能前向一体化。

(3)新进入者的威胁

新进入者在为行业带来新生产能力、新资源的同时，也希望在已被现有企业瓜分完毕的市场中赢得一席之地，这就有可能会与现有企业发生原材料与市场份额的争夺，最终导致行业中现有企业盈利水平降低，严重的话还有可能危及这些企业的生存。新进入者的威胁的程度取决于两方面的因素，即进入新领域的障碍大小和预期现有企业对新进入者的反应情况。

进入障碍主要包括规模经济、产品差异、资本需要、转换成本、销售渠道开拓、政府行为与政策、不受规模支配的成本劣势、自然资源、地理环境等方面，这其中有些障碍是很难借助复制或仿造的方式来突破的。预期现有企业对新进入者的反应情况，主要是采取报复行动的可能性大小，则取决于有关厂商的财力情况、报复记录、固定资产规模、行业增长速度等。总之，新企业进入一个行业的可能性大小，取决于进入者主观估计进入所能带来的潜在利益、所需花费的代价与所要承担的风险这三者的相对大小情况。

(4)替代品的威胁

两个处于同行业或不同行业中的企业，可能会由于所生产的产品是互为替代品，从而在他们之间产生相互竞争行为，这种源于替代品的竞争会以各种形式影响行业中现有企业的竞争战略。第一，现有企业产品售价以及获利潜力的提高，将由于存在着能被用户方便接受的替代品而受到限制。第二，由于替代品生产者的侵入，使得现有企业必须提高产品质量或者通过降低成本来降低售价或者使其产品具有特色，否则其销量与利润增长的目标就有可能受挫。第三，源自替代品生产者的竞争强度，受产品购买者转换成本高低的影响。

总之，替代品价格越低、质量越好、用户转换成本越低，其所能产生的竞争压力就强；而这种来自替代品生产者的竞争压力的强度，可以具体通过考察替代品销售增长率、替代品厂家生产能力与盈利扩张情况来加以描述。

(5)同业竞争者的竞争程度

大部分行业中的企业，相互之间的利益都是紧密联系在一起的，作为企业整体战略一部分的各企业竞争战略，其目标都在于使得自己的企业获得相对于竞争对手的优势，所以，在实施中就必然会产生冲突与对抗现象，这些冲突与对抗就构成了现有企业之间的竞争。现有企业之间的竞争常常表现在价格、广告、产品介绍、售后服务等方面，其竞争强度与许多因素有关。

一般来说，出现下述情况将意味着行业中现有企业之间竞争的加剧：行业进入障碍较低，势均力敌竞争对手较多，竞争参与者范围广泛；市场趋于成熟，产品需求增长缓慢；竞争者企图采用降价等手段促销；竞争者提供几乎相同的产品或服务，用户转换成本很低；一个战略行动如果取得成功，其收入相当可观；行业外部实力强大的公司在接手了行业中实力薄弱企业后，发起进攻性行动，结果使得刚被接手的企业成为市场的主要竞争者；退出障碍较高，即退出竞争要比继续参与竞争代价更高。在这里，退出障碍主要受经济、战略、感情以及社会政治关系等方面因素的影响，具体包括：资产的专用性、退出的固定费用、战略上的相互牵制、情绪上的难以接受、政府和社会的各种限制等。

（六）公众

公众是指对企业实现其市场营销目标的能力，具有实际或潜在利害关系和影响的一切团体和个人。公众可能有助于增强一个企业实现目标的能力，也有可能妨碍这种能力的实现。有时候公众的态度会直接影响企业营销的成功，因此，处理好与公众的关系格外重要。目前，许多企业建立了公共关系部门，专门筹划与各类公众的良好关系，为企业建设宽松的营销环境。

1. 金融公众

金融公众是指关心并可能影响企业获得资金的能力的团体，如银行、投资公司、证券交易所和保险公司等。

2. 媒介公司

媒介公司是指电视、广播、全国和地方报刊、商业和专业报刊等大众传播媒介。媒体是个重要团体，组成一个既代表自身权益又是公关工具的公众，对企业的声誉有着举足轻重的影响力。不管组织是想向公众发布好消息，还是想在危机中减少敌意媒体的反应，与媒体之间保持良好关系都是最基本的。

3. 政府部门

政府部门是指有可能影响企业业务及市场活动的有关政府机构。营销管理者在制订营销计划时必须充分考虑政府的发展政策及未来的发展趋势，并相应地调整营销策略。如，企业必须向律师咨询产品安全卫生、广告真实性、商人权利等方面可能出现的问题，以便同有关政府部门搞好关系。

4. 群众团体

群众团体是指消费者组织、环境保护组织及其他群众团体。如自行车公司可能遇到关心子女安全的家长对产品安全性的咨询；而消费者协会更是企业应予以重视的力量，应有专人负责处理好同这类群体公众的关系。

5. 当地公众

当地公众是指企业所在地附近的居民和社区组织，特别是舆论制造者和引导者。企业在营销活动中，需要被看成是一个好的企业公民，需要在社区中扮演一个适当的角色。组织可以通过赞助当地公益活动来积极宣传自己，应注意对公益事业做出贡献，要避免与周围公众利益发生冲突，应指派专人负责协调这方面的关系。

6. 一般公众

一般公众是指虽对企业产品的即时销售不具直接意义，但其态度会对企业形象发生作用的一般社会公众。一个企业需要了解一般公众对它的产品和活动的态度。企业的公众形象对企业的经营和发展是很重要的。要争取在一般公众心目中建立良好的企业形象。

7. 内部公众

内部公众是指企业内部的公众，包括管理层、行政人员、生产人员和工会。近几年，许多企业提出了内部营销这一新概念。内部营销观念强调每一名员工都有其内部供应者和内部客户，每一名员工都要通过自身的努力与内部供应者搞好关系，协调运作；同时尽力满足内部客户的各种需要，共同实现企业的战略目标。同时，应当通过多种形式的公关活动，增强员工的主人公意识，使他们产生归属感，这有助于建立预期的企业文化。

所有以上这些公众，都与企业的营销活动有着直接或间接的关系。现代企业是一个开放的系统，他在经营活动中必然与各方面发生联系，处理好与各方面公众的关系，是企业营销管理中一项极其重要的任务。

上述六种力量既构成了企业营销的微观环境，也是一个企业的市场营销系统。疏通、理顺这个系统，是企业极为重要的一项经常性任务。

二、宏观环境

宏观环境是指那些作用于微观营销环境，并因而造成市场机会或环境威胁的主要社会力量，具体包括：人口环境、经济环境、自然环境、科学技术环境、政治法律环境、社会文化环境等方面。构成宏观环境的各因素既相互独立又相互作用，对企业的市场营销活动既是威胁又是机会。同时，宏观环境对微观环境有着制约作用。

（一）人口环境

市场营销学认为市场是由那些具有购买愿望并且具备购买能力的人（即潜在购买者）构成的，人的需求正是企业营销活动的基础。从量的角度来看，人口的数量直接决定市场的潜在容量，在人均消费水平一定的情况下，人口数量越多，市场需求规模就越大。而从人口的年龄结构、地理分布、婚姻状况、出生率、死亡率、人口密度、流动性、文化教育等方面进行质的分析，则能够刻画出市场需求的特点和发展趋势。所以，企业的营销人员必须密切注意上述人口特性及其发展动向，不失时机地利用“机会”，而在出现“威胁”时，及时地、果断地调整市场营销策略，以适应人口环境的变化。

我们可以从以下几个方面讨论人口环境及其变化对企业营销活动的影响。

1.人口数量

随着科学技术的进步、生产力的发展和人民生活条件的改善，世界人口平均寿命延长，死亡率下降，全球人口尤其是发展中国家的人口持续增长。据估计，目前世界总人口已经超过70亿，并将在2025年达到79亿以上。20世纪的最后20年中，世界人口居然增长了近18亿。根据我国第六次全国人口普查结果显示，中国总人口为13.39亿。世界人口的迅速增长意味着人类需求的增长和世界市场的扩大。

但是，世界人口的增长呈现不均衡态势。发达国家的人口出生率下降，人口甚至出现负增长，导致这些国家市场需求呈缓慢增长，有的甚至开始萎缩。例如，欧洲儿童数量的减少，给以儿童市场为目标顾客群体的企业造成威胁，却因为年轻夫妇有更多的闲暇和收入用于旅游和娱乐，为另一些行业带来佳音。世界人口的80%在发展中国家，而且人口增长最快的往往是那些落后的、欠发达的国家。贫穷问题困扰着这些国家的人民，在人口呈几何级数增长的同时，消费者的购买力并没有提高多少，市场需求层次较低，以追求基本需求的满足为主。东亚地区被人们誉为“最具潜力的市场”，除了因为该地区近年来经济发展迅速之外，也因为它的人口数量庞大且增长较快，使得该地区的市场需求日益扩大。

2.人口结构

人口结构可从其自然结构（性别、年龄），社会结构（文化素质、职业、民族和家庭）以及人口分布三方面进行分析。

(1)人口的自然结构

①性别。人口的性别构成与市场需求的关系密切。男性和女性在生理、心理和社会角色上的差异决定了他们不同的消费内容和消费特点。一般来说,男性以阳刚粗犷为美,崇尚冒险精神,以事业为重,决策果断,因而男性消费者的需求特征常常表现为粗放型、冒险型、冲动型和事业型;女性比较温柔细腻,善于谨慎从事,以生活和家庭为重,因而女性消费者的需求特点多为谨慎型、生活型和唯美型。随着社会经济的发展,男女的性别角色也在悄然发生变化,并影响市场需求的变动。越来越多的女性摆脱传统观念的束缚,走向社会寻求与男性同样的发展机遇,女性就业的人数和领域在不断增加和扩大,她们的家庭和社会地位都有所改善。

②年龄。人口年龄结构是企业分析市场环境的主要内容之一,不同年龄层次的消费者由于生理和心理特征、人生经历、收入水平和负担状况的不同,有着不同的消费需要、兴趣爱好和消费模式。目前,人口老龄化是世界人口年龄结构变化的新特点。这一人口环境动向对市场需求的影响是十分深刻的:市场对摩托车、体育用品等青少年用品的需求将会减少,而且由于老年人对添置住宅、汽车等高档商品兴趣不大,这部分产品的市场需求也呈下降趋势;另一方面,老年人的医疗和保健用品、生活服务、旅游和娱乐的市场需求将会迅速增加。据中国老年协会统计,中国目前60岁以上的老年人口已达1.8亿,并以每年3%的速度递增。预计到2030年中国老年人口将超过欧洲人口。我国老年产品与服务的多种需求构成了一个十分庞大、丰富多彩的市场。据测算,仅其潜在消费每年也在3 000亿元人民币以上,老年人的消费需求以人寿保险、医疗保健和生活服务为热点。

(2)人口的社会结构

①文化。人口的文化素质对市场消费需求的影响不能忽视。一般来说,随着受教育人数和受教育水平的提高,市场将增加对优质高档产品、旅游、书籍杂志等文化消费品的需求。青年一代的文化需求和对消费品中的知识含量要求远远超过了老一代消费者,而且人们的需求会更加追求个性化和多样化。此外,企业采用的营销手段及其效果也因目标顾客的受教育程度而异。

②职业。职业是消费者社会角色的体现。不同的职业往往和相应的收入水平联系在一起,直接制约着消费者的购买能力。特定的职业常常和一定的生活方式相联系,进而影响消费方式、消费习惯。即使收入水平相同,出租车司机和大学教授的消费兴趣也不会相同。因此,市场上各种商品和服务的职业特征也越来越明显。

③民族。不同民族的消费者在各自传统民族文化的影响下,其消费行为、消费内容也具有鲜明的民族性。我国是一个多民族的国家,除占人口绝大多数的汉族外,还有满、藏、回、壮、维吾尔、蒙古等50多个少数民族。每个民族都有其特殊的需求和消费习惯。以不同民族消费者为目标顾客的营销人员必须尊重民族文化,理解民族文化间的差异。

④家庭。家庭是社会的细胞,也是某些商品的基本消费单位,例如住房、成套家具、电视机、厨房用品等商品的消费数量就和家庭单位的数量密切相关。目前,随着晚婚、节育、职业妇女的增长导致出生率下降,以及独身者、离婚的分居者增加导致更多的单身成人和单亲家庭,家庭规模缩小已经成为世界趋势。家庭规模小型化,一方面导致家庭总户数的增加,进而引起对家庭用品总需求的增加;另一方面也意味着家庭结构的简单化,从而引起家庭需求

结构的变化，例如单人户、双人户和三人户的增加使得家庭对产品本身的规格和结构有不同于多世同堂的大家庭对产品的要求。营销人员应在产品设计、包装和促销上做出相应的调整。

3. 人口分布

人口分布是指人口在不同的地理区域的密集程度。由于各区域的自然条件、经济发展水平、市场开放程度、社会文化传统、社会经济与人口政策等因素的不同，不同区域的人口具有不同的需求特点和消费习惯。例如在我国，不同区域的食品消费结构和口味就有很大差异。

人口密度是反映人口分布状况的重要指标。人口分布往往不均衡，各区域的人口密度大小不一。人口密度越大，意味着该地区人口越稠密、市场需求越集中。准确地了解人口密度指标有利于营销人员制订有效的营销计划。人口分布并不是一成不变的，它是一个动态的概念，这就是人口流动问题。人口的城市化和区域性转移会引起社会消费结构的变化和消费水平的变化，使城市的商业服务不得不加以调整。近几十年来，世界人口“城市化”是普遍存在的现象，有些国家的城市人口高达百分之七八十。但近来，在一些发达国家，与城市化倾向相反，出现了城市人口向郊区及卫星小城镇转移的“城市空心化”趋势。这些人口流动现象无一不影响市场需求的相应变化，营销人员必须充分考虑人口的地理分布及其动态特征对商品需求及流向的决定性影响。

（二）经济环境

经济环境是指企业营销活动所面临的外部社会经济条件，其运行状况和发展趋势会直接或间接地对企业营销活动产生影响。市场营销学认为，人的需求只有在具备经济能力时才是现实的市场需求。经济环境的研究一般包括经济发展阶段、消费者收入水平、消费者支出模式、消费者储蓄和信贷水平的变化等。所以，企业必须密切关注经济环境的动向，尤其要着重分析社会购买力及其支出结构的变化，关注促成其变化的各种因素。

1. 经济发展阶段

经济发展阶段的划分，比较流行的是美国学者罗斯托（W. W. Rostow）的“经济成长阶段理论”，他将世界各国的经济发展阶段归纳为以下五种类型：①传统经济社会；②经济起飞前的准备阶段；⑧经济起飞阶段；④迈向经济成熟阶段；⑤大量消费阶段。凡处于前三个阶段的国家称为发展中国家，而处于后两个阶段的国家则称为发达国家。

不同发展阶段的国家在市场营销上采取的策略也有所不同。以分销渠道为例，国外学者对经济发展阶段与分销渠道之间的关系做过研究，得出以下结论：①经济发展阶段越高的国家，它的分销途径越复杂而且广泛；②进口代理商的地位随经济发展而下降；⑧制造商、批发商与零售商的职能逐渐减少，不再由某一分销路线的成员单独承担；④批发商的其他职能增加，只有财务职能下降；⑤小型商店的数目下降，商店的平均规模在增加；⑥零售商的加成上升。随着经济发展阶段的上升，分销路线的控制权逐渐由传统权势人物移至中间商，再至制造商，最后大零售商崛起，控制分销路线。

2. 消费者收入水平

消费者的收入是消费者购买能力的源泉，包括消费者个人工资、奖金、津贴、股息、租金和红利等一切货币收入。但是并不是全部收入都用来购买商品和劳务，购买力只是收入的一部分。消费者收入水平的高低制约了消费者支出的多少和支出模式的不同，从而影响了市场规模的大小和不同产品或服务市场的需求状况。

对消费者收入的分析绝非简单问题，必须准确理解一系列相关概念。

(1)国民收入

国民收入是指一个国家物质生产部门的劳动者在一定时期内(通常为一年)新创造的价值的总和。

(2)人均国民收入

人均国民收入即用国民收入总量除以总人口。这个指标大体上反映一个国家的经济发展水平。根据人均国民收入，可以推测不同的人均国民收入相应地消费哪一类耐用消费品或服务；在什么样的经济水平上形成怎样的消费水平和结构。

(3)个人收入

个人收入即所有个人从多种来源中所得到的收入。对其可分为不同方面的研究。一个地区个人收入的总和除以总人口，就是个人平均收入。该指标可以用来衡量当地消费者市场的容量和购买力水平的高低。

(4)个人可支配收入

个人可支配收入即在个人收入中扣除税款和非税性负担后所得余额。它是个人收入中可以用于消费支出或储蓄的部分，它是影响消费者购买力水平和消费支出结构的决定性因素。但由于国家税收政策的稳定性，个人可支配收入变化趋势缓慢。

(5)个人可任意支配收入

个人可任意支配收入即在个人可支配收入中减去消费者用于维持个人与家庭生存不可缺少的固定支出(如房租、水电、食物、燃料、衣着等项目开支)后剩余的那部分收入，一般还要扣除稳定的储蓄。

个人可任意支配收入＝个人全部收入－税费－固定开支－储蓄＋手存现金

个人可任意支配收入变化较大，是消费需求变化中最活跃的因素，而且在商品消费中的投向不固定，所以这部分收入也是企业研究营销活动时所要考虑的主要对象。非必需品的消费主要受它的限制。因为从个人可以支配的收入中开支的维持生存所必需的基本生活资料部分，一般变动较小，相对稳定，即需求弹性小；而满足人们基本生活需要之外的这部分收入所形成的需求弹性大，它一般用于购买高档、耐用消费品、旅游等，所以是影响商品销售的主要因素。

(6)货币收入

货币收入即名义收入，以货币形式加以衡量，并不代表消费者可购买到的实际商品的价值。所以，货币收入的上涨并不意味着社会实际购买力的提高，而货币收入保持不变也不一定就是社会购买力的不波动。

(7)实际收入

实际收入考虑了物价因素，反映实际社会购买力水平和变化。假设消费者货币收入不变，但物价下跌，消费者的实际收入上升、购买能力提高；相反，如果物价上涨，消费者的实际收入下降、购买能力降低。即使货币收入随着物价上涨而增长，如果通货膨胀率大于货币收入增长率，消费者的实际收入仍会减少，社会购买力下降。货币收入和实际收入的区别在于后者通过了物价因素的修正，而前者没有。

除了分析研究消费者的平均收入之外，营销人员还应了解不同社会阶层、不同地区 、不同职业的收入和收入增长率的差别，深入认识各个细分市场的购买力分布。

3. 消费者支出模式

消费者支出模式是指消费者各种消费支出的比例关系，也就是通常所说的消费结构。社会经济的发展、产业结构的转变和收入水平的变化等因素直接影响了社会消费支出模式，而消费者个人收入则是单个消费者或家庭消费结构的决定性因素。对这个问题的分析要涉及"恩格尔定律"。德国经济学家和统计学家恩斯特·恩格尔(Ernst Engel)于1857年根据他对美国、法国、德国、比利时许多家庭的收支预算所做的调查研究，发现了关于家庭收入变化与各方面支出变化之间比例关系的规律性，得出了著名的恩格尔定律(Engel's Law)并得到其追随者的不断补充修正。目前该定律已成为分析消费结构的重要工具。恩格尔定律表明，随着家庭收入的增加，用于购买食品的支出占家庭收入的比重就会下降；用于住房和家庭日常开支的费用比例保持不变；而用于服装、娱乐、保健和教育等其他方面及储蓄的支出比重会上升。即在一定的条件下，当家庭个人收入增加时，收入中用于食物开支部分的增长速度要小于用于教育、医疗、享受等方面的开支增长速度。其中，食品支出占家庭收入的比重被称为恩格尔系数。食物开支占总消费数量的比重越大，恩格尔系数越高，生活水平越低；反之，食物开支所占比重越小，恩格尔系数越小，生活水平越高。整个社会经济水平越高，用于食品消费部分占总支出的比重就越小。

恩格尔系数已成为衡量家庭、阶层及国家富裕程度的重要参数。企业借助恩格尔系数可以了解市场的消费水平和变化趋势。

恩格尔系数＝食物支出变动百分比/收入变动百分比

这个公式通常又称为食物支出的收入弹性。它反映了人们收入增加时支出变化趋势的一般规律性。根据联合国粮农组织提出的标准，恩格尔系数达到60%以上为贫困，50%～59%为温饱，40%～59%为小康，30%～39%为富裕，低于30%为最富裕。在分析恩格尔系数时，要注意恩格尔系数下降的比例对于经济发展水平不高的国家和地区表现出的缓慢性，与经济增长不是等比例的增长。当某些比较贫困的家庭收入略有增加时，可能用于食物方面的支出不仅没有减少，而且可能增多，表现为恩格尔系数的上升；只有食物的消费达到一定水平时，收入的进一步增加才会导致恩格尔系数的下降。

另外，一些经济学家也指出，在分析恩格尔系数时，还应考虑以下三种因素：

第一，城市化因素。特别是当家庭由农村迁入城市时，食物支出往往快于家庭收入增长，甚至可能在收入不增加的情况下，食物支出也有明显增长。第二，商品化因素。随着商品化程度的提高，人们(尤其是农村消费者)越来越多地从市场上购买食品，使得食物支出在总支出中所占比重有所上升。第三，劳务社会化因素。从市场上买进的食品中，未加工的食品所占比重越来越小，加工过的食品所占比重越来越大，使得食品支出发生变化。

与恩格尔系数相联系的是消费结构。消费结构是指消费过程中人们所消耗的各种消费资料(包括劳务)的构成。即各种消费支出与总支出的比例关系。优化的消费结构是优化的产业结构和产品结构的客观依据，也是企业开展市场营销的基本立足点。

消费者支出模式除了主要受消费者收入的影响外，还受到家庭生命周期的阶段和家庭所在地域两个因素的影响。据调查，没有孩子的年轻人家庭对家用电器、家具、陈设品等耐用消费品需求旺盛；而有孩子的家庭，随着孩子的长大，消费支出的重心便转移到孩子的需求上，孩子的食品、服装、教育和文娱等方面支出较多，故家庭用于购买消费品的支出会减少;孩子独立生活后,家庭收支预算又会发生变化,父母的消费用于医疗、保健、旅游、储蓄部分就会增加。如住在农村的消费者和住在中心城市的消费者相比,前者用于交通方面支出较少,用于住宅建设方面支出较多,后者用于食物方面的支出较多。

4.消费者储蓄和信贷水平

消费者的储蓄额占总收入的比重和可获得的消费信贷也影响实际购买力。

一般来说,储蓄意味着推迟了的购买力,储蓄的增多会使消费者现实的需求量减少,购买力下降,但储蓄作为个人收入则增加潜在需求量,使企业产品在未来的实现容易一些。有人以“笼子里的老虎”形象地比喻它对未来市场的冲击。消费者储蓄一般有两种形式:一是银行存款,增加现有银行存款额;二是购买有价证券。

影响储蓄的因素有:(1)收入水平。一个人、一个家庭只有当收入超过一定的支出水平时,才有能力进行储蓄。(2)通货膨胀的因素。当物价上涨接近或超过储蓄存款利率的增长,则货币的贬值将会刺激消费、抑制储蓄。(3)市场商品供给状况。当市场上商品短缺或产品质量不能满足消费者需要时,则储蓄上升。(4)对未来消费和当前消费的偏好程度。如果消费者较注重未来消费,则他们宁愿现在较为节俭而增加储蓄,如果消费者重视当前消费,则储蓄倾向较弱,储蓄水平降低。

与储蓄相反,消费信贷是一种预支的幸福能力,它使消费者能够凭信用取得商品使用权在先,按期归还贷款在后,对当前社会购买是一种刺激和扩大。消费信贷有短期赊销、分期付款和信用卡信贷等多种形式。(1)短期赊销。例如,消费者在某零售商店购买商品,这家商店规定无须立即付清货款,有一定的赊销期限,如果顾客在期限内付清货款,则不付利息,如果超过期限,要付利息。(2)分期付款,消费者在购买住宅时,必须先个人支付一部分房款,再以购买的住宅作为抵押,向银行借款支付剩余的房款,以后按照借款合同的规定在若干年内分期偿还银行贷款和利息。另外消费者在购买汽车、电冰箱、昂贵家具等耐用消费品时可以采取分期付款的方式。(3)信用卡信贷。顾客可以凭卡到与发卡银行签订合同的任何企业去购买商品,钱由发卡银行先垫付给这些企业,然后再向赊欠人收回。发卡银行在这些企业与顾客中间起着担保人作用。因而发卡银行不仅向客户收取一定费用,而且还要向企业收取一定佣金。

(三)自然环境

自然环境是人类最基本的活动空间和物质来源,包括自然资源、气候、地形、地质、地理位置等。可以说,人类发展的历史就是人与自然关系发展的历史。自然环境的变化与人类活动休戚相关。随着人类社会的不断发展,各国工业化发展迅猛,一方面创造了丰富的物质财富,另一方面也造成了资源短缺、环境污染等问题。企业所处的自然环境也会对企业的营销活动产生影响,有时这种影响力对企业的生存和发展起决定性作用。企业要避免由自然环境带来的威胁,最大限度利用环境变化可能带来的市场营销机会,就应不断地分析和认识自然环境变化的趋势。

目前,自然环境面临危机,主要表现在以下几个方面:

1.自然资源逐渐枯竭

传统上,人们将地球上的自然资源分成三大类:第一类是“无限”的资源,取之不尽,用之不竭,如空气、水等。但近几十年来,许多国家的空气、水的污染日益严重,有些地区,随着工业化和城市化的发展,缺水问题已被提到议事日程上了。中国人均淡水资源仅占世界人均量的1/4，中西部地区面临严重的水资源危机。第二类是有限但可再生的资源，如森林、粮食等。这类资源中的木材资源，目前虽然不成问题，但从长远来看，可能会发生问题。因此，许多国家政府都要求人们重新造林，以保护土壤，保证将来对木材日益增长的需要；至于粮食供应，有些国家和城市由于人口增长太快，连年的动乱和旱灾，已面临粮食严重缺乏的问题。第三类是有限又不可再生的资源，如石油、煤和各种矿物。由于现代工业文明无限度地索取和利用，导致矿产、能源、耕地等资源日益枯竭。这类资源，由于供不应求或在一段时间内供不应求，有些国家需要这类资源的企业正面临或将面临成本大幅度上升的问题，而必须寻找替代品。目前，许多国家都在大力开发太阳能、核能、风能、地热等新能源，努力减轻能源短缺的压力，这样又给某些企业带来了新的营销机会。

2.环境污染程度日益加剧

过去，世界经济是物质经济，是肆意挥霍原料、资源、能源特别是矿物燃料作为发展动力的经济，这种粗放型的经济增长方式使人类付出了惨重的代价。随着工业化和城市化的发展，环境污染程度日益加剧。人类面临资源枯竭、海洋污染、土壤沙化、温室效应、物种灭绝和臭氧层破坏等一系列资源生态环境危机。

3.政府加强对环境保护的干预

资源的趋于短缺，环境污染的日益严重，公众对自然环境的日益关注，促使许多国家的政府加强了对环境保护工作的干预，加强了对自然资源的管理。一方面，限制了某些行业的发展；另一方面，也造成了两种营销机会：一是为治理污染的技术和设备提供了一个大市场，二是为不破坏生态环境的新的生产技术和包装方法创造了营销机会。环境技术是当今世界发展最快的产业之一，专家预测环境技术的全球市场有极大潜力。

1992年6月，联合国环境与发展大会在巴西里约热内卢通过了包括《21世纪议程》在内的一系列重要文件，指出人类社会应走可持续发展的道路。可持续发展是指经济发展应建立在资源可持续利用的基础上，符合生态环境所允许的程度，既能满足当代的发展需求，又不对后代生存和发展构成危害。通过产业结构调整与合理布局，实行清洁生产和文明消费，使社会的发展在代内和代际间都达到与环境的和谐。可持续发展理论逐渐被世界各国所接受，并促进绿色产业、绿色消费、绿色市场营销的蓬勃发展。例如，麦当劳规定所有餐厅都采用再生纸制成的纸巾，宝洁公司重新设计塑料包装以减少塑料用量。从世界范围来看，环境保护意识和市场营销观念相结合所形成的绿色市场营销观念正成为新世纪市场营销的新主流。

（四）科学技术环境

科学技术环境主要是指所在国家或地区的科学技术进步状况、相应的技术条件、科学技术政策和科学技术发展的动向与潜力等。科学以系统的理论反映系统的现象，是人类对于自然、社会和思维等现象认识的结晶。技术是人类为实现社会需要改革客观世界所采用手段的总和。科学技术是社会生产力的新的和最活跃的因素，作为推动社会生产力发展的主导力量，科学转化为直接的社会生产力的周期日益缩短，科学技术在社会化大生产中的作用呈几何级数递增。作为营销环境的一部分，科学技术环境不仅直接影响企业内部的生产和经营，还同时与其他环境因素互相依赖、相互作用，特别与经济环境、文化环境的关系更紧密，尤其是新技术革命，给企业市场营销既造就了机会，又带来了威胁。

1.新技术的发展和运用引起企业市场营销策略发生变化

据美国《设计新闻》报道，由于大量启用自动化设备和采用新技术，将出现许多新行业，包括新技术培训、新工具维修、电脑教育、信息处理、光导通信、遗传工程、海洋技术和空间技术等。新技术革命的蓬勃发展促进了产业革命，而产业革命所包含的主导技术群和技术体系则催化了社会经济的变革，甚至整个社会结构、时代文化和价值观的更新。新技术改革了企业人员原有的价值观。所以，如果企业不及时跟上，就有可能被淘汰。正因为如此，西方经济学“创新理论”的代表人物熊彼特(Joseph Alois Schumpeter)认为“技术是一种创造性的毁灭”。新技术同时也改变了企业生产经营的内部因素和外部环境，而引起以下企业市场营销策略的变化。

(1)产品策略

由于科学技术的迅速发展，新技术应用于新产品开发的周期大大缩短，产品更新换代加快，开发新产品成为企业开拓新市场和赖以生存和发展的根本条件。因此，要求企业营销人员不断寻找新市场，预测新技术，时刻注意新技术在产品开发中的应用，从而促进企业开发出能给消费者带来更多便利的新产品。

(2)分销策略

由于新技术的不断应用，技术环境的变化使人们的工作及生活方式发生了重大变化。广大消费者的兴趣、思想等差异性扩大，自我意识的观念增强，从而引起分销机构的不断变化，大量的特色商店和自我服务的商店不断涌现。如1930年出现超级市场，1940年出现廉价商店，20世纪六七十年代出现快餐服务、自助餐厅、特级商店、左撇子商店等。同时也引起了分销实体的变化和运输实体的多样化，增加了运输容量及货物储存量，使现代企业的实体分配出发点由工厂变成了市场。

(3)价格策略

科学技术的发展及运用，一方面降低了产品成本，使价格下降。另一方面使企业能够通过信息技术，加强信息反馈，正确应用价值规律、供求规律、竞争规律来制定和修改价格策略。

(4)促销策略

科学技术的应用引起促销手段的多样化，尤其是广告媒体的多样化和广告宣传形式的复杂化。如人造卫星成为全球范围内的信息沟通手段。如何利用新技术提高信息沟通的效率、提高促销组合的效果、降低促销成本，以及采用新的广告手段和方式，将是促销研究的主要内容。

2.新技术的发展和运用赋予了企业改善经营管理的能力

竞争战略学家迈克·波特指出，技术概念除了可狭义地定义为一种科技类的东西外，还可定义为极为广泛的含义，包括管理、组织创新或其他，而运用技术的能力是企业获得竞争优势的源泉。技术革命是管理改革或管理革命的动力，它向管理提出了新课题、新要求，又为企业改善经营管理、提高管理效率提供了物质基础。

3.新技术的发展和运用改变了零售业的结构和消费者购物习惯

“网上营销”是现代电子技术高度发展带来的营销方式的重大变革，即借助网络、电脑通信和数字交互式媒体的共同作用来实现营销目标。现代电子技术为营销活动创造了一个由电脑和通信交汇的无形空间，消费者可以在这个空间获取信息、自由购物；自动售货机的出现，也使销售形式得以改变，这种方式对卖方来说，不需要营业人员，只需少量的工作人员补充商品、回收现金，保养、修理机械；对买方来说，购货不受时间限制，在任何时间都可以买到商品和提供的服务。企业可以在这个空间进行广告宣传、市场营销研究和推销商品等。所以，看似虚拟的空间，但却是开辟了实实在在的竞争新领域。

（五）政治法律环境

政治法律环境由法律、政府机构和在社会上对各种组织及个人有影响和制约的压力集团构成。因此，企业的营销人员，要对政治法律环境有明确的了解，并且要知道它们对企业营销活动的影响，否则将招致不可逆转的损失。

1. 政治环境分析

政治环境是指企业市场营销的外部政治形势和状况给市场营销带来的，或可能带来的影响。政治环境分析主要分析国内的政治环境和国际的政治环境。国内的政治环境包括政治制度、政党和政党制度、政治性团体、党和国家的方针政策和政治大环境等方面。国际政治环境主要包括国际政治局势、国际关系和目标国的国内政治环境。一个国家的政局稳定与否，会给企业营销活动带来重大的影响。因此，企业对国内政治环境进行分析要了解党和政府的各项方针、路线、政策的制定和调整对企业市场营销的影响，对国际政治环境的分析要了解政治冲突与政治权力对企业营销的影响。

(1)政治冲突

政治冲突是指国际上重大事件和突发性事件对企业营销活动的影响，包括直接冲突与间接冲突两种。直接冲突主要指战争、暴力事件、绑架、恐怖活动、罢工、动乱等给企业营销活动带来的损失和影响；间接冲突主要指由政治冲突、国际上重大政治事件带来的经济政策的变化，国与国、地区与地区观点的对立或缓和常常影响其经济政策的变化，进而使企业的营销活动或受威胁，或得到机会。

(2)政治权力

政治权力是指一国政府通过正式手段对外来企业权利予以约束，包括进口限制、税收政策、价格管制、外汇管制、国有化、劳工限制等方面。

①进口限制是指在法律和行政上限制进口的各项措施：一类是限制进口数量的各项措施；另一类是限制外国产品在本国市场上销售的措施。政府实行进口限制的主要目的在于保护本国工业，确保本国企业在市场上的竞争优势。

②税收政策是政府在税收方面会对企业经营活动产生影响的政策措施。比如对某些产品征收特别税或高额税，则会使这些产品的竞争力减弱，给经营这些产品的企业效益带来一定影响。

③当一个国家发生了经济问题时，如经济危机、通货膨胀等，政府就会对某些重要物资，以至所有产品采取价格管制措施。这种价格管制直接干预了企业的定价决策，影响了企业的营销活动。

④外汇管制是指一个国家政府对外汇的供需及利用加以限制。外汇管制对企业营销活动特别是国际影响活动产生重要影响。例如，实行外汇管制，使企业生产所需的原料、设备和零部件不能自由地从国外进口，企业的利润和资金也不能或不能随意汇回母国。

⑤国有化是指政府由于政治、经济等原因对企业所有权采取的集中措施。例如，为了保护本国工业避免外国势力阻碍等原因，将外国企业收归国有。国家将所有外国人投资的企

业收归国有，有的给予补偿，有的不给予任何补偿。

⑥劳工限制是指所在国对劳工来源及使用方面的特殊规定。这些“政治权力”对市场营销活动的影响往往有一个发展过程，有些方面的变化，企业可以通过研究分析预测得到。

企业必须熟知所处地域的政治法律环境，以使组织活动符合社会利益并受到有关方面的保护和支持。如果企业管理者对政治不关心，缺乏政治敏锐性，没有法制观念，就很难驾驭组织、捕捉机遇、谋求成功、促进发展。

2.法律环境分析

法律环境是指国家或地方政府所颁布的各项法规、法令和条例等。企业营销人员应熟悉和了解法律，熟悉法律环境，既保证企业自身严格按法律办事，不违反各项法律，有自己的行动规范，同时又能够用法律手段保障企业自身权益。对法律环境的研究，除了要研究各项与国际、国内市场营销有关的法律、法规，研究有关竞争的法律及环境保护、资源管理方面的条例规定外，还要了解与法律的制定与执行相关的监督、管理、服务于企业市场营销活动的政府部门的职能与任务。这样才能使企业营销人员全面了解、熟悉企业所处的外部环境，避免威胁，寻找机会。

我国政治法律环境自改革开放以来有了明显改善，表现在以下两大方面：

(1)国家政策法规的不断完善

十一届三中全会以来，由于政策的正确、得力，我国社会主义市场经济得到长足的进步，我国城乡居民的消费水平提高显著。市场经济是法制经济，我国政府非常重视法制建设，法律、法规、条例特别是有关经济的立法不断出台。国家立法的目的不外乎如下三种：

第一，维护企业的合法权益，避免不正当竞争，保证良好的市场秩序。例如，《公司法》《反不正当竞争法》《税收法》《广告法》《商标法》《价格法》等，都为市场经济保持健康稳定的发展提供了可靠的保障。第二，保护消费者的合法权益不受侵害。我国对消费者利益的保护立法非常重视，推出了从规定产品的品质、技术标准，到免受不法经营者欺骗等的一系列保障措施。1994年1月1日我国施行了《消费者权益保护法》，明确指出国家保护消费者的合法权益不受侵害，保障消费者合法行使其知情权、选择权、评价权、公平交易权、索赔权等合法权利。第三，保护社会利益，防止环境污染。例如，从保护自然环境、防止公害的立场出发，通过《环境保护法》及相关条例严格限制经济活动的外部性，协调人类与环境的共同发展。随着社会对可持续发展观的进一步认同，企业的经营活动越来越不可回避其应有的社会责任。

(2)公众利益集团的发展

公众利益集团是指代表一定公众利益的民间社团组织，如消费者协会、老年协会、旅游者俱乐部、环境保护组织等。这些利益集团不是官方组织，不具有强制性，但由于是某个群体利益的代言人，所以颇具影响力和号召力。例如，自从“消费者主权论”问世以来，消费者权益的保护运动蓬勃开展，公众利益集团的数量、规模和影响力都有增无减，已成为一种重要的社会力量，对消费需求有引导或抑制的作用，构成对企业的营销行为和市场地位的压力。企业在做出营销决策时，必须认真考虑这种动向。

(六)社会文化环境

市场营销学中所说的社会文化因素，一般是指在一种社会形态下已经形成的信息、价值、观念、宗教信仰、道德规范、审美观念以及世代相传的风俗习惯等被社会所公认的各种行为规范。社会文化作为一种适合本民族、本地区、本阶层的是非观念，强烈影响着人们的生活方式和行为模式，使其购买行为具有习惯性和相对稳定性。此外，营销人员本身也深受文化的影响，表现为不同的经商习惯和风格。企业的市场营销人员应分析、研究和了解社会文化环境，以针对不同的文化环境制定不同的营销策略。

1. 教育状况

教育是按照一定的目的要求，对受教育者施加影响的一种有计划的活动，是传授生产经验和生活经验的必要手段，反映并影响着一定的社会生产力、生产关系和经济状况，是影响企业市场营销的重要因素。教育状况对营销活动的影响，可以从以下几个方面考虑：一是对选择目标市场的影响。处于不同教育水平的国家或地区，对商品的需求不同。二是对营销商品的影响。文化不同的国家和地区的消费者，对商品的包装、装潢、附加功能和服务的要求有差异。通常文化素质高的地区或消费者要求商品包装典雅华贵，对附加功能也有一定要求。三是对营销调研的影响。在受教育程度高的国家和地区，企业可在当地雇佣调研人员或委托当地的调研公司或机构完成具体项目，而在受教育程度低的国家和地区，企业开展调研要有充分的人员准备和适当的方法。四是对经销方式的影响。企业的产品目录、产品说明书的设计要考虑目标市场的受教育状况。如果经营商品的目标市场在文盲率很高的地区，就不仅需要文字说明，更重要的是要配以简明图形，并要派人进行使用、保养的现场演示，以避免消费者和企业的不必要损失。

2. 宗教信仰

纵观历史上各民族的消费习惯的产生和发展，可以发现宗教是影响人们消费行为的重要因素之一。某些国家和地区的宗教组织在教徒购买决策中也有重大影响。企业可以把影响大的宗教组织作为自己的重要公共关系对象，在经销活动中也要针对宗教组织设计适当方案，以避免由于矛盾和冲突给企业营销活动带来的损失。比如，图腾文化是民族文化的源头。简单地说，图腾就是原始社会作为一个部落或氏族血统的标志并当作祖先来崇拜的动物或植物等。古老的图腾文化渗透到现代文化中，形成各种风俗习惯和禁忌，进而形成特别的消费习惯。例如，由于古文化中对牛的崇拜，一些民族至今不吃牛肉。再如，中华民族对龙凤呈祥、松鹤延年的美好祈盼，在消费者对产品设计、包装、商标、色彩和推销方式的特殊心理偏好上都有反映。

3. 价值观念

价值观念就是人们对社会生活中各种事物的态度和看法。以价值观为内核的观念文化是最深沉的核心文化，有高度的连续性，不会轻易改变。不同的文化背景下，人们的价值观念相差很大，消费者对商品的需求和购买行为深受价值观念的影响。营销人员应分析自己的市场营销活动将涉及哪些层次的文化因素，灵活地采取相应的策略。一种新产品的消费，会引起社会观念的变革。对乐于变革、喜欢猎奇、富有冒险精神、比较激进的消费者，应重点强调产品的新颖和奇特；而对于一些注重传统、喜欢沿袭传统消费方式的消费者，企业在制定促销策略时应把产品与目标市场的文化传统联系起来。例如，一家美国公司在日本市场推销某产品时用的鼓动性口号是曾风靡美国市场的“做你想做的！”，但没有达到预期的效果，颇感意外。调查后得知，日本文化与美国文化在价值观上有很大差异，日本文化并不喜欢标新立异、突出个性，而是非常强调克己、规矩。后来，这家公司更改口号为“做你应做的！”市场反应转好。口号中虽仅有一字之差，引发的思考却耐人寻味。

4. 消费习俗

所谓习俗就是指风俗习惯。一般来说，风俗是指世代相袭固化而成的一种风尚。习惯是指由于重复或练习而巩固下来的并变成需要的行动方式。消费习俗是人类各种习俗中的重要习俗之一，是人们历代传递下来的一种消费方式，也可以说是人们在长期经济与社会活动中所形成的一种消费风俗习惯。它在饮食、服饰、居住、婚丧、信仰、节日、人际关系等方面，都表现出独特的心理特征、道德伦理、行为方式和生活习惯。不同的消费习俗，具有不同的商品需要，研究消费习俗，不但有利于组织好消费用品的生产与销售，而且有利于正确、主动地引导健康的消费。由于人们所处时代的政治、经济发展水平不同，人们的文明程度、信仰、道德及地域与民族的影响不同，其消费习俗也千差万别。了解目标市场消费者的禁忌、习俗、避讳、信仰、伦理等，是企业进行市场营销的重要前提。

5. 审美观念

审美观念通常是指人们对商品的好坏、美丑、善恶的评价，不同的国家、民族、宗教、阶层和个人，往往有不同的审美标准。人们的消费行为归根结底不外乎维护每个社会成员的身心健康和不断追求生活的日趋完善。人们在市场上挑选、购买商品的过程，实际上也就是一次审美活动。这个审美活动的全过程完全由消费者的审美观念来支配。消费者个人的审美活动，表面看纯属个人行为，实质上它却反映了一个时代、一个社会人们共同的审美观念和审美趋势。

(1)追求健康美

体育用品和运动服装的需求量呈上升趋势，各种滋补药品相继问世，品种齐全的护发、护肤品趋于系列化、高档化，儿童保健食品花样繁多，保健饮料供不应求等都体现了人们追求健康美。

(2)追求形式美

服装市场的异军突起，不仅美化了人们的生活，更重要的是迎合了消费者的求美心愿。在服装样式上，青年人一扫过去那种多层次、多线条、重叠反复的造型艺术，追求强烈的时代感和不断更新的美感、由对称转为不对称，由灰暗色调转为鲜艳、明快、富有活力的色调。

(3)追求环境美

消费者对环境的美感体验，在购买活动中表现得最为明显。新型商业街、现代化的橱窗设计、富于协调美的柜台摆设及优质的服务态度等，都给顾客以环境美的享受，诱导顾客的潜在需求，促成其购买行为。

6. 物质文明

物质文明也影响着人们的需求水平。如家用电器在电力供应充分的国家比较畅销，但在电力供应紧张的国家就受到限制。电动切肉机、电动开罐器等在美国的销路较广，而在较贫困的国家却无人问津。

社会文化的影响深远而广泛，在国际营销活动中尤其如此。国际营销是跨国界、跨文化的活动，不同国家文化差异对其影响很大：在本国市场上成功的营销策略在他国文化中可能行不通，甚至招来厌恶、抵制；在本国文化中属于表层文化的因素，在他国文化中可能是必须严肃对待的禁区……所有的这一切，都需要营销人员仔细分析，并在充分尊重他文化的基础上，有创新地实现跨文化营销目标。那些既有民族特色，又不与他国文化构成利害冲突的营销往往会受到欢迎。

第三节　市场营销环境分析

一、目的与原则

分析企业市场营销环境的目的在于，一方面使企业把握住有利的营销机会，从而在日益复杂多变的市场竞争中立于不败之地；另一方面则使企业在激烈的市场竞争中避免不利的环境威胁，从而便于企业采取灵活的应变策略。

按系统论和生态学的观点，企业和外部环境共同形成一个大系统。企业内部环境与外部环境是这个大系统中的两个子系统，两者必须相互配合，才能产生系统效应。但从企业角度来看，外部环境这一子系统是企业不能控制的客观条件，时刻处于变动之中。因此，企业必须经常对自身系统进行调整，才能适应外部环境的变化，这正像生态学中生物体与外界环境的关系一样，也遵循"适者生存，优胜劣汰"的原则。

二、分析方法及应变对策

要分析和评价市场营销环境对企业的影响作用，可以采用两种常用的环境分析方法，即机会威胁矩阵分析法和 SWOT 分析法。

（一）机会威胁矩阵分析法及应变对策

1. 市场营销机会

所谓市场营销机会，是指营销环境变化中所出现的对企业经营富有吸引力的领域。有效地捕捉和利用市场营销机会，是企业营销成功和发展的前提。企业若能把握和利用机会，就可以增强企业的竞争优势。分析评价市场机会主要有两个方面，一是考虑机会给企业带来的潜在利益的大小；二是考虑机会出现概率的大小。机会分析矩阵图如图 2-5 所示。在图 2-5 中，方框 1 中是企业必须重视的，因为它的潜在利益和出现概率都很大，这是企业最佳的市场营销环境。企业应利用营销机会，采取积极的态度，分析把握。方框 2 中出现概率低，但潜在利益很大。说明企业暂时还不具备利用这些机会的条件。方框 3 中虽然潜在利益不大，但出现的概率很高。说明企业虽然拥有利用机会的优势，但要考虑成本和收益的比较。而方框 4 中出现概率很低，潜在的利益也不大。对此，企业应当主动放弃。因此，企业必须要根据实际情况制定相应的对策。

	出现概率高	出现概率低
潜在利益大	1	2
潜在利益小	3	4

图 2-5　机会分析矩阵图

针对机会矩阵把握环境机会的同时，企业应掌握的应对策略主要有以下几个方面。

(1)及时利用策略

当市场机会与企业的营销目标一致，企业又具备利用市场机会的资源条件，并享有竞争中的差别利益时，企业应抓住时机，及时调整自己的营销策略，充分利用市场机会，求得更大的发展。

(2)待机利用策略

有些市场机会相对稳定，在短时间内不会发生变化，而企业暂时又不具备利用市场机会的必要条件，可以积极准备，创造条件，等待时机成熟时，再加以利用。

(3)果断放弃策略

如果营销市场机会十分具有吸引力，但企业缺乏必要的条件，无法加以利用，此时企业应做出决策果断放弃。因为，任何犹豫和拖延都可能导致错过利用其他有利机会的时机，从而一事无成。

2. 环境威胁

所谓环境威胁，是指营销环境所出现的不利的发展趋势及由此形成的挑战。环境威胁矩阵图如图 2-6 所示，在图 2-6 中，横轴代表环境威胁出现的概率，纵轴代表潜在威胁的严重性，表示盈利减少程度。方框 1 中环境带来的威胁出现的概率较高，威胁潜在的严重性较大，这种情况下，企业利润损失程度可能较大。对此，企业应处于高度戒备状态，积极采取相应的对策，避免威胁造成的损失。方框 2 中环境带来的威胁概率不大，但如果出现就会给企业带来严重的损失。企业应密切注意其发展动向，也应制定相应的措施准备面对，力争将危害降低。方框 3 表示环境带来的威胁概率较高，但威胁潜在严重性较小，不是主要威胁。方框 4 表示出现环境威胁概率低，利润损失小，该环境是企业最好的环境。

	威胁出现的概率高	威胁出现的概率低
威胁潜在的严重性大	1	2
威胁潜在的严重性小	3	4

图 2-6　环境威胁矩阵图

营销人员对环境威胁分析，目的在于采取对策，避免不利环境因素带来的危害。企业对环境威胁，一般采取以下几种不同的对策。

(1)反抗策略

反抗策略即限制或扭转不利因素的发展。例如，因木材资源减少，威胁到木器加工企业的生产，企业可主动与林业部门联营，实现林业生产—木材供应—木器生产一条龙。木器加工企业扶植林业生产，增加木材资源供应，就是一种反抗策略。

(2)减轻策略

减轻策略即通过调整时差营销组合，改变营销策略，以减轻环境威胁的严重性。如面临木材资源短缺的企业，还可以改进木材加工工艺，增用辅料或代用材料，减少木材消耗；也可以开展综合利用，提高木材利用率，以减轻资源短缺带来的威胁。

(3)转移策略

转移策略即在企业无法反抗或减轻所面临的环境威胁时，可转移到其他盈利更多的行业或市场。如该企业抽出部分资金转移到其他部门，实行多元化经营；也可以全部转产，或者全部采用新材料代替木材作原材料等。

3. 机会威胁

要分析和评价市场营销环境对企业的影响作用，可以通过综合分析环境威胁水平高低和市场机会水平高低来确认企业的处境，这种方法称为“机会威胁矩阵法”，如图 2-7 所示。

	威胁水平低	威胁水平高
机会水平大	理想环境	冒险环境
机会水平小	成熟环境	困难环境

图 2-7　机会威胁矩阵

从图 2-7 可以看出，企业面临的环境包含四种情况，每种环境所采取的策略也不同。

1. 理想环境

理想环境即机会水平高，环境威胁水平低，利益大于风险。说明企业有良好的发展前景，企业应看到机会难得，甚至转瞬即逝，必须抓住机遇，开拓经营，创造营销佳绩；否则错失良机，将后悔不及。

2. 冒险环境

冒险环境即机会水平高，环境威胁水平也高，利益与风险并存，在利益很高的同时存在很大的风险。面临这样的环境，企业不宜盲目冒进，也不宜迟疑不决，必须加强调研，进行全面分析，扬长避短，审慎决策，创造条件，以降低风险，争取突破性的发展。

3. 成熟环境

成熟环境即机会水平和环境威胁水平都比较低，是一种比较平稳的环境。面临这样的环境，企业一方面应按常规经验维持正常运转，取得平均利润；另一方面应积蓄力量，为进入理想环境或冒险环境准备条件。

4. 困难环境

困难环境即机会水平低，环境威胁水平高，风险大于机会，表明企业处境十分困难。企业面对困难环境，必须想方设法扭转局面，走出困境或减轻威胁；如果无法扭转，必须采取果断决策，撤出在该环境中的经营，摆脱无法扭转的困境。

（二）SWOT 分析法及应变对策

SWOT 分析法最早见于设计学派的代表人物塞兹尼克（Philip Selznick）和钱德勒（Alfred D. Chandler）的战略管理学说。由于 SWOT 分析法具有清晰、简明、具体的特性，可以减少时间和精力的浪费而受到企业界的喜爱，成为竞争与经营战略决策中常用的工具。这里 S 代表企业优势（Strengths），指企业较之竞争对手在某些方面所具有的不可匹敌、不可模仿的独特能力；W 代表企业劣势（Weaknesses），指企业较之竞争者在某些方面的缺点与不足；O 代表市场机会（Opportunities），指对企业营销活动富有吸引力，拥有竞争优势的领域；T 代表环境威胁（Threats），指环境中不利于企业营销的因素，对企业形成挑战，对企业的市场地位构成威胁。SWOT 分析法的具体做法就是把对企业经营有影响的各种宏观因素和微观因素一一列出，然后评价这些因素对企业发展而言是企业的优势还是劣势，是威胁还是机会，并且可以采取适当的加权方法，计算企业总体的环境境况，从中得出一系列相应的结论，而结论通常带有一定的决策性。具体如图 2-8 所示。

外部环境	潜在外部威胁(T)	潜在外部机会(O)
	市场出现更为强劲的对手 公司核心业务受到冲击 市场出现替代品将直接影响企业的市场份额 汇率和外贸政策的不利变动使国外市场竞争加剧 人口特征、社会消费方式的不利变动 客户或者供应商的谈判能力提高 经济形势下滑使市场需求减少	核心业务拓展 开发新的细分市场 扩大产品系列 将研发导入新领域 打破进入堡垒 寻找快速增长的市场 市场增长迅速
内部条件	潜在外部威胁(T)	潜在外部机会(O)
	设计良好的战略 强大的产品线 宽的市场覆盖面 良好的营销技巧 品牌知名度 研发能力与领导水平 信息处理能力	缺乏具有竞争力的技能技术 缺乏有竞争力的各种资产 关键领域的竞争能力正在丧失 缺乏合理的管理模式和管理方法 不良战略 过时、过窄的产品线 不良营销计划 丧失信誉

图 2-8 SWOT 分析法

不管是遇到以上哪种情况,公司管理者都应及时确认,并尽快做出评价并采取相应的战略行为来抵消或减轻它们所带来的影响。同样一个环境因素,对某些企业而言可能是机遇,但对有些企业而言却是危机。

SWOT 分析的步骤如下:第一步,罗列企业的优势与劣势、可能的机会与威胁。第二步,优势、劣势与机会、威胁相结合,形成 SO、ST、WO、WT 策略。第三步,SO、ST、WO、WT 策略进行分类和选择,确定企业目前应该采取的具体战略与策略。具体如图 2-9 所示。

	优势	劣势
机会	WO 战略(扭转型战略)	SO 战略(增长型战略)
威胁	WT 战略(防御型战略)	ST 战略(多种经营战略)

图 2-9 SWOT 矩阵

1. SO 战略(增长型战略)

企业不仅面临众多的市场机会,同时也具有明显的优势。此时,企业应该积极开发新产品,拓展经营领域,以获得更大的利润空间。

2. WO 战略(扭转型战略)

企业尽管面临众多的市场机会,但存在明显的劣势。此时,企业必须扬长避短,设法弥补不足。

3. ST 战略(多种经营战略)

企业尽管面临强大的市场威胁,但其同时具有明显的竞争优势。此时,企业应当利用自己的优势,分析环境威胁的来源,对症下药,变被动为主动。

4. WT 战略(防御型战略)

企业不仅面临强大的市场威胁,同时也处于明显的竞争劣势。此时,企业只能采取业务调整,改变企业经营策略,回避环境威胁,改善企业自身条件,寻求新的市场机会。

总之，以己之长，克敌之短，利用机会，战胜威胁，化危机为生机是SWOT分析的核心精要。

（三）企业对营销环境的反应模式和应对策略

1.反应模式

一般来说，企业对营销环境的反应模式有以下两种。

（1）消极适应

消极适应模式即认为营销环境是不可控制、无规律可循的，企业只能被动地适应而不能主动地利用，企业只能根据变化了的环境制定或调整营销策略。持这种态度的营销人员忽视了人和组织在营销环境变化中的主观能动性，始终跟在环境变化的后面走，维持或保守经营，缺乏开拓创新精神，因此难以创造显著的营销业绩，容易被激烈竞争的市场所淘汰。

（2）积极应对

积极应对模式认为在企业与环境的关系中，企业既依赖于环境，同时又能够主动地认识、适应和改造环境。营销人员积极能动地适应环境，主要表现在三个方面：一是认为不可控制营销环境的发展变化是有规律可循的，企业可以借助科学的方法和现代营销手段，揭示环境发展变化规律，预测其趋势，及时调整营销计划与策略；二是把适应环境的重点放在研究环境发展变化的趋势上，根据环境发展变化趋势制定营销战略，使得环境发生实际变化时，企业不至于措手不及，也不会跟在变化了的环境后面而被动挨打；三是通过各种积极、有效的措施如广告、公共关系等去影响环境，创造环境，促使某些环境因素向有利于企业实现其营销目标的方向发展变化。

2.应对策略

此外，面对不同的需求状态，企业应采取相应的策略。企业通常采取的策略有以下几种。

（1）刺激性营销策略

刺激性营销策略也称激活营销，是指面对“无需求”状况时企业采取的营销对策。企业应通过促销宣传的各项活动设法把产品或服务能够带给消费者的利益让顾客理解，通过市场营销刺激来激发消费者的购买兴趣。

（2）扭转性营销策略

扭转性营销策略也称转变性营销，是指面对“否定需求”或“负需求”状况时企业采取的营销对策。面对这种情形，企业应通过自身营销策略的调整，改变这部分顾客对产品或服务的信念和态度，为自己创造市场条件。

（3）开发性营销策略

开发性营销策略也称发展营销，是指面对现实中没有适当的产品和服务能够满足消费者需求的状况时企业所采取的营销对策。在确实认清消费者需求及其规模的前提下，企业可通过新产品和新的服务项目的开发将潜在的消费者需求变为现实的消费者需求，为自己创造新的市场机会。

（4）恢复性营销策略

恢复性营销策略也称提升营销，是指面对产品或服务处于“需求下降”通道中的状况时企业所采取的营销对策。企业应通过自身营销策略的调整为产品重新定位，挖掘其内在价值，再创市场销售新高潮，以延续其产品或服务的市场生命周期。

(5)协调性营销策略

协调性营销策略也称同步营销，是指面对由于季节、时点等变化造成的某些产品或服务需求波动的状况时企业所采取的营销对策。企业营销管理的任务是通过运用灵活的价格策略、推销方法和各种刺激手段，来引导和改变消费者的需求习惯和方式，以达到减少需求大幅度波动的目的。

(6)抵制性营销策略

抵制性营销策略也称对抗营销，是指面对一些不健康的产品或服务的需求时企业所采取的营销策略。企业营销管理的任务是为了消费者的长远利益而采取抵制办法，通过劝说、宣传等方式使这类产品或服务的消费者放弃这一需求。

总之，企业在对市场营销环境进行分析和评价的基础上应采取相应的对策，把握市场机会，避免环境威胁。对所面临的市场机会，企业要注意的是，必须谨慎地评价其质量，以避免对某些领域表面上的机会做出错误的估计。

本章小结

企业的营销环境指的是与企业市场营销活动有潜在关系，直接或间接影响企业营销活动的所有外部因素和条件的总和。这些因素和条件影响营销管理者成功地保持和发展同其目标市场顾客交换的能力。

企业市场营销环境特点有：客观性、动态性、复杂性、相关性。

企业的市场环境分为微观环境和宏观环境两大类。企业的微观环境，包括企业内部、供应商、营销中介、顾客、竞争者及公众。它直接影响企业为其目标市场提供服务的能力。企业的宏观环境，包括与企业营销活动密切相关的六大社会力量：人口、经济、自然、科学技术、政治法律和社会文化等。它是企业不可控制的因素。

一个产业的竞争状态取决于五种基本的竞争力量：供应商的议价能力、购买者的议价能力、新进入者的威胁、替代品的威胁以及同业竞争者的竞争程度。

企业营销环境分析的方法主要有：机会威胁分析矩阵法和 SWOT 分析法。进行环境分析的主要目的是趋利避害，便于组织采取灵活的应变策略。组织对市场营销环境的反应模式有两种：积极应对和消极应对。

案例应用

海尔的SWOT分析

海尔集团是世界第四大白色家电制造商，也是中国电子信息百强企业之首，拥有 240 多家法人单位，在全球 30 多个国家建立本土化的设计中心、制造基地和贸易公司，全球员工总数超过 5 万人，重点发展科技、工业、贸易、金融四大支柱产业。下面是有关海尔的 SWOT 分析。

一、优势

海尔有 9 种产品在中国市场位居行业之首，3 种产品在世界市场占有率居行业前三位，在智能家居集成、网络家电、数字化、大规模集成电路、新材料等技术领域处于世界领先水平，在国际市场彰显发展实力。在自主知识产权基础上，海尔主持或参与了近百项国家标准的制定或修订工作，其中，海尔热水器防电墙技术、海尔洗衣机双动力技术还被纳入IEC国际标准提案，这证明海尔的创新能力已达世界级水平。在创新实践中，海尔探索实施的"OEC(日清日高，日事日毕)"管理模式、"市场链"管理及"人单合一"发展模式均引起国际管理界高度关注。海尔"人单合一"发展模式为解决全球商业的库存和逾期应收款提供创新思维，被国际管理界誉为"号准全球商业脉搏"的管理模式。

海尔的优势还包括：企业文化的长期熏陶；员工素质相对较高；多年规范化管理相当好的基础；真正把信息化作为一把手工程；观念转变在前，流程再造在后，二者相辅相成，交互前行。在全球互联网的大范围普及和国际化大企业信息化的全面扩张局势下，海尔在国外企业的成功经验基础上当然更容易取得成绩。

二、劣势

海尔在传播和公关技巧方面十分欠缺。海尔公关方面欠缺很大一部分原因在于海尔在聘任机制上存在一定的问题，只注重对技术知识的考察，忽略了对个人能力的考察。信息化进行得如火如荼，内部的信息化还好说，外部的信息化，尤其是与国内供应商、分销商的电子数据交换，却一直处于两难境地，采购和分销成本的降低仍然难以彻底实现。海尔的愿望是好的，它希望它的供应商和分销商的信息化水平都能够跟得上自己，但实际情况与预计却是大相径庭，没有人能跟得上海尔的步伐，海尔最终是孤掌难鸣。试问有哪些商家能够真正与海尔实现网上订单？个别用户的点菜式订货究竟是不是新闻噱头？国情所限，方法必须变通，结果仍然是回到原来的电话、传真订货流程中去，"信息化"徒劳无功。外部环境的不配套、不同步，是导致海尔外部信息化不成功的重要原因，这也许是海尔始料未及的！

三、机会

海尔之所以能取得很大的成就很大一部分原因在于海尔的企业文化，有生于无——海尔的文化观；"人人是人才，赛马不相马"——海尔的人才观；"先谋势，后谋利"——海尔的战略；"企业如同斜坡上的球""市场无处不在，人人都有市场""品牌是帆，用户为师"——海尔的品牌营销；"企业生存的土壤是用户"——海尔的服务；"走出去、走进去、走上去"——国际化的海尔；管理的本质不在于"知"而在于"行"——海尔的管理。海尔在未来的时间里要想取得长足的发展，必须继续以海尔的企业文化为基准。同时要注重科技创新实现企业信息化。随着国际化的趋势越来越强，海尔面临着巨大的机遇和挑战。海尔的发展机会在于要把握住时代脉搏，与时俱进，不断创新。海尔未来的发展方向主要依靠三个转移。一是内部组织结构的转移；二是国内市场转向国际市场，不是指产品出口，而是在海外建厂、办公司；三是要从制造业转向服务业，做到前端设计，后端服务。在这种情况下，海尔应抓住机会，迎接挑战，创世界名牌。

四、威胁

目前，海尔仍然面临着很多威胁，伴随着家电企业的不断兴起，技术的不断完善，海尔必须不断地提高科学技术创新水平，进而提高自己的优势。此外海尔应该向多产业方向发展，以提高自己的竞争力。面对海尔的信息化，国内同行们大约是一边看海尔外部信息化的热闹，一边加紧自身内部信息化的推进，这就是海尔所面临的威胁，竞争对手的虎视眈眈使海尔如芒刺在背，敢于吃螃蟹的也许是英雄，但不一定是成功者。海尔外部信息化的停滞不前，也给国内的信息化产业当头一棒；可以预见，一旦外部信息化的时机成熟，从技术角度上讲，谁也不会比谁慢多少；倘若撇开这些年来的海尔品牌宣传效应不谈，海尔竞争对手们外部信息化的成长也只是旦夕之间。

案例思考

海尔有哪些优势、劣势、机会和威胁，我们可以从中得到什么启示？

练习题

一、名词解释

1. 市场营销环境　2. 微观营销环境　3. 宏观营销环境　4. 供应商
5. 营销中介　6. 中间商　7. 公众　8. 个人可支配收入

二、单项选择题

1. 理想业务的特点是(　　)。
A. 高机会，高威胁　B. 高机会，低威胁
C. 低机会，高威胁　D. 低机会，低威胁

2. 市场营销环境是企业营销职能外部(　　)的因素和力量，包括宏观环境和微观环境。
A. 可改变　B. 可控制　C. 不可捉摸　D. 不可控制

3. (　　)是指人们对社会会生活中各种事物的态度和看法。
A. 社会习俗　B. 消费心理　C. 价值观念　D. 营销道德

4. 与企业紧密相连、直接影响企业营销能力的各种参与者，被称为(　　)。
A. 营销环境　B. 宏观营销环境
C. 微观营销环境　D. 营销组合

5. 一个国家人口中青年的比重上升，将会对(　　)行业带来环境威胁。
A. 美容用品、服装　B. 运动器材、家具
C. 健康保险、滋补保健品　D. 家庭旅游、人寿保险

6. 下列组织中，(　　)不是营销中介单位。
A. 中间商　B. 竞争者　C. 保险公司　D. 批发商

7. 根据恩格尔定律，随着家庭收入的增加，用于购买食品的支出占家庭收入的比重会(　　)。
A. 上升　B. 下降　C. 大体不变　D. 时升时降

8. 从个人可支配收入中减去食品、衣服、住房、保险等必需品支出后的剩余部分构成了(　　)。
A. 个人可支配收入　B. 个人实际收入
C. 个人可任意支配收入　D. 个人名义收入

三、简答题

1. 企业市场营销环境有哪些特点？
2. 企业微观环境由哪些方面构成？

3. 企业宏观环境由哪些方面构成？

4. 简述竞争者的主要类型。

5. 目前企业的自然环境方面的主要动向是什么？它们对企业的市场营销有何影响？

6. 企业如何分析研究消费者收入？消费者支出模式受哪些因素的影响？

7. 简述恩格尔定律的基本观点。

8. 企业如何分析、评价环境威胁和市场机会？试举例说明企业对其面临的主要威胁和理想机会应做出什么反应？

实践应用讨论

市场营销环境实训

一、实训内容

对当地某行业或企业进行市场营销环境分析，使学生掌握分析背景行业的方法和流程。培养学生在通过各种信息渠道获取相关的信息资料的基础上，能够运用相关的市场营销知识对某一具体的企业或行业内外部环境进行分析，进而认识到企业生产经营活动与市场营销环境的相互关系。

二、实训程序

1. 准备一份典型的行业环境分析案例阅读资料，供学生阅读。

2. 对当地的行业或企业先按一定的标准进行分类，根据教学班级的分组情况，按一定数量的小组分别选择不同的行业或企业进行相应的营销环境分析。

3. 教师需要与有关行业协会、企业取得联系，帮助学生取得相关资料。

4. 各小组派代表上台展示并阐述本小组的环境分析报告。其他小组成员和教师对各小组的环境分析报告进行提问，并提出相应的修改意见。

5. 各小组根据教师和同学所提建议进行修改并上交修改后的环境分析报告。

三、考核要点

考核的环境分析报告应包含基本的要素，要求格式规范，文字通顺。重点从环境分析报告的格式和完整性等方面进行考核。

SWOT 分析

一、实训内容

选择一家通信运营商(中国移动等)，搜集有关市场营销环境的资料，运用 SWOT 分析法分析该企业。

二、实训程序

以小组为单位制作 PPT 演讲，教师点评。

三、考核要点

通过分析该运营商，列出其优势、劣势、机会和威胁。

第三章 市场营销信息系统与应用管理

学习目标和要求

基于对市场营销环境的认识，了解市场营销信息系统管理的相关概念和结构，掌握市场营销信息系统管理的原则和要求，认识市场营销信息系统管理的意义；了解市场调研的含义以及市场调研的特征和分类；掌握数据分析的类型和数据测量的方法；了解市场调查的意义，掌握市场调查的核心内容；了解市场调查的类型，掌握市场调查的步骤和方法；了解市场调查数据的统计方法；掌握市场预测的含义及内容，掌握市场预测的要求，了解市场预测的步骤和方法。

学习重点

市场营销信息系统管理的原则和要求、数据分析的类型和数据测量的方法、市场调查的核心内容。

案例导入

海尔冰箱开拓农村市场

最近几年家电行业竞争一直很激烈，冰箱作为海尔的第一大主流产品，不仅肩负着参与海尔品牌建设的重任，同时也是海尔重要的利润来源。随着城市市场竞争的日益激烈以及整体利润的下降，海尔被迫开拓新的市场和寻找新的利润增长点，海尔开始考虑将产品向农村市场转移。

怎样在农村定位？怎样建立农村市场的定位组合？海尔在农村市场的冰箱产品到底是什么样的？怎样能够满足消费者的需求？为了弄清楚这些问题，海尔一共进行了四次市场调查。第一次调查做得比较早，主要目的是了解农村家庭对冰箱的需求状况。第二次调查是针对购买行为的发掘。第三次调查发现不同地区农村之间的差异太大，无法制定一个能满足全国市场的营销策略。第四次调查是在山东省进行的，实际上是一个调查与促销相结合的过程。

海尔对调查涉及的所有村庄都整理出详细的数据，包括村里每个家庭、每个人的数据。用了两年的时间，建立了一个拥有500万数据的数据库。其后所有的策略都是由这个数据库来支撑的，制定的每一个价格都要通过数据库来确定。

在调查的基础上，海尔确定了产品策略。针对农村市场，对产品的高科技元素做了一些削减以降低成本，又增加一些特别适合农村居民生活习惯的元素，推出了两个系列的产品。

在促销手段方面，确立了“一对一”的促销策略。整个渠道的营销策略都来自市场调查，和传统意义上的营销有一些区别，因为它是一个系统的过程，不仅是一次销售行为。

第一节 市场营销信息系统管理

现代市场是一个十分复杂的体系，其中存在许多未知因素。企业为了解读过去的经营绩效，规划未来的营销活动，需要借助大量的信息；同时企业为了确定顾客需求，实施以满足顾客需求为目的的营销策略，也需要大量的信息。所以企业需要及时、准确、可行地收集消费者、竞争者及其品牌的信息，建立市场营销信息系统和营销数据库，以制定各种营销决策。

市场营销调研为企业提供最原始的第一手资料，是企业获取有用信息的重要途径之一。因此，营销人员必须掌握营销调研的技能。

一、市场营销环境概述

任何企业的市场营销活动都不可能孤立地进行，而是在与外界环境相互联系、相互制约中开展的。环境的变化，既可能给企业带来发展的机遇，也能给企业带来威胁和风险。所以，关注并研究企业内外营销环境的变化，把握环境的变化趋势，识别由于环境变化而带来的机会和威胁，据此拟订营销战略和策略，是营销人员的一项主要职责。在营销过程中，环境既是不可控制或难以控制的因素，也是不可超越的因素。企业必须根据环境的实际状况与发展趋势，相应制定并不断调整营销策略，自觉地利用市场机会，防范可能出现的威胁，扬长避短，确保在竞争中立于不败之地。

（一）市场营销环境的含义

达尔文在《物种起源》一书中，指出事物发展与环境变化的关系是“适者生存，不适者淘汰”。这个论断不仅适用于生物界，也适用于社会的发展。任何企业都如同生物有机体一样，总是生存于一定的环境之中，企业的营销活动不可能脱离周围环境而孤立地进行。市场营销环境是存在于企业营销系统外部的不可控制或难以控制的因素和力量，这些因素和力量是影响企业营销活动及其目标实现的外部条件。企业的营销活动只有密切注意环境变化，只有与环境的变化相适应、相协调，才能在激烈的市场竞争中求得生存和发展，才能使企业由被动接受转为主动适应。因此，企业营销活动要以环境为依据，主动地去适应环境，同时又要在了解、掌握环境状况及其发展趋势的基础上，通过营销努力去影响外部环境，使环境有利于企业的生存和发展，有利于提高企业营销活动的有效性。因此，重视研究市场营销环境及其变化，是企业营销活动的最基本课题。

根据美国著名营销学家菲利普·科特勒所提出对营销环境的理解：“市场营销环境是由营销以外的那些具有能够影响与目标顾客建立和维持成功关系的营销管理能力的参与者与各种力量组成。”我们认为，所谓市场营销环境，是指企业运用营销管理能力与目标顾客建立并保持互利互惠关系过程中的各种影响因素和力量，是与营销有潜在关系的所有外部力量和参与者所构成的体系。市场营销环境主要包括微观市场营销环境和宏观市场营销环境两个部分，每个企业都和市场营销环境的某个部分相互影响、相互作用，这部分环境可称为相关环境。企业的相关环境总是处于不断变化的状态之中。在一定时期内，经营最为成功的企业一般是能够适应其相关环境的企业。企业得以生存的关键，在于它在环境变化需要新的经营行为时所具有的自我调节能力。适应性强的企业总是随时关注环境的发展变化，通过事先制订的计划来控制变化，以保证现行战略对环境变化的适应。

在市场营销环境中，微观营销环境与宏观营销环境之间不是并列关系而是主从关系，微观营销环境包含于和受制于宏观营销环境，微观营销环境中所有的因素都受宏观营销环境中各种力量的影响。宏观营销环境因素与微观营销环境因素共同构成多因素、多层次、多变化的企业市场营销环境的综合体。一般而言，微观营销环境与企业紧密联系，是企业营销活动的参与者，直接影响与制约企业的营销能力，它与企业具有或多或少的经济联系，因此也称为直接营销环境，或称企业作业环境，包括顾客、竞争者、社会公众以及供应商和中间商等渠道企业。宏观营销环境是指影响微观营销环境的一系列巨大的社会力量，主要有人口、经济、政治、法律、科学技术、社会文化及自然生态等因素。宏观营销环境一般以微观营销环境为媒介去影响和制约企业的营销活动，故也被称为间接营销环境。

（二）市场营销环境的特征

1. 客观性

环境作为营销组织外部的影响因素，通常是企业无法控制和改变的，即市场营销环境是不以营销人员意志为转移的。市场营销环境有着自己的运行规律和发展趋势，对企业市场营销活动的影响具有强制性和不可控性的特点。如企业不可能控制国家的政策法规及社会风俗，更不能控制和改变人口的规模、结构及变化趋势，也不能控制竞争对手的营销活动等。一般来说，企业面对外部环境的影响时，应当主动适应环境的变化和要求，制定并不断调整市场营销环境策略，使之与客观存在的外部环境相适应。事物发展与环境变化的关系——适者生存，不适者淘汰，就企业与环境的关系而言，也完全适用。环境的变化是绝对的，正所谓“唯一不变的就是变化本身”。有的企业善于适应环境，就能生存和发展，有的企业不能适应环境的变化，就难免被淘汰。

2. 差异性

市场营销环境在不同的国家和地区之间呈现出明显的差异性，而不同的企业所面临的微观营销环境也有着千差万别。正因为市场营销环境的差异，企业为适应不同的环境及其变化，必须采用各具特点且有针对性的营销策略。市场营销环境的差异性不仅表现在不同企业受不同环境的影响，而且同样一种环境因素的变化对不同企业的影响也不相同。如同样是金融危机，对某些企业来说是机会，但对另一些企业来说可能是致命的威胁。尤其是宏观营销环境的变化，对一些行业的企业来说是机遇，而对另一些行业的企业来说则是挑战和威胁。即使在同一行业内的企业，也存在很大的差异，这主要取决于企业各自的实际发展目标。

3. 多变性

构成企业市场营销环境的因素是多方面的，每一个因素都随着社会经济的发展而不断变化,只是有变化的快慢与强弱之分,例如市场营销环境因素中的人口、社会与自然因素的变化相对较弱和较慢,对企业市场的营销活动的影响则相对长而稳定;而进入新世纪以来的科技与经济环境因素则变化相对较快和较强,对企业市场营销活动的影响则相对短且跳跃性大,尤其以科技环境因素为甚。然而,同任何事物一样,在多变的市场环境因素中也存在着一定时期内的相对稳定性,即使是变化最明显、最激烈的科技因素也总有一定的强度和时限。这种相对稳定性给企业的营销活动带来良好或不良影响的同时,也为企业预测其变化并采取相应对策提供了可能性。

4.相关性

市场营销环境不是由某一个单一的因素决定的,它要受一系列相关因素的影响,各环境要素之间存在着一定的关联性,即市场营销环境因素是相互影响的。某一环境因素的变化会导致其他因素的相应变化从而形成新的营销环境,尤其是宏观营销环境的变化会对身处其中的任何企业产生影响,包括企业市场营销环境的直接环境,这样就使企业的市场营销环境变得异常复杂。例如,国家宏观经济政策的变化会对与其相关的所有企业产生影响。企业不仅要分析这种变化会给企业本身带来什么样的影响,还要分析对供应商、中间商、顾客、竞争者及社会公众等微观环境中的每个个体产生什么影响,并进而影响企业自身。

二、市场营销信息系统管理

(一)市场营销信息

在一个相对充分竞争的环境下,资本是不插国旗的,技术是可以赶超的,人才是可以流动的,唯有市场信息是必须自己来运作的。营销大师菲利普·科特勒曾说过:“要管理好一个企业,必须管理它的未来,而管理未来就是管理信息。”

那么什么是信息呢?信息就是事物的存在方式、运动状态及其对接受者的效用的综合反映。它不同于消息和知识。信息与消息的区别在于:第一,信息与消息是内容与形式的关系。信息是消息的内容,消息是信息的表现形式,信息以消息作为载体而进行传递。第二,信息具有效用性。以消息为载体所传播的内容中,只有那些对接受者具有一定效应,能满足接受者的某种特殊需要的部分才是信息,无用的部分称为噪音。知识是信息的一部分,是人们在社会实践中,通过思维活动对普遍存在的大量信息进行选择、处理后,所组成的系统化的信息。因此,信息是知识的原料,知识是信息的结晶。

信息量的大小取决于该信息所反映事物的不确定程度的大小,不确定程度越大,信息量就越大。市场营销信息属于经济信息范畴,是指一定时间和条件下,与企业的市场营销有关的各种事物的存在方式、运作状态及其对接受者效用的综合反映。如下年度市场营销环境的变化趋势、企业销售额的变化、企业的广告效果等。市场营销信息一般通过语言、文字、数据符号等形式表现出来。

现代企业开展市场营销活动,不仅需要人才、技术、资金诸方面的资源要素,还需要信息资源。市场营销信息之所以重要是由以下几个方面所决定的:第一,由于企业面对的市场范围愈来愈大,企业的市场营销活动不仅限于本地区、本国,而且跨越了国家之间的界限,使得营销人员在不同地区市场或国际市场中面临着较为陌生的环境,需要收集、加工许多新的信息。第二,随着消费者收入水平的显著提高,他们在购买中的挑选性愈来愈强,这就使得购买行为复杂化，也需要大量有关消费需求变化趋势的信息为企业的经营决策提供依据。第三，市场竞争已由单一的价格竞争发展到非价格竞争的更高级形式。具体来说，市场营销信息对于企业的市场营销活动具有如下功能：

1. 市场营销信息是企业经营决策的前提和基础

企业在营销过程中面临很多的决策，既有企业的营销目标、发展方向等战略方面的决策，也有企业的产品、定价、销售渠道、促销措施等战术方面的决策。所有决策的正确做出，都必须建立在准确获取市场营销信息的基础上。

2. 市场营销信息是制订企业营销计划的依据

企业在市场营销活动中，必须根据市场需求的变化，在营销决策的基础上，制订具体的营销计划，以确定实现营销目标的具体措施和途径。市场营销信息是企业制订营销计划的重要依据，不了解市场信息，就无法制订出符合实际需要的营销计划。

3. 市场营销信息是实现营销控制的必要条件

营销控制，是指按照既定的营销目标，对企业的市场营销活动进行监督、检查，以保证营销目标的实现的管理活动。由于市场环境的不断变化，企业在市场营销活动中必须随时注意市场的变化，进行信息反馈，以此为依据来修订营销计划，对企业的市场营销活动进行有效控制，使企业的市场营销活动能按预期目标进行。

4. 市场营销信息是进行内外协调的依据

企业在市场营销活动中，就是要不断地收集市场营销信息，根据市场的变化和内部条件的变化，来协调内部条件、外部环境和企业营销目标之间的关系，使企业营销系统与外部环境系统之间、各要素系统之间都能保持协调发展，以实现企业营销的最佳效果。

（二）市场营销信息系统

企业的市场营销信息系统是一个由人员、设备和程序所构成的集合体，它及时地收集、分类、分析和评价市场信息，并提供准确的市场信息作为市场营销决策、制订市场营销计划、执行和控制市场营销方案的依据。其过程是先通过与营销管理者沟通来获取、评价他们实际的信息需求；然后，利用企业内部资料、外部竞争情报，并通过对具体项目的市场调查和信息分析形成市场营销分析报告；最终，将信息报告有效地传递给营销管理者以供其做出正确决策。

市场营销信息系统的处理是从了解市场需求情况、接受顾客订货开始，直到产品交付顾客使用、为顾客提供各种服务为止的整个市场营销活动过程中有关的市场信息处理过程。企业市场营销信息系统所处理的市场信息部分来自企业内部的业务信息，其余主要来自企业外部的市场环境，其基本任务是搜集顾客对产品质量、性能方面的要求，分析市场潜力和竞争对手情况，及时准确地评价所提供的信息，用于企业营销决策。市场营销信息系统是企业管理信息系统中重要的子系统。一般来说，市场营销信息系统既可以作为整个企业管理信息系统的子系统来建立，也可以作为一个独立的信息系统来建立。由于市场营销信息系统与其他子系统有着密切的联系，所以在开发建立市场营销信息系统时，要注意与其他子系统的接口的设置。

1. 市场营销信息系统结构

不同企业，其信息系统的具体构成会有所不同，但基本框架大体相同，一般由内部报告系统、营销情报系统、营销调研系统、营销决策支持系统这四个子系统构成。首先由营销主管或决策者确定所需信息的范围；其次，根据需要建立企业营销信息系统内的各子系统，由有关子系统去收集环境提供的信息，再对所得信息进行处理；然后，由营销信息系统在适当时间，按所需形式，将整理好的信息送至有关决策者；最后，营销经理做出的决策再流回市场作用于环境。

(1)内部报告系统

内部报告系统是反映企业内部目前营销活动状况的信息源。该系统主要报告有关企业各类产品的开发及其销售额、存货量、费用、应收应付款、生产进度、现金流量等方面的时点信息和动态信息。为企业进行科学的销售管理、存货管理和客户管理，提高销售服务水平，降低销售成本，缩短销售周期提供依据。它的最大特点是：信息来自企业内部的财务会计、生产、销售等部门；通常是定期提供信息，用于日常营销活动的计划、管理和控制。

①提供销售信息，进行销售管理。提供各目标市场及总体市场每日或某段时期的销售成绩、销售成本及价格、实际销售与预定目标的百分比、本期与前期的销售增长额(率)、销售损益情况等信息，以便及时发现销售中存在的问题，适时地调整销售策略及目标市场。

②提供存货信息，进行存货管理。提供各个仓库的存货数量、出库量、入库量、运输路线及成本、缺货及调运情况等信息，为合理安排生产、发货和运输，及时进行补仓提供依据。

③提供客户信息，进行客户管理。提供客户的基本情况、订货数量及变动情况、收付款等信用情况，为争取有利客户及更多的订单，调整客户提供依据。

(2)营销情报系统

营销情报系统的主要功能是向营销部门及时提供有关外部环境发展变化的情报。

营销情报人员通常用以下四种方式对环境进行观察：①无目的的观察，营销情报人员心中无特定的目的，但希望通过广泛的观察来搜集自己感兴趣的信息；②条件性观察，营销情报人员心中有特定的目标，但只在基本上已确定的范围内非主动地搜集信息；③非正式搜寻，营销情报人员为某个特定目的，在某一指定的范围内，做有限度而非系统性的信息搜集；④正式搜寻，营销情报人员依据事前拟定好的计划、程序和方法，以确保获取特定的信息，或与解决某一特定问题有关的信息。

营销决策者可能从各种途径获得情报，如阅读书籍、报刊，上网查询，与顾客、供应商、经销商等交谈，但这些做法往往不太正规并带有偶然性。管理有方的企业则采取更正规的步骤来提高所搜集情报的质量和数量：①训练和鼓励销售人员收集情报；②鼓励中间商及其他合作者向自己通报重要信息；③聘请专家收集营销情报，或向专业调查公司购买有关竞争对手、市场动向的情报；④参加各种贸易展览；⑤建立内部信息中心，安排专人查阅主要的出版物、网站，编写简报等。

(3)营销调研系统

营销调研系统的任务是：针对企业面临的明确具体的问题，对有关信息进行系统的收集、分析和评价，并对研究结果提出正式报告，供决策部门用于解决这一特定问题。

企业在营销决策过程中，经常需要对某个特定问题或机会进行重点研究，如开发某种新产品之前，或遇到了强有力的竞争对手，或要对广告效果进行研究等。显然，对这些市场问题的研究无论是内部报告系统还是营销情报系统都难以胜任，而需要由专门的组织来承担。有时甚至企业自身也缺乏获取信息以及进行这类研究的人力、技巧和时间，不得不委托企业之外的专业市场营销研究公司承担。当然，这种安排有时也是为了保证研究结果的客观性。

(4)营销决策支持系统

营销决策支持系统又称为营销分析系统，是通过对以上各个子系统所提供的信息资料的科学分析，为决策者提供量化分析结论，进而提出多种决策建议，供决策者参考、选评的系统。该系统借助统计库和模型库中一系列统计分析模型和营销决策模型进行运作，可帮助分析者深入了解数据之间的关系及其统计上的可取性，是营销信息系统中的高级处理系统。

2.市场营销信息系统管理原则及要求

市场营销信息系统管理原则主要有以下几个方面：

(1)系统原则

市场营销信息系统管理，需从企业整体出发，进行系统思考和设计，使信息系统与企业的经营目标、组织结构、经营业务相适应，同企业经营管理对市场信息的要求相适应，同企业原有的信息工作基础相协调。还应与企业整个管理信息系统相结合，并与社会上各类信息系统保持尽可能密切的联系。此外，信息系统本身也应成为一个有要素、有子系统、结构完整、运行有序的有机统一整体。

(2)经济效益原则

建立市场调研与预测信息系统，必须以最大限度提高企业的经营活动水平，提高经济效益为目的。建立信息系统也要确保以尽量少的费用多办事，注意经济效益。市场营销信息系统管理，需要投入人力、物力、财力，系统的正常运行与维护，也需不断的投入，为此，必须始终注意经济成本与效益之间的对比，把经济效益放在突出位置加以关注。

(3)现实和发展统一原则

建立市场调研与预测信息系统，既要立足于现有基础、现有条件，包括技术、人员组织、设备、资金等条件，不能不顾客观条件许可，一味贪大求洋；又要有发展的眼光，充分预计到企业经营管理活动的发展变化和信息技术的日新月异，具有一定的先进性。要妥善处理好现实与发展的关系，把两者结合起来，从实际出发，逐步完善、逐步发展。

(4)适应性和可靠性原则

市场营销信息系统管理，必须注意信息系统本身的适应性和可靠性。适应性是指信息系统要能适应企业经营管理工作的需要，适应外部环境的变化，为此，系统要有较大的灵活性和应变能力，一些程序、规则等亦要有较强的适应性。可靠性是对信息系统本身的又一个要求，具体来说，系统本身必须可靠，提供的信息必须可靠，技术上也必须可靠。

市场营销信息系统主要有以下几个方面管理要求：

①要有企业领导的全力支持

市场营销信息系统管理，涉及企业的各个方面，必须由企业的领导进行决策，并自始至终加强领导，对具体工作人员给予全力支持。企业领导的支持是市场营销信息系统管理成功运行的必要条件。

②要有合理的企业组织结构

企业组织结构的合理化是市场营销信息系统管理的前提条件。为此，企业要注意按照现代管理学的组织原理，合理设置组织结构模式、部门与层次结构，科学确定分工协作、职能划分。企业的组织结构还必须适应市场化经营的要求，并与信息系统的运作相协调。

③要有一定的硬件条件

企业必须要有一定的硬件条件。具体来说，不但要有善于从事市场调研与预测的专业人员、信息管理人员、信息处理人员、机器设备操作人员等，还要有计算机、通信设备等适用的现代化机器设备。企业本身的财力也要有保证。

④要有一定的软件条件

企业本身的经营管理工作必须达到一定的水平是市场营销信息系统管理的所必备的软件条件。具体来说，要达到管理工作程序化，管理业务标准化，信息收集制度化，信息形式标准化、代码化，信息内容系统化，信息传递规范化，信息储存档案化，信息工作秩序化。

⑤要有一定的外部条件

市场营销信息系统管理，还要有一定的外部条件，比如用户的需要、政府的政策、社会信息网络的完善、技术设备的供应等。

第二节　市场调研

一、市场调研的含义

市场调研，也称为营销调研、市场研究等，人们对市场调研的认识处于不断发展之中，并存在差异。

（一）把市场调研理解为对市场的调查研究

持此观点的人认为，市场调研与预测是以市场为研究对象的，所以，对市场认识的深度和广度，直接决定对市场调研活动认识的程度。对市场的理解又分为狭义和广义两种。狭义的市场，是把市场理解为商品销售对象，即顾客的集合。广义的市场，是把市场理解为商品交换关系的总和，即一个由各种市场要素构成的，有结构、有功能的体系。同时我们也应当认识到，市场调研与市场调查二者互相联系又互相区别。市场调查主要是通过各种调查方式与方法，系统地收集有关商品产、供、销的数据与资料，进行必要的整理和分析，如实反映市场供求与竞争的实况；而市场调研则是在市场调查的基础上，运用科学的方法，对所获得的数据与资料进行系统、深入的分析研究，从而得出合乎客观事物发展规律的结论。

（二）把市场调研理解为对市场营销的调查研究

目前国内外越来越多的学者倾向于采用这种定义。国际商会欧洲民意和市场营销调研学会在《市场营销和社会调研业务国际准则》(1986 年)中写道："营销调研是指个人和组织对有关其经济、社会、政治和日常活动范围内的行为、需要、态度、意见、动机等情况的系统收集、客观记录、分类、分析和提出数据资料。"马尔霍特拉在 1993 年 10 月将营销调研定义为："营销调研是对信息系统地、客观地确认、收集、分析和传播，目的是为了帮助管理层确认有关营销的问题和机会，帮助他们制定解决问题的策略。"这一定义被认为是较为综合的营销调研定义。

（三）把市场调研理解为对所有信息的调查研究

这种观点将市场看作是将一些有价值的商品（或产品）提供给顾客（或公众）的平台，这体现了市场最基本的功能和特征，不仅包括公司有利组织，也包括个人、政府机关、事业单位等组织。这就提供给我们一个更广泛的市场调研概念。全球市场研究者协会给出的定义为："市场调研是指个人或组织为实现其目的而对信息进行研究的过程，包括将相应问题所需的信息具体化、设计信息收集的方法、管理并实施数据收集过程、分析研究结果、得出结论并确定其含义等。”所以，市场调研包括市场分析、销售分析、消费者研究、广告研究等内容。

事实上，由于现代市场组织复杂、活动频繁，单一的调查研究工作已不足以概括其意，因此，总结以上观点，我们对市场调研的概念做如下界定：市场调研是指个人或组织应用科学的方法和手段，搜集产品从生产者转移到消费者的一切与市场活动有关的数据和信息，并对信息进行系统的确认、判断、收集、记录、分析，以认识事物发展变化规律的有目的的活动过程。市场调研就是运用科学的方法，有目的、有计划地收集、整理和分析有关市场营销方面的信息，提出解决问题的建议，供营销管理人员了解营销环境，发现机会与问题，作为市场预测和营销决策的依据，可见，市场调研既是一种活动过程或行为，也是一门科学。

二、市场调研的作用

（一）有利于制定科学的营销规划

通过市场调研，分析市场、了解市场，才能根据市场需求及其变化、市场规模和竞争格局、消费者意见与购买行为、营销环境的基本特征，科学地制定和调整企业营销规划。

（二）有利于优化营销组合

企业根据市场调研的结果，分析研究产品的生命周期，开发新产品，制定产品生命周期各阶段的营销策略组合。例如，根据消费者对现行产品的接受程度，对产品及包装的偏好，改进现有产品，开发新用途，研究新产品创意、开发和设计；通过测量消费者对产品价格变动的反应，分析竞争者的价格策略，确定合适的定价，综合运用各种营销手段，加强促销活动、广告宣传和售后服务，增进产品知名度和顾客满意度；尽量减少不必要的中间环节，节约储运费用，降低销售成本，提高竞争力。

（三）有利于开拓新的市场

通过市场调研，企业可以发现消费者尚未得到满足的需求，测量市场上现有产品及营销策略满足消费者需求的程度，从而不断开拓新的市场。营销环境的变化，往往会影响和改变消费者的购买动机和购买行为，给企业带来新的机会和挑战，企业可据以确定和调整发展方向。

三、市场调研的特征

（一）市场调研的真实性和科学性

1. 真实性

真实性是指市场调研是建立在真实客观基础之上的理性分析和规律揭示。市场调研首先应求其真，追求的是事实真理。因此，在调研中必须搜集丰富的资料，分析归纳各种消费心理特征及消费者行为，结合已知的事实，预测未来的变化。

2. 科学性

科学性是指市场调研必须运用科学的方法收集加工市场信息，为决策提供依据。市场调研人员要有思想的前瞻性和分析的缜密性，运用科学的技术、方法、手段，遵循一定的程序，通过对繁杂的数据信息资料的分析来揭示事物的本质和规律。

（二）市场调研的信息性和时间性

1. 信息性

信息性是指市场调研从本质上讲，是一项市场信息工作。市场调研包含着对信息的判断、收集、记录、整理、分析、研究和传播等活动。

2. 时间性

时间性是指市场调研要求既要及时反映市场的动态，又要对某个时段有个综合的判断。比如，只有分别对商场周一到周末的客流量作调研统计之后，才能得出一周客流规律的综合结论。

（三）市场调研的比较性和系统性

1. 比较性

比较性是指在资讯越来越受到重视的时代，各行业的资料、信息、数据和报告非常多，市场调研在选定调研课题及搜集信息时，应注意对各类资料、信息进行甄别、比较、分析。

2. 系统性

系统性是指市场调研是一个系统的过程。市场调研不是单个的资料记录、整理或分析活动，而是一个经过周密策划、精心组织、科学实施，由一系列工作环节、步骤、活动和成果组成的过程。它是一项复杂的工作，需要有科学的理论和方法指导，同时也需要进行科学的组织和管理。

（四）市场调研的目的性和相关性

1. 目的性

目的性是指市场调研是一种有目的的活动。市场调研是个人或组织为解决市场营销问题、为进行营销决策提供信息而开展的有目的的活动。市场调研本身不是目的，它服从于营销活动，是营销活动的有机组成部分。市场调研属于营销管理范畴。

2. 相关性

相关性是指任何事物的发展变化都受内部、外部各种因素的影响和制约，而各因素之间是相互联系和相互作用的，这就要求必须从多方面描述和反映调研对象本身的变化和特征，积累多方面的信息。另外，各种数据之间都或多或少地存在内在的联系，如某商业街的兴盛、某商业区的繁荣，除了其营销手段外，还与周边消费群的变化、交通路线的顺畅程度、政府的相关政策有着密切的关系。

四、市场调研的分类

市场调研可以按不同标准进行分类，其划分的标准和划分目的在于清晰地把握现代市场调研的内容和特点。常见的市场调研分类有以下几种：

（一）按市场调研的主体分类

1. 企业的市场调研

在经营过程中，企业需要对各种营销问题作出判断和决策，从而需要进行市场调研，企业也是最常见的市场调研主体。

2. 政府部门的市场调研

政府部门在社会经济活动中承担着管理者和调节者的职能，还从事某些直接经营活动。无论是执行管理和调节职能，还是直接从事经营活动，都需要了解和掌握充分的市场信息，从而需要开展市场调研活动。一般而言，政府部门的市场调研所涉及的范围比较大。

3. 社会组织的市场调研

各种社会组织，如各种协会、学会、中介组织、事业单位、群众组织、民主党派等，为了学术研究、工作研究、提供咨询等需要，也会组织开展一些市场调研活动。这种市场调研通常具有专业性较强的特点。

4. 个人的市场调研

个人也是一类市场调研的主体。某些个人由于种种原因，也需要进行市场调研，比如，某些个体业主，由于个体经营上的原因，需要了解相关的市场信息，从而进行市场调研活动；有些研究人员为开展研究，也需要进行市场调研；即使作为消费者，也需要了解相关的市场信息，从而对市场的某些方面进行调研。一般而言，个人的市场调研范围较小，灵活性大但规范化程度不高。

（二）按市场调研的范围分类

1. 专题性市场调研

专题性市场调研，简称专题调研，是指市场调研主体为解决某个具体问题对市场中的某个方面进行的调研。它具有组织实施灵活方便、所需人力物力有限、对调研人员的要求相对低些的优点。不过，它也存在提供的信息具有某种局限性、市场调研主体无法仅凭此对市场全面了解等不足。当企业或其他市场调研主体面临某些涉及面有限的具体问题需要做出决策时，其要求所提供的信息，只要能保证满足决策的需要就可以了，专题调研就是合理的选择。大多数市场调研都是专题调研。

2. 综合性市场调研

综合性市场调研，简称综合调研，是指市场调研主体为全面了解市场的状况而对市场的各个方面进行的全面调研。相对于专题调研而言，综合调研涉及市场的各个方面，提供的信息能全面地反映市场的全貌，有助于市场调研主体正确了解和把握市场的基本状况。但是，由于这种市场调研涉及面广，组织实施比较困难，不但需要投入相当多的人力物力，费时费钱，对调研人员的要求也相对较高。一般而言，这种市场调研只有在必要时才组织实施，在实践中用得比较少。

（三）按市场调研的目的分类

1. 描述性市场调研

这种调研的任务在于客观反映市场各个要素及其相互关系的现状。它是通过详细的调查和分析，对市场营销活动的某个方面进行客观的描述，对已经找出的问题作如实的反映和具体回答。多数的市场调研都为描述性调研。例如，调查消费者购买力、竞争对手状况、产品市场占有率等。在调研中，搜集与市场有关的各种资料，并对这些资料进行分析研究，揭示市场发展变化的趋势，其特点是回答市场现状是什么，其意义大于为企业的市场营销决策提供科学的依据。

2. 解释性市场调研

解释性市场调研的目的在于检验某种理论假设，或说明解释某类客观现象，寻求现象之间关系存在的条件。由于因果关系是建立理论解释的主要方式之一，因此，解释性市场调研也常常被称为“因果性市场调研”。在市场调研中凡是要回答“为什么”的时候，都属于解释性市场调研。例如，某公司尽管调低了产品的销售价格，但产品销量仍然下降，公司不能确定究竟是广告支出减少所致，还是大量竞争对手加入市场所致，或者是公司的产品质量满足不了顾客的要求所致。要解决这一问题，就需要进行解释性市场调研的活动。解释性市场调研的特点在于，在一定的理论指导下，全面收集有关因素的实际资料，在此基础上通过对资料的科学分析，检验原有的理论或假设，从而对客观现象给予理论解释和证明。这种调研的意义在于，调研人员可以向决策部门提供较完整的市场信息，并提出科学依据的具体建议。

3. 预测性市场调研

预测性市场调研的目的在于对市场的发展趋势及变动幅度做出科学估计。它的特征是，在科学理论的指导下，通过运用科学方法对过去、当前市场信息的综合分析研究，预测未来市场的走势，预测性市场调研是企业制订营销决策和方案的重要依据和基础，它对企业制订有效的营销计划，避免风险和损失，有着特殊的意义。

第三节　数据分析

市场调研得到的全部资料在经过校编、汇总和分类、制表等阶段之后，就可以转入下一步的工作：数据分析。数据分析是在对影响市场供求变化的因素进行调查研究的基础上，运用科学的方法，对未来市场商品供应和需求的发展趋势以及有关的各种因素的变化，进行分析、估计和判断。数据分析的目的在于最大限度地减少不确定性对分析对象的影响，为科学决策提供依据。

一、数据分析的特点

（一）数据分析具有目的性

数据分析是为生产经营决策或市场营销决策服务的。决策以科学的分析预测结果作为基础，并通过分析比较，选取最优方案。因此，分析是使决策科学化的前提，没有准确、科学的分析，要取得决策的成功是不可能的。因此，数据分析应从决策的需要出发，有目的地进行有关市场问题的分析。

（二）分析对象具有不确定性

数据分析是研究市场不确定性事件的，如果未来市场具有确定性，就用不着分析了。由于市场存在着不确定性，为了趋利避害，决定行动的取舍，增强生产经营的预见性和主动性，企业有必要展开数据分析。

（三）分析方法具有科学性

数据分析绝不是毫无根据、随心所欲的臆测，它依据市场调研收集的大量历史资料和现实资料，运用科学的预测方法，通过分析研究，在探求事物演变的过程、特点、趋势和规律的基础上有效地分析预测未来的发展变化。

（四）数据分析具有综合性

数据分析不是简单的估计和推测，它要求运用多种定性分析和定量分析的方法，对大量的调研资料进行综合分析，在把握市场运行趋势和规律的基础上，对市场未来的变化做出综合性的判断，并对预测结果进行多方面的评价和论证，才能确保分析预测结果的准确性和科学性。

二、数据分析的类型

（一）按分析的范围分类

按分析的范围分类，数据分析包括宏观分析和微观分析两种。宏观分析是对整个市场的预测分析，研究总量指标、相对数指标以及平均数指标之间的联系与发展变化趋势。微观分析是对一个生产部门、公司或企业的营销活动范围内的各种分析。微观分析研究是企业制定正确的营销战略的前提条件。微观分析是宏观分析的基础和前提,宏观分析是微观分析的综合与扩展。

(二)按分析的时间长短分类

按分析的时间长短分类,数据分析包括近期分析、短期分析、中期分析和长期分析。近期分析通常指时间在1年之内,以旬、月、季为单位的市场分析;短期分析是指时间在1~2年的市场分析;中期分析是指时间在2~5年的市场分析;长期分析是指时间在5年以上的市场变化及其发展趋势的分析预测。

(三)按分析的方法分类

按分析的方法分类,数据分析包括定性分析和定量分析。定性分析是研究和探讨分析对象在未来市场所表现的性质;定量分析是确定分析对象在未来市场的可能数量,以准确、全面、系统、及时的资料为依据,运用数学或其他分析手段,建立科学合理的数学模型,对市场发展趋势做出数量分析。

三、数据分析的方法

在数据分析阶段,研究者面临的第一个问题是:应该使用什么技巧或方法来分析数据?为了选用适当的分析技巧,研究或分析人员需要考虑以下几个方面的问题:第一,一次要分析几个变量?第二,是进行描述性分析还是推断性分析?第三,分析涉及的变量的数据类型是什么?

选择分析方法的第一步是确定要分析的变量的个数,根据包含变量的个数多少,可以分为单变量分析、双变量分析和多变量分析。

所谓描述性分析,就是利用统计值对样本有关特性或变量之间的关系进行描述。比如,它能回答这样一些问题:样本的平均年龄是多大?样本中各单位之间在年龄上的差异程度如何?

所谓推断性分析,是指根据数理统计原理,利用样本统计值推断总体统计值,或对变量之间关系的显著性进行推断。它能回答这样一些问题:根据样本的平均年龄,总体的年龄可能是多大?根据样本中年龄和收入的相关程度,总体中年龄与收入的相关程度可能是多大?

数据的类型不同,使用的统计方法就不同。比如,用定类尺度测量某一变量获得的结果,被称为非参数变量。这种变量的中心趋势和离散程度不能用平均值和方差来描述,只能用众数和频率来描述,也不适合于进行区间估计、z 检验和 t 检验,而只适合进行卡方检验。用定距尺度和定比尺度测量获得的结果被称为参数变量。已有的大部分统计分析方法都适用于这种变量的分析。

表3-1、表3-2和表3-3分别介绍了单变量分析、双变量分析和多变量分析的统计工具,根据研究的需要可以选择不同的分析方法来说明、解释观察到的现象。

表3-1　　单变量分析的统计工具

数据的类型	描述性分析		推断性分析	
	中心趋势	离散程度	单样本	多样本
等距和等比数据	平均值	标准差、全距	区间估计、z 检验、t 检验	独立样本 t 检验、非独立样本 t 检验
顺序数据	中位数	四分位差	K-S检验	Mann-Whitney U 检验、Wilcoxon 方差检验
分类数据	众数	异众比率	卡方检验	卡方检验、McNemar Cochran Q

表 3-2　　双变量分析的统计工具

依赖分析中因变量和互依分析中变量的数据类型	描述性分析				推断性分析
	依赖分析中自变量的数据类型			互依分析	
	等距和等比数据	顺序数据	分类数据		
等距和等比数据	简单回归分析	n. a.	以哑变量为自变量的简单回归分析	简单相关分析	回归系数的 t 检验、双样本 t 检验、方差分析
顺序数据	n. a.	Spearman 排序相关分析	n. a.	排序 Ken-dall 系数	U 检验、K-S 检验、Mann-Whitney U 检验、Wilcoxon 方差检验
分类数据	判别分析、简单 logistic 回归分析	n. a.	权变系数	n. a.	卡方检验、Mc-Nemar Cochran Q

表 3-3　　多变量分析的统计工具

依赖分析中因变量和互依分析中变量的数据类型	描述性分析				推断性分析
	依赖分析中自变量的数据类型			互依分析	
	等距和等比数据	顺序数据	分类数据		
等距和等比数据	多元回归分析、等式建模	n. a.	以哑变量为自变量的多元回归分析、等式建模	多元相关分析、因子分析、聚类分析	回归系数的 t 检验、双样本 t 检验、方差分析
顺序数据	n. a.	Spearman 排序相关分析	n. a.	排序 Ken-dall 系数	U 检验、K-S 检验、Mann-Whitney U 检验、Wilcoxon 方差检验
分类数据	判别分析、多元 logistic 回归分析	n. a.	权变系数	带哑变量的因子分析、聚类分析	卡方检验、Mc-Nemar Cochran Q

四、数据测量

（一）数据测量尺度

数据测量尺度是指对客观事物进行定性或定量测量的尺度和工具，也称为量表。它给出为客观事物赋值的标准和规则。按照赋值规则的不同，数据测量尺度可以分为四种类型：定类尺度、定序尺度、定距尺度和定比尺度。

1. 定类尺度

定类尺度也称列名尺度，是按照客观现象的某种属性对其进行分类或分组。这是最粗略、测量层次最低的测量尺度。例如，将人口按性别分为男性、女性两类，将学生按照民族分为汉族、满族、回族等。定类尺度的基本特征如下：

(1)定类尺度对现象所做的分类中，不同类别间地位平等，没有高低大小之分，不能说男性比女性优越，因此各类之间的顺序是可以改变的。

(2)定类计量的结果一般用文字表述，不用数字表述。但为了便于统计处理，特别是为了便于计算机识别，我们可以对不同类别用不同的数字或编码来表示，例如，用“1”表示男性，用“2”表示女性。数字在这里只是不同类别现象的一个代码，并不代表真正的值，不能进行数学计算。例如，电话号码、邮政编码虽然用数字来表示，但数字大小本身并没有实际含义，只是为了便于区分和管理。

2. 定序尺度

定序尺度也称顺序尺度，是对各类客观现象之间的等级差或顺序差的一种测度。它不但可以将现象分成不同的类别，而且可以确定这些类别的大小顺序。虽然定序尺度的计量结果也表现为类别，但这些类别之间是可以排列顺序的。例如，学生的学习成绩可分为优秀、良好、中等、及格、不及格；产品可分为一等品、二等品、三等品、等外品等。定序尺度的基本特征如下：

(1)客观现象的不同类别间存在顺序差异，因此在对现象进行分析时其顺序是不能随意排列的。

(2)定序尺度计量结果只能用文字表示，无法进行准确的数学计量。

3. 定距尺度

定距尺度也称间隔尺度，是对现象类别或次序之间间距的计量，它通常使用自然或度量衡单位作为计量尺度。定距尺度是比定序尺度高一层次的计量尺度。它不仅能将现象区分为不同类型并进行排序，而且可以准确地指出类别之间的差距。例如，学生某门课程的考试成绩用“百分制”表示、海拔用“米”度量等。由此可以看出，定距尺度的计量结果表现为数值。由于这种尺度的每一间隔都是相等的，所以只要给出一个度量单位，就是以准确地指出两个计数之间的差值。例如，将学生的考试成绩从 0 分到 100 分进行分类排序，得到从 0 分、50 分、60 分、70 分、90 分，直到 100 分的序列。序列中不仅有明确的高低之分，而且可以计算差距，如 50 分与 60 分之间相差 10 分，70 分与 90 分之间相差 20 分等。定距尺度的基本特征如下：

(1)确定的计量单位。这是定距尺度区别于定类尺度和定序尺度的基本特征。

(2)由于定距尺度的计量结果表现为数值，所以定距变量的值可以用数字表示，是真正意义上的值，可以进行加、减运算，但不能进行乘或除的运算，因为在等级序列中没有固定的、有确定意义的“零”位。例如，在温度的表示方法中，1742 年瑞典人摄尔修斯提出在标准大气压下，把水的冰点规定为 0℃，水的沸点规定为 100℃，把水银温度计在这两点间体积膨胀距离分成 100 等份，每一份记作 1℃，称为摄氏度。可见，这里温度的 0 点是人为规定的。

4. 定比尺度

定比尺度也称比例尺度，它与定距尺度属于同一层次，是在定距尺度的基础上，确定可以作为比较的基数。其计量的结果也表示为数值。定比尺度除了具有上述三种计量尺度的全部特征外，还有自己的基本特征。

(1)定比尺度可以计算两个测度值之间的比值

这就要求定比尺度中必须有一个绝对固定的“零点”，而有无绝对意义上的零点是定距尺度与定比尺度的唯一区别。定距尺度中没有绝对零点，即定距尺度的计量值可以是“0”。例如，一个学生某门课程的考试成绩是“0”分，表示他该门功课成绩水平是“0”，而不是表示他没有考试成绩。所以在定距尺度中“0”是一个有意义的数值。在定比尺度中，“0”值表示什么也没有，它就是真正意义上的零点，“0”表示“没有”或“不存在”。例如，一个企业某种产品产量为“0”，表示该企业没有生产这种产品；一个人的月收入为“0”元，则表明这个人当月没有收入。在现实生活中,很多事物都是可以用定比尺度去测量的,我们大多使用的也都是定比尺度。

(2)定比尺度既能作加减也能作乘除运算

上述四种测量尺度对事物的测量层次是由低级到高级、由粗略到精确逐步递进的。高层次的测量尺度具有低层次测量尺度的全部特性,但低层次测量尺度却不具有高层次测量尺度的特性。不同测量尺度类型对应着不同的数据类型,一般我们将由定类尺度和定序尺度得到的数据称为品质数据,将由定距尺度和定比尺度得到的数据称为数值数据。我们可以很容易地将测量层次高的数据转化为测量层次低的数据,如将考试成绩的百分制转化为优秀、良好、中等、及格、不及格五等级分制。

在调查分析中,如果能取得测量层次高的数据就不用使用层次低的测量尺度,因为高层次的测量尺度包含更多的数学特性,能运用的统计分析方法更多。

(二)数据测量效度和信度

1.效度和信度的含义

社会科学与自然科学的一个重要区别在于,自然科学的测量比较客观,可重复,如测量的是长度、重量等,不论谁去测量,不论什么时间什么地点,得到的结果大致相同;而社会科学的测量比较主观,难以重复,如测量的是人的态度、动机等,不同的人去测量,在不同的时间测量,在不同的地区测量,往往会得出不同的结果。因此,社会科学研究中对测量的准确性要求更高。

测量值是指反映测量对象某种特征的数字,在测量时会受许多因素的影响,这些都会引起测量误差。测量误差是指由测量工具或测量程序导致的观测值与真实值之间的差异,大体可以分为两大类:一类是系统误差,即在测量中持续出现的具有一致性的偏差;另一类是随机误差,即在测量中由于不确定因素导致的误差,它的发生并不持续。例如,在有的小贩那里买水果,永远是八两秤,这就是系统误差,系统误差主要是由于测量设备存在缺陷造成的。同样的水果,用同杆秤,不同的人称出来的重量往往不一样,这就是随机误差。

测量的准确与否可以用效度和信度来表示。效度是指测量结果能够反映真实值的准确程度,即测量结果中含有的系统误差的大小程度。例如,用一个八两秤,称八两水果它显示一斤,称一斤六两水果它显示二斤,总是缺斤少两,朝真实值的一方偏离。

信度即可靠性,是指测量结果的一致性,即对同一对象反复测量时,多个结果中含有的随机误差的大小程度。例如,用电子秤测量一个人的体重,多次测量的结果都不相同,有时候重一点,有时候轻一点,则说明这台秤的信度较低,不稳定。

2.效度检验

效度考量的是测量值单边偏离真实值的程度,即测量工具的准确性。对于市场调查来说,效度研究的是测量值与真实值是否接近,即由调查工具得来的结果反映现实问题的准确性是否高。然而真实值我们不知道,因此就无法直接判断效度,只能采用一些间接的方法来判断测量工具的效度。

(1)内容效度

内容效度是指问卷设计内容涵盖预测变量不同内涵领域的程度。例如,对一位教师授课水平的评价需要从备课、讲解、互动、内容组织、课堂组织、效果反馈等方面考察,如果设计的问卷缺少了其中一个甚至几个方面,就存在内容效度问题。

(2)标准效度

标准效度是指一个变量测量的结果与选做标准的变量之间相互关系的程度。当以几种不同的测量工具对同一问题进行调查时,可以将其中一种测量工具作为标准,衡量其他测量工具。例如,要考察一台电子秤是否准确,可以用它来称一瓶 500 mL 的矿泉水的重量,我们知道 500 mL 水是 500 g,如果电子秤称出来的结果也是 500 g,说明秤是准的。同样,如果在考察教师的授课水平时设计了一个学生用的评价表,可以将测量结果与用其他方法,如教学督导和同事之间听课得到的评价结果进行对比,一般我们认为教师的评价更客观一些,如果两组结果之间高度相关,就说明学生用的评价表是有效的。

(3)结构效度

结构效度是指从概念和变量的构成方面考察测量的效度。考察结构效度,先要从理论上找出相关概念之间的逻辑关系,对相关概念分别进行测量,考察测量结果之间的相关关系,如果观察到的关系与理论上的逻辑关系一致,说明测量有效。例如,我们认为教师的授课效果和他备课充分程度之间是正相关的,现在用一个评价表对教师的授课效果和备课情况进行测量,如果这两个变量的测量结果之间呈现出正相关关系,可以认为这个评价表是有效的。

3.信度检验

信度考量的是测量结果的一致性程度,一致性程度越高,说明测量的随机误差越小,测量结果越可靠。没有随机误差当然是最好的情况,然而这在实际中是不可能的。要降低随机误差,其他误差可能会增加,一般根据研究的目的和要求,确定一个可以接受的信度。

在市场调查中,可以通过计算测量结果的系统相关系数对信度进行估计。用同一个测量工具在不同执行过程中会得到不同的测量值,如果这些测量值之间的相关系数比较高,说明所用工具在不同的调查环境中获得了一致的结果,是可信的。这里介绍两种主要的估计方法。

(1)重复测量信度

重复测量信度是指在一次测量之后应用同一工具在相同条件下再次进行测量,计算前后两次测量值之间的相关系数,相关系数越高,表明两次测量的结果越相近,重复测量信度就越高。

在实际的市场调查工作中,重复测量信度的应用会受到一些因素的限制。第一,如果两次测量的时间间隔不同,信度就不同,时间间隔越长,则重复测量信度越低。第二,像消费者对于新产品、新广告的反应这些项目只能被测量一次。还有其他一些无法控制的环境因素可能在两次测量之间发生变化,从而导致两次测量的结果不同,降低重复测量信度。

(2)子样本信度

子样本信度是指在一次测量之后,将样本随机分为若干个子样本,分别计算各子样本的测量结果之间的相关关系。如果各子样本的测量结果之间的一致性程度高,则测量工具的信度较高。

第四节　市场调查与预测

一、市场调查

(一)市场调查的意义和内容

美国市场营销协会将市场调查定义为：市场调查是一种通过信息将消费者、顾客和公众与营销人员联系起来的职能。这些信息用于识别和确定市场营销机会与问题，产生、提炼和评估营销活动，监督营销绩效，改进人们对营销过程的理解。市场调查明确了解决这些问题所需要的信息，设计了收集信息的方法，管理并实施信息收集过程，分析结果，最后要探讨所得出的结论及该结论具有的市场意义。

市场调查的核心内容主要集中在以下四个方面：

1.宏观经济、行业与技术调查

经济环境主要是指一定时期社会生产的规模、动态、生产、流通、分配和消费的总体状况，具体内容包含宏观经济运行态势，产业结构及其调整，市场总需求与总供给，货币流通，物价总水平，行业特征与趋势发展，本企业所需的设备、原材料的生产和科技状况及其发展趋势。通过对这些因素的调查分析，可以判断出一国或一个地区的市场规模、发展潜力、需求结构与特点等信息，有助于企业了解一个国家或一个地区的市场结构、市场容量及其发展趋势，掌握同行业的科技动态，便于确定本企业的发展方向，利于正确地进行产品决策，确定发展新产品的策略和具体方向。

2.用户需求和消费者行为调查

对用户需求的调查，就是要了解用户和熟悉用户，对用户的类型和特点进行调查，把握用户需求的变化规律；调查影响用户需求的各种因素，对用户的现实需求和潜在需求进行定性和定量分析，千方百计地满足用户的需求；调查分析消费者的购买行为和决策类型，深入关注顾客体验和口碑传播，便于在战略、策略方面进行有针对性的营销方案设计，进一步进行营销创新。

3.产品、销售与品牌调查

企业特别重视产品和销售调查，主要包括产品概念和市场反应调查、市场试销效果调查、包装研究设计和换装效果调查、竞争性产品研究、产品销量和潜力调查、企业的各种产品所处产品生命周期阶段调查、企业各种产品的价格在市场上的竞争能力调查、企业的促销效果调查等。近20年来兴起的“顾客革命”和“品牌革命”，进一步拓展了这个领域的调查内容。这方面的调查，普遍得到企业的高度重视，有利于企业建立各种有针对性的数量模型和行为模型，使企业的决策建立在科学的基础上。

4.竞争对手调查

竞争对手调查主要解决的问题包括全国或一个地区有哪些同类型企业？企业实力大小如何？谁是最主要的竞争者？谁是潜在的竞争者？主要竞争者的产品市场如何分布？市场占有率多大？它对本企业的产品销售有何影响？主要竞争者采取了哪些市场营销组合策略？这些营销组合策略产生作用后对企业的生产经营产生何种程度的

影响？了解对手的战略和策略，便于制定有针对性的竞争战略，也便于制定难以跟踪和复制的营销策略。

（二）市场调查的类型

1. 探测性调查

探测性调查是指当市场情形并不十分明朗时，为了发现问题，找出问题的症结，明确进一步深入调查的具体内容和重点而进行的非正式的调查。探测性调查一般不如正式调查严密、详细，一般不制定详细的调查方案，尽量节省时间，以求迅速发现问题。它主要利用现成的历史资料、业务资料和核算资料或政府公布的统计数据、长远规划和学术机构的研究报告等现有的第二手资料进行研究，或邀请熟悉业务活动的专家、学者和专业人员，对市场有关问题做初步的研究。

探测性调查的目的在于提供想法和洞察问题，常常用于调查方案设计的事前阶段，为正式调查做必要的准备和尝试。探测性调查可以采用小样本观察，多轮次调查，不一定强调样本的代表性，数据的分析主要是定性的，调查的结果一般只是试探性的、暂时的，以帮助调查者认识和理解所面临的问题，为进一步的正式调查研究开路。探测性调查可以灵活运用各种调查方法，如观察法、访问法、问卷调查等。

2. 描述性调查

描述性调查是指对需要调查的客观现象的有关方面进行事实资料的收集、整理和分析的正式调查。它要解决的问题是说明“是什么”。它主要描述调查现象的各种数量表现和有关情况，为市场研究提供基本资料。例如，消费者需求描述性调查，主要是搜集有关消费者收入、支出、商品需求量、需求倾向等方面的基本情况。

描述性调查与探测性调查相比，要求具有详细的调查方案，要进行实地调查；掌握第一手原始资料和第二手资料，并对资料做评估，尽量将问题的来龙去脉、相关因素描述清楚；要求系统地搜集、记录、整理有关数据和有关情况，为进一步的市场研究提供市场信息。

描述性调查一般具有六个要素（5W1H），即为何调查（Why），向谁调查（Who），从调查对象中获取什么信息（What）、获取调查对象何时的信息（When），在何地获取调查对象的信息（Where）和以什么方式、方法获取信息（How）。

描述性调查的目的在于描述总体的特征和问题，假设调查者事先对问题已有较多相关的认识，并能够事先拟订正规化和结构化的调查方案。描述性调查一般是采用大样本概率抽样调查的方式，调查结果是结论性的、正式的。

描述性调查应该给出调查的抽样方法、误差控制方法和基本置信度。

3. 因果关系调查

因果关系调查又称相关性调查，是指为了探测有关现象或市场变量之间的因果关系而进行的市场调查。它所回答的问题是“为什么”，其目的在于找出事物变化的原因和现象之间的相互关系，找出影响事物变化的关键因素。因果关系调查是建立在描述性调查的基础上的。

因果关系调查可从一定的因果式问题出发，探求其影响因素和原因，也可先摸清影响事物变化的各种原因，然后综合、推断事物变化的结果。通常把表示原因的变量称为自变量，把表示结果的变量称为因变量。在自变量中，有的是企业可以控制的内生变量，如企业的人财物等；有的是企业不可控制的外生变量，如反映市场环境的各种变量。

因果性调查的目的在于找出市场变量之间的因果关系，既可运用描述性调查资料进行因果关系分析，也可搜集各种变量的现成资料，并运用一定的方法进行综合分析、推理与判断，在诸多的联系中揭示市场现象之间的因果关系。

因果性调查一般能够建立数学模型，比如回归方程、结构方程模型等。

4.预测性调查

预测性调查是指为了预测市场供求变化趋势或企业生产经营前景而进行的具有推断性的调查。它所回答的问题是“未来市场前景如何”，其目的在于掌握未来市场的发展趋势，为经营管理决策和市场营销决策提供依据。预测性调查可以充分利用描述性调查和因果性调查的现成资料，但预测性调查要求搜集的信息要符合预测市场发展趋势的要求，既要有市场的现实信息，更要有市场未来发展变化的信息，如新情况、新问题、新动态、新原因等方面的信息。

上述四种类型的调查设计并不是绝对相互独立进行的。有些调查项目需要涉及一种以上类型的方案设计。如何将不同类型的方案结合在一起完全取决于调查问题的性质。

（三）市场调查的步骤

市场调查是一种科学的工作方法，必须尊重科学，尊重客观规律。为了使市场调查取得良好的预期效果，必须制订周密的调查计划，按步骤做好必要的准备工作，认真实施。市场调查的步骤一般分为调查准备阶段、调查设计阶段、调查实施阶段和调查处理阶段四个阶段，如图 3-1 所示。

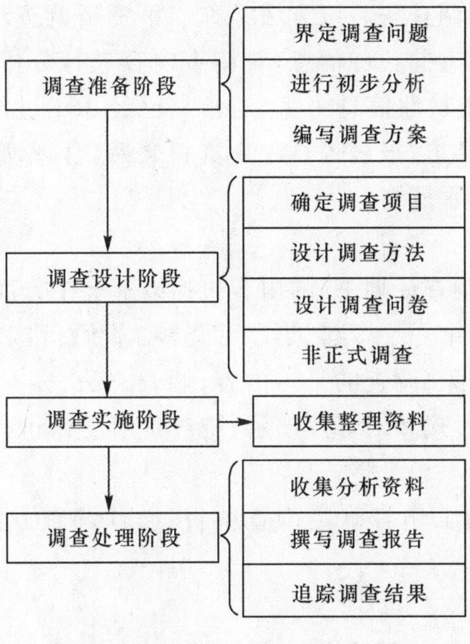

图 3-1　市场调查的步骤

1.调查准备阶段

调查准备阶段所要做的工作是界定市场调查问题，进行初步分析，编写调查方案。

(1)界定调查问题

界定调查问题主要是明确调查主题和调查范围。调查主题是市场调查所要说明或解决的具体问题，直接决定着调查方案的内容。正确地提出问题是正确认识问题、解决问题的前提。调查主题必须具体、明确，不能过于笼统。调查范围的区分，直接影响到调查收集资料的范围。调查主题可以有很多,组织者必须根据一定的目的,确定每一次市场调查的主题。调查范围一般可以从地区上确定市场的区域范围,从商品使用上确定调查的群体范围。如果范围界限不清,调查中就可能出现资料信息收集不全或信息杂乱、资料庞杂、收集资料范围过大等问题。

确定调查范围后,还要研究本次调查的直接目的,或者提出这次调查要解决的主要问题。一般可以采用设问方式来进行。如为什么要做调查?想要调查什么情况?了解情况后有什么用途?如果能准确回答上述问题,那么,这次调查就有了进行的必要依据,就能期望获得良好效果。

在常规商业调查中,界定调查问题是经过调查合同来明确的,调查合同是一个标准的经济合同,具有法律意义。该法律合同对整个市场营销调查的基本框架和要点做出了明确的规定,明确了双方的权利和义务以及专业争议问题的沟通和处理模式。

(2)进行初步分析

在调查准备阶段中,还必须围绕选定的主题进行一些初步的探索性调查。初步调查的主要目的不是直接回答调查主题所要解决的问题,而是为回答调查主题的内容寻找方向,为设计调查方案提供可靠的客观依据。初步调查的作用有以下两个方面:一是确定市场调查的起点和重点,起点过高或过低,会造成调查脱离实际或简单重复,而市场调查重点不突出,就难以设计出高质量的调查方案,就不可能取得具有较大价值的调查结果;二是研究调查的指标、方法和实施的具体步骤。这些都是设计调查方案的重要内容。

这个阶段应该重视文案调查法。该方法又称二手资料调查法或桌面调查法,是指利用市场调查机构内部和外部现有的各种信息,对调查内容进行分析研究的一种调查方法。文案调查法所收集的资料以文献性信息为主,通常是已经加工过的次级资料,又称第二手资料。例如年鉴、报纸、期刊、杂志、报表等。收集资料之后,合理评价资料的针对性、适用性、时效性、参考性,充分利用二手资料。

(3)编写调查方案

市场调查方案(或市场调查计划书)的内容包括以下七个方面:调查主题、调查背景和调查目的;资料来源和评价,如第一手资料、第二手资料、评价标准和原则;调查地点、调查时间进程安排、调查人员、调查对象、调查的具体内容;调查方法、样本设计、回访设计;调查数据的统计和分析方法;报告的形式和幻灯片演示;调查费用预算和责任;其他合作事项。

2.调查设计阶段

调查设计阶段所要做的工作有确定调查项目、设计调查方法、设计调查问卷、非正式调查。

(1)确定调查项目

调查项目是指对调查单位的哪些方面进行调查,这是调查问题的进一步细化和分解。调查项目的确定取决于调查的目的和任务,以及调查对象的特点与数据资料收集的可能性。调查项目包括调查对象的基本特征项目,调查主题的主体项目,调查问题的相关项目。如对消费者的需求进行调查,既要有消费者的基本项目(年龄、性别、职业、文化程度、家庭人口等),又要有消费者需求量、购买动机、购买行为等需求调查的主体项目,还应有消费者收入、消费结构、储蓄、就业、产品价格等引起需求变动的相关项目。进一步还可以延伸到消费者的态度、体验、品牌偏好等消费者心理的测量和调查。

(2)设计调查方法

设计调查方法主要是指选择适当的组织调查方式、采集资料的方法。

从样本角度,目前组织调查的方式有普查、重点调查、典型调查和抽样调查。抽样调查包括随机抽样和非随机抽样,调查方式的选择取决于调查的目的、内容以及不同时间、地点、费用等条件下市场的客观实际情况。

从调查方法角度分类,采集资料的方法有询问法、观察法、实验法、网络调查。采集资料的方法主要考虑调查资料搜集的难易程度、调查对象的特点、数据取得的源头、数据的质量要求等。

这个阶段,要设计出具体的抽样方法,合理估算出样本数量,明确抽样控制方法。

(3)设计调查问卷

调查项目确定以后,就可以设计调查问卷或者调查表,它是收集市场调查资料的工具。

调查问卷既可作为书面调查的记载工具,也可作为口头询问的提纲。调查问卷设计应以调查项目为依据,力求科学、完整、系统和适用,能够确保调查数据和资料有效收集,提高调查质量。

问卷设计要考虑被调查者配合的方法、被调查者的能力和态度,要注意对其隐私的保护。问卷界面要友好,简洁美观,具备人性化设计。问卷的选项设计和量表设计要经过非正式调查实践检验,便于区分和编码,具有良好的统计功能。

问卷的规模要根据调查目标来设计,也要考虑调查对象的具体情况,结合赠品和调查现场的具体情况,通盘考虑访员的行为和应答模式,还要考虑督导的管理方法,以及决定必要的回访比例和回访方式。

(4)非正式调查

非正式调查是指对初步设计出来的问卷在小范围内进行试验性调查,以便弄清问卷初稿中存在的问题,了解被调查者是否对所有问题都乐意回答或能够回答,哪些是多余的,还有哪些不完善或遗漏的地方。如果发现问题,应立即修改,使问卷更加完善。

非正式调查的目的并不是为了获得完整的问卷,而是要求回答者对问卷各方面提出意见,以便于修改。同时,非正式调查要注意观察与收集目标对象的意见和态度、填写的时间和疑问、访问人员的行为礼仪等。初步调查的数据可以检验调查问题的准确性,预设统计方法的可行性,抽样方法的合理性。非正式调查是正式调查成功的重要前提和基础。经过一轮或者多轮的非正式调查和问卷修改,即可印制成正式问卷。

3.调查实施阶段

调查实施阶段主要是开始全面广泛地收集整理与调查活动有关的信息资料。在实际调查中,要根据各种不同调查方法的要求,采用多种形式,由调查人员分头开展调查活动。

调查可以采用一次性调查,也可以采用一个设计周期内的连续性调查;在调查队伍的组建和培训方面,认真培训和模拟过的调查人员,可以推动调查的顺利进行;在具体执行调查时,要合理安排访问人员和督导人员的工作计量和监督模式,避免诚信问题导致的数据失真和误差。调查正式结束后,可以考虑采取一定比例的抽样复核,审核调查的真实性和准确度。

4.调查处理阶段

调查处理阶段,主要是由调查人员将分头收集到的市场信息资料进行汇总、归纳、整理和审核，对信息资料进行分类编号和编码，然后对资料进行初步加工。比如进行统计汇总，计算出各种比例，并制成各式统计图表，然后撰写调查报告，并将调查结果形成书面形式。报告完成后，市场调查人员还要追踪市场调查结果，检查落实情况，了解调查报告中所提及的建议在执行中有什么问题。

(1)收集分析资料

收集整理调查资料一般由专人进行，对资料进行编号保存，对问卷进行审核和编码，并录入计算机形成数据库，然后制成相应的图表，以供统计分析使用。

(2)撰写调查报告

运用调查得到的大量市场信息，分析问题，观察市场，然后撰写调查报告。调查报告一般有两种类型：一种是专业性报告，使用对象是市场研究人员。内容要求详尽，并介绍调查的全过程，说明采用何种调查方式、方法，对信息资料怎样进行取舍，怎样得到调查结果等；另一种是一般性调查报告，使用对象是经济管理部门、职能部门的管理人员、企业的领导者。这种报告要求重点突出，介绍情况客观、准确、简明扼要，避免使用调查的专业性术语。这两类报告均可以附有必要的图表，以便直观地说明市场情况。

通常，为了配合汇报，要制作汇报专用的演示幻灯片。幻灯片设计要考虑汇报的对象、汇报场合的条件、汇报的重点，合理剪切调查报告，抓住重点，配合解说。汇报人员应尽量脱稿汇报，注重汇报现场的沟通和阐释。

(3)追踪调查结果

完成调查报告，并不是调查活动的终结，还要对调查结果进行追踪，即再次通过市场活动实践，检验报告所反映的问题是否准确，所提建议是否可行、效果如何，并总结市场调查的经验教训，以提高市场调查的能力和水平。很多时候，追踪调查结果，能发现市场的新变化和新趋势，能够引导出新一轮的调查。

市场调查的四个阶段和若干步骤是必需的，但其中几个具体步骤并不是简单、机械地排列，有时步骤有详有简，甚至有交叉、有反复。

为了保证市场调查活动正常进行并取得良好效果，维持正常的社会经济秩序，保证市场经济健康发展，一方面要靠健全的法律来制约，另一方面还要靠基本的道德和职业操守来规范。

(四)市场调查的基本方法

市场调查的基本方法可分为访问法、观察法和实验法。

1.访问法

访问法是由调查者先拟订调查提纲，然后用提问的方式请被调查者回答，来收集信息和资料的一种方法。

(1)面谈访问法

采用面谈访问法时，可以和一个被调查者单独面谈，也可以和几个被调查者集体面谈，可以一次面谈，也可以多次面谈。这种方法能直接与被调查者面对面交流进而听取其意见并观察其反应，可以挖掘出重要信息。面谈调查的灵活性较大，可以一般地谈，也可以深入详细地谈，并能互相启发，得到的资料也比较真实。但是，这种方式调查的成本高，调查结果受调查人员的基本素质、业务水平影响较大，优秀的访问员难以培训和寻找。

(2)电话访问法

电话访问法是由调查人员根据抽样的要求,在样本要求下,用电话向被调查者提出问题,听取意见的方法。这种方法收集资料快,成本低,并能以统一格式进行询问,所得资料便于统一处理。但是这种方法也具有一定的局限性,首先要对被访问者有基本了解,才能够根据调查要求抽取对象;其次只能对有电话的用户进行询问,不能询问较为复杂的问题,调查不甚深入;最后,被调查对象合作意愿较低。

自2000年以来,在设计和运行客户数据库的条件下,电话辅助调查技术(CATI)有了长足的发展。CATI访问作为一种借助计算机和电话等终端设备进行调查的方式,其运作程序与一般的电话访问和网上调查必然存在较大的差异。具体而言,它一般包括以下四个主要步骤:进入系统、样本抽取、电话访谈、实时统计和汇总。CATI是近年来高速发展的通信技术及计算机信息处理技术应用于传统的电话访问所得到的产物,自问世以来应用越来越广泛。国内越来越多的专业商业调查机构、政府机构和各大院校都在积极地大量使用这种技术。CATI访问法的关键是数据特征充分成熟的数据库和快速便捷的计算机和电话终端系统。在CATI技术运用中,计算机会系统地指引整个业务流程。问卷可以直接在计算机中设计、调试,抽样过程可以大大简化,配额也完全由计算机系统自动控制,问卷执行时所有的问卷内部的流程和逻辑都由计算机内部控制,并且计算机会检查答案的适当性和一致性。数据的收集过程是自然的、平稳的,而且访问时间大大缩减,数据质量得到了加强,数据的录入等过程也不再需要,编码也可以统一地自动实现。数据输入计算机后,关于数据收集和结果的阶段性的和最新的报告几乎可以立刻就得到。同时CATI技术可以提供更高效、更透明的监控方式,所有的话务监控、通话录音、监听、监看都在一个独立的计算机上执行,大大降低了对访问过程产生干扰的可能性。

(3)邮寄访问法

邮寄访问法又称通信调查是将预先设计好的询问表格邮寄给被调查对象,请他们按表格要求填写后寄回的方法。这种方法调查范围较广,被调查者有充裕的时间来考虑怎样回答问题,不受调查人的影响,收集意见、情况较为真实。但问卷的回收率较低,时间往往拖延较长,被调查者有可能误解问卷的含义,影响调查结果。在实践中,精选调查对象、设立提醒机制、完善回访,能提高邮寄调查的回应率。

实践中,在条件许可的情况下,也可以采用留置问卷的方式。就是由调查人员将问卷当面交给被调查人,并说明回答要求,留给被调查者自行填写,然后由调查人员定期收回或者由被调查人邮寄返回。这种调查方法的优缺点介于面谈访问和邮寄访问之间。

(4)网络访问法

网络访问法是指在互联网上针对特定营销环境进行简单调查设计、收集资料和初步分析的活动。由于互联网作为信息沟通渠道具有开放性、自由性、平等性、广泛性和直接性,使得网络访问法有别于传统的市场调查方法。

网络访问法的优点有以下三点:第一,分发速度快、分发及处理成本较低、转交时间更短、灵活性更强,而且不存在处理问卷纸张的问题。如果要调查时间性很强的问题,这种方法就是最好的选择。第二,可以构造按钮、选框和数据输入域,可以利用图表、图像、动画及与其他网页的链接,可以做到在线辅导。第三,可以自动执行跳问或者答案有效性检查。

在宽带和4G移动网络时代,网络访问技术方法不断出现激动人心的发展。但是,依然要谨慎鉴别受访对象，合理设计抽样，控制恶意灌水等。实践中，邮箱推送和鉴别，手机确认和回访，定时锁定 IP 等方法和技巧，在网络访问法的运用中都有很理想的效果。

上面介绍的常见的四种访问技术，各有优缺点，需要根据调查目标灵活选择运用。

2. 观察法

观察法是指调查者到现场观察被调查者的行动来收集情报资料，也可以安装使用照相机、摄影机、录音机或者某些特定的仪器进行收录和拍摄。

观察的方式有到顾客购买现场观察、到产品使用单位的使用现场观察、摄像头监控和录像法。这种方式能客观地获得准确性较高的第一手资料，但调查面较窄，花费时间较长，对调查员的要求也较高，必须对其进行统一的观察方法的培训。在强调隐私的现代社会中，摄影设备的使用场合应该有明确提示，并且要保护观察对象的个人权利。

3. 实验法

实验法是指某种产品在大批量生产之前，先生产一小批，向市场投放，进行销售试验，观察和收集 用户有关方面的反应来获得情报资料的方法。也就是在特定地区、特定时间，向市场投放一部分产品进行试销，故也称为“实验市场”。

实验的目的有两个：一是观察和分析本企业生产的产品质量、品种、规格、外观是否受欢迎；二是了解产品的价格是否被用户所接受。目前常采用的产品展销会、新产品试销门市部等都属于实验法。实验法很多时候被用于新产品开发、价格制定、促销效果测量、广告效果研究等方面。

（五）市场调查数据统计方法

在对数据进行高深统计分析之前，研究人员必须对数据有一个总体印象。数据基本分析的目的是揭示所收集数据的基本特征和结构。数据基本分析可以描述数据的集中趋势和离散趋势。

1. 集中趋势

集中趋势是指一组数据向某一中心值靠拢的程度，它反映了一组数据中心点的位置所在。集中趋势的测量就是寻找数据水平的代表值或中心值，常用的指标有众数、中位数和均值。

2. 离散趋势

离散趋势是指一组数据远离其中心值的程度，反映一组数据分布的分散程度，常用的指标有极差、方差和标准差。

3. 频数分析

对于一组数据，考察不同的数值出现的频数，或者数据落入指定区域内的频数，可以了解数据的分布状况。通过频数分析，研究人员在得到描述性统计结果的同时，还能了解变量取值的分布情况。例如，在某个问卷数据分析中，应首先对本次调查的受访者的状况进行分析和总结（如年龄、职业、性别等）。通过这些分析，能在一定程度上反映出样本是否具有总体代表性，抽样是否存在系统偏差等，并以此证明以后相关问题分析的代表性和可信度。这些分析都可以通过频数分析来实现。

频数分析的第一个基本任务是编制频数分布表。在 PASW/SPSS 统计软件中，频数分布表主要包括频数、百分比、有效百分比、累计百分比。频数分析的第二个基本任务是绘制统计图。统计图是一种最为直接的数据刻画方式，可以非常直观地显示变量的取值状况。统计图主要包括以下三种类型：

(1)条形图

条形图是用宽度相同的条形的高度或长短来表示频数分布变化的图形,适用于定序和定类变量的分析。条形图的纵坐标可以是频数,也可以是百分比。条形图包括单式条形图和复式条形图两种。

(2)饼形图

饼形图是用圆形及圆内扇形的面积来表示频数百分比变化的图形,便于研究事物内在结构组成等问题。饼形图中圆内的扇形面积可以表示频数,也可以表示百分比。

(3)直方图

直方图是用矩形的面积来表示频数分布变化的图形。适用于定距变量的分析。可以在直方图上附加正态分布曲线,便于与正态分布比较。

4.列联表分析

在市场研究中,大多数情况下需要研究多个变量间的相互关系。当变量取值属于定性数据时,可以使用列联表,通过卡方分析多个变量间的相互关系。频数分析每次只描述一个变量的情况,而列联表可同时描述两个或两个以上变量的情况。列联表可以看作是将几个频数分布表合并到一张表中,有助于了解一个变量与另一个变量的关系,比如品牌忠诚与性别之间的关系。列联表体现了两个或多个定性变量在不同取值情况下的联合数据分布情况,卡方分析则是在列联表的基础上,测定定性变量相关关系及其强弱程度的方法。

在交叉列联表分析中,通过观察频数和百分比,可以大致了解数据的分布情况及变量之间的初步关系,如果要判断变量之间具体的相关关系及其强弱程度,就需要采用卡方分析。卡方分析是用来研究两个定类变量间是否独立,即是否存在某种关联性的最常用的方法。简单地说,卡方分析的方法是这样的:假设两个变量是相互独立、互不关联的。这在统计上称为原假设;对于调查中得到的两个变量的数据,用一个表格的形式来表示它们的分布(频数和百分数),这里的频数称为观测频数。如果原假设成立,在这个前提下,可以计算出列联表中每个格子里的频数应该是多少,这叫期望频数。比较观测频数与期望频数的差,两者的差越大,表明实际情况与原假设相去越远;差越小,表明实际情况与原假设越接近。这种差值用一个卡方统计量来表示。对卡方值进行检验,如果卡方检验的结果不显著,则不能拒绝原假设,即两变量是相互独立、互不关联的,如果卡方检验的结果显著,则拒绝原假设,即两变量间存在某种关联。

要注意的是,卡方检验受样本量的影响很大,同样两个变量,不同的样本量,可能得出不同的结论。解决这个问题的办法是对卡方值进行校正,最常用的是列联系数。对较大样本,当卡方检验的结果显著,并且列联系数也显著时,才可拒绝原假设;当卡方检验的结果显著,列联系数不显著时,不能轻易下结论。另外,对变量取值的不同分类会引起卡方值的改变,有可能得出不同的结论。所以在分类时不能随意,要有理论或统计上的依据。特别是对定距或定序变量,要先将变量的取值分组归类,才能使用卡方分析,而且由于分组的方法不同,也会得出不同的结论;同时,对定距或定序变量进行卡方分析,就不能充分利用它们的数量信息。这些都是在使用卡方分析时需要注意的问题。

5.其他常用的统计方法

表3-4是其他常用的统计方法的简单介绍。合格的调查团队会根据调查要求,灵活运用各类统计方法。应当注意的是,各种统计方法的运用必须在整个调查方案设计时就全盘考虑,特别是在设计问卷的时候,要根据统计方法来预先配合设计问卷的选项。

表 3-4　其他常用的统计方法

统计方法	基本含义(原理)	基本目标(作用)
主成分分析	该法是将原来的变量重新组合成一组新的互相无关的几个综合变量,同时根据实际需要从中取出几个较少的综合变量,尽可能多地反映原来变量的信息的统计方法,也是数学上处理降维的一种方法	减少指标变量的个数
因子分析	该法是把若干个变量看成由某些公共的因素所制约,并把这些公共因素分解出来的分析方法	寻找潜在的影响因子
聚类分析	该法是将物理或抽象对象的集合分组成为由类似的对象组成的多个类的分析过程,聚类分析的目标就是在相似的基础上收集数据来分类	将若干个对象按其属性相似的程度进行分类
判别分析	该法是在分类确定的条件下,根据某一研究对象的各种特征值判别其类型归属问题的一种多变量统计分析方法	根据已知分类建立判别方程,然后对样本个体进行分类
典型相关分析	该法是利用综合变量对之间的相关关系来反映两组指标之间的整体相关性的多元统计分析方法	分析两组变量之间的线性相关分析
时间序列分析	该法是动态数据处理的统计方法,基于随机过程理论和数理统计学方法,研究随机数据序列所遵从的统计规律,以用于解决实际问题	分析事物随时间变化的趋势
对应分析	该法是一种多元相依变量统计分析技术,通过分析由定性变量构成的交互汇总表来揭示变量间的联系。可以揭示同一变量的各个类别之间的差异,以及不同变量各个类别之间的对应关系	分析二维列表变量中行因素和列因素的对应关系
结合分析	该法又称为交互分析,在欧美国家的市场调查中被广泛应用。结合分析的基本假设是,产品或研究对象是由一系列的属性构成的,消费者的购买决策过程是基于对这些属性的权衡与考虑做出的理性选择	估测消费者对产品或者服务的相对重要性和属性水平效用大小的评价
信度分析	该法是指采用同样的方法对同一对象重复测量时所得结果的一致性程度。信度指标多以相关系数表示,有稳定系数和内在一致性系数	测量的一致性评价
效度分析	测量的效度是指测量结果的有效程度,也就是已测到的质和量与主试者欲测的质和量相符合的程度,有时也称效度为正确性	测量的有效性

二、市场预测

(一)市场预测的含义

预测,就是根据过去和现在的实际资料,运用科学的理论和方法,分析研究对象在今后可能的发展趋势,并做出估计和评价,以调节自己的行动方向,减少未来事件的不确定性。

市场预测是预测的重要组成部分,它是在调查研究的基础之上,运用统计、定性分析等科学的预测方法,对影响市场供求变化的各因素进行分析研究,进而对商品生产、流通、销售的未来发展趋势进行科学推测与判断,掌握市场供求变化规律,为市场营销提供可靠决策依据的过程。预测对象的未来情况是不确定的,存在着多种可能性,市场预测把未来市场的不确定性极小化,并做出关于这一市场发展的设想。

市场预测的类型多样,按时间跨度可以分为短期预测、中期预测和长期预测;按性质可以分为定量预测和定性预测;按地域可以分为国际市场预测和国内市场预测;按范围可以分为宏观预测和微观预测。

市场预测依据各种科学的数学模型及统计方法，对营销因素进行严格的分析和研究，因而具有科学性；但由于市场预测是对大量随机因素和不确定市场表现进行的预计和测算，因而又具有风险性。

（二）市场预测的内容

市场预测探讨的是市场未来的发展状况。由于市场状况的发展变化会受到多方面因素的影响，并且是这些因素共同作用的结果，所以，市场预测的内容是相当广泛的，一般来讲，市场预测的内容可以归结为以下六个主要方面：

1. 市场供给和需求的发展变化

市场供给是指一定时期可以投放市场以供出售的商品。市场供给预测，是指对投放市场商品总量及其构成、各种商品市场可供量及其变化趋势的预测。市场供给预测主要包括生产能力预测和商品竞争力预测。在了解清楚有关产品的产量、成本、利润等情况后，进行生产能力预测，即对资金筹措、能源与原材料供应、生产设备、生产技术等进行预测。商品竞争力预测是针对已有产品而言的，包括对已有产品的数量、质量、式样等因素的预测，从而对其综合实力进行评价，预测其适应市场需求的程度以及发展趋势。

市场需求的发展变化是市场预测的最主要内容。对于各级经济领导部门来说是预测他们所管辖范围内的总体需求的变化趋势或需求量；对于生产企业来说是预测本企业产品的销售变化趋势或销售量。由于影响市场需求变化的许多因素本身也是在不断发展变化的，因此，为了准确预测市场需求的变化，也要对一些影响因素的变化加以预测。

2. 产品生命周期发展阶段的变化及其更新换代

产品生命周期可分为自然生命周期和经济生命周期。产品的自然生命周期实际上就是它的使用周期，考虑的是实体的耐用度；产品的经济生命周期是指产品的需求量和利润随时间变化的趋势，考虑的是产品的销售量和获利能力。

预测产品的生命周期，有利于做出正确的经营决策和经营计划，促进新产品的研制和开发，推动产品的更新换代，并促进产品的销售以减少产品积压。

3. 价格变动及其影响

预测价格变动对国民经济有重大影响，有助于国家进行合理的价格决策。对企业来说，价格变动会影响产品成本、销售量和经济收益，也是企业进行市场竞争的一种方法。因此，预测价格变动及其影响对企业进行市场决策是非常重要的。

4. 竞争发展趋势

预测竞争发展趋势必须同时考虑两方面的情况：一是本企业的竞争能力，包括产品的质量、价格、外观，也包括产品售前售后服务、推销措施所能收到的竞争效果、企业及产品在用户中的信誉等，同时也要考虑上述各种因素改进的变化情况；二是竞争企业的竞争能力，包括竞争企业数量与产量的变化，主要包括产品质量、价格、外观以及产品服务、竞争策略的变化。此外，国家或有关部门组织的产品评比活动对竞争发展趋势也有着举足轻重的影响，在评比中获奖或名列前茅的产品无疑会在竞争中处于优势地位。

5. 消费者心理变化趋势

消费者心理变化趋势一般包括消费者需求倾向与购买行为的变化。从某种程度上讲，消费者是由一个希望满足他们需求或欲望而驱动的潜在群体构成的。随着社会经济的不断发展，人们生活水平的显著提高，买方市场确立并不断完善，消费者的消费观念、价值取向、行为方式等也发生了重大变化。消费者心理是产生或影响消费者行为的内在原因，而时代的飞速发展，又使得消费者理念发生显著的变化，从而影响消费者行为以及消费者的市场需求。

企业经营的目的在于生产迎合消费者需求的产品或服务，满足他们的欲望，以获得最大利润。然而，企业通常习惯性地根据自己的主观意愿去判断消费者的心理变化和消费需求，由此导致市场决策的失误。运用科学的统计分析方法进行消费者心理变化预测，能够帮助企业掌握消费者心理变化的一般规律和发展趋势，为企业决策提供可靠的信息。

6.意外突发事件的影响

意外突发事件是指有关经济领导部门或企业在制订市场决策、计划过程中不可能考虑到的或难以想到的事件。这些事件的发生会打乱正常的经济秩序，使市场的发展脱离原来所预测的轨道。要想应对意外突发事件，就必须对它们的影响进行预测。比如疾病的流行、灾害的发生、雨季到来等，都将严重影响企业的生产运营和营销决策。

（三）市场预测的要求

市场预测的根本要求就是预测的准确性。预测越接近实际，准确程度就越高，预测的效果就越好。然而，由于各种主客观原因，预测不可能百分之百准确。但是，为了提高预测的准确程度，应尽量减少预测的误差。为此，必须做到以下六点要求：

(1)确保原始资料的可靠性、完整性、时效性。

(2)正确确定预测项目的数目和预测时间，设定预测精度。

(3)选择适当的预测方法或者模型。

(4)符合预测法则。根据近期影响大、远期影响小的法则，越是接近预测期，对预测值的影响就越大。

(5)估计可能产生的误差。任何预测都会产生一定的误差，通过计算标准误差，来调整预测结果，尽可能把误差减少到最低程度。

(6)进行预测期与实际值的比较。通过对照、反馈修正预测结果，并对预测期发生的偶然因素给预测值带来的影响进行跟踪，纠正预测误差，并且调整下一轮的预测数据。

（四）市场预测的步骤

1.确定预测目标

确定预测的目标要求、时效要求、精度要求、应用要求。

2.搜集、整理资料

资料是预测的基础，必须做好资料的搜集工作。搜集什么资料，是由预测的目标所决定的。对搜集到的资料要进行认真的审核，对不完整和不适用的资料要进行必要的推算和调整，以保证资料的准确性、系统性、完整性和可比性。对经过审核和整理的资料还要进行初步分析，观察资料结构的性质，作为选择适当预测方法的依据。

3.选择预测方法

市场预测的方法很多，各种方法都有其适用范围和局限性。要取得较为准确的预测值，必须正确选择预测方法。预测方法选择的原则，主要考虑预测的目的、预测时间的长短、占有历史统计资料的多少及完整程度、产品生命周期和行业发展周期。

4.提出预测模型

预测模型是对预测对象发展规律的近似模拟。因此，在资料的搜集和处理阶段，应搜集到足够的可供建立模型的资料，并采用一定的方法加以处理，尽量使它们能够反映出预测对象未来发展的规律性，然后利用选定的预测技术确定或建立可用于预测的模型。如采用数学模型法，则需确定模型的形式并求出模型的参数；如采用趋势外推法，则要确定反映发展趋势的公式；如采用概率分析法，则要确定预测对象发展的各种可能结果的概率分布；如采用类推法，则要找到可以应用于本预测的历史的或他人的经验规律等。

5.评价和修正预测结果

市场预测毕竟只是对未来市场供需情况及其变化趋势的一种估计和设想，由于市场需求变化的动态性和多变性，预测值同未来的实际值总是有差距的。确定了预测方法就可以建立模型，根据模型算出预测值。每种预测方法算出的预测值的精确度是不相同的，如果预测结果的误差过大就应当放弃，重新进行预测；如果预测结果的误差在可接受的范围之内，则通过对预测误差的进一步分析，来修正预测结果。

6.编写预测报告

经过预测之后，要及时撰写预测结果报告。报告要把历史和现状结合起来进行比较，既要进行定性分析，又要进行定量分析，尽可能利用统计图表和统计方法来描述，做到数据真实准确，论证充分可靠，建议切实可行。

（五）市场预测的方法

1.德尔菲法

德尔菲法，又称专家意见法，是由美国兰德公司于20世纪40年代末创造的一种预测方法。它充分发挥专家们的知识、经验和判断能力，并按规定的工作程序来进行。其主要特色在于整个预测过程是背靠背进行的，即任何专家之间都不发生直接联系。一切活动都由工作人员与专家单独交流来进行，从而使预测具有很强的独立性和较高的准确性。

2.集中意见法

集中意见法是将业务、销售、计划等相关人员集中起来，交换意见，共同讨论市场变化趋势，提出预测方案的一种方法。许多企业为了避免依靠某一个人的经验进行预测而产生偏差，就集合有关人员共同研究进行预测。如对销售量的预测，可组织企业的业务人员、企划人员、销售人员共同分析研究市场情况，提出销售量的预测方案；对进货批量和进货次数的预测，可组织仓储人员、业务人员等进行分析研究，提出预测方案；对资金的来源、运用和资金周转的测算，可组织财务人员、业务人员共同研究，提出预测方案。这种方法优点在于，在市场的各种因素迅速变化时，能够考虑到各种定量因素的作用，从而使预测结果更接近现实。它能够与其他定量预测方法配合使用，取长补短，使预测值更加可靠和准确。集中意见法是面对面讨论的办法，相关人员能够相互启发，互为补充。这种方法简便易行，没有繁复的计算，在缺少历史资料或对其他预测方法缺乏经验的情况下是一种可行的办法。

值得注意的是，采用集中意见法在选择人员时要慎重。一般选择经验丰富、对市场经营情况相当熟悉并有一定专长的人员，如经济分析人员、会计人员、统计人员和有关部门的主要业务干部，同时要选择有独立见解的人，不要选没有主见的人。

3.时间序列法

所谓时间序列法就是将过去的历史资料和数据，按时间顺序排列起来形成一组数字序列的方法。例如按年度排列年产量，按季度或月份排列企业产品销售量等。经常使用的时间序列分析法有简单平均法、加权平均法、指数平滑法、移动平均法和季节指数调整法等。

时间序列分析法的特点是，假定影响未来市场需求和销售量的各种因素与过去的影响因素大体相似，且产品的需求形态有一定的规律。因此，只要对时间序列的倾向性进行统计分析，加以延伸，便可以推测出市场需求的变化趋势，从而做出预测。这种方法简单易行，应用较为普遍。但经济事件的未来状态不可能是过去的简单重复，因此，这种方法适用于短期预测或中期预测。如果时间序列的数据随时间的变化波动很大，或者市场环境变化很大，国家的经济政策有重大变化，经济增长发生转折，一般不宜采用这种方法。

4. 回归模型法

回归模型法，或称为计量经济模型法，是在大量实际数据的基础上，寻求随机性后面的统计规律性的一种方法。客观事物或经济活动中的许多因素是相互联系、相互制约的，它们的变化在客观上存在着一定的关系。通过对所占有的大量实际数据进行分析，可以发现数据变化的规律性，找出其变量之间的关系，这种关系叫回归关系。有关回归关系的算法和理论，称为回归分析法。

回归分析研究的内容是从一组数据出发，确定变量间的定量关系，并对这些关系式的可信程度进行统计检验，进而从影响着某一个量的许多变量中，判断哪些变量的影响是显著的，哪些是不显著的，利用所得的关系式对设计、生产和市场需求进行预测。

回归分析法，根据其自变量因素的多少可划分为一元线性回归法、二元线性回归法、多元线性回归法、非线性回归法等。一般来说，回归分析法要求数据最好是大样本，也就是30个以上的样本，个别情况下，对样本数量有更高的要求。

5. 市场试销法

市场试销法又称为销售实验法，是指通过试销手段向某一特定的地区或对象市场投放新产品或改进的老产品，在新的分销途径中取得销售情况的资料，用其进行销售预测。这是市场预测行之有效的方法之一。因为市场试销要求顾客和用户直接付款进行购买，所以能够真实地反映市场需求情况，其结果比较准确。

采用市场试销法，首先要拟订试销方案，选择试销的特定时间及特定实验市场，实验的范围可以由窄变宽，逐步扩大。这种预测方法的应用范围很广，如企业试制了一种新产品或老产品改变了款式、价格、包装，需要了解各地区的需求情况等，均可采用此法。用此方法对一些低值易耗品，如灯泡、日光灯管、洗衣粉、肥皂、钻头、鞋油、牙膏、烟酒、糖茶等商品进行短期预测，可以获得比较理想的答案。但是采用这种方法要花费较多的时间。

本章小结

本章在介绍市场营销环境的基础上，重点阐述市场营销信息系统管理的含义、原则及要求；介绍市场调研的含义、作用、特征及分类；基于对数据分析的特点和类型的介绍，重点阐述常见的数据分析的方法以及数据测量的尺度、效度和信度；在介绍市场调查含义的基础上，重点阐述市场调查四个方面的核心内容，以及市场预测的内容与要求，并介绍了市场预测的主要方法。

案例应用

“太子”童装

2002年年底，位于北京市密云工业开发区的“太子”童装生产基地开始试产首批童装。引人关注的是，投资方不是什么服装企业，却是国内最大的乳酸菌企业湖南太子奶集团。无独有偶，国内的饮料巨头们都不甘寂寞，纷纷上演“串行”戏：娃哈哈卖上了方便面，统一进军白酒市场，如今太子奶集团又做起了童装。据了解，如此大规模、行业性的“串行”在饮料行业还是第一次。其实早在几年前，就有饮料巨头“百事可乐”大胆跨入运动服饰行业成功“串行”的先例。但像今年这样几家企业先后行动，却极为少见：先是“娃哈哈”紧锣密鼓地为设在河南的方便面厂招兵买马，然后是“统一”企业与吉林白酒集团签约进军白酒市场，到现在湖南太子奶集团在京投资数亿元建成“太子”童装生产基地。这种“大串行”现象，是与市场调查和预测分不开的。

经过周密的市场调查和预测，太子奶集团发现童装市场需求大，前景看好，于是做出了大胆的跨行经营举动。据有关部门统计，我国目前16岁以下的少年儿童约有3.2亿，占全国人口的27%，国内儿童服装生产企业共有4 000多家，年生产儿童服装6亿多件，而真正叫得响的儿童品牌服装也只有200家左右，整个儿童服装市场从数量到品质远远不能满足市场的需求。据悉，新落成的“太子”童装公司占地320多亩，投资额数亿元，拥有数万平方米的现代化标准厂房和宽大的智能物流中心，世界先进的全智能电脑制衣生产线，独家从日本、法国进口符合当今国际流行色彩和环保要求的面料，据说每季可以推出至少200个流行款式。

案例思考

请结合上述案例分析市场调查和预测的作用。

练习题

一、简答题

1. 试述市场营销信息对企业营销活动的作用。
2. 试述市场营销信息系统管理的原则。
3. 试述市场调研的特征。
4. 试述市场调查的核心内容。
5. 试述市场预测的内容。
6. 试述市场预测的方法。

二、论述题

如何理解市场调查带来的营销启示？

实践应用讨论

市场调研应用实训

一、实训内容

运用适当的市场调查方法对市场上的某个经营产品项目开展市场营销调研，提出相应的调查结果，并总结调查效果。

二、实训要求和步骤

(1)调查准备阶段，同学们3～4人组成一个小组，界定调查问题，进行初步分析，并编写调查方案。

(2)调查计划阶段，确定调查经营产品项目，设计调查方法和调查问卷，做好市场营销调查的前期工作。

(3)调查实施阶段，运用合理的调查工具和方法对目标经营产品项目开展市场调查，收集整理相关数据资料。

(4)调查处理阶段，收集分析相关数据资料，统计数据结果并撰写调查报告，总结调查效果。

第四章 消费者购买行为分析与应用

学习目标和要求

理解消费者市场的概念与特征；掌握消费者购买行为模式与类型；了解影响消费者购买行为的主要因素和决策过程；理解组织市场的概念与特征；掌握组织市场的购买对象、购买类型；了解影响组织市场购买行为的主要因素和决策过程。

学习重点

消费者购买行为模式与类型、组织市场的购买对象、购买类型。

案例导入

中国奢侈品市场及消费者的需求变化

2015年1月11日，中国奢侈品协会在北京饭店发布《2014年中国奢侈品市场消费统计报告》。报告显示，2014年1月至12月中国奢侈品市场消费总量共计9 550亿元，同比下降38.8%。

中国奢侈品协会会长蔡苏建同时在会上发表《2015～2020年中国奢侈品市场投资及前景预测报告》。蔡苏建在报告中指出：现代中国社会经济形态正在转型，奢侈品文化强劲的消费号召力，足以形成连贯的生活时尚。但是，奢侈品消费首先应该是促进现代化社会经济良性循环的重要手段，其次才是展示社会品味和个人生活态度，履行社会责任的道德行为。它应该是全民消费的一部分，而不是权贵阶级飞扬跋扈的符号。

中国的奢侈品消费市场，近10年迅猛扩大、野蛮发展，很大程度上依附于无序的消费思想所催生的畸形消费链。2014年奢侈品消费市场的调整，必定改变并修正中国民众的消费态度，给中国民众、中国企业和中国产品提供一次理性审视奢侈品消费思想，努力助推中国奢侈品品牌的时间和商业空间。中国的奢侈品文化正在兴起，未来15年之内，一定能够形成相对稳定的本土奢侈品产业，产生比肩世界的、真正具备商业意义的奢侈品品牌。

蔡苏建认为：根据以往经验和共识，艺术品作为奢侈品文化的基础，将是最简单明确的投资方向。高级翡翠、和田玉等资源产品应为首选。其中，投资著录和流传有序的顶级书画艺术品，基本不存在质疑性风险。今年这类作品供不应求，但整体等级、数量都不及历年。

因2011年之后，艺术品市场缺乏强劲推手，投资信心持续下降，虽然部分著录拍品从征集结束至正式成交付款，途中仅有3～4次易手，成交率几乎达到120%。但价格平平，趋势走低。相对于服装服饰、房地产、酒、茶等行业，中国艺术品的价格依然存在很大的整体上升空间。未来10年，中国艺术品将是最具升值潜力的低风险投资行业。

思考题：

奢侈品品牌企业应如何针对中国奢侈品市场及消费者的需求变化趋势开展有效的营销活动？

案例分析：

在不足10年的时间里，中国消费者总体上已经从盲目的追随者转变为新兴的时尚首创者。奢侈品品牌企业应针对中国奢侈品市场及消费者的需求变化趋势开展有效的营销活动。

(1)了解品牌的核心消费者并重点满足他们的需求和诉求。各品牌应该经常开展消费者调研并深入了解自身的市场地位，如何在消费者心中实现自身的地位以及谁是自己的主要竞争对手；实施客户关系管理举措和其他宣传活动也十分必要。

(2)扩张应该为战略服务。虽然实体店可能是一种理想的宣传工具，但开设店面花费不菲。关键是占据与品牌契合的地段。

(3)需要制定精明的媒体战略。熟悉当地媒体的品牌能够建立优势。另外，重要的是寻找方法不断提供最新的消息——比其他奢侈品品牌更为频繁地更新各季新款、限量版或者与名人合作、赞助一些国内活动等。

(4)关键是围绕期望的品牌形象设计品牌战略。由于消费者在购买奢侈品时越来越精明，看重质量和产品升值胜过彰显身份，因此，只有蕴涵消费者喜好的传统信息才能表现得更好。

(5)培育顶尖的销售队伍。通过缜密的激励计划来聘请并挽留有能力的销售人员可以提供独特的优势，而且很难被复制。

(6)不能将眼光局限于中国内地。随着中国消费者旅游人数持续上升，特别是以休闲为旅游目的的消费者不断增加，专注于“中国的消费者”而不仅是“中国的商店”显得更为重要。像服装、手表和珠宝等品类，制定全球战略十分必要。

第一节　个体消费者购买行为分析

现在有这么一群年轻人：他们经常没钱，经常透支；挣得不少，花得更多。有钱时哪都敢去，什么都敢买；没钱时一贫如洗，艰难度日。拿着丰厚的薪水却扛着贫穷的大旗，这些每月收入全都花光的消费群体被戏称为“月光族”。“月光族”们偏好开源，讨厌节流，他们认为花出去的才是钱。所以每个月辛苦挣来的“银子”，到了月末总是会花得精光，别指望在他们的银行户头上看见存款。老年人看不惯，叫他们“败家子”，但他们却认为这是一种生活方式，自己活得很充实、快乐！出生于20世纪80年代的独生子女们，由于特定的历史机遇和经济环境，他们现在成为“月光族”的主力军。国外经济专家们也注意到了这一动向。欧洲经济专家认为，这些中国独生子女们已经成长为社会消费的主力军，他们更追求消费，而非储蓄，中国的经济增长模式有望由投资拉动型转变为消费拉动型；韩国经济专家们分析，“月光族”引导着中国新的消费文化，将成为中国消费市场的核心力量。因而，外国专家们不约而同地认为，应认真研究中国“月光族”消费形成的原因。

一、消费者市场

消费者市场是消费品生产经营企业市场营销活动的出发点和归宿点，消费者购买商品意味着商品价值和使用价值的最终实现，消费者购买行为结束后商品将退出流通领域进入消费领域。消费者市场的变化和发展对产业市场乃至整个经济运行都有着重大的影响。因此，对消费者市场的研究，是研究整个市场的基础。各类企业特别是消费品的生产经营企业要深入了解消费者市场的特点，科学分析各类消费者购买行为的产生和形成，探索并研究消费者购买行为的规律，充分满足消费者的需求，提高市场营销效益，实现企业自身的营销目标和发展愿景。

（一）消费者市场的概念

市场是指有购买力、有购买愿望的顾客群体。消费者市场是指为满足生活消费需要而购买货物和劳务的一切个人和家庭。消费者市场是一切市场的基础，不以牟利为目的。生活消费是产品和服务流通的终点，因而消费者市场也被称为最终产品市场或消费品市场。消费者需求是人类社会的原生需求，产业市场需求、转卖者市场需求及政府需求都由此衍生而来，消费者市场从根本上决定其他所有市场。在市场营销观念的指导下，企业的活动必须以顾客为中心，以市场为导向。

（二）消费者市场的特点

1.非营利性

消费者购买是非营利性的，目的是为了满足个人或家庭的某种生理或心理需要，消费者购买的最终目标是取得使用价值，而不是为了营利去转手销售。而企业市场的购买是以营利为目的的，是为了取得价值的增值，获得最大的利润。这就是消费者市场和企业市场的本质区别。

2.非专业性

消费者一般缺乏专业的商品知识和市场知识。消费需求是可以引导和调节的。消费者在购买商品时，往往容易受个人情感和印象所支配。这就是说通过企业营销活动的努力，人们的消费需求可以发生变化和转移。厂家、商家广告宣传、促销方式、商品包装和服务态度等对其购买行为往往起决定性的作用。潜在的欲望可以变为明显的行动，未来的需求可以变成现实的消费。因此，在消费者市场的营销活动中，要把促销策略作为一种首要的营销策略来运用，尽量在购物现场介绍产品知识，现场演示、操作，以唤起消费者的购买欲望。

3.广泛性

消费购买涉及每个人和每个家庭，凡是有人生存的地方，就需要消费品，因而消费品市场具有广泛性。消费者市场上，不仅购买者人数众多，而且购买者地域分布广。从城市到乡村，从国内到国外，消费者市场无处不在。营销企业应从消费者购买方便的角度出发，在居民生活区域或其他贴近居民生活区的地方广泛设置销售网点。

4.多样性

由于消费者人数众多，其收入水平、文化程度、职业、性别、年龄、民族和生活习惯差异性显著，自然会有不同的爱好和兴趣，对消费品的需求也是千差万别的。这种不拘一格的需求，就是消费需求的多样性。而且，随着生产的发展、消费水平的提高和社会习俗的变化，消费者需求在总量、结构和层次上也将不断发展、日益多样化。消费者需求的这种多样化特征，要求企业在对消费者市场进行细分的基础上，根据自身条件准确地选择目标市场。

5. 层次性

由于消费者的收入水平不同，所处社会阶层不同，消费者的需求会表现出一定的层次性。一般来说，消费者总是先满足最基本的生存需要和安全需要，购买衣、食、住、行等生活必需品，而后才能视情况逐步满足高层次的需要，购买享受型和发展型商品。随着生产力的发展和消费者个人收入的提高，人们对商品和服务的需要也在不断地发展。例如，过去在我国未曾促销过的高档消费品，现在已经开始进入消费领域；过去由家庭承担的劳务，现在已转向由社会服务业来承担。消费者的一种需求满足了，又会产生新的需求，循环往复，以至无穷。因此，市场营销人员要不断开发新产品，开拓新市场用于满足消费者的不同需求。

6. 联系性和替代性

消费需求在某些商品上具有关联性，消费者往往顺便一并购买。如出售皮鞋时，可能附带售出鞋油、鞋带、鞋刷等。所以经营有联系的商品，不仅会给消费者带来方便，而且能扩大商品销售额。消费品中除了少数商品不可替代外，大多数商品都可找到替代品或可以互换使用的商品。因此，消费者市场中的商品有较强的替代性。即某种商品销售量增加，另一种商品销售量减少。如洗衣粉销量上升，肥皂销量下降等。

7. 时代性

消费需求不仅受消费者内在因素的影响，还受环境、时尚、价值观等外在因素的影响，时代不同，消费者的需求也会随之不同，消费者市场中的商品具有一定的流行性。例如，随着我国人民文化水平的提高，对文化用品的需要日益增多。这就是消费需求的时代性。

8. 伸缩性

消费者购买商品，在数量、品级等方面均会随消费者收入、生活方式、商品价格和储蓄利率的变化而变化，表现出较大的需求弹性或伸缩性。其中，基本的日常消费品需求的弹性比较小，而中高档商品、耐用消费品、穿着用品和装饰品等选择性强，消费需求弹性就比较大。

二、消费者购买行为分析

所谓消费者的购买行为，是指消费主体为满足需要和欲望而寻找、选择、购买、使用、评价及处置产品和服务时介入的过程和活动，以及购买行为的形成与发展过程中的影响和制约因素。消费者在内外部因素的影响下形成自我概念与生活方式，消费者的自我概念与生活方式导致与之一致的特定的需要与欲望产生，这些需要和欲望大部分将以消费的方式来获取满足。一旦消费者面临相应的情境，消费决策过程将被启动。这一过程以及随之而来的产品获取与消费体验都会对消费者的内在特性与外部环境产生影响，最终引起自我概念与生活方式的调整与变化。

（一）消费者购买行为分析所涉及的内容

消费者市场涉及的内容千头万绪，市场营销学家通过研究将之归纳为以下七个主要问题：

(1)消费者市场由谁构成？(Who)——购买者(Occupants)。

(2)消费者市场购买什么？(What)——购买对象(Objects)。

(3)消费者市场为何购买？(Why)——购买对象(Objectives)。

(4)消费者市场的购买活动有谁参与？(Who)——购买组织(Organization)。

(5)消费者市场怎样购买？(How)——购买方式(Operations)。

(6)消费者市场何时购买？(When)——购买时机(Occasions)。

(7)消费者市场何地购买？(Where)——购买地点(Outlets)。

由于七个英文字母的开头都是O,所以称之为“7O”研究法,也称之为“6W1H”研究法。这七个问题揭示了消费者购买行为的主体、客体、动机、时间、地点以及购买行动的具体状态,指明了对消费者购买行为研究的基本内容。企业对市场,对消费者的研究,就是要知道这七个问题的答案。因此,这也就成为我们研究消费者市场和消费者行为的重要分析方法。

(二)消费者购买行为的模式

消费者千差万别的购买行为,是以其千姿百态的心理活动作为基础的。消费者在购买活动中所发生的心理变化,是主观与客观的统一,是消费者对客观事物和本身需要的综合反映。而消费者购买心理过程又犹如一只“黑箱”,看不见、摸不清。但外部刺激经过“黑箱”产生反应后,直接支配着消费者的购买行为,影响着消费者实行购买的全过程,产生各有差异的购买行为。因此,消费者购买行为是“刺激—反应”的行为。消费者购买行为的详细模式如图4-1所示。

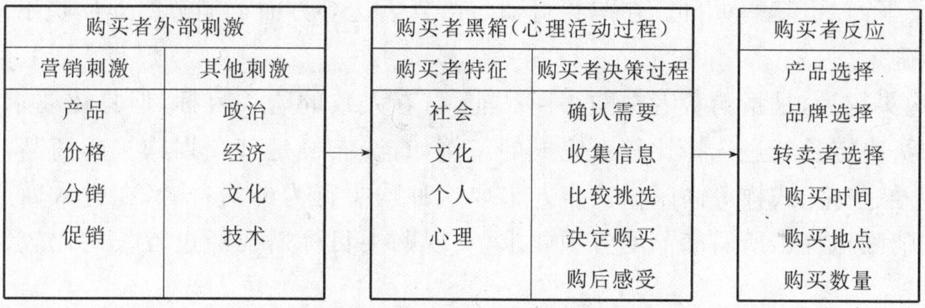

图4-1　消费者购买行为的详细模式

图4-1揭示了外部刺激进入“黑箱”后产生的一系列反应的过程。购买者外界的刺激包括两类:一类是营销刺激,主要是指企业营销活动的各种可控因素,即“4Ps”:产品(Product)、价格(Price)、分销(Place)和促销(Promotion);另一类是其他刺激,主要是指消费者所处的环境因素,如政治、经济、文化、技术等的影响,这些刺激通过购买者的黑箱,即心理活动过程产生一系列反应,就是购买行为。

刺激和反应之间的购买者黑箱包括两个部分:第一部分是购买者特征。购买者特征主要包括影响购买者的社会、文化、个人和心理因素。这些因素会影响购买者对刺激的理解和反应,不同特征的消费者对同一种刺激会产生不同的理解和反应。第二部分是购买者决策过程,具体包括确认需要、收集信息、比较挑选、决定购买、购后感受五个阶段。这会导致购买者的各种选择,并直接影响最后的结果。

(三)消费者购买行为的类型

消费者购买行为随其购买商品的复杂性、购买情况的不同、购买者的不同而有所区别。因此,对消费者购买行为类型的研究,不可能逐个地具体分析,只能按不同的角度划分,概括性地分析其活动规律、行为特征和产生的原因。

1. 按对商品认识程度分类

(1)深涉型

这类消费者对有关商品有较深入的了解,能通过感官对商品进行全面辨别。购买过程中善于比较，挑选商品比较自信，并向售卖者提出“内行”的有关商品问题，胸有成竹地按照自己的意图购买商品。

(2)浅涉型

这类消费者在消费群体中占较大比重，对所购商品的知识只有一般的了解，或对商品的某些专业性知识略知一二。购买中挑选商品往往不够全面，只能按自己所知内容进行比较、选择，期望售卖者提供更多的有关商品性能、使用维修、市场行情等情况。

(3)无知型

这类消费者对某一具体商品缺乏认知，也缺乏购买和使用经验。购买过程中或不假思索地买下，或犹豫不决，常期望售卖者全面介绍商品。

2.按购买目标选定程度分类

(1)全确定型

此类购买行为，是指消费者在购买商品前，已有明确的购买目标，对商品名称、商标、型号、规格、样式、颜色，以至价格的幅度等都有明确的要求。采取这种购买行为的消费者进入商店后，一般都会有目的地进行选择，并主动提出需购商品，以及对商品的各项要求，可以毫不迟疑地买下商品，其购买目标在购买行动与语言表达等方面都能鲜明地反映出来。

(2)半确定型

此类购买行为，是指消费者在购买商品前，已有大致的购买目标，但具体要求还不甚明确，最终购买决定是经过选择比较而完成的。例如，洗衣机是其计划购买的商品，但购买什么品牌、型号、规格、式样等尚未做决定。采取这种购买行为的消费者，在进入商店后，一般不能明确、清晰地提出所需商品的各项要求，实现购买目标需要经过较长的比较、评定才能完成。

(3)不确定型

这类购买行为是指消费者在购买商品时没有明确的或坚定的购买目标，进入商店主要是参观，一般是漫无目标地观看商品，或随便了解一些商品销售情况，碰到感兴趣与合适的商品也会购买，否则不买商品就离去。

3.按购买现场情感反应强度分类

(1)沉着型

采取这种购买行为的消费者神经过程平静而灵活性低，反应比较缓慢而沉着，因此环境变化刺激对他们影响不大。采取这种行为的消费者在购买活动中往往沉默寡言，情感不外露，举动不明显，购买态度持重，不愿谈与商品无关的话题，也不爱听有幽默或玩笑式的语句。

(2)温顺型

有些人由于神经过程比较脆弱，在生理上不能忍受或大或小的神经紧张，对外界的刺激很少在外表上表现出来，但内心体验较持久。这种心理特征表现在购买行为上，一般称为温顺型。采取此类行为的消费者在选购商品时往往遵从介绍做出购买决定，很少亲自重复检查商品的品质。这类消费者对商品本身并不过分考虑，而更注重服务态度与服务质量。

(3)健谈型

有些人由于神经过程平衡而灵活性高，能很快地适应新的环境，但情感易变，兴趣也很广泛。这种心理特征表现在购买行为上就是健谈型或活泼型。采取这类行为的消费者在购买商品时，能很快地与人们接近，愿意交换商品意见，并富有幽默感，喜爱开玩笑，有时甚至谈得忘乎所以，而忘掉选购商品。

(4)反感型

此类消费者在个性心理特征上，具有高度的情绪易感性，对于外界环境的细小变化能有所警觉，显得性情怪僻，多愁善感；在购买过程中，往往不能忍受别人的多嘴多舌，对售货员的介绍异常警觉，抱有不信任的态度，甚至露出讥讽性的神态。

(5)激动型

此类消费者由于具有强烈的兴奋过程和较弱的抑制过程，因而情绪易于激动，在言谈举止和表情神态上都有急躁的表现，这种心理特征表现在购买行为上，就是激动型或傲慢型。此类消费者选购商品时表现出不可遏制的劲头，而不善于考虑是否可能，在言语表情上显得傲气十足，甚至会用命令式的口气提出要求，对商品品质和服务质量的要求极高。

4. 按消费方式分类

(1)随意型

随意型购买行为是指消费者在众多品牌的消费品选择中没有固定的规律，随意而买。其原因或是生活经验不足，或是消费意识不强。

(2)交替型

交替型购买行为是指消费者交替使用品牌为 A 和 B 的消费品，反复交替进行。其原因是 A 牌商品和 B 牌商品可以互相替代，在客观上 A 牌商品不能保证随时买到。

(3)间歇型

间歇型购买行为是指消费者使用一段时间的 A 牌商品，中断一段时期后，又重新恢复使用 A 牌商品。其原因是遇到某种特殊情况，如节假日购买且消费档次高一些的商品。

(4)连续型

连续型购买行为是指消费者连续不断地购买并使用品牌为 A 的消费品，在较长时期内坚持不变。其原因主要是消费者对某种品牌消费品的偏好。在偏好的背后是出于对消费品价格、包装、性能、质量的多方面考虑。

5. 按选购商品速度分类

(1)急速型

这类消费者气质外向，心急口快，若遇到等购时间较长，则会烦躁地离去。采取此类购买行为的消费者，个性心理反应敏捷，客观刺激物容易引起其心理的指向性，其心理反应与心理过程的速度也较快。这类消费者在购买时言谈举止干脆利落，见到合意商品即快速买下，缺少反复的比较挑选。此类行为以直观感觉为主，新产品、时尚产品对其吸引力较大。他们一般对所接触到的第一件合适的商品就想买下，而不愿做反复选择比较，因而能快速地做出购买决定。

(2)相机型

这类消费者性情机敏而温和，有主见又善于听取别人意见，购买行为过程中灵活机动，顾客少、营业员闲时就仔细挑选，直到满意为止；顾客多时相机行事，动作快，少挑选，善于根据购买现场调节自己的行为。

(3)疑虑型

这种购买行为具有内倾性的心理特征，采取这种购买行为的消费者善于观察细小事物，行动谨慎、迟缓，体验深而疑心大，选购商品从不冒失仓促地做出决定，听取商品介绍和检查商品时，往往小心谨慎、疑虑重重，挑选商品动作缓慢费时较多，还可能因犹豫不决而中断。购买时常常“三思而后行”，购买后还会疑心是否受骗上当，常因犹豫不决而放弃购买机会。

6.按购买者的购买涉入程度和品牌差异分类

(1)习惯性购买行为

这种购买行为是指对于价格低廉、经常购买、品牌差异小的产品，消费者不需要花时间选择，也不需要经过搜集信息、评价产品特点等复杂过程，是一种最简单的购买行为类型。消费者只是被动地接收信息，出于熟悉而购买，也不一定进行购后评价。企业可以用价格优惠、电视广告、独特包装、销售促进等方式鼓励消费者试用、购买和续期其产品。

(2)寻求多样化的购买行为

这种购买行为是指对于品牌差异明显的产品，消费者不愿花长时间来选择和估价，而是不断变换所购产品的品牌。消费者这样做并不是因为对产品不满意，而是为了寻求多样化。针对这种购买行为类型，市场领导者可采用销售促进和占据有利货架位置等办法，保障供应，鼓励消费者购买；而挑战者则可以较低的价格、折扣、赠券、免费赠送样品和强调试用新品牌的广告来鼓励消费者改变原习惯性购买行为。

(3)减少失调的购买行为

这是指消费者面对品牌差异小而购买风险大的产品时，花费大量时间和精力去选购，购后又出现不满意、不平衡的心理，为寻求协调平衡而在使用过程中继续搜集产品信息的购买行为类型。有些产品品牌差异不大，消费者不经常购买，而购买时又有一定的风险，因此，消费者一般要比较、看货，只要价格公道、购买方便、机会合适，消费者就会决定购买。购买以后，消费者也许会心理不平衡或不够满意，在使用过程中，会了解更多情况，并寻求种种理由来减轻、化解这种失衡，以证明自己的购买决定是正确的。针对这种购买行为类型，企业应注意运用价格策略和人员推销策略，选择最佳销售地点，提供完善的售后服务，并向消费者提供有关产品评价的充分信息，使其在购买后坚信自己做了正确的决定。

(4)复杂的购买行为

这种购买行为是指消费者面对品牌差异大的产品，广泛收集相关信息，慎重选择，仔细比较后才购买，以求降低风险。当购买一件贵重的、不常买的、有风险的而且又非常有意义的产品时，因为产品品牌差异大，消费者对产品缺乏了解，所以需要有一个学习过程，以广泛了解产品性能、特点，从而对产品产生某种评价，最后决定购买。对于这种复杂的购买行为，企业应采取有效措施帮助消费者了解产品性能及其相对重要性，并介绍产品优点及其给购买者带来的利益，从而影响其最终选择。

上述购买行为的分析还是很粗糙的，现实生活中消费者的购买行为远比此复杂得多。即使在同类购买行为里，由于消费者的性别、年龄、职业、经济条件和心理素质等方面的差异，以及购买环境、购买方式、商品类别、供求状况、服务质量等方面的不同，都会出现购买行为的差异现象。

三、消费者购买行为的影响因素分析

消费者行为并不是在真空中发生，它会受到各种因素的影响。这些因素主要包括文化因素、社会因素、个人因素与心理因素等方面。

(一)文化因素

文化、亚文化是消费者购买环境的一部分。这些环境因素与消费者个人交互作用,对消费者行为产生外部影响。

1. 文化

文化是指人类从生活实践中建立起来的知识、信念、艺术、法律、伦理、风俗及大多数社会成员所共享的意义、价值、规范和传统的复杂集合体,是影响消费者行为的最广泛和最抽象的外部因素。文化规范和价值观在生活的所有方面向社会成员(其中也包括他们的消费行为)提供方向和指南,对消费者施加广泛和深远的影响。

每个国家都有特定的文化传统、习俗及价值观。具有不同文化层次的人有着不同的价值观念、审美观念、生活标准和行为准则。虽然各种文化间的联系十分微妙,对不同市场的文化差异做出反应相当困难,但营销商必须理解消费者购买决策赖以制定的文化背景,并据此将它们应用在广告和促销规划中。

2. 亚文化

在一个既定的文化环境中,一般都会发现一小群人或一小部分人,他们的信仰、价值观、规范及行为方式与主流文化存在一些区别。这些建立在年龄、地理、宗教、种族以及民族差别基础上的文化称为亚文化。亚文化群主要有以下几种:

(1)民族亚文化群。每个国家都存在各种不同的民族,每个民族都在漫长的历史发展过程中形成了自我独特的风俗习惯和文化传统。我国是一个多民族的国家,各民族经过长期发展形成了各自的语言、风俗和爱好,他们在物质和文化生活方面各有特点,这都会影响他们的消费欲望和购买行为。

(2)宗教亚文化群。宗教是人类社会发展到一定阶段的历史现象,有其产生、发展和消亡的过程。每个国家都存在不同的宗教,每种宗教都有自己的教规或戒律。宗教的文化偏好和禁忌,会影响不同宗教下的人们的购买行为和消费方式。

(3)种族亚文化群。一个国家可能有不同的种族,不同的种族有不同的生活习惯和文化传统。比如,美国的黑人与白人相比,更重视商品的品牌,更具品牌忠诚性。美国的许多大公司都非常重视通过多种途径开发黑人市场。

(4)地理亚文化群。世界上处于不同地理位置的各个国家,同一国家内处于不同地理位置的各个地区都有着不同的文化和生活习惯。我国是一个幅员辽阔的大国,由于地理环境、风俗习惯和经济发展水平的差异,人们具有不同的生活方式、口味和爱好,这也会影响他们的购买行为。

此外,亚文化还可以分为年龄亚文化、性别亚文化、职业亚文化、社区亚文化、种族亚文化等。

个体对于亚文化的认同感会产生该群体独特的市场行为。因此,从属于一种亚文化的成员会频繁地购买相同的品牌和商品,看相同的杂志和报纸以及去相同类型的场所消费。不同的亚文化群体有着不同的规模、增长、购买力以及购买模式。市场营销人员应针对特定目标市场开发各种有关产品和服务的特殊的营销规划。对中国而言,由于地域广、亚文化圈多,市场的差异程度往往超乎人们的想象。这种差异具体表现在市场的多元多样性上:一国多个市场,一国多层市场。重视区域亚文化造成的消费差异,是中国市场营销中最关键的战略之一。

(二)社会因素

影响消费者行为的社会因素大体上包括以下几类:社会阶层、参照群体、家庭状况、社会角色与地位。

1.社会阶层

社会阶层是社会学家根据职业、收入来源、教育水平、价值观和居住区域对人们进行的一种社会分类,是按层次排列的,具有相对的同质性和持久性的群体。他们按等级排列,从最低的地位到最高的地位,形成了一个社会地位的连续体。不管愿意与否,社会中的每一名成员,实际上都处于这一连续体的某个位置上,由此形成高低有序的社会等级结构。社会阶层具有以下特点:第一,同一阶层内,人们在价值观、态度和行为模式等方面具有一致性,在消费行为上相互影响并趋于一致。不同的阶层在行为准则、价值观念、家庭准则及购买模式等方面存在明显差异。第二,人们以自己所处的社会阶层来判断各自在社会中的地位。第三,一个人的社会阶层归属是由多种因素决定的。这些因素包括受教育程度、职业、经济收入、家庭背景、社会技能甚至住房档次以及居住的地理位置等,其中受教育程度、职业和经济收入最为重要。当然,在不同的社会里,上述各因素的相对重要性可能存在一些差异。比如,对中国来说,经济收入和父母的社会地位相对比较重要,而对英国人来说,他们可能更看重世袭成分在社会地位中的作用。第四,人们的社会阶层不是一成不变的,既可以迈向高阶层,也可能跌入低阶层。这种升降变化的程度随着所处社会的社会层次森严程度的不同而不同。社会阶层的这些特点被营销人员运用在以下四个方面:

(1)广告。社会阶层价值观念可以为广告指明方向。

(2)市场细分。不同社会阶层的消费者在服装、家具、电器、娱乐产品、金融服务及食品购买上的实质差异为营销人员提供了一个自然的市场细分基础。

(3)产品分销。不同阶层的人进行消费的场所也是不一样的。

(4)产品开发。不同阶层的人对于产品特性和款式的反应有所不同,制造商可以据此开发合适的产品款式和功能。

2.参照群体

参照群体是指影响消费者购买行为的个人或集体。换言之,只要某一群人在消费行为上存在相互影响,就构成一个相关群体,不论他们是否相识或有无组织。个体将某一群体对事物的看法、价值作为自己判断事物、形成观点、导致行动的参照。群体成员的消费模式总是遵从与之密切相关的群体的价值取向。

(1)参照群体分类

①直接参照群体。直接参照群体是指对群体成员有直接影响的群体,又称为成员群体。成员群体可分为首要群体和次要群体两种。首要群体是指某人经常直接接触的一群人,如家庭成员、亲戚、朋友、同事、同学和邻居等,首要群体对消费者的需求和购买行为影响最大。次要群体是指某人不经常直接接触但一般较为正式的群体,如宗教组织、职业协会等,它对消费者的影响比首要群体小。

②间接参照群体。间接参照群体是某消费者的行为产生影响的无形群体。根据消费者对间接参照群体的态度,可将其分为崇拜性群体和离异群体。崇拜性群体又称为向往群体,它是指被消费者推崇的一些人或者希望加入的群体。例如,某人所崇拜的体育明星、新闻人物、知名人士等对其行为的影响巨大。离异群体又称为厌恶群体,它是指被消费者讨厌或反

对的群体。一个人总是不愿意与厌恶群体发生任何关系，在各方面都希望与之保持距离，甚至反其道而行之。

(2)参照群体对消费者的影响

①信息影响。信息影响是指参照群体的价值观和行为被个体作为有用的信息加以参考。信息影响的强弱取决于被影响者与群体成员的相似性以及施加影响的群体成员独特而显著的专长。例如，购买前征询群体其他人的意见或向独立的专家群体进行咨询。

②比较影响。比较影响是指参照群体的价值观和行为方式对消费者发生作用后可以帮助其获得奖赏或避免惩罚。例如，如果参照群体的某些成员由于消费某些产品而获得群体的赞赏或认同，群体中其他希望获得赞赏或认同的成员就会消费同样或同类的产品。

③规范影响。规范影响是指群体的价值观和行为方式被个人标准化，无须任何外在的奖惩就会依据群体的价值或规范行事。这时，参照群体的价值观和行为规范已经完全被个人所接受，成为个人价值观和行为规范。例如，作为某个群体的会员的从众行为。

3.家庭状况

家庭是由居住在一起的，彼此有血缘、婚姻或抚养关系的人群组成的。家庭给成员以种种倾向性的影响，这种影响可能终其一生。家庭又是一个消费单位和购买决策单位。家庭的生活方式、文化程度、价值观念、购买习惯及家庭成员对消费者购买行为影响很大，这种影响既是直接的，也是一种潜意识。

(1)家庭成员的购买角色地位与购买行为

在购买决策过程中，家庭成员可能充当不同的角色，起着不同的作用。在不同的家庭中，夫妻参与购买决策的程度不同；在同一家庭中，夫妻参与购买决策的程度又因产品的不同而有很大的差异。传统观念上，食物、日用杂品、日常衣着的购购买者要由妻子承担。不过，当今妇女普遍参加工作和丈夫在家庭中分担家务的状况，使丈夫也经常参与许多消费品的日常购买。在购买价格昂贵的耐用消费品或高档商品时，家庭决策模式也变得较为复杂。一般认为，在丈夫影响下决定购买的产品和服务主要包括电视、汽车等，在妻子影响下决定购买的主要有洗衣机、厨房用具等，双方影响均等的包括家具、住宅等。丈夫一般在决定是否购买和在何时、何处购买等方面有较大的影响，妻子则一般在决定所购商品的颜色等外观特征方面有较大的影响。营销人员应了解哪些商品的购买是夫妻双方甚至子女都参与购买决策的，谁有较大的影响力，或谁在哪些方面更具影响力。

(2)家庭消费价值观念与购买行为

父母和长辈的消费习惯和消费观念会潜移默化地影响其子女，使其在不知不觉中形成了与父母长辈相似的消费行为方式。家庭主要成员追求奢华的生活方式，热衷购买高档名牌商品，这种观念也会直接影响其子女的消费观，形成讲名牌、讲排场的消费心理。如果父母惯于勤俭持家，其子女也往往以简朴为荣。当然这种影响也不是绝对的，由于时代的发展，家庭成员间的代沟会逐渐淡化这种影响。

(3)家庭的生命周期与购买行为

消费者的家庭状况，根据年龄、婚姻状况、子女状况的不同，可以划分为不同的生命周期，在生命周期的不同阶段，消费者的行为呈现不同的主流特性：

①单身阶段：处于单身阶段的消费者一般比较年轻，几乎没有经济负担，消费观念紧跟潮流，注重娱乐产品和基本的生活必需品的消费。

②新婚夫妇:经济状况较好,具有较大的需求量和较强的购买力,耐用消费品的购买量高于处于家庭生命周期其他阶段的消费者。

③满巢期(Ⅰ):是指最小的孩子在6岁以下的家庭。处于这一阶段的消费者往往需要购买住房和大量的生活必需品,常常感到购买力不足,对新产品感兴趣并且倾向于购买有广告的产品。

④满巢期(Ⅱ):是指最小的孩子在6岁以上的家庭。处于这一阶段的消费者一般经济状况较好但消费慎重,已经形成比较稳定的购买习惯,极少受广告的影响,倾向于购买大规格包装的产品。

⑤满巢期(Ⅲ):是指夫妇已经上了年纪但是有未成年的子女需要抚养的家庭。处于这一阶段的消费者经济状况尚可,消费习惯稳定,可能购买富余的耐用消费品。

⑥空巢期(Ⅳ):是指子女已经成年并且独立生活,但是家长还在工作的家庭。处于这一阶段的消费者经济状况最好,可能购买娱乐品和奢侈品,对新产品不感兴趣,也很少受广告的影响。

⑦空巢期(Ⅴ):是指子女独立生活,家长退休的家庭。处于这一阶段的消费者收入大幅度减少,消费更趋谨慎,倾向于购买有益健康的产品。

⑧鳏寡就业期:尚有收入,但是经济状况不好,消费量减少,集中于生活必需品的消费。

⑨鳏寡退休期:收入很少,消费量很小,主要需要医疗产品。

营销人员只有正确判断目标市场的消费者所处的家庭生命周期阶段,采用正确的营销组合策略,才能取得好的营销业绩。应该指出的是自然年龄与消费者的心理年龄并非完全同步,企业应在掌握细分市场自然年龄的基础上,尽量按心理年龄组成目标市场,避免营销错误。

4.社会角色与地位

营销学中的社会角色是指消费者在社会中的不同场合扮演不同的角色,因而会有不同的需要,并购买不同的商品。一个人在一生中会参加许多群体,如家庭、团体和各种组织。在不同的群体中处境各异,角色不同。当消费者的角色改变时,购买行为也会发生变化。每一种身份都附有一种地位,反映社会对他的总体评价,这就是消费者的地位。人们常常通过购买商品、使用商品的方式来表明其社会地位。不同阶层选择的商品或购买行为有所不同。

(三)个人因素

通常在文化、社会各方面因素大致相同的情况下,消费者购买行为仍具有极大差异,这主要是由消费者的年龄、性别、职业、收入、生活方式、个性等个人因素的差别造成的。

1.年龄与性别

年龄与性别是消费者最为基本的个人因素,具有较大的共性特征。不同年龄的消费者的欲望、兴趣和爱好不同,他们购买或消费商品的种类和样式也有区别。如追求时髦的大都是年轻人,老年人一般比较稳健和保守。由于生理和心理上的差异,男女之间在购买内容和购买方式上的差异也特别明显。多数男性顾客购买商品时比较果断和迅速,而女性顾客则往往仔细挑选。了解不同年龄层次和不同性别消费者的购买特征,才能对不同的商品和顾客制定准确的营销方案。

2.职业与受教育程度

职业不同的消费者由于生活、工作条件不同,消费构成和购买习惯也有区别。受教育程度较高的消费者对书籍、报刊等文化用品的需求量较大，购买商品的理性程度较高，审美能力较强，购买决策过程较全面，更善于利用非商业性来源的信息。公司经理与工人的需求不同，大学教师与体力劳动者需要的商品也有很大的差异。企业应尽量发现对其产品和服务具有特定需求的职业群体，并根据其特点来开发适销对路的产品和服务，从而取得更好的经济效益与社会效益。

3.经济状况

经济状况是指消费者可支配的收入、储蓄、资产和借贷的能力以及他对开支与储蓄的态度。经济状况是决定购买行为的根本因素，在很大程度上制约着消费者的购买行为，决定着消费者的购买能力、购买水平、购买种类、购买档次。收入较低的顾客往往比收入较高的顾客更关心价格的高低。因此，营销人员应特别注意居民个人收入、储蓄、存款利率、股市行情的变化，以及消费者对未来经济、商品价格走势的看法，及时调整自己的营销方案。

4.生活方式

生活方式是个人行为、兴趣、思想方面所表现出来的生活模式。简单地说，就是一个人如何生活。消费者的生活方式可以用他的消费形态来表示，包括衡量消费者的AIO项目——活动(Action)、兴趣(Interest)及观念(Opinion)。通常，生活方式比一个人的社会阶层或个人性格更能说明问题，因为它勾勒了一个人在社会中的行为以及相互影响的全部内容。市场营销人员应找出其产品和各种生活方式群体之间的关系，努力使本企业的产品适应消费者不同生活方式的需要。

5.个性与自我形象

个性是一个人比较固定的特性，如自信或自卑、冒险或谨慎、倔强或顺从、独立或依赖、合群或孤高、主动或被动、急躁或冷静、勇敢或怯弱等。个性使人对环境做出比较一致和持续的反应，可以直接或间接地影响其购买行为。按个性的不同，消费者可分为以下几种类型：

(1)生存型

生存型购买动机是出于人的生存要求。这是人人都具有的购买动机。饥则求食，寒则求衣，这是人类最基本而又最普遍的生存欲望。在生存型购买动机的支配下，人们往往事先早已计划妥当或很自然地要求购买，在购买时较少犹豫，且不太注重商品的商标，一般都是生活必需品。生存型购买动机，有时也与其他购买动机联系在一起，尤其表现在对所要购买的生活用品的外观、质量、性能和价格的选择方面。

(2)习惯型

抱有习惯型购买动机的人，对所要购买的商品早有了解，购买时会不加思索地选中目标。对某种商品常常会执着地信任和偏爱。其心理状况往往是“你有千条计，我有老主意”，不为别人的劝说、非议所动。购买的对象一般都是普通生活必需品或烟、酒之类的嗜好品。具有习惯型购买动机的人，往往十分注重商品的商标，并牢牢地记住自己喜爱的商品商标。对一些为大众所称道的名牌高档商品，人们会自然地产生一种信任感，形成习惯型购买。

(3)理智型

持有理智型购买动机的人，在购买商品前一般都经过深思熟虑。他们对所要购买的商品有足够的知识和经验，对其特点、性能和使用方法等早已心中有数，因而在选择比较时，不受周围环境气氛和言论的影响。在商品的选择过程中，他们除了注重外观和价格外，还着重检查商品的内在质量和特殊功能，并充分运用视觉、触觉、听觉等器官，以及记忆、想象和思维等方法，反复挑选，在恰当的时机立即决断。这类人在购买商品时，往往直奔目标，十分自信，一旦选中，不再退货。他们常常希望售货员认真配合他们进行挑选，但又不希望干涉他们的反复比较选择。

(4)自信型

持有自信型购买动机的人，在购买商品前一般都心中有数。对所要购买的商品，有自我确定的标准和选择的理由。他们不大受周围环境和他人的影响，即使临时改变主意，也是意料之中的事。因此，在这种购买动机的驱使下，购买的选择性很强，选择面较窄。自信型购买动机类似于理智型购买动机和习惯型购买动机。但在所要购买的商品面前，其理智和冷静的成分更多一些。自信型购买动机是消费者在某时、某地或某种心境下所产生的购买欲望，他们往往认准了商品的某一特点而特别偏爱。所以在买下商品受到别人非议时，他们会寻找种种理由说服别人，并为自己的购买行为辩护。即使在购买发生失误的情况下，他们也情愿坚持到底。

(5)冲动型

持有冲动型购买动机的消费者，在购买商品时，往往会被商品的外观、式样、包装的新奇所吸引、所刺激，缺乏必要的考虑和比较。他们的购买活动常常是：心头一热—买下再说—后悔不迭。他们事先一般没有明确的购物目标，往往是在浏览商品时无意中发现，引起了兴趣，决定购买，所以极易受周围环境、气氛和人们言论的影响，他们在选择时也常常心中无数。在冲动型购买动机支配下发生的购买活动，最易产生退货现象。只是在退货时，买者可以找出各种理由，但始终不好意思承认自己"不识货"。

冲动型购买动机与理智型购买动机是相互对立的。在日常的购买活动中，理智型购买动机并不多见；而冲动型购买动机却经常出现。即使是那些平时头脑比较冷静的人，在他所不了解的商品面前，也可能产生冲动型购买动机。这种购买动机往往会破坏原来早已安排好的购买计划，给消费者带来麻烦，所以需要人们随时注意控制。

(6)诱发型

这种购买动机的心理过程常常是：好奇性—探究竟—被说服—掏钱买。它与冲动型购买动机很相似，都是事先没有计划和考虑的偏重于感情的购买心理。但是两者又有区别，冲动型购买动机一般来说是主动的、迅速的，而诱发型购买动机则是一个被动、缓慢的过程。因此，它的后悔程度和退货率没有冲动型购买动机那样高。诱发型购买动机主要受环境气氛和周围人言论的影响和诱导。处理品、新奇产品、土特产品往往是产生这种购买动机的诱导对象。

(7)被迫型

持有被迫型购买动机的人总是在不情愿的情况下，由于某种无法摆脱和回避的原因，不得不购买商品和劳务。这种消费者并不是出于对商品的好恶感而是为了照顾某种人际关系违心地破费。它是买者在权衡各方面利弊之后，被迫以购买某种商品或劳务所作出的某种让步姿态。尽管购买的物品对自己可能无益，购买是被迫的，但从其他方面考虑，还是必需的。

(8)时髦型

时髦型购买动机是由于外界环境的影响或社会风尚的变化而引起的购买心理。消费者力图凭借所购买的商品达到引人注目的效果，或为了显示自己的身份和地位，或为了突出自己的形象。

时髦型购买动机与冲动型购买动机一样，都是受感情的驱使。所不同的是，时髦型购买动机一般体现着人们对生活的向往和美好的追求，是生活水平逐步提高过程中自然产生的购买欲望。它不一定是在一时冲动下产生的，大部分经过长时间的考虑和比较，只要在力所能及的范围内，一般没有什么不妥之处。

(9)保守型

在商品供大于求的情况下，人们较容易产生保守型购买动机，因为消费者在众多可供挑选的商品面前能够从容地进行挑选，不必心急，商品稍不如意，宁可等待。保守型购买动机是相对于冲动型购买动机或诱发型购买动机而言的。在商品紧缺、供不应求的情况下，较容易使人产生冲动型购买动机或诱发型购买动机，因而此时人们颇有些“饥不择食”或不买就会“错失良机”的心理。然而，在商品供大于求或商品供应结构不合理所带来局部性供大于求时，同类商品的竞争加剧，促使产品质量不断提高、品种花式不断增多，价格不断下降。这对消费者来说是十分有利的，他们自然要经过充分挑选，满足自己的愿望，竭力做到“买最有利的”。保守型购买动机与理智型购买动机相似，在消费前消费者都要考虑再三。

而自我形象是个人对自己的能力、气质、性格等个性特征的感知，态度与自我评价。自我形象是与个性相关的一种观念，即人们怎样看待自己。但自我形象又是一个十分复杂的图像：一个是理想的自我形象，即希望怎样看自己；再一个是社会的自我形象，即认为别人如何看待自己。一般认为，人们总希望保持或增强自我形象，并把购买行为作为表现自我形象的重要方式，因此，消费者一般倾向于选择符合或能改善其自我形象的商品或服务。

(四)心理因素

影响消费者购买行为的心理因素是指消费者本人的需要、认知以及态度对购买选择的影响。

1. 动机

动机是一种驱使人满足需要、达到目标的内在驱策力，它能够及时引导人们去探求满足需要的目标。行为科学认为，动机是人行为的直接原因，并规定了行为的方向。因此，研究消费者购买行为必须研究其动机。在一定时期内，人们的需要是多种多样的，动机也不会只有一个，但动机的强弱程度各不相同，往往只有那些最强的“优势动机”才能支配人们去真正购买。因此，营销人员要使消费者的行为符合企业的目标，就必须善于根据消费者的需要，设计某些刺激物，激发足以引起需求的优势动机。

心理学家曾提出了许多关于人类行为动机的理论，最著名的是需求层次理论。需求层次理论是行为科学的理论之一，由美国心理学家亚伯拉罕·马斯洛(Abraham Harold Maslow)于1943年在《人类激励理论》论文中提出。马斯洛把人类的需求分为生理需求、安全需求、社会需求、尊重需求和自我实现需求五类，依次由较低层次到较高层次排列。需求层次理论可概括为以下几个要点：第一，人类的需要和欲望有待于满足，已满足的需要不会形成动机，只有未满足的需要才会引起购买行为的动机；第二，人类的需要从低级到高级具有层次性，只有低一级的需要得到相对满足后，高一级的需要才会成为支配人的行为的主导动机；第三，一般来说，需要强度的大小和需要层次的高低呈反比，即需要的层次越低，其强度越大。

总之，人类的需要由低级向高级发展，未满足的需要是消费者动机与行为的源泉与动力。一种尚未满足的需要，会使人产生内心的紧张或不适，当它达到迫切的程度时，便成为一种驱使人行动的强烈的内在刺激，称为驱策力。因此，动机是一种推动人们为达到特定目的而采取行动的迫切需要，是行为的直接原因，购买行为也不例外。

2. 知觉

消费者的认识过程由感性认识和理性认识两个阶段组成。感觉和知觉属于感性认识。感觉是知觉的基础，是消费者的感觉器官（视觉、听觉、嗅觉、触觉和味觉）对外界刺激物和情境的直观、形象的反应。知觉是指消费者将各种感觉到的信息在头脑中加以选择、组织、解释，使其有机化、整体化的过程。知觉不但取决于刺激物的特征，还依赖于刺激物同周围环境的关系及个人所处的状况，它不是感觉的简单加总。

由于每个人都以各自的方式注意、整理、解释感觉到的信息，不同消费者对同种刺激物或情境的知觉很可能是不同的，所以知觉又具有整体性和选择性。

（1）知觉的整体性

知觉的整体性是指根据个体的知识经验将直接作用于感官的客观事物的多种属性整合为同一整体，以便全面地、整体地把握该事物。有时，刺激本身是零散的，而由此产生的知觉却是整体的。有时，人们对事物个别属性的知觉又依赖于事物的整体特性。

（2）知觉的选择性

知觉的选择性是指知觉对外来刺激有选择地反应或组织加工的过程，包括选择性注意、选择性理解和选择性记忆。

第一，选择性注意，即人的一生中时刻面临着许多刺激物，并不是所有的外界刺激都会引起同等的注意，大多数会被"过滤"掉，真正引起个人关注的只有极少数。人们倾向于注意那些与其当时需要有关、与众不同或反复出现的外界刺激。主要有以下三种：一是与目前需要有关的刺激物。比如，一个想要购车的人会十分留意汽车的信息而对家电的信息并不在意；二是人们比较注意所期盼的刺激物；三是变化幅度极大、较为特殊的刺激物。比如，消费者会注意构思新奇的广告而忽视那些平淡的广告。所以，对于营销人员而言，最困难的是要了解目标顾客群对何种刺激物感兴趣。

第二，选择性理解，即人们趋向于将所获得的信息与自己的意愿模式结合起来的思维倾向。换句话说，人们接受了外部刺激，但并不一定会得出同样的解释，而是根据自己以往的经验或成见对信息进行理解，即人们一般是要按先入为主的思维定式来解释信息的。在实际购买中品牌忠诚者的出现就属于这种情况，即使新品牌在性能、质量等方面可能更好，但某一品牌忠诚者不会轻易改变其品牌偏好。

第三，选择性记忆，即人们获悉的大部分信息很快就被忘记了，只有少数被记住。人们选择性记住那些符合自己态度与信念的信息，这就是在选择性理解基础上的选择性记忆。这种选择性记忆使人们大都只记住自己所偏好的品牌、商店、超市或服务提供者的优点，而忽视了其他同类供应者的优点。

上述感觉过程要求营销人员必须设法突破消费者的感觉壁垒，使其信息尽快、失真度最低地植根于目标顾客心中，为培养企业的品牌忠诚者铺平道路。

3. 学习

学习是指一个人会自觉或不自觉地从很多渠道、通过各种方式获得后天经验。人类除了本能驱策力(如饥饿、口渴等)支配的行为之外,其余都属于学习支配的行为。例如,司机见了红灯就停车,小学生见了老师会行礼等都属于学习支配的行为。

学习会引起个体行为的改变。为了更好地了解消费者的消费心理和购买行为,必须理解以下四个与学习相关的概念。

(1)加强

如果消费者购买产品以后非常满意,会加强对该品牌的信念,进而重复购买。

(2)保留

如果消费者购买的是以前并不知晓的品牌,无论是称心如意还是非常不满,都会念念不忘、铭记于怀。

(3)概括

消费者对企业或品牌感到满意,会由此及彼、爱屋及乌,进而对企业或与该品牌有关的其他产品也产生好感,反之则会殃及池鱼。

(4)辨别

消费者对企业或品牌一旦形成偏好,需要时就会百般寻求该企业或该品牌,从而具有较高的品牌忠诚度。

4.信念和态度

消费者在购买和使用商品的过程中形成了信念和态度。这些信念和态度又反过来影响人们的购买行为。

信念是人们对某种事物所持的看法,如相信某种电冰箱省电、制冷快、售价合理。又如,某些消费者以精打细算、节约开支为信念。企业应关心消费者对其商品的信念,因为信念会形成产品和品牌形象,会影响消费者的购买选择。

态度是指人们对于某些刺激因素或刺激物以一定方式表现的行为倾向。消费者态度的形成一般受三方面因素的影响:一是消费者与商品或劳务的直接接触;二是受其他消费者(如亲友或团体中的其他成员)的直接或间接的影响;三是家庭教养和社会经历。消费者一旦形成对某种产品或品牌的态度,以后就倾向于根据态度做出重复的购买决策,不必费心去比较、分析、判断。因为按照已有态度对所接触到的事情做出反应和解释能够节省时间和精力。消费者对商品持积极肯定的态度会推动购买行为完成,而持消极否定的态度会阻碍消费者的购买行为。企业在推销产品时,要尽可能促使消费者对商品形成积极肯定的态度,避免产生反感情绪。

四、购买决策过程

消费者购买决策过程是消费者购买动机转化为购买活动的过程。不同消费者的购买决策过程有特殊性,也有一致性,对此加以研究可以更有针对性地开展营销活动,满足需求,扩大销售。

(一)参与决策的角色

消费者通常是以一个家庭为单位的,但参与购买决策活动的有时是一个家庭的全体成员,有时则是一个家庭的某个成员或某几个成员。无论是哪一种情况,购买活动中都会存在不同的角色并发挥着相应的影响作用的情况。这些购买者角色包括:

1.发起者

首先想到或提议购买某种产品或服务的人。

2.影响者

其看法或意见对最终决策具有直接或间接影响的人。

3.决定者

能够对买不买、买什么、买多少、何时买、何处买等问题做出全部或部分最后决定的人。

4.购买者

实际采购产品或服务的人。比如与卖方商谈交易条件,带上现金去商店选购等。

5.使用者

直接消费或使用所购产品或服务的人。

由于购买者的不同角色在购买活动所起的作用不同,营销人员需要了解和确定每次购买活动中家庭成员扮演的角色,针对不同角色进行促销宣传活动,提高促销的适应性和效率。

(二)消费者购买的一般程序

消费者的购买决策过程是由一系列相关联的活动构成的。在复杂购买行为中,消费者的购买决策过程要经过唤起需要、收集信息、评估选择、购买决策、购后感受五个阶段,如图4-2所示。企业调查研究和了解消费者购买决策行为及决策过程阶段的主要目的在于:针对消费者在购买决策过程各个阶段的思想、行为,采取适当措施,影响消费者的购买决策,使消费者的购买决策和购买行为有利于扩大本企业的产品销售。

图4-2 消费者的购买程序

1.唤起需要

任何购买行为都是由动机支配的,而动机又是由需要激发的,所以需要是购买过程的起点,升高到一定阈值时就变成一种驱力,驱使人们采取行动去予以满足。人们的需要可以由内在或外在的刺激引起:如饥饿、口渴可以驱使人去寻找可供吃、喝的东西,而饮食店里色、香宜人的鲜美食品、饮料,也会刺激人的饥饿与口渴感。企业应了解与其产品种类有关的实际或潜在的需要,在不同时间这种需要的程度,以及这种需要会被哪些诱因所触发。这样,可以通过合理的、巧妙的、恰当的诱因,在适当的时间、地点,以适当的方式唤起需要。具体路径有两个:一是了解与本企业产品有关的现实的和潜在的需要。在价格和质量等因素既定的条件下,一种产品如果能够满足消费者多种需要就能吸引更多的购买;二是掌握本企业产品实际的或潜在的激发消费者需求驱动力的最佳强度。由于消费者对某种产品的需求强度会随着时间的推移而变化,企业必须善于适时设计诱因,促使消费者产生强烈的需求,并立即采取购买行动。

2.收集信息

如果唤起的需要很强烈,可满足需要的物品又易于得到,消费者就会希望马上满足自己的需要。在多数情况下,被唤起的需要不是马上就能满足时,这种需要必然先进入人们的记忆中,作为满足未来需要的必要资料,称为“累积需要”。由于需要会使人产生注意力,因此,可能促使其积极寻找或接受信息,也就是借助于对产品所积累的认识不断收集有关产品的情报资料,以便完成从知觉到坚信的心理程序,产生购买决策。

消费者的信息来源分为以下四类:

(1)个人来源

包括家庭、朋友、邻居、熟人等所提供的信息。

(2)商业来源

包括商业广告、推销员、经销商、商品包装、展览等营销企业提供的信息。

(3)公共来源

包括大众媒体、消费者评比机构等社会公众传播的信息。

(4)经验来源。经验来源是指直接使用产品得到的信息,包括产品的处理、检查与使用等。

这些信息来源的丰富程度和对消费者的作用各异。一般情况下,商业来源是消费者收集信息的主渠道,而最有效的信息当属个人来源。商业来源提供的信息一般只起告知作用,而个人来源则具有认定或评价作用。

营销人员在这一阶段的任务是:首先,营销人员要善于了解消费者从何处以及如何收集信息。一般来说,消费者经由商业来源获得的信息最多。其次,了解不同信息来源对消费者的影响程度。一般而言,经验来源和个人来源对消费者影响最大。再次,设计信息传播策略,可多种渠道同时使用,以加强信息的影响力或有效性。

3.评估选择

消费者利用从各种信息来源得到的资料,进行分析、对比,评价商品,做出选择。不同消费者评价商品的标准和方法具有很大差别。

消费者的评价过程依次表现为以下几个方面。

(1)分析产品属性

即分析产品能够满足消费者需要的特性。

(2)建立属性等级

即消费者对产品有关属性所赋予的不同重要性权数。

(3)确定品牌信念

品牌信念是指消费者对某品牌优劣程度的总的看法。消费者可能就每种属性上的各种品牌确定品牌信念集,而这些品牌信念构成了品牌形象。

(4)形成“理想产品”

建立消费者所期望的产品满足感随着产品属性不同而变化的函数关系。

(5)做出最后评价

即消费者对不同品牌进行评价和选择。

据此,营销人员在此阶段可采取如下措施以提高本企业产品被选择的可能性。

一是,修正产品属性。市场营销人员应分析本企业产品应具备哪些属性,以及不同类型的消费者分别对哪些属性感兴趣,以便进行市场细分,对不同需求的消费者提供具有不同属性的产品,这既能满足消费者需求,又最大限度地减少了因提供不必要的属性而造成的资源浪费。

二是,改变消费者心目中的品牌信念。通过广告和宣传努力消除消费者的心理偏见,树立良好的品牌形象。

三是,改变消费者对竞争品牌的信念。当消费者对竞争者品牌信念过高时,应设法改变其不切实际的品牌信念。

四是，改变重要性权重。设法改变消费者对产品各种性能的重视程度，千方百计提高消费者对本企业产品优势属性的重视程度，引起消费者对被忽视的产品性能的注意。

五是，改变消费者心目中的理想产品属性的标准。

4.购买决策

消费者在采取购买行为之前，必须做出购买决策。购买决策是许多项目的总抉择，通常有以下三种：一是消费者认为商品质量、款式价格等符合自己的要求和购买力，决定立即购买；二是对商品的某些方面还不能完全满意或因价格偏高等决定延期购买；三是对商品质量、价格等不满意而决定放弃购买。由此可见，消费者对某一项目作抉择时，又会受到许多因素的影响与制约，比如他人态度和意外情况。

他人态度是指购买者之外的他人的影响。他人态度的影响力取决于三个因素：其一，他人否定态度的强度。否定态度越强烈，影响力就越大。其二，他人与消费者的关系。关系越密切，影响力越大。其三，他人的权威性。他人对此类产品的专业水准越高，则影响力越大。

意外情况如消费者的收入或产品价格的变动，或营销人员态度的变化，或购买条件的改变等，都有可能影响购买的实现。因为消费者购买意向是以这些预期条件为基础形成的。

因此，在消费者的购买决策阶段，一方面要向消费者提供更多详细的有关产品的情报，便于消费者比较优缺点；另一方面，则应通过各种销售服务，提供方便顾客的条件，加深其对企业及商品的良好印象，促使其做出购买本企业商品的决策。顾客一旦决定实现购买意向，必须做出产品种类、产品属性、产品品牌、购买时间、购买数量、付款方式方面的决策。

5.购后感受

消费者购买商品后，往往会通过与他人交换使用意见，对自己的购买选择进行检验，重新考虑购买这种商品的正确性，这就形成购后感受。消费者的购后感受不仅取决于产品质量和性能发挥状况，心理因素也具有重大影响。

由于有的消费者过高地估计了商品的质量，购买后对这种看法又产生了疑虑，即产生了认识上的不和谐性。这种不和谐性的强度，随着使用中预期效果的实现程度和需要的满足程度而发生变化。消费者对产品满意与否直接决定着其以后的购买行为。购后感受是一种重要的反馈机制。首先，它决定着消费者是否还会重复购买。因为行为会影响态度，态度又会影响以后的行为，所以，如果已购买的产品不能给消费者带来预期的满足，而使其产生失望或消费者使用中遇到困难，他就会在今后的购买行为中予以否定。其次，对其他消费者的购买行为有着重要的影响。满意的消费者会成为其所购买商品的义务宣传员；如果消费者购买商品后不满意，不仅自己不会重复购买，而且还影响他人购买。因此，企业应采取各种有效的措施，尽可能地使消费者感到满意。除了如实宣传外，还要经常听取顾客意见，加强售后服务，同消费者保持联系，当顾客不满意时，应采取措施及时补救。

企业通过对消费者购买决策过程的了解和研究，可获得许多有助于满足消费者需要的有用线索，并为其有效地设计和实施目标市场营销战略和策略打下坚实的基础。

第二节　组织消费者购买行为分析

企业产品和服务的购买者不仅包括消费者，还有各种形式的组织。组织市场是指所有为满足其各种需要而购买产品和服务的组织机构所构成的市场。该市场上的消费者不仅购买与消费者市场相同的大量产品，如家具、文具、服装、汽车，而且购买许多消费者市场不需要的产品，如钢铁、大型计算机、发电机组、办公楼等。总体上看，组织市场是一个非常庞大的市场，包括产业市场、转卖者市场和政府市场等。因此，组织市场是企业所面临的市场的重要组成部分，组织市场的购买者是企业的重要营销对象，企业应当充分了解组织市场的特点和购买行为。

一、产业市场购买行为分析与应用

（一）产业市场的概念

产业市场，也叫生产者市场或工业市场，是指一切购买产品并用其生产其他产品，以供销售或出租的个人或组织。他们购买产品和服务的目的在于制造其他产品或向社会化提供其他服务。产业市场主要由各种营利性的制造业、建筑业、运输业、房地产业、金融业、农业及食品服务业购买者构成。

（二）产业市场的特点

产业市场的特点主要包括以下几点：

1. 构成主体数量少

产业市场的购买者主要是企业或社会化团体等正规组织，也称法人市场，购买者数量较少。他们购买的原材料、设备、燃料、交通工具和办公用品等商品，统称为生产资料。消费者市场由个人或家庭消费者组成，也称个人市场，购买者数量较大。他们购买的产品或劳务，统称为消费品。

2. 购买数量规模大

在消费者市场上，购买者是消费者个人或家庭，购买者必然为数众多，规模很小。在产业市场上，购买者绝大多数都是企业单位。购买者的数目必然比消费者市场少得多，购买者的规模也必然大得多。

3. 需求是派生需求，也称为引申需求或衍生需求

产业市场的购买目的不是为了个人或家庭生活消费，而是为了再加工，以供出售、租赁或供给，是一种派生的需求，取决于市场对最终消费品的需求。每个参与商品购销活动的用户，一般都同时具有买者和卖者的双重身份。商品被用户购买后，该商品以原有的物质形态或经过加工后的另一种物质形态仍然停留在生产领域或流通领域，需要继续流通，直至销售给最终消费者，才脱离流通领域进入消费领域。这种需求缺乏弹性，受价格的影响不大。同时，技术性、专业性强。

4. 由专业人员购买

产业市场购买决策过程的参与者往往不只是一个人，而是由很多人组成决策中心，甚至连采购经理也很少独立决策而不受他人影响。企业通常都雇有经过专业训练、内行的专业人员，负责采购工作；消费者市场购买决策的参与者则是个人或家庭。

（三）产业市场的采购行为类型

按购买情形来划分，产业市场上的采购行为有以下四种基本类型：

1. 直接重购

直接重购是指产业用户的采购部门根据过去的一贯性需要，按原有的订货目录供应关系所进行的重复购买。由于这种购买行为所涉及的供应商、购买对象、购买方式等均为惯

例，因此无须做某种新的采购决策，属于一种简单的购买活动。直接重购的产品主要是原材料、零配件和劳保用品等，当库存量低于规定水平时，就要续购。入选的供应商应该尽最大的努力，保持产品和服务的质量，以巩固和老客户的关系；落选的供应商则应努力作一些新的工作，消除买方的不满，设法争取新的订单。

2. 修订重购

修订重购是指产业用户为取得更好的采购工作效果而进行的修订采购方案，改变产品规格、型号、价格等交易条件或采用新的供应商的情形。用户会与原先的供应商协商新的供货协议甚至更换供应商。由于修订重购给原来的供应商造成了威胁，为了保持交易他们将加倍努力。同时，又为新的供应商提供了机会，他们将会提供更好的条件以争取新的业务。因此，产品供应方之间的竞争更加激烈。

3. 新购

新购是指产业用户对其所需的产业用品和服务进行的第一次购买行为。这是最复杂的购买类型。由于没有现成的信息或渠道可以利用，企业采购决策的任务量大，面临的困难多，因此，要投入较多的人力、财力、物力，决策时也比较慎重。另外，企业新购决策的复杂性既对供货企业提出了较高要求，也为其提供了机遇。他们应设法接触主要的采购影响者，并向他们提供有用的信息和协助。

4. 系统购买与销售

供应者提供完整成套设备及其所必需的各项服务，即一揽子销售，俗称"一揽子交易"。该方式适用于大规模工程项目交易。

(四)影响产业用户采购决策的因素

产业用户在做出购买决定时，受到许多因素的影响，主要包括以下几类：即环境因素、组织因素、人际因素、个人因素、产品因素及生产者的库存策略。

1. 环境因素

营销环境及其变化如经济前景、市场需求水平、技术发展变化、市场竞争、政治环境等，都会对产业用户的购买决策产生重大影响。其中，经济环境是最主要的影响因素。例如，在经济前景不佳、市场需求萎缩时，产业用户就会压缩投资，减少存货。而国家经济前景看好或国家扶持某一产业的发展，有关产业用户就会增加投资，增加原材料采购和库存，以备扩大生产之需。营销人员应密切关注这些环境因素的作用，力争将问题变成机遇。

2. 组织因素

组织因素是指与企业本身相关的因素，诸如企业的营销目标、采购政策、工作程序、组织结构和体系，这些因素也会影响企业的购买决策和购买行为。如连锁企业实行集中采购，节省了大量的采购开支，而对于供应商来说，则意味着他们必须同人数较少、素质较高的采购人员打交道，为此供应商可能必须组织面向大客户开展推销活动的有效率的销售队伍和制订相应的营销计划。再如，以追求总成本降低为目标的企业，会对低价产品更感兴趣；以追求市场领先为目标的企业，会对优质高效的产品更感兴趣。

3. 人际因素

人际因素是企业内部参与购买过程的各种角色的职务、地位、态度和相互关系对购买行为的影响。生产资料购买的决策是由公司各个部门和各个不同层次的人员组成的决策中心做出的。产业购买者的决策中心的成员在企业中的职权、地位、感染力、说服力存在差异，他们之间的关系互不相同，这种人际关系因素自然会对企业的购买决策产生影响。营销人员必须了解用户购买决策的主要人员、他们的决策方式和评价编制、决策中心成员间互相影响的程度等，以便采取有效的营销措施促成交易。

4.个人因素

购买决策的参与者的个人因素，如年龄、受教育程度、个性、风险意识、直觉、偏好等都会影响其对采购的产品和供应商的看法，从而影响企业的购买决策。比如，有些采购人员是受过良好教育的理智型购买者，选择供应商之前经过周密的竞争性方案的比较；有些采购人员个性强硬，总是与供应商反复较量。因此，市场营销人员应了解产业市场采购人员的个人情况，以便采取因人而异的营销措施。

5.产品因素及生产者的库存策略

产品因素包括产品的特性、价格、订货总量与供货总量等。产品本身的因素影响生产者的库存策略，进而影响生产者的购买行为，决定生产者的购买是经常购买、不定期购买还是定期购买。

（五）产业采购决策过程

生产者购买的产品，一般可分为原材料、主要设备、附属设备、零配件、半成品和消耗品。在任何一个企业中，除了有专职的采购人员之外，还有一些其他人员也参与购买决策过程。所有参与购买决策过程的人员构成采购组织的决策单位，市场营销学称之为采购中心。企业的采购中心一般由五种人员构成：一是使用者，即具体使用欲购买的某种产品的人员。如公司要购买打印机，其使用者是办公室的秘书。使用者往往是最初提出购买某种产品意见的人，他们在计划购买产品的品种、规格中起着重要作用。二是影响者。即从企业的内部和外部直接或间接影响购买决策的人。他们常协助企业确定产品规格和购买条件，影响供应商的选择。三是采购人员，即企业中具体执行采购决定的人。他们是企业中有组织采购工作正式职权的人员，其主要任务是交易谈判和选择供应商。四是决定者，即企业中有权决定购买产品和供应商的人。五是控制者，即控制企业外界信息流向的人，诸如采购代理商、技术人员等，他们可以阻止供应商的推销人员与使用者和决定者见面。

生产者购买过程与消费者购买过程有相似之处，但又有其特殊性，生产者购买决策过程具有明显的理性考虑。产业采购决策过程大致分为以下八个阶段：

1.提出需要

企业中有关人员在刺激因素的作用下认识到有必要购买某种产品或劳务，这是用户购买决策的起点。这些刺激因素可能来自企业内部，如设备老化或原材料库存不足等；也可能来自企业外部，如展销会、广告或供货方上门访问等。

2.确定需要

确定需要指企业进一步确定所需产品的品种、性能、服务和数量等，这一过程往往由使用者、技术人员和采购人员共同参与决定所需项目的总特征，并按照产品的可靠性、耐用性、价格及其他属性的重要程度来加以排列。在此阶段，组织营销人员可通过向购买者描述产品特征的方式向他们提供某种帮助，协助他们确定其所属公司的需求。

3.说明需要

企业指定专家小组对所需产品进行分析，以确定合理的产品技术规格。分析时多采用价值工程方法，即将产品及其构件的功能与各自的成本相对比，得出它们的经济效益，确保产品功能的必要性。另外，还要确定最佳产品的特征，并写进商品说明书中，作为采购人员拒绝那些不合标准的商品的根据。同样，供应商也可把产品价值分析作为打入市场的前提。供应商应尽早地参与产品价值分析，影响采购人员所确定的产品规格，以获得中选的机会。

4.物色供应商

采购人员根据产品技术说明书的要求，通过各种途径，如咨询商业指导机构、网络查询等搜集有关供应商的信息，将那些信誉良好且合乎自身需求的供应商列为备选对象。供应商应通过多种途径，如到各种商业指导或指南宣传机构中登记，宣传介绍自己，扩大知名度，以便于查询。购买者通常会拒绝那些生产能力不足、声誉欠佳的供应商；而对合格的供应商，则会登门拜访，查看他们的生产设备，了解其人员配置。最后，采购人员会归纳出一份合格供应商的名单。

5.征求报价

向合格的备选供应商发函，并请他们尽快寄来产品说明书、价目表以及其他书面建议资料，以备比较和筛选。因此，组织营销人员必须善于调研、写作，精于申请书的展示内容。它不仅是技术文件，而且也是营销文件。在口头表示意见时，要能取信于人，他们必须始终强调公司的生产能力和资源优势，争取在竞争中立于不败之地。

6.选择供应商

对各个供应商的申请书逐一进行全面评价。不仅要考虑各个供应商的技术能力，还要全面分析他们各自的交货、服务能力与水平，并且通过一系列商品的价格和其他条件的谈判磋商，最终确定供应商。许多采购人员喜欢从多种渠道进货，这样一方面可以避免自己过分依赖于一个供应商，另一方面也使自己可以对多个供应商的价格和业绩进行比较。当然，一般情况下，采购人员会把大部分订单集中在一家供应商身上。这样，主供应商会全力以赴保证自己的地位，而次供应商则会通过多种途径来争得立足之地，以图自身的发展。

7.正式订购

确定供应商后，就进入了正式订购阶段。在正式订单上，一般要详细罗列说明技术规格、需求数量、预期交货时间、退货条款、保证条款等。西方产业用户对信誉好的产品往往订立“一揽子合同”，建立一种长期的关系，而避免重复签约的麻烦，即“无库存采购计划”——等于将货存在供应商的手中，需要时买方计算机自动打出订单给供应商。这种长期有效合同促使买方更多地向一个来源采购，并从该来源购买更多的项目，这就使得供应商和采购人员的关系十分紧密。

8.评估履约情况

评估履约情况是指产业用户对各个供应商的绩效加以评价，以决定维持、修正或中止供货关系的过程。采购部门购进产品后，要同使用部门联系，了解所购产品的使用情况，询问使用者的满意程度，并考察各个供应商的履约情况，以决定以后是否继续向某个供应商采购产品。评估履约情况的主要途径有三条：直接接触最终用户，征询他们的意见；或者运用不同的标准加权计算来评价供应商；或者把绩效不理想的开支加总，以修正包括价格在内的采购成本。通过绩效评价，采购人员将决定延续、修正或停止向该供应商采购。供应商则应该密切关注采购人员使用的相同变量，以便确信为购买者提供了预期的满足。

上述生产者购买决策过程分析，对于任何新购来说，每一阶段都是适用的，或者说，新购一般具有八个必要的采购阶段。但是修正重购和直接重购则完全不同，它们的采购决策过程所经历的阶段相对要少，直接重购的决策阶段最少，只需两个阶段。

总之，产业市场的购销过程比消费者市场复杂得多，也更富于挑战性。营销企业只有注重研究产业用户的需要和采购工作流程，了解其不同决策的特点，制定有针对性的营销策略才能在竞争中掌握主动权。

二、转卖者市场购买行为分析与应用

（一）转卖者市场的概念

转卖者，也称再售者，是指处在生产者和消费者之间，参与产品交换，促进买卖行为发生和实现的，具有法人资格的经济组织或个人。转卖者市场也称再售者市场，它由以盈利为目的、充实转卖或租赁业务的所有个人和组织构成，包括批发商和零售商两部分。其实质是顾客的采购代理。批发商是指以非最终消费者为销售对象的商品转卖者。批发商购买商品并把商品转卖给零售商和其他商人以及产业消费者、机关用户、事业单位（如医院）和商业用户（如饭店）等，而不是直接把商品转卖给最终消费者。零售商是指以最终消费者为转卖对象的转卖者。

（二）转卖者市场的特征

转卖者市场与消费者市场及生产者市场相比既有相同点，也有其独特之处。转卖者市场的特征主要有以下几个方面：

（1）转卖者市场的需求也是派生的，受最终消费者购买的影响而使销路不定，不过，由于离最终消费者更近，这种派生需求反映较直接。

（2）转卖者的职能主要是买进卖出，基本上不对产品再加工，故它对购买价格更敏感，购进价的变化往往直接影响最终消费者的购买量。故营销人员应视其购买或销售的业绩，给予适当的回报。

（3）转卖者只赚取销售利润，单位产品增值率低，故必须大量买进和大量销出。

（4）交货期对转卖者特别重要，他们一旦提出订单，就要求尽快到货，以抓住市场机会，满足消费者购买，而对需求没有把握的订货则往往推迟到最后一刻，以避免库存过多的风险。

（5）转卖者由于财务有限及不专销一家企业产品，故往往需要生产厂协助做产品广告，扩大影响。

（6）转卖者一般不擅长技术，所以需要供货方提供退货服务、技术服务或返修商品服务。

（三）转卖者市场的购买行为类型

转卖者市场的购买行为类型与生产者购买行为类型大同小异，主要包括直接重购、修正重购和新购三种类型。

1. 直接重购

这种类型也称为连续的再购买类型。转卖者会对以往的供应商进行评估，选择感到满意的作为直接重购的供应商。当转卖者存货降到一定的程度时，采购部门按照过去的供货单位，向他们连续订购过去采购的同类商品，而不做任何修正，即直接重复购买。直接重购对供应单位、供货产品、供货数量和购买条件都不做改变，也就是人们常说的“定量”“定点”“定时”“定站”。这种购买类型最简单。

2. 修正重购

这种购买类型也称为变更购买类型。即转卖者的采购人员在直接重复购买类型基础上,希望现有供应商在原交易条件上再做些让步,从而对供应商、供货数量、供货条件等作适当的修正,使自己得到更多的利益。可见,这种类型的购买情况较直接重购类型复杂,涉及多种决策人员。

3. 新购

这种购买类型也称为新品种采购类型。当转卖者研究是否购进以及向谁购进他以前从未经营过的产品时,即属新产品购买。转卖者的新购和生产者新购不同。生产者对某种新产品非买不可时,只能选择供应商;而转卖者则可根据市场前景的好坏、购买者的需求强度和产品的获利可能性等多方面因素决定是否购买某种新产品。因此,生产者新购是一个必须解决的问题,他必须为此而收集资料,结合分析,最后才能选定供应商;而转卖者对新产品购进只是购买的机会问题。

(四)影响转卖者市场购买的因素

转卖者和产业市场购买者一样,其购买决策同样会受到环境因素、组织因素、企业内部人事关系因素以及个人因素的影响,在此不再赘述。

1. 转卖者购买行为的不同形态

转卖者购买行为的不同形态,往往会对其进行购买决策产生不同的影响。为此,狄克森在1967年出版的《购买者决策》一书中,曾将转卖者的购买行为分成下列七种形态,以说明他们选择供应商时所采取的不同态度。

(1)忠诚购买者

忠诚购买者即对某一个或某一群供应商年复一年地长期惠顾,除了为获得最佳交易条件的利益因素之外,还有其他如情感因素、个性因素等方面的原因。这种购买者对供应商是最有利的,供应商应当分析能够使购买者保持"忠诚"的原因,采取有效的措施使现有的忠实购买者保持忠实,将其他购买者转变为忠实的购买者。

(2)随机购买者

随机购买者即从已经选定的几个能满足其长期利益的供应商中,随机选择最合适的供应商,而不固定于其中某一个供应商。对于这类购买者,供应商应在保证产品质量的前提下提供理想的交易条件,同时增进交流,加强感情投资,使之成为忠实的购买者。

(3)最佳调价购买者

最佳调价购买者即寻求并选择在一定时间及场所能给予最佳交易条件的供应商,而不是限定在事先选定的候选名单。这类购买者的购买行为理智性强,不太受情感因素支配,关注的焦点是交易所带来的实际利益,供应商若单纯依靠感情投资来强化联系则难以奏效,最重要的是密切关注竞争者的动向和市场需求的变化,随时调整营销策略和交易条件,提供比竞争者更多的利益。

(4)创造性购买者

创造性购买者即不接受供应商的任何推销条件,而以企业自己的条件与人交易,要供应商来迁就自己。对于这类购买者,供应商要给予充分尊重,在不损害自己根本利益的前提下,尽可能地接受他们的意见和想法。

(5)广告购买者

广告购买者即想尽办法要求供应商给予广告补贴,这种广告补贴必须作为每一交易协议的首要目标及每一交易的一部分。这类购买者重视产品购进后的销售状况,希望供应商给予广告支持，以扩大影响，刺激需求。这种要求符合买卖双方的利益，在力所能及或合理的限度内，供应商可考虑给予满足。

(6)小气购买者

小气购买者即在买卖谈判时，总要求供应商在价格上给予特别让步，并只接受在价格上给予最大折扣的供应商。与这类购买者打交道是比较困难的，让步太多则无利可图，让步太少则丢了生意。供应商在谈判中要有耐心和忍让的态度，以大量的事实和数据说明自己已经做出了最大限度的让步，争取达成交易。

(7)琐碎购买者

琐碎购买者即在各供应商所提供的可接受的商品中，首先注意产品的多样化，再挑选构造最佳的产品，并特别重视零星杂物而并非购买数量。供应商与这类购买者打交道会增加许多工作量，但也应该提供细致周到的服务，不能有丝毫厌烦之意。

2.影响转卖者购买行为的三大因素

(1)商品的独特性和受顾客欢迎的程度

商品的独特性使得转卖者降低了竞争风险，加大其经营利润，而商品受顾客欢迎程度，会影响商品的流通速度，缩短经营周期，也将给其带来好处。因此，畅销商品不仅受消费者喜爱，同时也受转卖者欢迎。

(2)供应商的产品市场定位和营销策略

通常供应商的产品市场定位恰当、合理，产品会受到消费者的注意甚至欢迎，否则转卖者也不愿意冒险。供应商营销策略的良好效果，会促进转卖者的积极性和采购量的提高。

(3)供应商的声誉和企业形象

供应商的声誉和企业形象，会影响消费者的需求，加强消费者对产品的感情，对一些注重企业或经营信誉的转卖者来说，可以起到“一荣俱荣”的作用。

供应商的管理部门及其市场营销人员应该了解其顾客(转卖者)的购买决策、购买行为的影响因素，才能有效地采取相应的措施来影响转卖者的购买决策和购买行为，成功地推销自己的产品。

(五)转卖者购买决策过程

1.转卖者购买决策的参与者

转卖者购买决策的参与者主要取决于批发和零售的规模。不同的企业规模，采购参与人数是不同的。在大型企业中，采购工作往往是由采购组织中的专职人员负责完成的，他们负责收集产品、消费者需求等信息，然后分析市场，决定是否采购；而在小型企业中，如个体企业，负责采购工作的人通常是兼职的，有时一个人负责从采购、销售到记账等全部工作，即采购参与者就他一人。如果有负责采购及采购以外的部分工作的，这时就有少数其他人还参与采购。

2.转卖者购买决策的内容

(1)决定经营产品的搭配形式

产品搭配形式是最重要的购买决策，它会影响转卖者的“供应商结构”“市场营销组合”和“顾客组合”。通常情况下，转卖者的产品搭配有四种方式可供选择：一是独家产品。即转卖者只经营一家制造商的产品。二是专深搭配。即转卖者决定经营多家同类多种规格及型号的商品。三是广泛搭配。即转卖者经营范围十分广泛但所经营的产品都属行业内经营，没有超越企业既定的类型。四是混合搭配。即转卖者决定经营无连带关系的产品，经营范围比广泛搭配更广。

(2)选择最佳供应商

选择最佳供应商，即转卖者对需要购买的品种已经确定，但需考虑从哪家卖主进货，从众多的供应商中选择最优者。这种行为由两种原因引起：其一，各种品牌货源充裕，转卖者由于自己的经营能力及经营空间有限，仅能选择经营某些品牌。其二，转卖者准备利用自创的品牌销售他所经营的商品，因而必须寻找具有一定水平又愿意合作的供应商。很多大型零售商场都有自己的品牌，如屈臣氏(Watson)。

(3)选择最佳的交易条件

选择最佳的交易条件，即决定以什么样的价格和其他购买条件购买。转卖者一般不需要变换自己的供应商，但希望从原有的供应商获得较为优厚的供应条件。同时也在寻求符合自己利益的新的供应商，以提高盈利水平。通常情况下，如果同类产品的供应增加或其他供应商提出了更有诱惑力的价格和供货条件，转卖者就会要求现有供应商加大价格折扣、增加服务、给予信贷优惠、广告补贴等。有时，他们并不想更换供应商，但会借此作为一种施加压力的手段。

3.转卖者的购买决策过程

转卖者的购买决策过程和生产者的购买决策过程相似。在新购条件下，转卖者的购买决策过程大体也包括八个阶段：即认识需要、确定需要、说明需要、物色供应商、征求报价、选择供应商、正式订购和检查履约情况，其中各个阶段的内容前面已经叙述。但当转卖者采购的商品为标准品时，其采购决策过程就比较简单；当这种商品的库存下降到一定水平时，采购决策者就向原有的供应商发出订货单进行重复连续购买；当经营费用提高、利润较低时，采购决策者就要和供应商重新协商议定成交价格。

在采购决策者进行连续采购决策时，决策的主要内容是确定下期的订货量。一定时期的订货量一般根据预计需求水平和当前库存水平来确定，通常采用“以销定进”的方法。

用这种方法确定订货量可以做到适销对路，加速资金周转，提高经营效果。值得注意的是，转卖者采购方式一般比较独特，通常有如下两种方式：

一是，采用订货次数较少且每次订货量较大的方法。这种方法适用于货源比较紧张、产品特性比较稳定的产品。这种订货方法的优点是可以减少采购工作量和采购费用，并能获得数量及资金等方面较大的折扣；缺点是每次采购所占用的资金较多，资金周转慢，商品库存量较大，在储存库存商品的过程中要支付较多的费用。

二是，采用订货次数较多且每次进货量较少的方法。这种方法适用于一般性普通商品，采购条件比较便利，货源比较充足的情况下。这种方法的优点是可以减少商品库存，加速资金周转，降低经营费用；缺点是采购工作量和采购费用会相应增加，进货成本较高，优惠较少。

针对以上两种采购方式，转卖者在决策时必须综合比较，权衡利弊、确定适当的“订货点”，以降低经营费用，增加盈利，提高经营效果。

随着科学技术的发展和计算机的广泛应用，采购中的许多问题都可逐步借助计算机和通信设备进行处理，如决定合理订货点、库存控制量、处理订单等。发达国家采用“配送中心”的方式，对企业的产品需求数量、需求时间实行全方位服务，按时、按量、按点送达，使许多生产企业、批发企业和零售企业对于那些连续再订购的商品实现了“无库存采购”，使需用产品的企业不需设立自己的仓库就可随时得到供货。这样，大大降低了中间企业的采购费用，加速了资金周转，提高了企业效益，这也是我国在发展过程中值得借鉴的。

三、政府市场购买行为分析与应用

（一）政府市场的概念

政府市场是指那些为执行政府的某些职能而采购或租用产品的各级政府单位，包括各级政府及所属机构、事业团体，如医院、学校及各种非营利性的协会、学会组织等。政府市场购买行为，又称为政府采购，是指各级国家机关、事业单位和团体组织，使用财政性资金采购依法制定的集中采购目录以内的或者采购限额标准以上的货物、工程和服务的行为。政府采购不仅是指具体的采购过程，而且是采购政策、采购程序、采购过程及采购管理的总称，是一种对公共采购管理的制度，是一种政府行为。

（二）政府市场的特征

政府市场属于非营利性组织市场。由于政府采购人员的特殊身份，其购买行为既具有组织购买的某些共性，又呈现出以下个性特点：

1. 购买目的的非营利性和多重性

消费者购买是为了满足生活需要，工商企业购买是为了营利；而政府采购是非商业性采购，不以营利为目标。政府通过购买为政府部门提供消费品或向社会提供公共利益，从而履行职能及维持自身的正常运转。政府在购买时不仅要考虑经济性因素，还要考虑其他政治性、军事性及社会性目标。

2. 遵循国家利益原则，倾向于照顾本国的企业

尽管价格和质量是政府部门选择供应商的重要标准，但是有时非经济标准的作用也很大。政府购买决策过程中往往优先选择本国产品，保护中小企业发展、保护环境等，以刺激国内需求，保护和支持民族工业的发展。

3. 资金来源的公共性

政府采购的资金来源为财政拨款和需要由财政偿还的公共借款，其购买行为受到社会公众的监督。因此，政府采购必须遵循公开透明原则、公平竞争原则、公正原则和诚实信用原则，严格按照批准的预算执行，提高政府采购资金的使用效益，维护国家利益和社会公共利益。

4. 政府需求的最终性

政府支出对一个社会来讲主要是一种耗费，因此政府需求同个人需求一样，基本上是一种最终需求。由此也使政府可以通过政府支出的变化达到调节经济的目的。

5. 政府市场的需求相对缺乏弹性

政府市场的需求由于受到预算的约束，在预算期内具有较强的刚性，因而在总量上需求弹性相对较小，即随着欲购商品价格的上升或下降，政府部门的货币支出量不会有大的变动。

6. 指令性采购方式相对较多

对一些关系国家安全的商品与劳务，如国防用品、基础类产品等的采购，政府往往采用指令性计划方式来实现。当然，对于一般性物品，政府多采用招标或合同的方式来完成采购任务。

（三）政府市场购买行为的方式

《中华人民共和国政府采购法》（2014 年修订）中明确指出，政府采购主要通过公开招标、邀请招标、竞争性谈判、单一来源采购和询价采购方式，等方式来选择合适的供应商，并对每种方式的适用情况做出了相应的规定。

1. 公开招标

公开招标是政府采购的主要方式。其具体做法是：向社会发布招标公告，公布拟采购商品的具体要求，在规定的期限内进行投标和开标，择优选择供应商。公开招标时不限定投标企业，要求至少有三家符合投标资格的供应商参加投标。

2. 邀请招标

邀请招标是指政府采购部门主动邀请事先预选的符合条件的供应商参加投标的招标方式。邀请招标应当向三家以上的供应商发出投标邀请书，并至少有三家供应商参加投标。符合下列情形之一的货物或者服务，可采用邀请招标的方式采购：(1)具有特殊性，只能从有限范围的供应商处采购的；(2)采用公开招标方式的费用占政府采购项目总价值的比例过大的。

3. 竞争性谈判

竞争性谈判是指采购部门组成谈判小组与多家供应商同时进行谈判，从中确定最优供应商的采购方式。竞争性谈判采购要求谈判小组由采购人的代表和有关专家共三人以上的单数组成，其中专家的人数不得少于成员总数的 2/3。符合下列情形之一的货物或者服务，可以采用竞争性谈判的方式采购：(1)招标后没有供应商投标或者没有合格标的或者重新招标未能成立的；(2)技术复杂或者性质特殊，不能确定详细规格或者具体要求的；(3)采用招标所需时间不能满足用户紧急需要的；(4)不能实现计算出价格总额的。

4. 单一来源采购

单一来源采购也称定向采购，是指政府采购部门与供应商在保证采购项目质量和双方商定合理价格的基础上进行的采购。符合下列情形之一的货物或服务，可以采用单一来源采购方式：(1)只能从唯一供应商处采购的；(2)发生了不可预见的紧急情况，不能从其他供应商处采购的；(3)必须保证原有采购项目一致性或者服务配套的要求，需要继续从原供应商处添购，且添购资金总额不超过原合同采购金额百分之十的。

5. 询价采购

询价采购是指由询价小组根据采购需求，从符合相应资格条件的供应商名单中确定不少于三家的供应商，并向其发出询价通知书让其报价，在报价的基础上进行比较，从而确定供应商的采购方式。询价采购一般适用于货物规格、标准统一，现货货源充足且价格变化幅度较小的政府采购项目。

（四）影响政府市场购买决策的主要因素

政府机构采购人员与生产者、转卖者一样，其购买决策除了要受到组织因素、人际因素及个人因素的影响之外，主要在以下几个方面有所不同。

1. 要受到许多大众团体及公民的监督

尽管每个国家的政治经济制度不同，但政府机构的采购工作都要受到监督。主要的监督者有：国家权力机关和政治协商会议、行政管理和预算办公室、传播媒体、公民和民间团体。在这种情况下，政府机构的采购业务就必须慎之又慎，需要不厌其烦地填写许多表格，经许多人签署，层层核准，发订单也比较慢。因此，采购人员对此要有所认识，以应付这些烦琐的手续。

2.要受到政治、政策变化的影响

比如，在国家安全受到威胁或出于某种原因发动对外战争时，军备开支和军需品需求就大；和平时期用于建设和社会福利的支出就大。

3.要考虑政府追求的其他非经济性的目标

比如，美国政府机构采购除了考虑低价的因素外，还可能追求其他的目标，比如，为了影响企业的地区分布，就会鼓励在落后地区办厂、在那里采购货物；为了影响产业界的竞争力量对比，就会帮助中心企业和竞争力较弱的厂商，向他们采购货物；为了维护公民的正当权益，就会向没有种族、宗教、性别、年龄歧视的企业采购货物等。企业在制订和实施营销计划时，必须注意这些影响因素。

4.受到自然因素的影响

各类自然灾害会使政府用于救灾的资金和物质大量增加。

(五)政府购买的决策参与者

政府市场的购买决策体系比其他类型的购买决策体系要复杂，其复杂性并不在于具体购买过程，而在于确定购买多少以及购买什么的预算制定过程。

一般来讲，参与政府购买决策体系的主要有以下机构或成员：

1.编制预算的行政官员

包括各级政策决定者，如各级行政长官、预算委员会官员等，他们是直接编制预算的人员，因而对预算支出规模具有重大影响。

2.各利益集团的代表

在我国，这由各级人民代表大会来体现；在西方各国，则是由议会来体现。他们负责编制、审查并批准预算，从而对预算安排具有较大的影响力。

3.各利益集团的院外活动人员

他们代表各利益集团对各级政府官员、政策决定者以及预算编制者进行游说活动，以便及早安排符合自己所代表集团的利益。

4.社会舆论控制者

他们往往通过控制各种主要舆论工具，以影响民意或表达民意的方式来影响政府部门的行为。

本章小结

本章分析了两种主要的市场主体的购买行为以及其主要的特征。消费者市场是现代市场营销理论研究的主要对象。消费者市场与组织市场相比具有很多特点：即非营利性、非专业性、广泛性、多样性、层次性、联系性和替代性、时代性、伸缩性。消费者市场购买行为按照不同的标准，可以划分为不同的类型。消费者购买行为受文化因素、社会因素、个人因素以及心理因素的多方面影响。消费者购买决策过程的参与者有发起者、影响者、决定者、购买者和使用者，应对各种购买角色施加不同的影响。一个完整的购买行为过程一般包括五个阶段：即唤起需要、收集信息、评估选择、购买决策、购后感受。营销人员应针对每一阶段的特点采取相应的措施，积极有效地影响消费者的购买行为。组织市场可分为产业市场、转卖者市场和政府市场。

案例应用

云南白药牙膏的成功

2005年，一支特立独行的牙膏以巨大的胆识和魄力、势如破竹的姿态，在中国牙膏市场掀起了一场史无前例的风暴。这支牙膏的名字就叫云南白药牙膏，2006年年底，其市场销售额累计已飙升至3个亿，成功开拓了功能性牙膏高端市场的新大陆，确立了中国功能性牙膏的品牌地位，2012年销售额超过12亿元。一举成为医药产品进军日化领域的成功典范。目前我国牙膏市场规模约在180亿元，云南白药牙膏在牙膏市场占有率约为10%，占有率排第五，在高端市场中市场占有率第一。云南白药集团2012年一季度实现净利润2.91亿元，EPS0.42元，同比增长28.87%。一季度增长超过30%，主要依靠牙膏拉动。云南白药品牌享誉中外，是中国止血愈伤、消肿止痛、活血化瘀类产品的百年品牌。云南白药牙膏是以牙膏为载体，借鉴国际先进口腔护理、保健技术研制而成的口腔护理保健产品。它选用高档软性洁牙磨料和高级润湿剂，膏体细腻，清新爽口，有效祛除口腔异味。在日常刷牙中即可使牙龈、牙周、牙齿和口腔其他组织得到专业的护理、保健，令口腔更健康，牙齿更牢固，是新一代口腔护理、保健产品。除了产品配方不可复制外，云南白药牙膏几乎不具任何优势，而作为后进入市场的新品，却要以高价去与“洋牙膏”竞争。

案例思考

结合资料，试从消费者行为学角度对该案例进行分析。

练习题

一、名词解释

1.消费者市场　　2.组织市场　　3.社会阶层　　4.选择性注意

5.亚文化　　6.参照群体　　7.需求层次论

二、单项选择题

1.购买商品和服务供自己消费的个人和家庭被称为(　　)。

A.生产者市场　　B.消费者市场　　C.转售市场　　D.组织市场

2.在复杂购买行为中，购买者的决策过程一般由(　　)开始。

A.收集信息　　B.引起需要　　C.评价方案　　D.决定方案

3.马斯洛认为人类最低层次的需要是(　　)。

A.生理需要　　B.安全需要　　C.自尊需要　　D.社会需要

4.产业市场的需求是一种(　　)。

A.生产需求　　B.专业需求　　C.引申需求　　D.市场需求

5.消费者的购买决策会受到社会角色和地位的影响，社会角色和地位属于(　　)。

A.文化因素　　B.社会因素　　C.个人因素　　D.心理因素

6. 消费者市场是一切市场的基础，是产品和服务流通的（　　）。

A. 起点　　B. 终点　　C. 中点　　D. 极点

7. 产业市场用户第一次购买某种产品或服务称为（　　）。

A. 重购　　B. 直接重购　　C. 修正重购　　D. 新购

8. "刺激—行为"模式的顺序是（　　）。

A. 刺激—需要—动机—行为　　B. 需要—刺激—动机—行为

C. 刺激—动机—需要—行为　　D. 动机—刺激—需要—行为

9.（　　）是指人如何看待自己，即自认为自己属于哪一类人。

A. 生活方式　　B. 最终价值观

C. 工具性价值观　　D. 自我概念或自我形象

三、简答题

1. 影响消费者购买行为的主要因素有哪些？

2. 消费者购买行为类型有哪些？

3. 简述消费者购买决策过程。

4. 简述马斯洛需求层次论的内容。

5. 简述消费者家庭生命周期的各个阶段。

6. 组织市场由哪些主要市场构成？

7. 产业市场购买者行为的特征是什么？

8. 转卖者市场购买行为受哪些因素影响？

9. 政府采购有哪些基本方式？

实践应用讨论

消费者购买行为分析实训

一、实训内容

对消费者购买行为的影响因素进行分析，认识消费者行为对企业营销的意义。使学生认识到对消费者行为进行分析的重要性。

二、实训程序

(1)根据教学班级人数确定学习小组(5～8 组为宜)，每组 6～8 人。

(2)结合自己的购物经历，写出影响自己购买行为的因素。

(3)结合自己的购物经历，写出消费者的购买决策过程。

(4)各小组派代表讲述影响消费者购买行为的因素，用 PPT 形式展示。

(5)各小组陈述完毕，指导老师进行点评，同学投票评选出最优小组，给予表扬或奖励。

(6)各小组组长代表本小组总结陈述此次实训过程的心得。

三、考核要点

考核以 PPT 形式展示影响消费者购买行为的基本要素，要求文字通顺。购物经历要有一定的合理性，符合基本的商业规律。

第三部分

目标市场定位与战略选择

第五章 市场细分与目标市场定位

学习目标和要求

明确市场细分的概念和作用、消费者市场和生产者市场的细分标准、市场细分的有效性与细分方法、市场细分的程序；理解目标市场的概念，掌握选择目标市场的策略和程序；理解市场定位的概念和作用，掌握市场定位的策略和步骤。

学习重点

目标市场营销战略的制定，即企业如何进行市场细分、目标市场选择和市场定位。

案例导入

“斯航”的市场细分与目标市场策略

斯堪的纳维亚航空公司（简称“斯航”）是由挪威、瑞典和丹麦三国合资经营的公司。由于价格竞争、折扣优惠及许多小公司的崛起，致使其国内和国际航线的运营都处于亏损状况。

1982 年初，“斯航”首先设计了一种新的、单独的商务舱位等级，这种商务舱是根据商务人士不喜欢与那些寻欢作乐的旅游者同舱的特点设立的。商务人士常常因为一些情况必须改变日程，他们需要灵活性；他们在旅途中关心的是把工作赶出来，这意味着他们需要读、写，为会议或谈判作准备，或休息以便到达目的地后能够精力充沛地投入工作。换句话说，他们不需要分散注意力或娱乐。旅游者却没有这种压力，对他们来说，旅途就是假期的一部分，而机票价格则是一个敏感的决定因素。设置紧凑的座位和长期预备的机票，使航空公司有可能出售打折扣的机票，因而使一些人获得了旅行的机会，这些人则把省下的钱更多地花在具有异国情调的度假生活中。商务人士与此不同，他们更重视的是时间和日程表，在“斯航”以前，没有一家航空公司懂得怎样在同一架飞机上满足这两类顾客不同的需求。

“斯航”的商务舱票价低于传统的头等舱，高于大多数的经济舱，但给予顾客更多的方便。在每个机场，“斯航”都为商务舱的乘客设置了单独的休息室，并免费提供饮料，有的还可观看电影。在旅馆，“斯航”为他们准备了带有会议室、电话和电传设备的专门房间，并提供免费使用的打字机，使他们能够完成自己的工作，他们还可以保留这些房间而且不受起程时间、时刻表变动及最低住宿时间的限制，所有这些都以经济实惠的价格提供。机场还为商务舱乘客设置了单独的行李检查处，他们不必和普通乘客一起拥挤地通过安检。在飞机上，他们享有单独的宽大座椅，放腿的空间更为宽敞，还装置了一些传统的头等舱才有的装饰品，比如玻璃器皿、瓷器、台布等，他们还可享用美味佳肴。

“斯航”开辟了一个独特的市场，并正在赋予它更多的价值。对商务人士来说，头等舱太贵，经济舱又太嘈杂，太不舒服。他们可能与旅游者挤在同一舱内，享受旅游者同等的待遇但却付出较高的价格——因为他们不能像旅游者那样，由于不受日程限制而等待减价或折扣机票，商务舱成为商务人士及航空公司双方都很适宜的较好的供需办法。“斯航”夺去了竞争者的生意，成为明星。许多竞争者如今也在试图效仿。

思考题：

请结合“斯航”的案例谈谈什么是市场细分，“斯航”公司的目标市场是什么。

案例分析：

“斯航”根据消费者追求的利益不同，把市场细分为经济舱、商务舱和头等舱。市场细分是指根据消费者需求的差异性，把某一产品整体市场分割为若干个具有不同需求差别的消费者群体。通过市场细分企业容易发现市场机会，满足市场需要，获得消费者高度的忠诚度，提高企业利润。“斯航”的目标市场是商务舱，“斯航”的商务舱为商务人士提供各种办公便利条件，票价居中，比经济舱高但比头等舱低。

第一节　市场细分概述

随着市场经济的发展，传统的卖方市场正在逐渐转向买方市场，企业的市场营销战略也必须由以卖方为中心的传统市场营销战略转变为以买方为中心的现代市场营销战略。市场营销大师菲利普·科特勒认为STP营销战略是现代市场营销战略的核心。STP营销战略也称为目标市场营销战略，是指企业应对特定企业整体市场进行调查研究，根据市场需求的差异性，把整个市场划分为若干个子市场，选择其中一个或几个子市场作为企业的目标市场，通过科学的市场定位，更有效地发挥自身的资源优势，更好地满足消费者的需要，提高企业竞争力的一整套市场营销战略方法体系。STP营销战略（目标市场营销战略）具体包括三个步骤：市场细分（Segmenting Market）、目标市场选择（Targeting Market）和市场定位（Positioning Market）。STP营销战略要求企业市场营销活动开始于市场调研，然后在此基础上进行市场细分、目标市场选择和市场定位，进而制定并实施市场营销措施。

任何一个企业的资源都是有限的，不可能满足市场上所有消费者的所有要求，因此企业必须将市场进行细分，并满足一部分顾客的某种需求。市场细分是企业市场营销战略的重要组成部分，是企业STP营销战略的第一步。

一、市场细分的概念和作用

（一）市场细分的概念

市场细分概念是由美国市场营销学家温德尔·史密斯（Wendell R . Smith）在1956年发表的《市场营销战略中的产品差异化与市场细分》文章中率先提出来的。市场细分又称为市场分割，是指企业通过市场调研，根据市场需求的多样性和差异性，按照一定的标准，把整体市场即全部消费者划分为若干个具有不同需求差别的子市场的市场分类过程。市场细分实质上就是按一定的标准将消费者分类的过程，每一个子市场内的消费者具有相同或相似的需求特征，而不同的子市场之间却存在着较大的需求差异性。

对市场细分概念的理解需要从以下几方面着手：

1.市场细分的对象是消费者

市场细分的对象是消费者，而不是产品。市场细分不是按产品将市场细分为电器市场和服装市场等子市场，而是把同一产品分为具有不同需求特征的消费者所组成的子市场。例如，服装市场按性别细分为女性服装市场和男性服装市场。这两个子市场分别是女人和男人两个群体。服装市场按年龄可细分为儿童服装市场、青少年服装市场、中年服装市场和老年服装市场。这四个子市场分别是儿童、青少年、中年人和老年人四个群体。

2.市场细分的依据是消费者需求的差异性

市场细分的依据是消费者对产品需求的差异性，而不是产品本身的差异性。消费者由于性别、年龄、职业、经济条件等状况不同，他们对产品的需求也不同。例如，服装市场细分的依据是消费者的性别、年龄、职业、经济条件、民族、利益追求等差异指标。例如，20 世纪 50 年代美国宝洁公司发现消费者对洗涤物品的需求有两种：一种是洗涤较脏纺织品的强力洁净要求；另一种是洗涤一般纺织品的普通洁净要求。于是他们依据消费者追求的利益不同，把市场细分为追求强力洁净利益和追求普通洁净利益的消费者子市场，率先生产出两种性能不同、品牌不同的肥皂。一种是用于洗涤质地粗糙并且较脏的纺织品的碱性较大的肥皂；另一种是用于洗涤一般纺织品的普通碱性的肥皂。

3.市场细分是一个经常性工作

市场细分是目标市场营销战略理论的一个组成部分，它是市场环境发展到一定阶段的产物。随着市场经济的发展和社会文化的不断变化，人们的需求也在不断地变化，市场细分的依据也会改变，因此市场细分是一个经常性、反复性的工作。

市场细分理论的产生和发展经历了四个阶段，即单一品种大量营销阶段、产品差异化市场营销阶段、目标市场营销阶段、个别市场营销阶段。

(1)单一品种大量营销阶段

19 世纪末 20 世纪初，由于社会生产力水平低下，市场上物资缺乏，产品供不应求，这一时期企业奉行的是生产观念。生产观念认为消费者的需求是无差异的，企业面向整个市场，大量生产和销售单一品种的产品，试图满足所有消费者对同类产品的需求。这种观念认为企业应尽可能通过规模效益降低产品成本，增加销售量，就能获得巨大的利润回报，无须进行市场研究。例如，20 世纪 20 年代美国福特汽车公司大量生产清一色的黑色 T 型汽车，不考虑消费者需求的差异性，极大地节省了产品的生产成本和销售费用，获得巨大的利润。

(2)产品差异化市场营销阶段

到了 20 世纪 30 年代，随着社会生产力的快速发展，市场上产品的数量日益丰富，供求日趋平衡，甚至在某种程度上已经出现了相对的供大于求，1929 年至 1933 年的经济危机就是最突出的表现。在这样的时代背景下，大量市场营销时代那种产品单一、价格低廉并且广泛分销的市场营销策略由于不能给顾客提供任何的选择机会，因而不能更好地适应新时代市场营销实践的需要了。正因为如此，一些精明的生产者就开始增加产品的花色品种，向市场推出质量、性能、外观、品种和价格等方面与竞争者有显著差异的产品，以吸引更多的消费者，由此市场营销方式开始向产品差异化市场营销转变。在当时的时代背景下，这一市场营销策略也的确在一定程度上强化了企业的市场竞争力。但需要强调的是，这种差异并不是专门针对某类消费者的某种特殊需求而策划和设计的，更不是在市场细分的基础上产生的，因此这种产品差异往往仅仅是形式上的差异，其本身并不具有任何的实质性区别，这种差异与消费者需求也没有什么直接联系。

(3)目标市场营销阶段

自20世纪50年代开始，伴随着科技革命和产业革命，社会生产力突飞猛进，企业的生产能力大幅度提高，导致买方市场彻底取代了卖方市场，绝对供大于求的时代已经到来了，由此企业之间激烈的市场竞争使消费者的地位日趋优越，而消费者对产品的选择能力也有了很大的提升，这就决定了传统的差异化市场营销方式已经不可能解决新时代企业所面临的企业和顾客的关系问题了。于是，目标市场营销方式就应运而生了。在目标市场营销方式下，企业必须花大力气来仔细研究消费者的需求，在研究市场和市场细分的基础上，结合自身的资源优势，选择最有吸引力并最能发挥其自身优势的细分市场作为自己的目标市场，进而推出与目标市场高度适应的市场营销组合策略，这就构成了现代市场营销活动或者目标市场营销活动的基本过程和基本方法。

(4)个别市场营销阶段

个别市场营销是指企业以各个单位的消费者为目标顾客的市场营销方式。在个别市场营销方式下，企业为各个消费者提供专门化的产品和服务，并采取相应的价格、分销和促销策略。个别市场营销又称定制营销，它实质上也是一种目标市场营销，准确地说是一种细分市场划分到最小限度的目标市场营销。在当前的市场营销实践中已经出现个别市场营销的萌芽，但个别市场营销更多的是适应未来社会生产力水平高度发展的条件下人们的高度的个性化需求。

(二)市场细分的作用

1.有利于企业发现新的市场机会

市场机会是指市场上存在的尚未被满足或尚未被完全满足的市场需求。通过市场细分，企业可以深入了解各细分市场需求的差异性，并根据对每个细分市场潜在需求的分析，研究消费者的满足程度和市场竞争状况。通过比较，企业可以进一步发现哪些消费者群体的哪些需求还没有得到满足，从而发现新的市场机会。抓住有利的市场机会，结合企业自身条件制定最佳的营销方案，开拓新的市场。例如，日本钟表公司在进入美国市场前，曾对美国钟表市场进行市场调查和市场细分。通过市场调查他们发现根据钟表需求不同，美国消费者可以分为三类：第一类，要求手表能计时、价格低廉的消费者群约占23%；第二类，要求手表计时基本准确、耐用，价格适中的消费者群约占46%；第三类，要求手表名贵，计时准确的消费者群约占31%。当时，美国钟表厂和瑞士钟表厂只关注第三类细分市场31%的消费者，着重经营名牌优质手表。而第一类、第二类细分市场近70%的消费者却不能得到满足。日本钟表公司发现这个市场机会后，生产物美价廉的机械表和电子表，进入第一类和第二类细分市场，不到10年，日本手表在美国市场占有率达到60%以上。

2.有利于企业集中优势资源投入市场

通过市场细分，企业可以选择适合自己的目标市场，据此对企业的人力、物力和财力进行全面分派和使用，不仅避免了资源的浪费，而且还使资源在最适当的地方，发挥了最大的功效，从而增强了企业在目标市场上的竞争能力。例如，日本精工钟表公司通过市场细分在美国发现市场机会后，集中优势资源研发精工牌电子表产品，款式新颖，价格便宜，提供免费保修，营销网点众多，顾客购买方便，在美国钟表市场上取得了极大的成功。

3. 有利于提升企业自身的应变能力

通过市场细分，企业可以掌握不同细分市场需求的差异性，发现消费者群体对不同营销措施的反应，信息反馈快，根据市场的变化及时调整企业的产品结构、营销目标，甚至去开发新的产品和服务，改善企业的经营管理，提高企业的应变能力。例如，我国某公司向日本出口冻鸡，原来的目标市场是消费者市场，以超市和食品商店为主要销售渠道，由于市场竞争加剧，销售量下降。通过市场调查，发现冻鸡的购买者分为三类：一是饮食业用户，二是团体用户，三是家庭主妇。这三个细分市场对冻鸡的要求不同。家庭主妇对产品的品质和包装要求较高，希望价格合理，挑选性较强。前两类购买者对产品品质要求较高，对价格敏感度低于家庭主妇，挑选性不强，购买量大。该公司重新调整目标市场，以饮食业用户和团体用户为目标市场，并调整了相应的营销策略，增加了销售量，提升了企业自身的市场应变能力。

二、市场细分的标准

（一）消费者市场的细分标准

消费者市场由于消费者人数众多，需求各异，影响因素也错综复杂，所以消费者市场是一个复杂多变的市场，消费者市场的细分标准通常可以分为四大类，即地理环境、人口状况、消费者心理和消费者购买行为等标准。这四类标准中根据许多具体的变数进一步形成一系列细分消费者市场的细分因素。

1. 地理环境标准

地理环境标准是指企业按消费者所在地理位置和地理特点等因素进行细分市场。这是一个常用的标准，因为处在同一地理条件下的消费者，他们的需求具有一定的相似性，他们对企业的营销策略也会产生类似的反应。例如，在服装的需求上，北方消费者由于冬季较长，他们对冬季服装需求较多，而南方消费者由于冬季较短，他们对春夏季服装需求较多。

(1)地理位置

将消费者市场按经济区域或地理位置进行细分。在我国按经济区域可以划分为东北地区、华北地区、华东地区和华南地区；按行政区域可以划分为省、市、县、农村。在不同的地区，由于地理条件不同，消费者的需求存在较大差异。例如，对自行车的需求，城市消费者喜欢轻便、速度较快、款式新颖的折叠车或变速车等；农村消费者喜欢坚固耐用的能载重的加重车。

(2)城市规模

按城市规模大小和人口密度将市场分为大城市、中小城市和城镇。由于不同规模的城市的工商业和交通发达水平不一样，消费者在消费结构、消费数量和质量要求方面也存在较大差异。例如，大城市工商业和物流较发达，国际品牌较多，消费者的消费档次较高；小城镇工商业和物流较落后，国际品牌较少，消费者以国内品牌为主，消费档次较低。

(3)地形和气候

按地形可分为高原、平原、丘陵、山区和沙漠地带；按气候可分为热带、亚热带、温带、寒带等；按湿度可分为干旱区、多雨区。不同地区的地形和气候不同，消费者对防暑降温和防寒保暖的要求也不同。例如，北方冬季寒冷干燥，室内供暖使室内空气干燥，加湿器能解决这一问题，所以加湿器比较受北方消费者欢迎。而长江以南地区，雨季较长，特别是海南省是海洋性气候，空气湿度较大，这些地区的消费者对加湿器基本上没有需求。

2.人口状况标准

人口状况是指企业按照人口状况变量进行市场细分。人口状况变量包括年龄、性别、收入、职业、教育、家庭规模、宗教、民族、国籍和社会阶层等。人口变量因素是划分消费者市场常用的标准。由于人口状况变量比其他类型的变量更容易衡量，并且消费者需求偏好和购买行为通常与人口状况变量有联系，因此人口变量是细分消费者市场的重要依据。

(1)性别

按性别将消费者市场分为男性市场和女性市场。由于生理上的差别，男性和女性在产品需求偏好和购买行为上存在很大的差异。男性购物特点：理性、对性价比要求较高、较干脆、讲究效率，广告内容应尽量在较短的时间内向男性展示产品的特性。女性购物特点：感性、容易受产品的外观和包装的吸引，喜欢挑选，把购物当作一种乐趣，不够理性。

目前，服装、护肤品、手表、自行车等商品由于性别不同产品需求差异较大，性别已成为一个重要细分标准。例如，过去香烟市场主要针对男性，味道较重，外观设计也较粗犷。现在一些企业也针对女性生产女性专用香烟，味道更清淡，香烟外表也更细长，突出女性抽香烟时的优雅姿势。

(2)年龄

按年龄可将消费者分为婴幼儿、儿童、青少年、中年、老年等阶段，不同年龄和生活阶段的消费者对产品的需求和购买力存在较大的差异。年龄是服装、化妆品、玩具等产品细分市场的重要依据。例如，对服装的需求，青年人要求色彩鲜艳、款式时尚，中年人要求服装的质地和裁剪好、款式经典大方，老年人则要求风格端庄素雅。

(3)收入

按收入可将消费者分为高收入、中收入和低收入人群。收入是直接影响消费者支出模式和购买能力的重要指标。它不仅决定消费者购买各项商品的支出总额，而且还决定其购买商品的种类、购物地点等。例如，高收入的消费者会更多购买高价的产品，如豪华家具、珠宝首饰、高档汽车等；低收入的消费者则更多选择物美价廉的物品。对购物地点的选择，高收入消费者多选择大型商场或品牌专卖店；低收入的消费者则更多地选择附近的便利店和超市。

(4)职业和教育状况

不同职业的消费者，由于工作环境、知识水平和生活方式等不同，消费需求偏重存在差异，例如，教师比较偏重书籍等资料的需求；而演员比较偏重美容、服饰的需求。文化水平会影响消费者的价值观念和审美观，因此受教育程度不同必然会形成不同的消费行为和需求特点。

(5)家庭规模

家庭规模大小对日常生活用品的数量和产品规格大小有直接影响。根据家庭人口多少，把家庭分为单身家庭(1人)、小家庭(2人～3人)、大家庭(4人～6人或6人以上)。由于我国长期实行计划生育政策，许多家庭都只有一个小孩，因此我国核心家庭成员一般为3人。家庭人口数量不同，对住宅面积、家具尺寸、家电规格和日常用品的数量的需求都存在差异。例如，小家庭只需安装30～40升的电热水器既可，而大家庭就必须安装容量更大的电热水器才够用。

(6)社会阶层

社会阶层是指在某一社会中具有相对同质性和持久性的群体，是职业、教育、收入和价值观等诸多因素共同作用的结果。按社会阶层进行市场细分，可以把一个国家的社会阶层分为上上层、上下层、中上层、中下层、下上层和下下层。社会阶层是一个国家市场进行细分的重要依据。由于每个社会阶层内的成员基本上具有相似的购买力，社会阶层能决定消费者购买商品数额的大小，它还影响着企业分销渠道的选择和促销手段的运用。处于不同社会阶层的消费者在价值观、生活方式和兴趣爱好等方面存在较大的差异，现代企业应当根据各个社会阶层的需要精心地设计广告宣传和提供优质产品服务，选择各个社会阶层愿意接受的销售渠道。与其他变量一样，各个社会阶层的品位偏好也会随着时间的推移发生改变，例如，20 世纪五六十年代中国上层社会的价值观偏向于自我满足，现代上层阶层偏向实用功利主义。

3.消费者心理标准

(1)生活方式

生活方式是指一个人或一个群体对消费、工作和娱乐的特定习惯和倾向性的方式。人们对各种商品的兴趣爱好会受到他们生活方式的影响。企业也可以通过消费者的工作、锻炼等活动内容，他们对食物、娱乐等的兴趣点，以及对社会经济和教育问题的意见辨别其生活方式。例如，美国人认为时间就是金钱，效益就是生命，因此速溶咖啡在美国很畅销。然而英国人认为慢慢地煮出一杯好咖啡是其修养高低的标志，因此速溶咖啡在英国并不是很受欢迎。又如，有的汽车公司为“安分守己”的消费者设计经济、安全、低污染的汽车；为“玩车族”设计华丽、灵敏度高的汽车等。

(2)个性

个性是指个人特性的组合，通过自信、支配、自主、顺从、交际、保守和适应等性格特征表现出一个人对其所处环境的相对持续稳定的反应。消费者的个性多种多样，具体可分为外向和内向、独立与依赖、坚强与懦弱、显耀与沉默等，这些个性对消费者的需求和购买动机都有着不同程度的影响。性格外向、容易感情冲动的消费者往往喜欢表现自己，他们喜欢购买能够展现自己个性的产品；性格内向的消费者则喜欢大众化产品；富有创造力和冒险精神的消费者则对新奇、刺激的产品感兴趣。企业可使用个性来细分市场，给生产出来的产品赋予品牌个性，从而吸引对应个性的消费者。例如，20 世纪 50 年代后期，美国福特公司的福特汽车和通用汽车公司的雪佛兰汽车都以品牌个性在进行促销宣传，福特汽车购买者被赋予的个性是“独立、易冲动、有男子汉气质、机灵善变、自信”的消费者。雪佛兰汽车购买者被赋予的个性是“保守的、节俭的、关心声誉、较少男子汉气质、力求避免极端的”消费者。

4.消费者购买行为标准

(1)购买时机

购买时机是指企业根据消费者产生需求、购买产品和使用产品的具体时机的差异来将整体性市场细分为子市场。企业根据购买时机可将市场细分为具有特殊购买时机的时令性产品细分市场和不具有特殊购买时机的一般性产品细分市场。消费者购买某种时令性产品往往有特定的时机，例如，烟花爆竹的消费主要在春节期间；月饼的消费主要在中秋节之前；旅行行业的旺季主要在寒暑假，许多航空公司和旅行社在寒暑假期间大做宣传，实行优惠价格，吸引游客。购买时机产生的原因主要有三个方面：一是自然原因。比如一年四季的变化和突发性自然灾难。二是社会原因。由于历史、文化、经济、政治和军事等原因而产生的购买时机，比如节假日、运动会、文化活动、战争等。三是个人原因。比如个人的生日、纪念日、升职和乔迁新居。不具有特殊购买时机的一般性产品一般没有特殊的购买时机，但有时这些产品也可以根据产品的使用时机来进行市场细分。例如，“白加黑”感冒药就是一个成功的案例。感冒患者白天要学习工作，晚上要休息，原来一般的感冒药容易让患者犯困，精力不集中，不利于白天工作。“白加黑”感冒药针对顾客的需求，按时机把市场细分为白天市场和夜晚市场，把感冒药分别设计为白片和黑片两种，白天吃白片不瞌睡，晚上吃黑片睡得香。这种感冒药克服了过去传统感冒药的缺陷，受到市场的欢迎。

（2）购买动机

购买动机是指一种能够引起消费者购买行为的内心动力。消费者往往有不同的购买动机，追求不同的利益，所购的产品和品牌也不同，有些人注重价格，有些人强调质量，有些人看重名牌，有些人追求新奇，有些人则喜欢便利。企业根据消费者追求的利益的侧重点不同，将购买动机分为求实动机、求名动机、求新动机、求异动机、求稳动机和求便动机等类型。这种市场细分方法要求企业首先判断消费者对有关产品追求的主要利益是什么，其次确定追求各种利益的消费者都是什么人，再调查市场上竞争者已满足了消费者的哪些需求，消费者还有哪些利益没有得到满足，最后确定本企业可能满足消费者的哪些利益需求。例如，对手表的选择，有的人喜欢如国产海鸥牌普通机械表等准时耐用、经济实惠型；有的人喜欢如CASIO电子表等动感时尚型；还有的人喜欢如劳力士手表等名牌高品位型。又如对牙膏产品，消费者追求的利益可分为价格低廉经济利益、防蛀牙医用利益、洁白光泽美容利益和气味清新味觉利益。

（3）使用情况

使用情况是指消费者对某一产品是否使用过以及使用次数有多少。按使用情况市场细分是指根据消费者对某一产品的使用情况进行市场细分，可分为未使用者、曾经使用者、潜在使用者、首次使用者和经常使用者五个细分市场。企业通过促销活动吸引未使用者、曾经使用者和潜在使用者，将他们变为本企业产品的首次使用者。企业通过完善产品提升产品竞争力将首次使用者变为经常使用者。例如，联合利华在中国推销人体清香剂时，不得不举办宣传促销活动向那些未使用者解释为什么要买这些产品，通过大量的努力，将潜在消费者转变为首次使用者。

（4）使用频率

使用频率是指消费者使用某种产品和服务的数量。按使用频率市场细分是指根据消费者消费某种产品的每次使用量或消费量占全部消费量的比重区分为不同的子市场。按使用频率市场细分可以将消费者划分为少量使用者、中度使用者和大量使用者。对同一产品，有些消费者可能很少使用，而有些消费者可能会大量使用。大量使用者的人数通常只占总市场人数的一小部分，但是他们占总消费量的比重却很大。例如，啤酒产品市场调查表明，整个人口中有60%的人基本不喝啤酒，而占喝啤酒人口20%的大量饮酒者喝掉全部啤酒的80%。企业应通过各种促销活动把重点放在消费量大而人数较少的大量使用者身上。企业在致力于为大量使用者细分市场服务的同时，也不能忽视少量使用者，因为少量使用者将来也有可能变为大量使用者。

(5)品牌忠诚度

品牌忠诚度是指消费者偏好于购买某一种品牌产品和服务的一种持续信仰和约束的程度。有些消费者在较长时期内专注于某一个或少数几个品牌,而有些消费者却经常变化品牌。企业可根据消费者对产品的忠诚度将其分为四类:第一类,坚定品牌忠诚者。这类消费者在任何时候只购买某一种品牌,是该品牌产品的铁杆消费者。第二类,中度品牌忠诚者。这类消费者同时忠诚于两三种品牌,经常在几种固定的品牌中选择。第三类,转移品牌忠诚者。这类消费者从原来偏爱某一种品牌转移到偏爱另一种品牌。第四类:非品牌忠诚者。非品牌忠诚者又称为品牌多变者,他们是对任何一种品牌都不忠诚的消费者。一般情况下,任何一个企业的顾客都包括上述四种类型的消费者,企业利用品牌忠诚度来细分市场,有利于巩固市场地位并改善其市场营销策略存在的问题。例如,一些商店为了培养消费者的品牌忠诚度设有金卡、银卡等打折卡,鼓励多消费。企业通过研究中度品牌忠诚者,可以了解企业的主要竞争对手;通过研究转移品牌忠诚者,可以了解企业自身存在的问题,便于改进。

(6)对产品的态度

消费者对某种产品的态度一般有热情、肯定、不感兴趣、否定和敌视五种。企业对持有不同态度的消费者应当分别采取不同的营销对策。企业对热情和持肯定态度的消费者应给予回报,深化并巩固双方的关系,通过多种优惠措施鼓励他们经常购买并大量购买,使他们成为企业产品的忠实拥护者。企业对不感兴趣的消费者应通过适当广告媒体加大宣传,提高他们的兴趣,力争让他们购买本企业产品。对持否定和敌视态度的消费者,企业应尽量采用公共关系等手段重塑企业形象,充分宣传解释,逐步缓解他们的不满情绪,争取改变他们的态度。

(二)生产者市场的细分标准

许多用来细分消费者市场的标准,同样也可以用来细分产业市场。例如,用户的地理位置、购买动机、品牌忠诚度、使用情况、对产品的态度等。然而生产者市场与消费者市场相比有两大显著差异:一是,生产者市场的购买者基本上是企业;消费者市场的购买者是消费者。二是,企业的购买决策是由专业人员做出的,其购买行为具有高度的理性,受感情因素影响较少;消费者受感情因素影响较大。

1.最终用户

最终用户是生产资料的使用者。生产者市场的用户购买生产资料是为了满足研究、生产、修理和转售等需要,例如,对于玉米这一生产原料,有些企业用它加工食品,有的企业以它作为生物柴油原料。最终用户使用目的相差较大,决定了他们对产品的质量、性能、规格、价格、服务等方面的要求是不同的。即使企业的使用目的都是生产制造,由于最终用户的性质不同,他们对产品的需求标准也有所不同。例如,电子元件产品市场,按其用户可分为军工市场、工业市场和商业市场。一般情况下,军用标准件的要求高于民用标准件。军工用户偏重较高的产品质量,工业用户既看重产品质量又重视售后服务,商业用户更偏重于产品价格。企业应根据不同最终用户的需求,提供不同的产品,制定不同的营组合策略,增加产品的销量。

2.用户规模

按用户规模细分市场是指根据用户特定的生产经营规模对某一特定产品和服务的购买

数量来划分客户。由于用户的购买能力、购买习惯等往往取决于用户规模,因此许多企业都将用户规模作为生产者市场细分的一个重要标准。根据用户规模细分市场,可将生产者市场分为大型用户、中型用户和小型用户三个细分市场。大型用户数目少,经营规模大,对产品的购买数量多,企业应安排高层营销人员与用户建立更加直接的方式进行业务往来,提供优质的服务,密切双方的关系。小型用户数目多,经营规模小,对产品的购买数量少,企业应通过中间商或中间商网络向各小型用户推销其产品。中型用户的数目、经营规模和购买数量则介于两者之间,企业可以安排中层营销人员与中型用户进行沟通,建立良好的合作关系。

3.用户地理位置

按用户地理位置进行市场细分,可以帮助企业明确企业应重点为哪些地区的企业提供产品和服务。很多国家和地区由于自然资源、社会条件和历史背景的原因,而形成特定的产业区域,这些产业区域内的企业之间存在密切的分工合作关系,例如,我国已形成以山西为中心的煤炭工业区,以江苏和浙江两省为中心的丝绸工业区,以广东为中心的东南沿海的加工工业区。生产者市场比消费者市场的地理分布更集中,有利于企业营销工作的开展。在生产者市场中,企业按用户的地理位置细分市场,选择客户较为集中的地区作为目标市场,从而可以大大地节约物流费用。

三、市场细分的有效性与细分方法

(一)市场细分的有效性

无论是消费者市场还是生产者市场,企业在进行市场细分时并不是所分的细分市场都是有意义的。有效的市场细分必须具备以下条件:

1.可衡量性

市场细分的可衡量性是指细分市场的市场规模、购买能力和需求量是可以衡量的,并能够获取相关的数据。这样的市场细分才是有价值的。如果企业根据某种标准细分市场,但用户分布分散且偏远,无法衡量市场规模,也就没法获得用户的相关资料,这样的细分市场的开拓不仅十分困难,而且其风险也很大,失去了其存在的意义。

2.可进入性

可进入性是指企业通过市场细分,选择的目标市场应具有一定的规模,具有一定购买力,并且企业还要有能力进入所选定的细分市场。如果细分出来的市场太小,没有占领的价值或者企业没有足够的能力进入目标市场,而贸然去开拓该细分市场,容易造成损失。

3.可盈利性

可盈利性是指细分市场必须使企业盈利,即企业通过经营活动能够从细分市场上获得良好的经济效益。无利可图的细分市场对企业是没有任何吸引力的,因此可盈利性是企业市场细分的动力。

企业在选择市场细分标准时应注意以下方面:

第一,细分的变数具有动态性。例如,企业所收集的消费者的收入会发生增减变动,职业也可能会发生改变等。企业应当定期或不定期地对市场进行衡量。

第二,反对市场划分过细。市场细分作为市场营销的重要手段,必须有助于企业获得更多的利润,这样的市场细分才有意义。如果把市场划分得过细,每一个子市场的份额过小,这就有可能导致企业花费较多的成本却只获得较少的销售额。例如,如果服装企业按消费者的年龄一岁一岁地细分，并设计相应的产品来占领市场，这样做毫无意义。于是，市场营销理论上就产生的“反市场细分”。反市场细分是指将过细、过小的细分市场加以集合，使之变成较大的细分市场的过程。反市场细分体现在两个方面：一是，当企业不慎将市场划分过细时，需要通过反市场细分，适当地将若干个过小的细分市场合并为一个较大的细分市场。二是，由于市场环境发生了变化，原来合理的细分市场的规模大大缩小，企业无利可图，这时应通过反市场细分，将原来的细分市场与它相近的其他细分市场合并为一个较大的细分市场。

（二）市场细分方法

1. 单一因素市场细分方法

单一因素市场细分方法是指根据消费者需求相关的最重要的一个因素来进行市场细分。这种方法一般只适用于产品通用性较强、选择性较为明朗的市场。例如，玩具市场需求的主要影响因素是年龄，玩具商可以根据不同年龄阶段的儿童设计不同类型的玩具。在市场营销实践中，这种市场细分方法的价值非常有限，因为影响市场的因素往往不止一个，所以在多数情况下，企业只是在市场细分前期用此方式对市场作一个粗略的划分。

2. 综合因素市场细分方法

综合因素市场细分方法是指将选择影响市场需求的两个或两个以上的因素对某一市场进行细分的方法。这一方法的关键是要找出影响市场的几个主要因素。例如，影响服装产品的主要因素有性别、年龄和收入三个因素，按这三个因素细分可得到18个细分市场，如图5-1所示。这种方法适合于消费者需求差别较复杂，需要从多方面分析的市场。

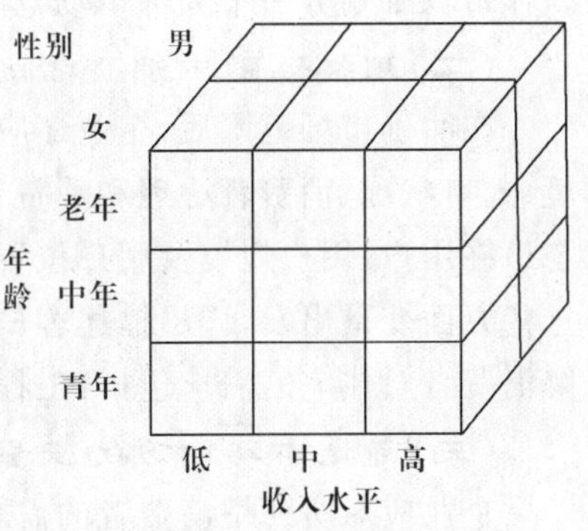

图5-1　综合因素法细分服装市场

3. 多因素组合市场细分方法

多因素组合市场细分方法是指影响某一市场的各个因素进行组合，进行综合性的市场细分。例如，服装市场，可按照影响因素性别、年龄、职业、收入、受教育程度、婚姻状况和住址加以组合。将各个因素组合可以获得很多细分市场。该市场整个细分选择过程见表5-1。

表5-1　用多因素组合市场方法细分女青年服装市场

年龄	性别	职业	收入	教育	婚姻	住址	气候
幼儿	男	农民	低	文盲	未婚	农村	寒带
少年	女	学生	中下	小学	已婚	郊区	温带
青年		工人	中	中学	离婚	城市	亚热带
中年		军人	高	大学	鳏寡		
老年		其他					

4. 完全市场细分方法

完全市场细分方法是根据消费者需求的差异，最终将每一位消费者划分为一个特定的细分市场。企业要针对每位消费者的特定需要，向他们提供特殊定制的产品和服务。例如，DELL公司通过互联网为用户提供私人订制电脑的服务。这种一对一的营销方式必然会加大企业的经营成本。

四、市场细分的程序

市场细分的目的就是通过对消费者分类，使企业能更好地把握各个消费者群体的特征，以便做出正确的市场营销决策。市场细分是一项复杂而具体的工作，必须遵循一定的程序，才能有效地开展。市场细分程序包括以下环节：

（一）确立市场范围

企业要进入哪个行业，如何进行营销工作，不是由产品本身的特征来决定的，而是以顾客的需求来确定产品范围。例如，某房地产公司打算建造简朴的小公寓，若从产品特性出发，其需求对象有可能是收入中下的顾客，但实际上有很多收入较高的消费者会作投资性购买。因此企业进行市场细分，必须依据市场需求状况，并结合企业营销目标和资源条件，从整体市场中划分一个局部市场范围，再进行市场细分。

（二）列举范围内消费者的需求

在明确市场范围后，企业还应列举出范围内消费者的需求。消费者市场通常与地理环境、人口状况、消费者心理和消费者购买行为等四大类市场细分变量有关。生产者市场通常与最终用户、用户规模及用户位置三大类市场细分变量有关。企业通过市场调查，应尽量从这些方面变量出发，详尽描述客户对产品的需求。例如，某房地产开发商通过市场调查，了解消费者对住宅的需求包括：工程质量、安全、便利、价格、小区设计、物业管理等。

（三）筛选市场细分的变量

企业应对所列举消费者的需求进行分析，筛选市场细分的变量，剔除掉那些特点不突出的、消费者共同需求的市场细分变量，综合一些特点类似的消费需求因素，重点选择一些特征明显、消费者需求差异较大的市场细分变量。例如，所有的消费者对住宅的安全性的需求是一样的，因此安全性这个变量可以删除掉。消费者的收入不同，住宅的价格接受不同。有的消费者重视生活的便利性，有的消费者则对环境的安静度要求较高。企业可以将价格、便利和安静等因素作为细分市场的变量。

（四）划分市场，并为每个子市场确定名称

企业利用前述的变量进行初步市场细分，还需进一步分析潜在顾客的基本需求差异，探讨每个子市场的特点，对各细分市场进行必要的合并或分立，最后将市场划分为若干个子市场，为每个子市场确定名称。例如，企业按牙膏的功能，将市场分为洁齿美白市场、固齿市场和护齿市场。

（五）分析各细分市场的规模和盈利能力，从中选择目标市场

企业分析各细分市场的规模，并进行营销成本估测，评估各细分市场的盈利能力，结合企业经营优势，选择盈利能力较强的子市场作为企业的目标市场。例如，麦当劳作为一家全球跨国公司，把市场分为国内市场和国外市场。国外市场按国家地理位置划分各国家市场。随着中国改革开放，麦当劳准备进行入中国市场，确定中国市场范围。中国人的饮食习惯和文化背景与美国人是不同的，美国人喜欢吃牛肉，而中国人喜欢吃鸡肉。针对这一情况，在全球只卖牛肉食品的麦当劳调整了原来的策略，也开始在中国售卖鸡肉食品了。

第二节　目标市场选择

一、细分市场的评估

（一）目标市场的概念

目标市场是指企业在市场细分的基础上，根据自身市场营销的优势资源条件，选择和确立企业要为之服务的一个或几个特定消费者群体，也就是企业要进入的某一个或几个细分市场。市场细分和目标市场既有联系又有区别，市场细分是划分不同消费者群体的过程，目标市场是在市场细分的基础上，结合自身优势选择一个或几个细分市场作为企业的营销对象，因此市场细分是目标市场的前提和条件，目标市场是市场细分的目的和归宿。例如，20世纪80年代杭州牙膏厂产品严重积压，其厂长通过市场调查发现全国11亿人口中有3亿多儿童，而儿童中患龋齿者更是十个中有七八个，于是把目标市场定位于市场规模较大的儿童市场。企业采用防龋齿配方，并配上儿童喜欢的草莓口味生产新一代“小白兔”牙膏。小白兔牙膏获得了巨大成功，年销售3 000万支，占全国儿童牙膏销售量2/3以上。

（二）细分市场的评估

企业进行市场细分后必须对细分出来的各细分市场从以下几方面进行评估，才能选择适合企业的目标市场。

1. 市场规模评估

市场规模主要由消费者的数量和购买力决定，同时也受当地的消费习惯和消费者对企业营销决策反应的影响。企业分析市场规模既要考虑现有的水平，更要考虑其潜在的发展趋势。企业应选择消费者数量较多、具有一定购买力以及发展潜力大的子市场作为目标市场。

2. 企业能力评估

企业应分析自身的经营目标、资源条件和经营能力是否符合细分市场的需求。如果子市场规模较大，但与企业经营目标不符合，企业的资源条件也无法保证，那企业必须放弃这个市场。企业只有认真地评估自身的经营目标、资源条件、技术水平、人员素质、管理水平等，才能更好地选择适合自己的目标市场。

3. 竞争状况评估

市场竞争状况会对企业进入目标市场的难易程度有较大的影响。如果细分市场上竞争者较少或竞争者实力较弱，企业就较容易进入该细分市场。反之，企业进入该市场的难度较大并且还可能付出较大的代价。如果企业有较强的实力，而且细分市场规模较大并且前景较好，企业可以强行进入市场竞争激烈的细分市场。如果企业实力较弱，应尽量选择市场竞争较弱的细分市场。

4. 盈利能力评估

企业经营目标是利润最大化，利润是企业生存和发展的基础。企业应评估细分市场的盈利能力，选择获利较高的细分市场作为企业的目标市场。

二、目标市场策略及选择

(一)目标市场策略

1.无差异性营销策略

无差异性营销策略是指企业不进行市场细分,而是把整个市场看作一个大的目标市场,推出单一的产品,并且以单一的营销组合策略占领目标市场。这种策略强调的是整体市场对某种产品的共性化市场需求,忽视消费者需求个性化的差异,可用同一种产品、同一种分销渠道来满足整体市场的消费者。例如,早期的可口可乐公司在软性饮料市场,只推出一种口味的可乐,采用一种瓶装形式。由于企业取得了巨大的规模效益,可口可乐公司最终成为一家全球跨国公司。这种策略适用于差别不大的商品和服务。

2.差异性营销策略

差异性营销策略是指企业将整体市场划分为若干个细分市场,决定同时为几个子市场服务,向每个子市场设计生产和销售不同产品,并运用不同的营销组合策略,以满足各类消费者不同需求的一种策略。宝洁公司成功采用了差异性营销策略,同一种产品根据不同类型消费者的需求,设计不同品牌的产品,满足这些消费者群体的需要。例如,宝洁公司针对消费者对洗发香波的不同需求,开发了海飞丝、潘婷、飘柔、沙宣和润妍5个品牌。牙膏有佳洁士、格里、登奎尔三个品牌。宝洁公司对不同系列产品以及同一系列不同品牌的产品,在质量、性能、包装、价格、分销和促销等各方面采取的措施都不尽相同。

差异性营销策略的优点是通过经营多样化的产品提高市场占有率,增强企业的竞争力,分散企业的经营风险。该策略的缺点是由于生产销售多品种、小批量产品,会使企业的生产成本和营销费用增加,而且消费者的需求不断变化,也相应要求企业具有较高的市场调研能力和新产品开发能力。差异性营销策略主要适用于那些有较强开发能力和营销能力的实力较强的大企业,而小企业受人力、物力和财力的限制,不适用此策略。

3.集中性营销策略

集中性营销策略是指企业在市场细分的基础上,选择一个或几个性质相似的细分市场作为自己的目标市场,集中企业全部资源,以一种或少数几种市场营销组合策略服务于目标市场的策略。例如,日本尼西奇公司原来生产雨衣、尿布等多种橡胶制品,由于产品线过长,经营管理不善,企业面临破产。企业经过调研决定只保留市场规模较大的尿布制品,其他产品全部放弃,实现尿布专业化生产,并不断开发尿布系列新产品,不仅垄断了日本尿布市场,而且产品远销世界各国,成为世界闻名的"尿布大王"。

集中性营销策略的优点是利于企业对一个或少数几个细分市场进行深入的研究,能更准确地把握目标市场的需求,也有利于企业提高专业化水平,大幅提升企业的市场竞争力。集中性营销策略的缺点是市场风险较大。由于企业把自己的全部资源都集中在一个或少数几个性质相似的细分市场上,一旦市场需求或生产技术发生重大变化,企业将陷入较大的困境,难以回旋。集中性营销策略主要适用于资源有限、实力不强的中小企业或初次进入某市场的大企业。

(二)影响目标市场策略选择的因素

1.企业实力

企业实力是指企业的资金、技术、设备、竞争能力、管理水平、员工素质等。如果企业实力雄厚,管理水平高,可以根据产品的不同特性,考虑采用无差异性营销策略或差异性营销策略。如果企业实力较弱，无力将整个市场或大部分市场作为自己的目标市场，则适宜采用集中性营销策略，以取得小市场的优势。

2. 产品同质性

产品同质性是指消费者对产品特征感觉相似的程度。对产品同质性高的产品，如白糖、白醋、大米等产品，尽管这些产品由于产地或生产企业不同会使产品的品质有所差别，但消费者并不加以严格区别，因此这些产品适合采用无差异性营销策略。对于产品异质性高的产品，如服装、汽车等在款式、品种、价格、服务等方面存在较大差异，这些产品适合采用差异性营销策略或集中性营销策略。

3. 市场同质性

如果市场上所有的消费者的需求、爱好、购买行为相似，并且对企业营销政策反应相同，则可视为同质市场，宜采用无差异性营销策略。反之，如果市场需求的差异较大，则为异质市场，宜采用差异性营销策略或集中性营销策略。

4. 产品的生命周期

产品处于不同的市场生命周期阶段，企业就应该采取不同的目标市场营销策略。对于处于投入期的新产品，由于竞争者较少，应采用无差异性营销策略，以探测市场需求和潜在消费者的情况，以便尽快进入市场。如果产品进入成长期和成熟期，应采用差异性营销策略，以便开拓新的细分市场，尽可能延长产品的市场生命周期。当产品进入衰退期，应采用集中性营销策略，以便企业能集中资源在少数有利的细分市场上开展营销活动。

5. 竞争者的竞争策略

一般情况下，企业的目标市场营销应与竞争者有所区别，以便能在市场上占有一定的份额。如果强大的竞争者实行的是无差异性营销策略，企业应实行集中性的营销策略或更深层次的差异性营销策略。如果竞争者的实力较弱，企业也可以采用与其相同的策略，凭借实力战胜对手。

（三）目标市场选择程序

企业选择目标市场的过程，就是从市场细分后所形成的细分市场中选择一个或几个细分市场作为目标市场的过程。企业选择目标市场的过程包括以下三个环节：

1. 对细分市场初步筛选

在初步筛选阶段，企业可以根据市场规模、市场潜力和盈利性来进行初步的筛选，淘汰一些市场规模较小、市场潜力不足和盈利性较小的细分市场，初步缩小目标市场的选择范围。

2. 对细分市场进一步选择

结合企业自身及市场竞争情况进一步细分市场。企业在进一步筛选细分市场时，要对自身的人力、物力、财力、技术和管理等情况进行分析，明确企业的优势和劣势。企业还要分析市场的竞争激烈程度。企业将进一步淘汰与其资源不相适应，不利于其优势发挥的细分市场以及市场竞争过于激烈的细分市场，进一步缩小目标市场的选择范围。

3. 最终确定目标市场

企业应明确自己的市场营销活动的短期目标、长远目标，最终应当选择与企业长远目标和发展战略相适应的细分市场作为目标市场。

第三节　市场定位

一、市场定位的概念和作用

（一）市场定位的概念

市场定位是指企业根据目标市场上同类产品的竞争状况，针对顾客对该类产品某些特征或属性的重视程度，为本企业产品塑造强有力的、与众不同的鲜明个性，并将其形象生动地传递给顾客，获得顾客的认同。市场定位本质上就是通过为自己的产品创造鲜明的特征，塑造独特的产品市场形象，使本企业的产品与其他企业的产品区别开来。产品的特征和个性是由产品实体反映出来的，如产品外观的豪华、朴素，产品质量的好坏，产品价格的高低等。例如，日本索尼公司对电器产品的定位是成为日本高、精、尖的第一流电器产品。三洋公司对电器产品的定位是物美价廉的电器产品。

（二）市场定位的作用

1.突出产品特色，提高竞争力

市场定位的目的就在于通过打造产品特色来强化产品的市场竞争力。在激烈的市场竞争中，许多同类产品的企业都在争夺有限的顾客，为了防止自己的产品被其他企业的产品所代替，企业必须树立一定的市场形象，成为消费者喜欢的产品。企业依托自己产品的优势战胜竞争产品，从而增加企业产品在市场上的竞争力。

2.奠定目标市场营销战略的基础

市场定位是目标市场营销战略的基础，没有市场定位作为前提基础，企业的产品策略、价格策略、分销策略和促销策略的制定和实施都无法完成，市场营销活动也无法进行。市场细分和目标市场的选择都是为市场定位做准备工作。因此，市场定位是目标市场营销战略的第一步，是企业营销策略能否成功的关键。

二、市场定位策略

（一）市场定位的依据

企业在营销实践中可以依据以下因素进行市场定位。

1.产品属性

每种产品都有其属性特征，企业可以依据产品的某些明显的特色进行市场定位。如可口可乐、百事可乐等可乐类饮料均含咖啡因，咖啡因会阻碍人体对钙元素的吸收，不利于青少年成长。七喜汽水的定位是“非可乐”，强调它不是可乐类，是不含咖啡因的健康饮料。又如，阿司匹林止痛药会损伤肠道而且还有抑制血小板凝聚等副作用，泰诺止痛药的定位是“非阿司匹林止痛药”，显示其药物成分与以往止痛药的区别，副作用小。

2.产品用途

企业可以依据产品的某些功能用途进行市场定位。如“加多宝”凉茶的广告语“怕上火，现在，喝加多宝，全国销量领先的红罐凉茶，改名加多宝，还是原来的配方，还是熟悉的味道。怕上火，喝加多宝!”，它把自己定位为消暑降火的功能性饮料。又如，在牙膏市场上，高露洁牙膏宣传它的作用是让牙齿更坚固，佳洁士牙膏宣传它的作用是防止蛀牙，两面针牙膏强调中草药对口腔的保健作用，冷酸灵牙膏突出其帮助牙齿不好的顾客解决牙齿怕冷怕酸问题。

3.产品质量价格组合

大多数消费者往往会对产品的质量和价格比较关心，因此企业也可以选择产品的质量和价格作为市场定位的依据。如台湾顶新集团将其“福满多”方便面定位为物美价廉的产品，将“康师傅”方便面定位为美味高品质的产品；Joy品牌香水定位为高档高价格香水，华联超市定位为“天天平价，绝无假货”。

4.使用者需求

如果产品的使用者的人口、心理或行为特征突出，企业可以针对不同的产品使用者进行市场定位，将产品推荐给一些特定的消费者群体。企业在宣传产品时，应当选择能够代表这些消费群体的形象代言人，并且强调本产品能够给这些消费者带来的利益，吸引消费者。例如，哈尔滨制药六厂生产的“盖中盖”品牌高钙片定位为中老年人专用补钙佳品，并于2015年3月聘请出演中国第一部室内剧《渴望》的著名演员张凯丽作为其形象代言人，树立了独特的产品形象。又如劳力士手表定位为事业有成就的高薪人士，劳力士中国区聘请我国著名钢琴家郎朗作为其代言人。

5.竞争者状况

企业可以针对竞争对手的定位来确定企业产品的市场定位。例如，在快餐行业中，肯德基与麦当劳是一对竞争对手，麦当劳采用的是牛肉汉堡服务标准化的定位，肯德基提出“鸡肉烹调专家”的差异定位策略。

（二）市场定位的策略

1.迎头定位策略

迎头定位策略是指企业根据自身的实力，为了占据较佳的市场位置，不惜与市场上占支配地位的实力较强的竞争对手正面竞争，使自己的产品尽快占领竞争对手的市场位置。迎头定位策略的优点是这种策略可能引发激烈的市场竞争，竞争过程引人注目容易产生轰动效应，能较快树立企业市场形象。这种策略的缺点是风险较大，如果企业不能做到知己知彼或过高估计自己实力，很可能遭到失败。在许多国家都有迎头定位的案例，例如，饮料市场的可口可乐和百事可乐、汉堡快餐市场的麦当劳和汉堡王。迎头定位策略适用于实力较强的大企业。

2.避强定位策略

避强定位策略是指企业避免与实力较强的企业直接竞争，而将自己的产品定位于另一个市场区域内，使自己的产品在某些属性特征上与对手的产品有较明显的区别。这种策略的优点是企业能够较快速地在市场上站稳脚跟，并能在消费者心目中树立形象，市场风险小，容易成功。这种策略的缺点是企业避强意味着放弃与竞争者争夺最大市场份额的机会，甚至还可能让企业只得到较小市场份额。如在冰淇淋市场上，面对强大的竞争对手雀巢，伊利冰淇淋以“低价格、较高品质”避强定位策略迅速打开市场。由于避强定位策略的成功率较高，所以为大多数企业采用。

3.填补市场空处策略

填补市场空处策略是指企业寻找新的尚未被占领但有潜在市场需求的位置，通过生产市场没有的某种特色新产品来填补市场空缺。这种策略的优点是企业避开了市场竞争，能更好地发挥竞争优势，获取较好的经济效益。实施这种策略的前提条件是企业必须具有较强的创新能力，能研发高质量的产品，潜在市场需求量应足够大，以保证企业有一定的利润。

4. 重新定位策略

重新定位策略是指企业在市场定位目标后，如果最初的定位不准确或市场情况发生了变化，企业重新进行市场定位。当出现以下三种情况，企业应当考虑重新定位：一是，初次定位失误而不得不重新定位。二是，竞争对手定位与企业相近，并已占领了部分市场。三是，消费者偏好改变，已转到竞争者。重新定位策略是一个以退为进的策略，有利于企业改变原有的产品形象，让消费者对其产品有一个重新认识的过程。例如，万宝路香烟原来以女性为目标市场，但女性吸烟的人数较少，销售较差，后来企业重新定位为男子汉香烟，并将它与西部牛仔的形象联系起来，树立了万宝路自由、野性与冒险的形象，取得了较大的成功。

三、市场定位的步骤

（一）确认本企业的竞争优势

市场定位的第一步就是通过调研以下三个方面的问题，从而确认本企业的竞争优势。一是，了解竞争对手的产品如何定位。二是，目前消费者的欲望的满足程度如何以及还有哪些欲望还没得到满足。三是，针对竞争者的市场定位以及消费者的利益需求，企业应该如何做。

（二）选择相对竞争优势

相对竞争优势表明企业能够胜过竞争者的能力。选择相对竞争优势就是分析企业经营管理、技术开发、采购、生产、营销、财务、产品等方面的优势和劣势，将企业各方面的实力与竞争者的实力相比较，从而准确选择企业胜过其他企业的相对竞争优势。例如，某服装企业的产品在价格、质量、包装、支付条件、服务等方面都有竞争优势，它可以和市场上主要竞争者对比，从而选择相对竞争优势，进行市场定位。

（三）表达企业的市场定位

这一步骤的任务是企业通过一系列的宣传促销活动，将其独特的竞争优势传播给潜在顾客，并在顾客心中留下印象。首先，企业应尽最大努力使目标顾客了解、熟悉、认同、喜欢和偏爱本企业的市场定位，并在顾客心中建立与该定位一致的形象。其次，企业应积极地通过各种努力保持目标顾客对企业及其市场定位的了解，稳定目标顾客的态度和加深目标顾客的感情来巩固与市场定位相一致的企业形象。最后，企业应注意目标顾客对企业市场定位理解出现的偏差或由于企业市场定位宣传上失误而造成目标顾客认识模糊、混乱和误会，及时纠正与市场定位不一致的企业形象。

本章小结

本章主要内容是企业如何计划实施目标市场营销战略管理过程，包括以下三个方面的内容：市场细分、目标市场选择和市场定位。在市场细分方面，介绍了市场细分的概念和作用、市场细分的标准、市场细分的有效性和细分方法、市场细分的程序；在目标市场选择方面，介绍了目标市场的概念和评估、目标市场策略及选择、目标市场的选择程序；在市场定位方面，介绍了市场定位的概念和作用、市场定位的策略和市场定位的步骤。

案例应用

斯沃琪手表如何成为世界级品牌

在全球制表业中，瑞士可称为元老，制表业是瑞士的国家象征。瑞士制表业的目标客户是那些保守、富裕的消费者。20世纪70年代，一场风暴席卷瑞士制表业，整个行业遭到严重破坏，以卡西欧(Casio)、精工(Seiko)、西铁城(Citizen)为代表的日本制表业，针对中低消费者，采用数字技术，并且注重低成本制造、普及性销售、大面积市场推广，使得手表销量激增，直接导致瑞士制表业损失惨重。在不到10年的时间里，瑞士制表工人的数量从90万下降到30万。1982年，两家瑞士钟表制造商，拥有欧米茄(Omega)品牌的SSAH公司和拥有雷达(Rado)、浪琴(Longines)的ASUAG公司，一年共计损失1.2亿美元，而这两家公司年收入仅为11亿美元。面对困境，从事咨询工作的德国企业家哈耶克(Hayek)提出："我们能够再次成为世界第一。"

1. 大胆进入低价市场

市场显示，瑞士手表具有产品差异优势，哈耶克大胆进入低价市场，提出近乎荒唐的挑战："找到一个方法，让我们在瑞士以30美元的价格出售手表。"哈耶克同样也在低档市场上寻求产品的差异性，跨过经济型手表门槛，进入风格时尚型，对低档市场进行细分，研究了18～30岁的消费者。他认为，年轻人没有很多钱购买高档表，但需要一种时尚来满足个性化的需求。

2. 促销上不落俗套

有了高质量和低成本的保证，在营销策略上，哈耶克又在手表的命名上做起了文章，取名为"斯沃琪(Swatch)"。这个名称好听，很好记忆。同时也向消费者传达了休闲、时尚、自在的感觉。在促销方面也不落俗套，他设计了一个巨大的斯沃琪手表条幅，长达152米，却传达了简单的信息："斯沃琪——瑞士——60德国马克"。消费者开始喜欢这种表了。同时，哈耶克采取了如下举措：限量生产，建立斯沃琪会员俱乐部，向会员消费者出售特制手表；鼓励经销商创立斯沃琪手表博物馆，为斯沃琪手表收集者举办活动，并特制有纪念意义的手表；设计创新，有些手表的创意来自毕加索等艺术大师。20世纪90年代，斯沃琪通过合作创新，在设计上加大力度，使斯沃琪手表成为消费者生活的一部分。

其实，对于消费者来讲，一款斯沃琪手表就是一份纪念品、一段历史、一件工艺品、一份感情的寄托。1983年到1992年间，斯沃琪手表销售额更上一层楼，突破2亿美元。这对任何新产品来讲都是了不起的壮举。斯沃琪手表也成为世界级的品牌，瑞士制表业延续了百年辉煌。

案例思考

斯沃琪手表成功的原因有哪些？从哈耶克成功塑造斯沃琪手表品牌的历程中，我们能够得到什么启示？

练习题

一、单项选择题

1. 某服装制造商为“时髦妇女”“家庭妇女”“传统妇女”“有男子气概的妇女”等分别设计和生产女性服装。其细分市场的依据是(　　)。

A. 受教育水平　　B. 性别

C. 消费者所追求的利益　　D. 生活方式

2. 企业开展目标市场营销的第三个步骤是(　　)。

A. 地理细分　　B. 目标市场选择

C. 市场定位　　D. 执行和控制市场营销计划

3. 在市场营销实践中，利益细分是一种行之有效的细分战略，它属于下列细分市场中的(　　)。

A. 地理细分　　B. 人口细分　　C. 心理细分　　D. 行为细分

4. 不属于市场细分有效标志的是(　　)。

A. 可测量性　　B. 可进入性　　C. 可盈利性　　D. 可持续性

5. 对于同质产品或需求上共性较大的产品，一般宜采用(　　)。

A. 无差异市场营销　　B. 差异市场营销

C. 集中市场营销　　D. 大量市场营销

6. 不属于消费者市场细分的依据是(　　)。

A. 地理细分　　B. 人口细分　　C. 最终用户　　D. 行为细分

7. 如下图所示的目标市场战略是(　　)。

企业市场营销组合	细分市场 1
	细分市场 2
	细分市场 3

A. 无差异市场营销　　B. 差异市场营销

C. 集中市场营销　　D. 大市场营销

8. 某跨国集团将其目标市场划分为亚洲、欧洲、美洲、非洲等，其划分的依据属于(　　)。

A. 地理细分　　B. 人口细分　　C. 心理细分　　D. 行为细分

9. 当产品进入产品生命周期的成熟期时，一般行为是(　　)。

A. 无差异市场营销　　B. 差异市场营销

C. 集中市场营销　　D. 大市场营销

10. 企业选择靠近现有竞争者或与现有竞争者重合的市场位置，争夺同一个顾客群体，彼此在产品、价格、分销及促销等各个方面差别不大。这种定位行为方法属于(　　)。

A. 空缺定位　　B. 重新定位　　C. 迎头定位　　D. 避强定位

二、多项选择题

1. 企业市场定位的依据有(　　)。

A. 产品属性　　B. 产品用途　　C. 使用者需求　　D. 竞争者状况

2. 生产者市场细分标准包括(　　)。

A. 最终用户　　B. 用户规模　　C. 用户位置　　D. 心理因素

3. 企业在决定为多个子市场服务时可供选择的战略有(　　)。

A. 大量市场营销　　B. 无差异市场营销

C. 差异市场营销　　D. 集中市场营销

4. 在(　　)情况时需考虑重新定位。

A. 竞争者定位于企业产品附近使本企业品牌的市场占有率下降

B. 消费者偏好发生变化被竞争者对手夺去消费者

C. 虽然被竞争对手夺去一部分消费者但本企业市场占有率未变

D. 虽出现竞争对手但本企业市场占有率未变

5. 企业开展目标市场营销的主要步骤有(　　)。

A. 市场细分　　B. 目标市场选择

C. 市场定位　　D. 市场营销组合

三、名词解释

1. 集中市场营销

2. 目标市场

3. 迎头定位

四、简答题

1. 消费者市场细分的主要依据有哪些?

2. 目标市场的营销战略应该包括哪些?

五、论述题

试论市场细分的有效标志。

实践应用讨论

实训“谁是你的客户”

一、实训目的

如果你是某产品(如你熟悉的化妆品品牌)的市场营销人员或经理,针对你所经营的产品,分析研究“谁是你的客户”,找准你的目标市场,实施市场定位策略。

二、实训组织

以实地调查为主,并在图书馆、互联网查找资料,搜集相关资料,集体讨论、分析,最终得出结果。

三、实训要求

根据消费者需求的差异性和一定的标准,将整体市场划分为两个或两个以上具有不同需求特性的子市场。在市场细分的基础上，选择具有一定规模的、能够进入的、可以盈利的一个或几个细分市场作为自己的目标市场。并根据消费者对产品的偏爱及竞争者的市场定位状况，确定企业产品特色即对产品进行市场定位。

四、实训步骤

1. 学生自由组合，组成5～8人的项目学习小组。
2. 以小组为单位，收集、选择拟进行分析的项目的相关资料。
3. 根据资料信息，运用市场细分方法，分析该项目或该产品的细分市场特色。
4. 在小组讨论的基础上，初步进行项目的可行性分析，提交项目研究报告。

第六章 市场竞争者与市场竞争战略

学习目标和要求

明确识别竞争者的意义和竞争者的类型，能够掌握竞争者分析、竞争战略的三种基本形式以及处于不同市场地位的企业所可能采取的竞争战略的相关知识，并且具备为企业制定竞争战略和对竞争对手攻击性行为制定反击战略的能力。

学习重点

企业识别竞争者，并能够制定竞争战略；掌握市场主导者、市场挑战者、市场跟随者和市场利基者等不同竞争地位的企业选择的竞争战略。

案例导入

思科如何发展阶段性核心竞争力

思科以制造和销售单一的路由器设备起家，从1986年生产第一台路由器以来，思科在其进入的每一个领域都占有第一或第二的市场份额。如今，全球因特网骨干网络中，80%以上的交换机和路由器是思科产品。美国前总统克林顿盛赞思科为“在互联网工业领域最成功的公司”。

思科为何能如此“幸运”，在自己进入的所有业务领域都能有所斩获，成为市场的领跑者？成功的关键在于思科非常注重其核心竞争力的“时效性”：在每个发展阶段，不仅努力地建立当时的核心竞争力，还针对竞争环境的变化，不断发展新的优势竞争力。从思科成立至今，有三个典型的发展阶段。在每一个不同的发展阶段都有其不同的核心竞争力。

1.萌芽期——独家技术闯天下

第一个阶段是从1984年到1987年，这个阶段是思科的萌芽期。当时他具备的绝无仅有的路由器技术和年轻团结的团队，构成思科这一时期的核心竞争力。

2.发展期——建立科学管理体制

思科发展的第二阶段是从1988年到1995年，这是思科的发展壮大时期。这时思科不仅通过不断的技术创新和技术收购保持其在技术上的领先地位，还引入适合自己的行之有效的中小公司管理体制。这两点构成了思科这一时期的核心竞争力。随着路由器技术的发展，思科创业时期的核心竞争力——独有的路由器技术逐渐落后，新的更加先进的路由器技术和其他超前技术成为思科新的核心竞争力的重要组成部分。这一时期思科还建立了鼓励创新的中小企业管理体制。思科从创立起就提倡革新精神，为了紧跟行业发展，他不仅不断加强自身的技术创新，在必要的时候还通过并购来达到技术领先的目的，对 Crescendo 的并购就充分说明了这一点。当时，Crescendo 生产一种网络交换器，这种能提供更快的网络服务的交换器威胁到思科路由器的市场地位。在这种情况下，思科花费了 9 000 万美元买下了 Crescendo 这个年收入才 1 000 万美元的竞争公司。这项并购在当时被华尔街观察家们认为是疯狂的，但被后来的事实证明这一并购是极为成功的，这不仅使思科的技术得到革新，也在 1994 年为思科带来了 10 亿美元的收入。

3. 成熟期——"收购"高素质人才

第三个阶段是从 1996 年到现在，这是思科的成熟期，公司除了继续通过自身不断的技术创新和对先进技术公司的大规模并购来实现技术超前外，还建立了一套吸引优秀人才的人力资源开发管理体制。这构建了思科这一时期新的核心竞争力。作为一家新兴的高科技公司，思科并没有像其他传统企业一样耗费巨资建立自己的研发队伍，而是把整个硅谷当作自己的实验室。它采取的策略是收购面向未来的新技术和开发人员，填补自己未来产品框架的空白，从而迅速建立起自己的研究与开发体系、制造体系和销售体系，乃至塑造出自己的品牌。现在，思科已经成为高科技领域中成功实施并购战略的一个样板，并被授予"并购发动机"的美誉。思科的并购战略得以成功，在很大程度上归功于它对被并购企业在并购前的考察以及并购后的整合。思科人力资源部总监巴巴拉·贝克甚至认为，除非一家公司的文化、管理做法、工资制度与思科类似，否则即使对公司很重要也不会考虑收购。建立一个高效吸引高素质人才的机制是思科第三阶段成功的关键。在美国《财富》杂志 2000 年的一次排名中，思科荣获信息产业"最吸引员工的公司"的称号；而在 2001 年全美"最受推崇的公司"排行榜中，思科公司以其稳健的财务状况和经营管理的卓越表现排至第 2 位。在思科首席执行官约翰·钱伯斯看来，收购"最主要买的是人，而不是产品"。有一次，思科计划收购一家众人都看好的公司，产品对路，价格也合适，但并购后必须解雇员工，最终钱伯斯放弃了。在思科全球现有的近 3 万名员工中，30% 来自被兼并的公司。很多人把核心竞争力作为一个静态的概念来理解。其实不然，核心竞争力是一个动态的、相对的概念。思科的成功在于，在三个发展阶段的每一阶段都有其不同的核心竞争力；在某个时期的竞争力被别人模仿之前，早已建立了新的优势竞争力。

思考题：

在激烈的市场竞争中，思科的成功秘诀是什么？

案例解析：

思科成功的秘诀在于：在每个发展阶段，思科不仅努力建立当时的核心竞争力，还针对竞争环境的变化，不断发展新的优势竞争力。

第一节　市场竞争者分析

一、市场竞争者概述

著名的定位论大师里师(Ries)和特劳特(Trout)在《营销战》一书中写道，今天市场营销的本质并非为消费者服务，而是在与竞争对手的对垒过程中以智取胜、以巧取胜、以强取胜。他们认为营销就是战争，敌人就是竞争对手，而消费者就是要占领的阵地。竞争者分析是指企业通过某种分析方法识别竞争对手，并对他们的目标、资源、市场力量和当前战略等要素进行评价。竞争者分析的目的是为了准确判断竞争对手的战略定位和发展方向，并在此基础上预测竞争对手未来的战略，准确评价竞争对手对本组织的战略行为的反应，估计竞争对手在实现可持续竞争优势方面的能力。对竞争对手进行分析是确定组织在行业中战略地位的重要方法。

(一)识别竞争者的意义

竞争者一般是指那些与本企业提供类似的产品和服务，并具有相似的目标消费者和相似价格的企业。例如，肯德基把麦当劳作为主要的竞争者，可口可乐公司把百事可乐公司作为主要的竞争者，波音把空中客车作为主要的竞争者。

识别竞争者，就是确定谁是竞争者。竞争者的确定涉及"竞争者"概念的宽窄度问题。广义上，一个企业可以把所有生产相似或同类产品的企业看作自己的竞争者，如一家提供餐饮服务的饭店可以把特定区域内所有的不同档次的饭店、快餐店甚至大排档都作为自己的竞争者。在更广泛的意义上，还可把所有提供类似产品和服务的企业也看作自己的竞争者，比如把洋快餐店、熟食店及销售炊具和食材的商家和自由市场看作竞争者。甚至范围再拓宽一些，可以把所有与本企业争夺消费者购买力的企业都纳入竞争者的范畴之内。

识别竞争者具有重大意义。只有明确谁是竞争者，才能在"知己知彼"的基础上制定并实施有效的竞争战略。准确地识别竞争者，并掌握竞争者的竞争战略，这是企业制定竞争战略以取得竞争优势从而有效应对市场竞争的一个重要的前提条件。企业如果不能有效地识别竞争者，就会患上"营销近视症"。无论是什么样的企业，忽视或者无视竞争者一定会给自己带来严重的恶果。企业的竞争者有眼前的竞争者和长远的竞争者之分，眼前的竞争者都是现实的竞争者，长远的竞争者则属于潜在的竞争者，而且长远竞争者的威胁往往远大于眼前竞争者。如果忽视或者无视眼前的竞争者，极可能随时遭到竞争者的沉重打击或暗算，甚至会遭受到灭顶之灾；忽视或者无视未来的竞争者，企业则极有可能失去明天。

比如，在20世纪八九十年代，彩色胶卷(简称彩卷)产品如日中天，中国的乐凯、美国的柯达和日本的富士三家彩卷生产企业在中国市场上展开了一场疯狂的"红、黄、绿"大战。表面上看，他们彼此是竞争者，但是对他们最致命的竞争威胁却是数码相机，因为数码相机运用数码技术将图像转化为数码信息，而无须使用彩卷，因此自21世纪开始，随着数码相机大规模进入市场，这些彩卷产品迅速地退出了历史舞台，这三家企业也开始陷入困境。再比如，对洗衣粉生产企业的最大竞争威胁可能不是来自其他洗衣粉生产企业，而是即将进入市场的超声波洗衣机，因为超声波洗衣机利用超声波来洁净衣物，而无须使用洗衣粉；据媒体报道，俄罗斯一家纳米技术研究所发现一种纳米材料，它具有不亲油也不亲水的性质，有关专家认为，如果将这种纳米材料加入到衣物中，这种新型衣物就不易受到污染，即使受到污染，其洗涤也非常容易，只需用水冲洗一遍即可，而且无须脱水和晾晒。显然，这种纺织品面料得以广泛使用之日，就是洗衣机、干衣机之类产品的死亡之日。

（二）竞争者的类型

企业参与市场竞争，不仅要了解谁是自己的顾客，而且要弄清谁是自己的竞争对手。对于一家公司来说，确认其竞争者似乎是一项简单的任务，实际上如何正确地识别竞争者是一个复杂的工作。企业不仅要关注现有的竞争者，还必须能够识别潜在的竞争者。由于需求的复杂性、层次性、易变性，技术的快速发展和演进，产业的发展，使得市场竞争中的企业面临复杂的竞争形势，一个企业可能会被新出现的竞争对手打败，或者由于新技术的出现和需求的变化而被淘汰，因此，若不能正确地识别潜在的竞争者，最终可能导致公司倒闭。识别竞争对手的工作并不简单，需要采用系统的方法进行周密的分析，而且要随时关注市场环境中的新特点和新动向，了解自己的竞争地位及彼此的优劣势，只有知己知彼，方能百战不殆。

对竞争者类型可以从以下角度进行划分：

1.从行业的角度来看，企业的竞争者有现有厂商、潜在加入者和替代品厂商

(1)现有厂商

现有厂商是指本行业内现有的与企业生产同样产品的其他厂家，这些厂家是企业的直接竞争者。

(2)潜在加入者

当某行业前景乐观、有利可图时，会引来新的竞争企业，使该行业增加新的生产能力，并要求重新瓜分市场份额和主要资源。另外，某些多元化经营的大型企业还经常利用其资源优势从一个行业侵入另一个行业。新企业的加入，将可能导致现有企业产品价格下降，利润减少。

(3)替代品厂商

与某产品具有相同功能、能满足同一需求的不同性质的其他产品，属于替代品。随着科学技术的发展，替代品将越来越多，某一行业的所有企业都将面临与生产替代品的其他行业的企业进行竞争。

2.从市场角度来看，企业的竞争者有品牌竞争者、产品竞争者、类别竞争者和愿望竞争者

从市场角度来看，对竞争者的识别开阔了企业的视野，扩大了实际竞争者和潜在竞争者的范围，使企业能制定出更具有竞争性的营销战略。

(1)品牌竞争者

企业把同一行业中以相似的价格为相同的顾客提供类似产品或服务的其他企业称为品牌竞争者。如家用空调市场中，格力空调、海尔空调、三菱空调等厂家之间的关系。品牌竞争者之间的产品相互替代性较高，因而竞争非常激烈，各企业均以培养顾客品牌忠诚度作为争夺顾客的重要手段。

(2)产品竞争者

企业把提供同种或同类产品但规格、型号、款式不同的企业称为形式竞争者，也称为行业竞争者。所有同行业的企业之间存在彼此争夺市场的竞争关系。如家用空调与中央空调的生产厂家、生产高档汽车与生产中档汽车的厂家之间的关系。

(3)类别竞争者

提供不同种类的产品，但满足和实现消费者同种需要的企业称之为类别竞争者，也称为需要竞争者。如航空公司、铁路客运、长途客运汽车公司都可以满足消费者外出旅行的需要，当火车票价上涨时，乘飞机、坐汽车的旅客就可能增加，相互之间争夺满足消费者的同一需要。

(4)愿望竞争者

提供不同产品，满足消费者的不同愿望，但目标消费者相同的企业称为愿望竞争者，也称为消费竞争者。如很多消费者收入水平提高后，可以把钱用于旅游，也可用于购买汽车，或购置房产，这些企业间存在相互争夺消费者购买力的竞争关系，消费支出结构的变化，对企业的竞争有很大影响。

综上所述，企业应从不同的角度，识别自己的竞争对手，关注竞争形势的变化，以更好地适应和赢得竞争。

二、竞争者的目标与战略

(一)竞争者的目标

每个竞争者都有侧重点不同的目标组合，如获利能力、市场占有率、现金流量、技术领先和服务领先等。企业只有了解每个竞争者的重点目标是什么，才能正确估计他们对不同的竞争行为将作何反应。例如，一个以低成本领先为主要目标的竞争者，对其他企业在降低成本方面的技术突破的反应，要比对增加广告预算的反应强烈得多。企业还必须注意监视和分析竞争者的行为，如果发现竞争者开拓了一个新的细分市场，那么这可能是一个营销机会；或者发现竞争者正试图打入属于自己的细分市场，那么就应抢先下手，予以回击。

竞争者目标的差异会影响到经营模式。美国企业一般都以追求短期利润最大化模式来经营，因为其当前业绩是由股东评价的，如果短期利润下降，股东就可能失去信心，抛售股票，以致企业资本成本上升。日本企业一般按市场占有率最大化模式经营，他们需要在一个资源贫乏的国家为1亿多人提供就业，因此对利润的要求较低，大部分资金来源于寻求平稳的利息而不是高额风险收益的银行。日本企业的资金成本要远远低于美国企业，因此，能够把价格定得较低，并在市场渗透方面显示出更大的耐性。

(二)竞争者的战略

企业一旦锁定它的首要竞争者，下一步的工作就是分析竞争者的特点，分析他们的战略。

战略是企业为获得竞争优势而进行的全局性谋划，竞争者的战略将影响企业的经营目标、计划和经营活动。正确地判定竞争者的战略能帮助企业正确认识竞争者，提高预测竞争者未来行动的准确性。

各企业采取的战略越相似，他们之间的竞争就越激烈。根据竞争者所采取的主要战略的不同，可以把竞争者划分为不同的战略群体。战略群体是指一群在既定目标市场实施相同战略的企业。企业最直接的竞争者是那些处于同一行业、同一战略群体的企业，识别竞争对手的战略可以帮助企业避开竞争激烈的战略群。企业要想进入某个战略群体，必须注意以下三个问题：

1. 不同战略群体的进入和流动障碍不同

比如某企业在产品质量、声誉和纵向一体化方面缺乏优势，则进入低价格、中等成本的战略群体较为容易，而进入高价格、高质量、低成本的战略群体较为困难。

2. 同一战略群体内的竞争最为激烈

处于同一战略群体内的企业在目标市场、产品类型、质量、功能、价格、分销渠道和促销战略等方面几乎无差别，任何一家企业的竞争都会受到其他企业的高度关注并在必要时做出强烈的反应。

3. 不同战略群体之间存在现实或潜在的竞争

不同战略群体的顾客会有交叉，比如实行不同营销战略的复读机制造商都会向学习英语的中学生和大学生销售产品。另外，每个战略群体都在试图扩大自己的市场、涉足其他战略群体的领地，在企业实力相当和流动障碍小的情况下尤其如此。

识别竞争对手是一个长期、动态的工作，企业必须不断地观察竞争者的战略。富有活力的竞争者的战略可能随着市场条件的变化和时间的推移出现调整、修订甚至改变。比如国产手机最初的战略是占领高性能手机的高端市场，一年后的战略就发生明显的变化，开始定位于时尚人群，产品外观设计新颖，聘请影视明星做产品形象代言人，价格也从高端转向中端市场。成功的企业必须跟踪竞争者最新的战略发展动态，以此为基础制定自己的竞争战略。

三、评估竞争者的实力和反应

（一）评估竞争者的实力

评估竞争者的实力可以按照以下三个步骤进行：

1. 收集信息

收集竞争者业务上最新的关键信息，主要包括销售量、市场份额、毛利、投资报酬率、现金流量、新投资、设备能力利用等。收集信息的方法是查找第二手资料和向顾客、供应商及中间商调研得到第一手资料。

2. 分析评价

收集有关竞争者的情报资料是一件相当困难的事，但还是要为此做出努力，因为这有助于对竞争者的优势与劣势进行较为准确的估计，帮助企业做出向谁挑战、怎样挑战的决策。在收集到足够的情报资料后，就必须利用分析比较的方法对竞争者进行评价。

每位竞争对手能否有效地实施其战略并达到目标，取决于他们的资源和能力、优势与弱点。企业可通过比较每位竞争者过去的重要的业务数据，如销售额、市场占有率、投资收益率、生产能力等分析其优势和不足，也可通过向中间商、顾客调查来了解竞争者的实力，还可跟踪调查竞争者的各项财务指标的变化情况，特别是利润率和资金周转速度的变化来加以比较和分析。

3. 评估优势和劣势

竞争者的优势和劣势通常体现在以下几个方面。

(1)产品

地位、适销性、产品组合。

(2)营销和渠道

广度和宽度、效率和实力、服务；营销的水平、能力、研发和销售。

(3)生产和经营

规模经济、设备状况等因素所决定的生产规模与生产成本,设施与设备的技术先进性与灵活性,专利与专有技术,生产能力的扩展,质量控制与成本控制,区位优势,员工状况,原材料的来源与成本。

(4)研究与开发能力

企业内部在产品、工艺、基础研究、仿制等方面所具有的研究与开发能力,研究与开发人员的创造性、可靠性、简化能力等方面的素质与技能。

(5)资金实力

资金结构、筹资能力、现金流量、资信度、财务比率、财务管理能力。

(6)组织和管理能力

企业组织成员价值观的一致性与目标的明确性,组织结构与企业策略的一致性,组织结构与信息传递的有效性,组织对环境因素变化的适应性与反应程度,组织成员的素质,企业管理者的领导素质和能力。

(二)评估竞争者的反应

在不同的市场观念指导下,由于竞争者的策略、目标、优势和劣势不同,对于市场上的降价、促销、新产品的推出等竞争行为可能做出不同的反应。企业要研究竞争者的市场观念,评估竞争者的市场反应和可能采取的行为,为本企业的市场策略提供决策依据。一般情形下,竞争者的市场反应类型可以分为以下几种类型:

1. 从容型竞争者

某些竞争企业对市场竞争措施的反应不强烈,行动迟缓。这可能是因为竞争者受到自有资金、规模、技术等方面的限制,无法及时捕捉信息,做出适当的反应;也可能是因为竞争者对自己的竞争力过于自信,对于对手的表现不屑于采取反应行为;还可能是因为竞争者对市场竞争措施重视程度不够,未能及时捕捉到市场竞争变化的信息。

2. 选择性竞争者

某些竞争企业对不同的市场竞争措施的反应是有区别的。例如,大多数竞争企业对降价这样的价格竞争措施总是反应敏锐,倾向于做出强烈的反应,力求在第一时间采取报复措施进行反击;而对于非价格竞争如改善服务、增加广告、改进产品、强化促销等措施则不大在意,认为对自己不构成直接威胁,不会及时做出反应。

3. 凶狠型竞争者

许多竞争企业对市场竞争因素的变化十分敏感,一旦受到竞争和挑战就会迅速地做出强烈的市场反应,进行激烈的报复和反击,势必将挑战自己的竞争者置于死地。这些强烈反应型竞争者通常都是市场上的领先者,具有某种竞争优势。因此,一般企业轻易不敢或不愿挑战其在市场的权威,尽量避免与其直接、正面交锋。一般而言,领先者和挑战者之间的竞争往往如此。

4. 随机型竞争者

这类竞争企业对市场竞争所做出的反应通常是随机的,往往不按规则出牌,使人觉得不可捉摸。例如,随机型竞争者在某些时候可能会对市场竞争的变化做出反应,也可能不做出反应;他们既可能迅速做出反应,也可能反应迟缓;其反应既可能是剧烈的,也可能是柔和的。

第二节　企业市场竞争战略的一般形式

一、企业市场竞争的战略原则

（一）创新原则

创新原则是指企业应根据市场需求不断开发试销对路的新产品以赢得市场竞争的胜利。现代社会的生产能力大于市场需求，众多企业为了维持生存，争先恐后地开发不胜枚举的新花色、新品种、新款式投放市场，力图得到顾客的青睐。顾客需求则随着收入的增加和可挑选商品的增多而水涨船高，可谓日新月异。创新是活力的源泉，企业应当加强市场调查和预测，争取最先洞察消费需求的变化，领先研制出适合消费者需求的新产品，掌握市场竞争的主动权。

（二）优质原则

优质原则是指企业向市场提供的产品在质量上应当优于竞争对手，以赢得市场竞争的胜利。质量是产品或服务的特色和品质的总和，决定着顾客需求的满足程度。质量优劣表现为同类产品在价格和其他销售条件相同时被顾客选中的概率，选中的概率越大，表明质量越好，反之，则越差。产品质量是企业竞争力的核心。企业应当从自身利益出发，千方百计地创造优质产品，创造品牌产品。

（三）价廉原则

价廉原则是指企业的产品在同类、同档次的产品中应当比竞争对手的更便宜，以赢得市场竞争的胜利。市场需求是有支付能力的需求，价格是市场需求的调节器，在质量和其他条件相同或相近时，价格低廉的商品会受到顾客欢迎。价格降低虽然使单位产品的利润降低，但是会增加总销售量，增加总利润。企业应当在保证产品质量的前提下提高生产效率、降低生产成本和营销成本，为低价竞争奠定基础。

（四）技术原则

技术原则是指企业应致力于发展新技术、实现技术领先以赢得市场竞争的胜利。科学技术决定着企业的生产效率、产品成本、管理水平、经济效益和顾客需求的满足程度。现代科学技术的发展一日千里，谁落在后面谁就将被市场淘汰。有能力的企业和有远见的企业家都不惜代价研制或引进高新技术和先进的设备，力争走在技术进步的前列，开发科技含量高、附加价值高的新产品，在市场竞争中占领制高点。

（五）服务原则

服务原则是指企业提供比竞争者更完善的售前、售中和售后服务，以赢得市场竞争的胜利。销售服务决定着产品的性能能否良好地发挥和顾客需求能否得到充分满足。在其他条件相同时，谁能提供更周到的服务，谁就能赢得顾客。

二、企业市场竞争战略的一般形式

（一）成本领先战略

1. 概念

成本领先战略是指通过有效途径，使企业的全部成本低于竞争对手的成本，以获得同行业平均水平以上的利润。实现成本领先战略需要有一整套具体政策，即要有高效率的设备，积极降低成本，紧缩成本和控制间接费用以及降低研究开发、服务、销售、广告等方面的成本。要达到这些目的，必须在成本控制上进行大量的管理工作，即不能忽视质量、服务以及其他一些领域的工作，尤其要重视与竞争对手有关的低成本的任务。

2.优点

只要成本低，企业即使面对强大的竞争力量，也还可以在本行业中获得竞争优势，这是因为：

(1)在与竞争对手的斗争中，企业由于处于低成本地位上，具有进行价格战的良好条件，即使竞争对手在竞争中处于不能获得利润、只能保本的情况下，本企业仍可获利。

(2)面对强有力的购买者要求降低产品价格的压力，处于低成本地位上的企业仍可以有较好的收益。

(3)在争取供应商的斗争中，由于企业的低成本，相对于竞争对手具有较大的对原材料、零部件价格上涨的承受能力，能够在较大的边际利润范围内承受各种不稳定经济因素所带来的影响；同时，由于低成本企业对原材料或零部件的需求量一般较大，因而为获得廉价的原材料或零部件提供了可能，同时也便于和供应商建立稳定的协作关系。

(4)在与潜在进入者的斗争中，那些形成低成本地位的因素常常使企业在规模经济或成本优势方面形成进入障碍，削弱新进入者对低成本者的进入威胁。

(5)在与替代品的斗争中，低成本企业可以采用削减价格的方法稳定现有顾客的需求，使之不被替代产品所替代。当然，如果企业要较长时间地巩固企业现有竞争地位，还必须在产品及市场上有所创新。

3.缺点

(1)投资较大。企业必须具备先进的生产设备，才能高效率地进行生产，以保持较高的劳动生产率。同时，在进攻型定价以及为提高市场占有率而形成的投产亏损等方面也需进行大量的预先投资。

(2)技术变革会导致生产工艺和技术的突破，使企业过去大量投资和由此产生的产品一下子丧失优势。

(3)将过多的注意力集中在生产成本上，可能导致企业忽视顾客需求特性和需求趋势的变化，忽视顾客对产品差异的兴趣。

(4)由于企业集中大量的投资于现有技术及现有设备上，提高了退出障碍，因而对新技术的采用以及技术创新反应迟钝，甚至采取排斥态度。

4.适用条件

低成本战略是一种重要的竞争战略，但是它也有一定的适用范围。当具备以下条件时，采用成本领先战略会更有效力：

(1)市场需求具有较大的价格弹性；

(2)本行业的企业大多生产标准化产品，从而使价格竞争决定企业的市场地位；

(3)实现产品差异化的途径很少；

(4)多数客户以相同的方式使用产品；

(5)用户从一个销售商改变为另一个销售商时，不会发生转换成本，因而特别倾向于购买价格最优惠的产品。

(二)差异化战略

1. 概念

所谓差异化战略，是指为使企业产品与对手产品有明显的区别、形成与众不同的特点而采取的战略。这种战略的重点是创造被全行业和顾客都视为独特的产品和服务以及企业形象。差异化有利于扩大产品品牌和产品的知名度，强化顾客的品牌忠诚度。企业如果要有效地实行差异化战略就必须达到以下条件：一是品牌知名度的扩大有利于促使老顾客重复购买，并且可以促使潜在顾客使用本企业的产品；二是品牌知名度的提升有利于企业降低推广新产品的成本，或者减少新产品推广失败所带来的对品牌的损伤；三是差异化战略要能够促使顾客更加关注产品的个性和特色，而忽视价格的重要性；四是差异化战略要有利于提升企业形象；五是差异化战略要有利于企业强化创新，从而有利于培养和提升企业的核心能力。

实现差异化战略的途径多种多样，主要有以下几种方法：

(1)产品差异化

企业可使自己的产品区别于其他产品。产品差异化主要包括：工作质量差异化、产品特色差异化和产品设计差异化。工作质量必须以顾客的需求为起点，以顾客的满意为终点，如果顾客要求产品具备较高的可靠性、耐用性或者高性能，那么这些要素就构成顾客眼中的质量。也就是说，企业设计产品必须以顾客的需求为起点，在这一阶段，企业必须多听取顾客的意见。产品质量的优劣必须以顾客的评价为标准。产品特色是指产品基础功能之外的一些增补，它也是产品差异化的一个很重要的工具。产品设计是一个综合的因素。它决定了产品的特色、性能、稳定性、耐用性等。好的设计要求外表美观、操作简单、使用方便、经久耐用等。

(2)服务差异化

服务差异化是指企业向顾客提供别具一格的良好服务。服务差异化主要表现在订货方便、交货、安装、客户培训、维修和多种服务上。订货方便是指企业必须使顾客能够方便地向公司订货。例如，许多企业都设置了“800”免费电话以及网上订购服务。交货是指企业必须保证货物准确及时地送达顾客，它包括送货的及时性，准确性和文明送货。安装是为了确保产品在预定地点正常使用而需要做的工作。客户培训是指企业有义务向顾客提供必要的培训，以使其能够方便地使用购买的产品。维修是指卖方无偿或有偿地向顾客提供必要的修理服务。多种服务是企业可以为顾客提供其他方面的服务。例如，企业可以向顾客提供一个比竞争者更好的产品担保和保修合同。

(3)人员差异化

人员差异化是指因企业比竞争者拥有更为优秀的员工而形成的差异化。只有满意的员工才能创造满意的顾客，一位受过良好训练的工作人员应具有下面六种特性：①称职：员工应具有圆满完成分内工作所需要的各种知识和技能；②诚实：健康是人的第一生命，诚信是人的第二生命，这是对员工的基本要求；③可靠：员工应该能够始终如一、准确无误地完成本职工作；④负责：员工应该及时对顾客的困难和要求做出反应；⑤沟通：员工应该具有良好的沟通能力，及时了解顾客的需要，并将企业的营销信息准确地传达给顾客；⑥谦恭：友好，能尊重人，并善于体谅别人。

(4)形象差异化

形象差异化是指企业通过各种不同的途径,创造性地树立企业独一无二的形象。例如,人们一看到"M"标志,就会想到麦当劳。

2. 优点

只要条件允许,产品差异化是一种可行的战略。企业奉行这种战略,可以很好地防御五种竞争威胁,获得竞争优势。

(1)实行差异化战略是利用了顾客对其特色的偏爱和忠诚,由此可以降低对产品的价格敏感性,使企业避开价格竞争,在特定领域形成独家经营的市场,保持领先。

(2)顾客对企业(或产品)的忠诚性形成强有力的进入障碍,进入者要进入该行业则需花很大气力去克服这种忠诚性。

(3)产品差异可以产生较高的边际收益,增强企业对供应商讨价还价的能力。

(4)由于购买者别无选择,对价格的敏感度又低,企业可以运用产品差异战略来削弱购买者的讨价还价的能力。

(5)由于企业具有特色,赢得顾客的信任,在特定领域形成独家经营的市场,便可在与代用品的较量中,比其他同类企业处于更有利的地位。

3. 缺点

(1)保持产品的差异化往往以高成本为代价,因为企业需要进行广泛的研究开发、产品设计、采用高质量原料和争取顾客支持等工作。

(2)并非所有的顾客都愿意或能够支付产品差异化所形成的较高价格。同时,购买者对差异化所支付的额外费用是有一定支付极限的,若超过这一极限,低成本低价格的企业与高价格差异化产品的企业相比就显示出竞争力。

(3)企业要想取得产品差异,有时要放弃获得较高市场占有率的目标,因为它的排他性与高市场占有率是矛盾的。

4. 适用条件

(1)有多种使产品或服务差异化的途径,而且这些差异化是被某些用户视为有价值的。

(2)消费者对产品的需求是不同的。

(3)奉行差异化战略的竞争对手不多。

(三)集中战略

1. 概念

集中战略是指企业把经营的重点目标放在某一特定购买者集团,或某种特殊用途的产品,或某一特定地区,来建立企业的竞争优势及其市场地位。由于资源有限,一个企业很难在其产品市场展开全面的竞争,因而需要瞄准一定的重点,以期待产生巨大而有效的市场力量。此外,一个企业所具备的不败的竞争优势,也只能在产品市场的一定范围内发挥作用。

集中战略所依据的前提是,企业能比正在更广泛进行竞争的竞争对手更有效或效率更高地为其狭隘的战略目标服务,结果企业或由于更好地满足其特定目标的需要而取得产品差异,或在为该目标的服务中降低了成本,或两者兼而有之。尽管集中战略往往采取成本领先战略和差异化战略这两种变化形式,但三者之间仍存在区别。后两者的目的都在于达到其全行业范围内的目标,但整个集中战略却是围绕着一个特定目标而建立起来的。

2.优点

实行集中战略具有以下几个方面的优势：

(1)经营目标集中，可以集中企业所有资源于一特定战略目标之上。

(2)熟悉产品的市场、用户及同行业竞争情况，可以全面把握市场，获取竞争优势。

(3)由于生产高度专业化，在制造、科研方面可以实现规模效益。这种战略尤其适用于现代企业，即小企业可以以小补大，以专补缺，以精取胜，以小市场做成大生意，成为“小型巨人”。

3.缺点

集中战略的缺点是风险较大，一旦市场发生变化，对企业造成的威胁也很大。采用集中战略主要应注意防止来自以下三方面的威胁，并采取相应措施维护企业的竞争优势。

(1)以广泛市场为目标的竞争对手，很可能将该目标细分市场纳入其竞争范围，甚至已经在该目标细分市场中展开竞争，构成对企业的威胁。这时企业要在产品及市场营销各方面保持和加大其差异性，产品的差异性越大，集中战略的维持力越强；需求者差异性越大，集中战略的维持力也越强。

(2)该行业的其他企业也采用集中战略，或者以更小的细分市场为目标，构成了对企业的威胁。这时选用集中战略的企业要建立防止模仿的障碍，当然其障碍的高低取决于特定的市场细分结构。另外，目标细分市场的规模也会造成对集中战略的威胁，如果细分市场较小，竞争者可能不感兴趣，但如果是在一个新兴的、利润不断增长的较大的目标细分市场上也采用集中战略，开发出更为专业化的产品，就会剥夺原实行集中战略的企业的竞争优势。

(3)如果政治、经济、法律、文化等环境的变化，与技术的突破和创新等多方面原因引起替代品或消费者偏好发生变化，导致市场结构性变化，此时集中战略的优势也将随之消失。

4.适用条件

运用集中战略的条件：一是行业存在不同的细分市场；二是企业在某个规模、成长率、获利水平有吸引力的市场中有能力赢得竞争优势；三是企业资源有限，不允许追求更广大的市场。

第三节　位于不同市场地位企业的竞争战略

每个企业都要依据自己的目标、资源和环境以及在目标市场上的地位，来制定竞争战略。即使在同一企业中，不同的业务、不同的产品也有不同的要求，不可强求一律。因此，企业应当先确定自己在目标市场上的竞争地位，然后根据自己的市场定位选择适当的营销战略和策略。企业在市场中的竞争地位有多种分类方法。根据企业在目标市场上所起的主导、挑战、跟随和补缺作用，可以将企业分为四种类型：市场主导者、市场挑战者、市场跟随者和市场利基者。

一、市场主导者战略

(一)市场主导者的概念

一般来说，市场主导者(Market Leader)也被称为市场领先者，就是指市场竞争实力最强，由于在相关产品市场上市场占有率最高而占有统治地位的企业。

市场主导者企业具有以下几方面的特点：

第一，该企业通常在新产品开发、价格变动、营销渠道覆盖和促销强度等方面对其他企业产生领导和指南作用，其他企业也都承认其在本市场上、本行业内或本领域内的统治地位。

第二，市场主导者一方面是市场规则的制定倡导者，可以独享市场的垄断地位；另一方面也成为同行业其他竞争者挑战、模仿或回避与之竞争的对象。

第三，市场主导者的地位是在长期的市场竞争中自然形成的，不可能是固定不变的，因为市场主导者也一直面临着其他企业的竞争威胁。因此，市场主导者企业也必须保持高度警惕，采取适当的竞争战略，以不断巩固并强化其已有的领先地位。

（二）市场主导者的战略

市场主导者可采用三种竞争战略来巩固自己的市场领先地位。

1. 扩大市场需求总量

当一种产品的市场需求总量扩大时，受益最大的往往处于主导者地位的企业。所以促进产品总需求量的不断增长，扩大市场规模，是市场主导者企业维护自身竞争优势的有效措施。一般可以通过寻求开辟新的消费市场、拓展产品新的用途或刺激原有消费群体增加使用数量等途径来达到。

(1)开发新市场

当产品具有吸引新购买者的潜力时，寻找新的购买者便成为扩大市场需求总量最为简便而有效的途径。其基本策略有两类：其一，开辟新的地域市场。企业将其产品打入一个新的地域市场，是一个有效的方式，特别是将产品打入国际市场，开展国际市场营销，是扩大市场的最佳途径之一。其二，在原有地域市场内寻找新的细分市场。通过发现新的细分市场，利用各种促销手段说服那些从未使用过本企业产品的顾客接受其产品，把潜在顾客转变为现实顾客。

(2)发现产品的新用途

发现产品的新用途，就是发现产品能够给消费者带来的新的使用价值。这是扩大产品市场的一个有效途径。比如，当年，美国杜邦公司生产尼龙产品，并利用它来生产降落伞，但降落伞的需求量很有限，为了扩大尼龙的销路，杜邦公司就对尼龙的用途开展了深入的研究，开发了尼龙轮胎、尼龙服装鞋帽、尼龙绳、尼龙渔网、尼龙雨具等一系列产品，使得尼龙的销量扩大了数万倍；再比如，“伟哥”原本是一种被用于治疗胃病的普通药品，但在临床运用过程中，医学专家们发现该药品还具有男性壮阳的功能，于是“伟哥”就迅速成为著名的男性壮阳药品，其市场需求量也迅速提高。

(3)增大使用量

增大使用量也是扩大市场需求总量的有效途径之一。增大使用量的途径有三种，即增加使用频率、增加每次使用量和增加使用场所。比如，20 世纪 70 年代日本经济开始起飞，美国的水果商希望日本消费者大量食用美国苹果，但他们发现日本人长期形成的吃苹果的习惯方式是，每次正餐前家庭主妇将一个苹果洗净并切成小块，等正餐后由全家人分享。显然这种方式非常不利于扩大市场的需求量，于是美国水果商在日本进行了一系列大型的促销活动，他们聘请日本追星族追捧的偶像明星在大庭广众之下直接啃食苹果，日本青少年纷纷效仿，随着时间的推移，所有的日本人都开始以啃食的方式吃苹果，日本人食用苹果的习惯被改变了，美国苹果在日本的销量扩大了数十倍乃至上百倍。这种新的食用苹果的习惯，在使用频率、每次使用量和使用场所上都有大幅度的扩展。

2.保持市场占有率

由于市场主导者企业扩大市场份额总是有限的，而且在市场主导者企业面临的竞争对手中，总会有一个或几个实力较为接近甚至相当者与之对垒，因此固守住原有的阵地，保持现有的市场份额，有可能是市场主导者企业应对市场竞争的一个更为重要和有效的战略选择。

市场主导者巩固其现有的市场份额一般有以下几种途径：

(1)阵地防御

市场主导者采取阵地防御战术，就是在其现有阵地周围构筑其有效的“防御工事”。其中最为典型的做法是，企业尽可能向市场提供较多的产品品种，并采用更广泛的分销策略，而且实行较低的定价策略。这种方式是一种保守的竞争策略，长期下去，会使得企业陷入困境中。

(2)侧翼防御

市场主导者侧翼防御战术，是指针对市场上最易受到攻击处，设法建立较强的业务经营实力体系或显示出更大的进攻意向，借以向竞争者表明，本企业已有所防备，贸然攻击可能会带来恶果。

(3)攻击防御

市场主导者采取进攻策略，即在降低生产成本、创新产品、提高服务质量等方面保持行业领先地位，同时针对竞争对手的薄弱环节主动出击，这是一种攻击方或以攻为守的防御策略，这种市场竞争策略更加积极有效。

(4)反击防御

当市场主导者遭受到竞争者攻击时，采取主动的大规模的进攻，就是反击防御。要进行反击防御，就必须事先对竞争者攻击的方向和领域做出预判，并制定相应的反击策略，以便及时实施反击手段。

(5)运动防御

市场主导者采取的运动防御策略，是指将其业务活动扩展到其他领域中。比如，美国施乐公司为巩固其在复印机市场上的主导者地位，从1994年开始对复印机硬件和软件进行深入研究，并重新将其业务活动定位为“文件处理”，以防止随着电脑技术对办公文件处理领域的渗透而损害其市场地位。

(6)收缩防御

如果市场主导者的战线过长，当遭遇竞争者攻击时，适当的收缩防线，放弃某些相对次要的阵地，也是非常明智的竞争策略。而且，这一竞争策略还有利于市场领导者企业进行产品和市场调整，集中资源强化核心产品，能够推动其核心竞争力的提高。

3.扩大市场份额

一般来说，企业的市场占有率越高，其投资收益率相应也就越大。市场主导者企业可以根据经济规模的优势来降低成本，并扩大其市场占有率。但应注意的是，市场占有率的提高，以及采用何种营销组合战略来提高其市场占有率，都是不可回避的重大问题。

市场主导者扩大市场占有率的竞争策略和手段主要有以下四个方面：

(1)产品创新策略

在产品创新方面强化优势，是市场主导者企业保持并扩大市场占有率最有效的手段之一。特别是在技术创新成为时代潮流的当今世界上，这一市场竞争策略的意义更加重大。

(2)质量策略

不断提升产品服务的质量水准，也是市场主导者企业保持并强化市场占有率的一个有效手段。特别是在技术创新成为时代潮流的当今世界上，这一市场竞争策略的意义更加重大。

(3)多品牌策略

市场主导者企业通过多品牌策略，在企业销量较大的产品中设立若干个品牌，使消费者即使转换品牌，也仍然在消费本企业的产品，可确保本企业产品销量的最大化。多品牌策略是美国保洁公司最先采用的一种行之有效的品牌策略。

(4)强化促销手段

市场领导者企业通过一定时限内强化促销手段的方式，也可起到增进消费者对其品牌印象，挤压竞争者市场，扩大其产品销售的作用。

二、市场挑战者战略

(一)确定战略目标和挑战对象

挑战应有计划并把握好节奏。每一次攻击行动都必须有一个明确的和可以达到的目标，例如扩大多少市场份额、花多大代价、盈利率提高多少等。策略目标与进攻对象密切相关，企业对不同的对象应采取不同的目标和策略。

1. 攻击市场主导者

挑战者往往需要全面、细致地调查研究市场领先企业的弱点和失误，辨明在其提供的产品和服务乃至销售策略中存在着哪些消费者还未被满足的需要，并针对上述条件结合自身状况考虑本企业在该领域是否有条件做得更好。当摸清情况后，领先者的弱点和失误就可成为自己进攻的目标。采取这种策略的风险很大，然而一旦成功，企业的市场地位将会发生根本性的改变，因此也颇具有吸引力。例如，施乐公司开发更好的复印技术，用干式复印代替湿式复印，因而从 3M 公司手中夺得了复印机市场的领先地位。

2. 攻击市场挑战者或跟随者

挑战者对一些与自己势均力敌的或相对较弱的企业，可选择其中经营不善、发生亏损者作为进攻对象，设法夺取他们的市场阵地。相对于攻击市场领先者来说，这种策略风险较小，往往会达到事半功倍的效果，比第一种策略更容易达到目标。若几番出师大捷或胜多败少的话，也可以对市场领先者造成威胁，甚至有可能因此而改变企业的市场地位。

3. 攻击弱小的地方性小企业

挑战者企业可以对一些地区性市场中的小企业发动攻击，尤其是攻击那些经营不善、财务拮据的小企业，其目标是吃掉小企业。例如，我国现在的电冰箱生产厂也是采用这一策略成长起来的，他们通过适时地吞并这些市场上的“小鱼”或“草泥”，将小规模的同行驱逐出市场，改变了自己的市场地位。

(二)选择进攻战略

明确了战略目标和挑战对象之后，挑战者需要考虑的是采取何种进攻策略，这在军事上常常被称为“密集原则”，即如何展开对竞争对手的攻击。以下五种策略可供挑战者选择。

1.正面进攻

正面进攻，即集中兵力正面指向对手最具实力的环节发起进攻，而不是指向对手的薄弱环节。正面进攻是实力和耐力的较量，成功的条件是必须具有超过对手的实力优势。但正面进攻是最残酷的竞争，常常会两败俱伤，即使取得胜利，也将消耗巨大实力，所以不具有压倒优势(新技术、低成本、资金雄厚等)的企业，一般不应用这种策略。百事可乐挑战可口可乐就是典型的正面进攻。

2.侧翼进攻

侧翼进攻就是集中优势力量攻击对手的弱点。此战略的思路在于：再强大的对手总有相对薄弱的防线，因此进攻者有时可采取“声东击西”的策略，佯攻正面，实攻侧面或背面，以使竞争对手措手不及。进攻者具体可采取两种策略：一种是地理性的侧翼攻击，即在全国或全世界寻找对手力量薄弱的地区，向这些地区市场发动进攻。另一种是市场细分性侧翼进攻，即寻找还未被领先企业覆盖的商品或服务的细分市场，在这些小市场上迅速填空补缺。侧翼进攻战略通过辨认细分市场，寻找市场空当，并满足其需要，缓解了许多企业为争夺同一目标市场而浴血战斗的局面，并使需求得到更高程度的满足，所以这是一种最积极、最有效、最经济的竞争策略，比正面进攻有更多的成功机会。

3.包围进攻

包围进攻则是在几条路线上同时发动一场大规模进攻，迫使对手分散兵力同时保卫其前方、两翼和后方。这是一种全方位的，大规模的进攻战略。

4.迂回进攻

这是一种最间接的进攻策略，企业完全避开对手的现有阵地而迂回进攻。具体做法有三种：一是发展无关的产品，实行产品多角化；二是以现有产品进入新地区的市场，实行市场多角化；三是发展新技术、新产品以取代现有产品。

5.游击进攻

这一进攻策略主要适用于规模较小、力量较弱的企业。其目的在于以小型的、间断性的进攻干扰对手的士气，以不断削弱防守者的力量。目的是骚扰对方，瓦解其士气，最终获得永久的立足点。在较小企业进攻大企业时，常因实力较弱而难以使用侧翼进攻、正面进攻和包围进攻等战略，所以只能发动一系列的短期攻击。进攻矛头可指向大企业的任何地方，以消耗其力量和蚕食其市场。

三、市场跟随者战略

(一)市场跟随者的概念

市场跟随者是指那些在产品、技术、价格、渠道和促销等大多数营销战略上模仿或跟随市场主导者的公司。在很多情况下，追随者可让市场领导者和挑战者承担新产品开发、信息收集和市场开发所需的大量经费，自己坐享其成，减少支出和风险，并避免向市场主导者挑战可能带来的重大损失。许多居于第二位及以后位次的公司往往选择跟随而不是挑战。当然，跟随者也应当制定有利于自己发展而不会引起竞争者报复的战略。

(二)市场跟随者的战略

市场跟随者也不是被动地单纯追随市场主导者，他必须找到一条不致引起竞争性报复的发展道路。以下是三种可供选择的市场跟随者战略：

1. 紧密跟随

紧密跟随是指在各个细分市场和产品、价格、广告等营销组合战略方面模仿市场主导者,完全不进行任何创新的战略。由于这种战略是利用市场主导者的投资和营销组合去开拓市场,自己跟在后面分一杯羹,故被看作是依赖市场主导者而生存的寄生者。有些紧密跟随者甚至发展成为"伪造者",专业制造赝品。国内外许多著名公司都受到赝品的困扰,应寻找行之有效的打击办法。

2. 距离跟随

距离跟随是指在基本方面模仿市场主导者,但是在包装、广告和价格上又与之保持一定差异的战略。如果模仿不对主导者发起挑战,主导者不会介意。在同质产品行业,不同企业的产品相同,服务相近,不容易实行差异化战略,价格几乎是吸引购买的一种手段,价格敏感性高,随时可能爆发价格大战。正因如此,各企业常常模仿市场主导者,采取较为一致的产品、价格、渠道和促销战略,市场份额保持着高度的稳定性。

3. 选择跟随

选择跟随是指在某些方面紧跟市场主导者,在某些方面又自行其是的战略。他们会有选择性地改进市场主导者的产品、服务和营销战略,避免与主导者正面交锋,而选择其他市场销售产品。这种跟随者通过改进并在别的市场壮大实力后有可能成长为挑战者。

四、市场利基者战略

(一)市场利基者的概念和利基市场的特征

几乎每个行业都有些小企业,他们专心致力于市场中被大企业忽略的某些细分市场,在这些小市场上通过专业化经营来获得最大限度的收益。这种有利的市场位置就称为"利基",而所谓市场利基者,就是指占据这种位置的企业。所以市场利基者是指专门为规模较小的或大公司不感兴趣的细分市场提供产品和服务的企业。市场利基者的作用是拾遗补阙,见缝插针,虽然在整体市场上仅占有很少的份额,但是比其他公司更充分地了解和满足某一细分市场的需求,能够通过提供高附加值的产品而得到高利润和快速增长。

有利的市场位置(利基)不仅对于小企业有意义,而且对某些大企业中的较小业务部门也有意义,他们也常设法寻找一个或多个既安全又有利的利基。一般来说,一个理想的利基市场应具有以下几个特征:

(1)具有一定的规模和购买力,能够盈利;

(2)具备发展潜力;

(3)强大的公司对这一市场不感兴趣;

(4)本公司具备向这一市场提供优质产品和服务的资源和能力;

(5)本公司在顾客中建立了良好的声誉,能够抵御竞争者入侵。

(二)市场利基者战略

市场利基者发展的关键是实现专业化,主要途径有:

(1)最终用户专业化

公司可以专门为某一类型的最终用户提供服务。例如,航空食品公司专门为民航公司生产提供给飞机乘客的航空食品。

(2)垂直层次专业化

公司可以专门为处于生产与分销循环周期的某些垂直层次提供服务。

(3)顾客规模专业化

公司可以专门为某一规模(大、中、小)的顾客群体服务。市场利基者专门为大公司不重视的小规模客群服务。

(4)按特定顾客专业化

公司可以专门向一个或几个大客户销售产品。许多小公司只向一家大公司提供其全部产品。

(5)地理区域专业化

公司只在某一地点、地区或范围内经营业务。

(6)产品或产品线专业化

公司只经营某一种产品或某一类产品线。

(7)客户订单专业化

公司专门按客户订单生产特质产品。

(8)质量与价格专业化

公司只在市场的底层或上层经营。

(9)服务专业化

公司向大众提供一种或数种其他公司所没有的服务。

(10)销售渠道专业化

公司只为某类销售渠道提供服务。例如,某家饮料公司决定只生产大容器包装的软饮料,并且只在加油站出售。

本章小结

在市场经济中,企业不可避免地面临各种激烈的市场竞争。企业要想在残酷的竞争中获胜,就必须制定一个正确的竞争战略。竞争战略制定的过程包括:对竞争者的分析、在三种可能的竞争战略中做出选择以及评估竞争对手的反应、每个企业依据自己在目标市场上的地位制定相应的竞争战略。企业竞争战略的一般形式包括成本领先战略、差异化战略和集中战略。企业依据自己在目标市场上的地位选择市场主导者战略、市场挑战者战略、市场跟随者战略和市场利基者战略。总之,企业制定战略必须建立在对竞争者和自己情况深入分析的基础上,才能做到百战不殆。

案例应用

苏宁电器集团的竞争策略

苏宁电器集团是我国著名的三家大型连锁电器专卖店之一,另外两家是国美电器和大中电器。这三家公司与传统的商场相比有较高的成本优势。在建立成本优势方面,这三家公司的做法非常接近,下面以苏宁电器的低价格战略为例来说明其采取的竞争战略。

苏宁电器的总成本领先是依靠直接从厂家进货、规模采购、现款提货、淡季采购等方法形成的。除此以外,苏宁电器还能从专供价、包销价和特价产品中得到一部分利润。所谓的专供价就是厂家专门供应苏宁的特价机的相应价格，是厂家为苏宁的全国连锁店面专门生产设计的，包装、型号也是不同的。例如，松下空调的一款机型，一般正常情况是A1212KW，而苏宁的这个型号前面则带有KSN字样，SN就是“苏宁”的汉语拼音缩写。这些商品和其他商场的商品不一样。这种全国性专供价使苏宁在价格上有一定的优势，又可以防止苏宁与当地商家之间可能产生的恶性价格竞争。包销机则是苏宁向厂家定制的一款机器的相应价格。这类机器无论在功能上，还是款式上都比较好，因为是集团采购，量大，价格上有一定的优势。这种优势最终在零售价格上就能体现出来，例如一款飞利浦29RF99机型彩电，正常价格是3 900多元，而在苏宁就能比其他商家便宜600元左右。除此之外，许多厂家还会在苏宁开业促销期间特意提供一些产品，笼统一点就叫“特价”产品。一般苏宁连锁店开业，厂家会给苏宁提供一些特价机。特价机是作为新连锁店的开业贺礼，同时也回馈消费者，促进开业效果。

上述三类产品各自的利润不一样，从厂方那里拿来的折扣率、年底返利也不一样。“专供价”的商品就比其他的商品利润要高一点。

苏宁基于成本的低价格战略非常成功，正是采用了这种低价格战略，才使得苏宁电器迅速走向全国，成为举足轻重的电器连锁店。

案例思考

结合上述案资料，你认为苏宁是如何实现成本领先策略的？

练习题

一、单项选择题

1. 在进行竞争者分析时，首先要(　　)。

A. 建立企业竞争情报系统　　B. 判断竞争者的市场反应

C. 确定竞争者的目标与战略　　D. 识别企业的竞争企业

2. 企业决定进入某一战略群体时，首先要明确(　　)。

A. 自己的竞争优势是什么　　B. 自己的竞争战略是什么

C. 谁是主要竞争对手　　D. 竞争者的优势及劣势

3. 跟随在其他主导者之后自觉地维持共处局面的企业属于(　　)。

A. 市场利基者　　B. 侧翼挑战者

C. 市场跟随者　　D. 市场主导者

4. 下列不属于市场主导者保持市场地位的主要战略的是(　　)。

A. 扩大市场需求总量　　B. 保护市场占有率

C. 制定行业标准　　D. 提高市场占有率

5. 为了向亚洲的主要金融市场东京发起挑战，香港和新加坡采取的策略是向顾客收取更低的费用，提供更自由的管理，努力克服官僚主义作风等 。香港和新加坡的这种做法属于(　　)。

A. 攻击与自己实力相当者　　B. 攻击市场主导者

C. 攻击地方性市场　　D. 攻击潜在竞争者

6. 市场挑战者集中优势力量攻击对手的弱点，佯攻正面、实攻侧面或背面的策略属于(　　)。

A. 正面进攻　　B. 侧翼进攻　　C. 包围进攻　　D. 迂回进攻

7. 某奶制品生产企业的一些竞争者总是会对其降价竞销反击强烈，但对其增加广告预算、加强促销活动却不予理会，那么这类竞争者属于(　　)。

A. 从容不迫型竞争者　　B. 选择型竞争者

C. 凶猛型竞争者　　D. 随机型竞争者

8. 对于市场挑战者而言，(　　)是一种最有效和最经济的战略形势。

A. 正面进攻　　B. 侧翼进攻　　C. 包围进攻　　D. 迂回进攻

9. 市场挑战者如果要向市场主导者和其他竞争者挑战，首先必须确定(　　)。

A. 战略目标和挑战对象　　B. 竞争策略

C. 竞争者优劣势　　D. 市场规模

10. 当富士公司在美国向柯达公司发动攻势时，柯达公司报复的手段是以牙还牙，攻入日本市场。柯达公司的这种做法属于(　　)。

A. 阵地防御　　B. 攻击防御　　C. 反击防御　　D. 运动防御

二、多项选择题

1. 企业通常根据(　　)情况来决定对不同竞争者采取的对策。

A. 竞争者的强弱　　B. 竞争者与本企业的相似程度

C. 企业领导者的偏好　　D. 竞争者表现的好坏

2. 市场主导者为了维护自己的优势，保住自己的领先地位，通常采取的战略有(　　)。

A. 扩大市场需求总量　　B. 保持市场占有率

C. 扩大市场份额　　D. 紧密跟随

3. 根据对降价、促销、推出新产品等市场竞争战略的反应，可以将竞争者划分为(　　)。

A. 从容不迫型竞争者　　B. 选择型竞争者

C. 凶猛型竞争者　　D. 随机型竞争者

4. 现代市场营销理论根据企业在市场上的竞争地位，把企业划分为(　　)。

A. 市场主导者　　B. 市场挑战者

C. 市场利基者　　D. 市场开拓者

5. 市场跟随者的战略有(　　)。

A. 紧密跟随　　B. 距离跟随　　C. 正面进攻　　D. 选择跟随

三、名词解释

1. 成本领先战略

2. 差异化战略

3. 市场主导者

四、简答题

1. 市场挑战者的特征及可采取的战略有哪些？

2. 如何进行竞争者分析？

五、论述题

市场主导者如何扩大市场需求？

实践应用讨论

竞争者竞争策略分析

一、实训内容

随着竞争愈加激烈，我国的牛奶战也越来激烈，蒙牛的特仑苏、伊利的金典、光明的优倍等高端常温奶竞争激烈。学生以小组为单位分析我国乳业的鲜奶业中高端奶的竞争策略。

二、实训要求和步骤

1. 收集、查阅相关资料，开展前期调研。
2. 分析竞争关系，分析上述三家企业具体采用的竞争策略。
3. 撰写分析报告。

三、考核要点

1. 学生对竞争策略的相关知识的掌握情况。
2. 学生分析竞争策略的能力。

第四部分

市场营销4P's策略

第七章 市场营销组合

学习目标和要求

明确市场营销组合概念及4Ps营销组合的四大因素，理解营销组合的结构；理解市场营销组合的特点、意义和市场营销组合策略应用的约束条件。

学习重点

明确4Ps营销组合的四大因素；理解营销组合的特点。

案例导入

日本企业的营销组合

日本的许多企业在国际市场上具有很强的竞争力。日本的著名家用电器、汽车等产品打入欧洲、美洲的许多国家，占领市场，取得成功。近几年来，日本的产品充斥中国市场，日本的零售企业集团“八佰伴”等也进入了中国市场。

许多获得成功的日本企业，都花费许多时间、精力和资金去分析市场机遇，并对目标市场做深入的了解，研究消费者心理，摸清组织市场营销的活动规律。例如，索尼公司在进入美国市场之前，就先派出由设计人员、工程师以及其他人员组成的专家组先去美国考察、研究如何设计其产品以适应美国消费者的爱好。然后，还招聘美国工业专家、顾问和经理等人员，帮助索尼公司分析如何进入市场。在仔细地研究分析市场机遇，确定目标市场后，日本的企业将着手制定以产品、价格、分销、促销、公共关系和政治权力运用等内容的市场营销组合策略。

一、产品策略

日本企业首先遇到的就是来自美国和欧洲国家强大竞争者的对抗，因为，那时世界市场主要是由美国和欧洲国家霸占。其次，就当时的日本产品而论，无论是在技术上，还是在全球性销售网络上，都比不上美国和欧洲的产品。此外，日本还要努力消除二次世界大战前人们对日本产品质量低劣的印象。但是，日本的企业寄希望于利用其劳动力价格便宜的优势，可以在产品的价格上与欧、美相抗衡。为此，在20世纪50年代后期和60年代期间，为了打入世界市场，日本各企业特别强调产品的设计具有低成本、高质量和创新性。从目前日本进入国际市场情况来看，也可以证明他们仍然着重突出这三点。

日本企业以产品开发战略和市场开发战略为重点，进行目标市场渗透，一旦在某国市场取得了立足点，就努力扩大其产品的生产线，以便增加产量，扩大销售额，日益增加对整个市场的控制范围。以丰田公司向美国市场渗透为例，即表现为产品推出的连续性和不断扩大的生产线。

日本的许多企业，一向是以增加产品的花色品种进行市场开发。他们根据消费者的不同要求、爱好和收入水平，不断地变换产品的型号、花色和品种。例如，坝农公司以生产AE-135单镜反光照相机为基础机型，生产出种类繁多、功能不同的照相机，使其销售额猛增。坝农公司这种向市场纵深不断猛烈推进的策略，是日本许多企业的共同特点。每当一种新产品投入市场时，另一种新产品正在研制之中。此外，日本各企业的产品更新换代非常快，其速度几乎是德国(德国是产品更新换代较快的国家之一)的两倍。如在20世纪70年代期间，丰田汽车制造公司可以同时向美国汽车市场提供82种产品，而其他国家则只能提供48种或31种型号的汽车。

不断地改进产品质量，是日本企业获取成功的又一大特征。日本企业对不断改进产品的质量倾注了大量心血，他们经常与消费者保持联系，甚至不惜花费大量钱财和许多宝贵时间，通过各种渠道，不断地了解和虚心听取顾客对产品提出改进质量的意见；把质量当作企业的生命，已成为日本企业全体员工的群体意识。一项研究表明，日本产品质量已胜过美国产品。20世纪70年代中期，美国执世界计算机工业之牛耳时，日本尚属无名之辈。但近几年，日本却成为美国在计算机工业发展上的主要威胁者。

二、价格策略

日本企业在进入国际市场时，一直采用一种所谓的“市场份额”价格策略。这种策略就是采用较低的进入市场价格，以便取得一部分市场并进而达到长期控制该市场的目的。为此，日本人总是将价格定得比竞争者低。他们乐于在最初几年里受点损失，把这种损失视为对长远市场发展的一种投资。这样做使日本在过去几年中被指责为“产品倾销”。此情形在美国的小汽车等产品市场上表现得尤为明显。日本的小汽车以省油、低价等优点大量涌进美国市场，1990年已占美国小汽车的市场约30%，使美国的汽车工业招架不住。最后，美日双方都以官方身份进入“对抗阶段”，对簿于公堂，美国做出了对日小汽车限量进口的决定。

三、分销策略

日本企业想打进美国市场，但当初日本的产品质量形象低劣，声誉不佳。而且，许多企业没有产品销售渠道。何况，即使了解美国的销售渠道，也不能公开地加以利用。为此，日本企业采取了以下几种措施：

1. 集中全力选好进入市场的突破口。他们不是采取全线出击，一下子占领全部市场的方法，而是选中该市场的某一地区、某个批发商或某种类型的消费者，先打进去，站稳脚跟后再逐步扩大，如丰田汽车公司首先选择了加利福尼亚市场，通过该地区了解到美国市场的特点、消费者的爱好以及美国批发商和经销商打交道的经验。在“突破口”取得成功，而后全面进入美国市场。日本电视机进入中国市场的步骤：先找经销商销售12寸、16寸黑白电视机，而后销售彩色电视机，最后在中国合资建厂。

2. 精心挑选有效的销售渠道和能干的批发商。

3. 对某些特殊产品，直接与用户联系，建立独立的销售机构。

4. 利用竞争者的销售网络进行销售，即在打入某国市场后，利用该国中间商或生产者的牌号或商标销售日本的产品。当其产品打入市场并占有一定地位时，就逐步建立自己的产品牌号形象，形成自己的销售渠道，最后取而代之。

四、促销策略

日本企业在进入某个市场时，十分注意与批发商的友好合作，向他们提供各种帮助，付给较优厚的酬金，激发中间商经营日本产品的积极性。日本企业坚持"经销者利益第一，本企业利益第二"的原则，始终与中间商保持友好商务关系。日本企业还大量投入金钱和精力，开展广告宣传，推进和提高产品的市场声誉，扩大销售额。

五、公共关系策略

日本企业的公共关系开展得颇具风格，有力地扩大了企业的知名度。例如，日本汽车公司在进入美国市场后，所有的公司都积极地致力于美国的社会服务，抽出人力、物力和资金，从事那些看起来和本职工作毫不相干的社会服务工作，并与当地社区建立了亲密关系。日产汽车公司在田纳西州自建立工厂的第一天起，便成立了义务活动小组和研究西方问题的捐款委员会，经常向当地的慈善机构捐赠钱物，还组织当地的居民到工厂参观和组织当地中学生每学期到工厂体验一天的工厂生活等。这许许多多的活动和亲善态度颇得当地社区居民的好感。这也是日本企业打入美国市场的竞争策略的重要因素。美国惊呼日本汽车商竞争有方，而美国的汽车公司却对此无能为力。

六、政治权力

历史记录表明，日本的企业在打进美国市场初期，很少与美国的公司进行正面冲突，而是寻找其薄弱环节，甚至从美国公司尚未到达的市场先行突破，求得一席之地。然后，他们就像"滚雪球"一样，进行战略推进，建立他们的产品基地和巩固市场阵地，以便在将来某时与美国竞争者进行正面对抗或直接竞争。随着正面进攻"猛烈战斗"的日益加剧，必然遭到美国公司的强烈反击，于是就产生了"贸易摩擦"。日本企业或是周旋于当地社团、政府；或是吸引大量本来属于美国企业的零售网及小型企业，或是改善工厂中美国员工的待遇等，采用各种方式和途径，以减弱美国竞争者的反击力量，减少乃至消除摩擦。有时也通过种种骚扰，使对手士气低落，以便最后迫使对手做出让步。当"贸易摩擦"激烈到企业无法运用自己的力量来消除时，最后只有通过政府的外交手段来解决。近两年来，日美进行的"东京回合"谈判就是一有力的佐证。

思考题：

日本的企业和产品能打入各国市场，它在产品、价格、分销、促销和公关等方面采取哪些营销策略？

案例解析：

从这个案例中可以看到：在产品与价格策略上，日本企业的做法是"低成本、高质量和创新性"；在分销策略上，集中全力选好进入市场的突破口，占领市场；在促销手段与公关方面，特别注意与批发商友好合作，做好服务，赢得消费者的好感等。

第一节 市场营销组合概述

市场营销组合(Marketing Mix)是企业市场营销战略的一个重要组成部分,这一概念最早是由美国哈佛大学教授尼尔·鲍顿(Neil Borden)于1964年提出来的。它是制定企业营销战略的基础,做好市场营销组合工作可以保证企业从整体上满足消费者的需求。此外,它也是企业对付竞争者强有力的手段,是合理分配企业营销预算费用的依据。

一、市场营销组合的概念

市场营销组合是指企业为了实现营销目标而对自己可以控制的各种营销因素进行优化组合和综合运用。具体来说,企业为实现自己的经营目标对自己可控制的各种营销因素(产品、价格、分销、促销等)进行优化组合和综合运用,使之协调配合,扬长避短,发挥优势,以取得更好的经济效益和社会效益。

营销组合中所包括的可控因素很多,鲍顿教授曾经提出过十二个因素,包括产品、价格、品牌、渠道、人员销售、广告、营业推广、包装、售点展示、售后服务、物流、调研分析等。1960年,美国市场营销学家杰罗姆·麦卡锡所提出的归类方法被学术界广泛接受。他把企业开展营销活动的可控因素归纳为四类,即产品、价格、分销和促销,因此,提出了市场营销的4P's组合理论。到了20世纪80年代,随着大市场营销观念的提出,人们又提出了应把政治力量(Political Power)和公共关系(Public Relation)也作为企业开展营销活动的可控因素加以运用,为企业创造良好的国际市场营销环境,因此,就形成了市场营销的6P's组合理论。

营销组合中的"产品"(Product),主要是指企业提供给目标市场的各种适合消费者需要的有形产品和无形产品的组合。其中包括产品的质量、品种、规格、款式、包装、特色、品牌、配件、保证、退货以及各种服务等。

营销组合中的"价格"(Price),主要是指企业根据市场价值规律、供求规律以及市场竞争状况所制定的价格和调整的价格。其中包括基本价格、折扣价格、付款时间、信贷条件和津贴等。

营销组合中的"分销"(Place),主要是指企业运用合理的分销渠道,将其产品送达目标市场的活动。其中包括渠道选择、中间商的利用、分销网点的设置、仓储、运输等方面。

营销组合中的"促销"(Promotion),主要是指企业传播其企业信息,宣传其企业优点并说服顾客购买其产品所进行的各项活动。其中包括营业推广、广告、公共关系和人员推销等方式。

以上营销组合的四大类因素,由于它们的英文的第一个字母都是"P",所以通常将市场营销组合统称为4P's。营销组合,也就是这四个营销因素的优化组合与搭配,它体现了现代营销观念指导下的整体营销思想。市场营销组合策略的基本思想在于:从制定产品策略入手，同时制定价格、促销及分销渠道策略，组合成策略总体，以便达到以合适的商品、合适的价格、合适的促销方式，把产品送到合适地点的目的。企业经营的成败，在很大程度上取决于这些组合策略的选择和它们的综合运用效果。

实际上，4P's 组合代表了卖方的观点，它是卖方用于影响买方的营销工具。而从买方的角度考虑，每一个营销工具应该是用来为顾客提供利益的。为此，美国学者罗伯特·劳特伯恩(Robert Lauterborn)提出了与 4P's 相对应的 4C's 策略。以"4C"为主要内容的企业营销策略的市场营销组合即 4C 理论，即针对产品策略，提出应更关注顾客的需求与欲望；针对价格策略，提出应重点考虑顾客为得到某项商品或服务所愿意付出的代价；并强调促销过程应用是一个与顾客保持双向沟通的过程。"4C"组合：即顾客(Customer)、成本(Cost)、便利(Convenience)、沟通(Communication)。4P's 策略与 4C's 策略对比表见表 7-1。

表 7-1　4P's 策略与 4C's 策略对比表

4P's	4C's
产品(Product)	顾客(Customer)
价格(Price)	成本(Cost)
分销(Place)	便利(Convenience)
促销(Promotion)	沟通(Communication)

二、营销组合的结构

市场营销的 4P 组合，包括了产品、价格、分销和促销四个因素。营销组合的结构是一个复合组合结构。营销组合四个 P 中又各自包含着若干个小的因素，形成各个"P"的亚组合，因此，市场营销组合至少包括两个层次的复合结构。企业在确定市场营销组合时，不但应追求四个"P"之间的最佳搭配，而且要注意安排好每个"P"的内部搭配，使所有这些因素能有效组合。如图 7-1 所示。

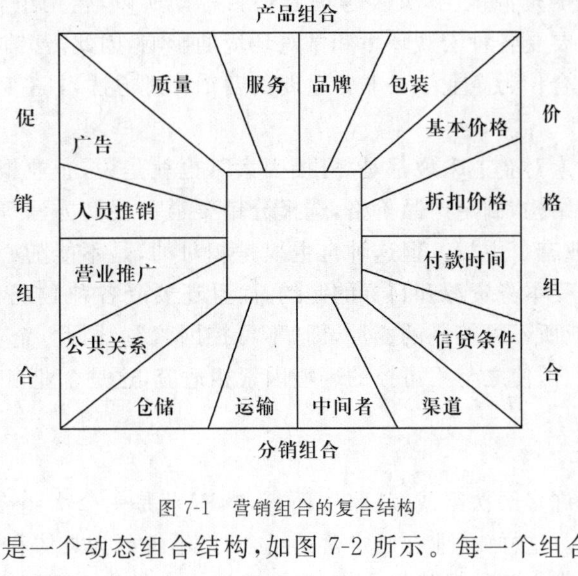

图 7-1　营销组合的复合结构

营销组合的结构是一个动态组合结构，如图 7-2 所示。每一个组合因素都是不断变化的，是一个变量；同时又是互相影响的，每个因素都是另一个因素的潜在替代者。在四个大的变量中，又各自包含着若干个小的变量，每一个变量的变动，都会引起市场营销组合的变化，从而形成一个新的组合。

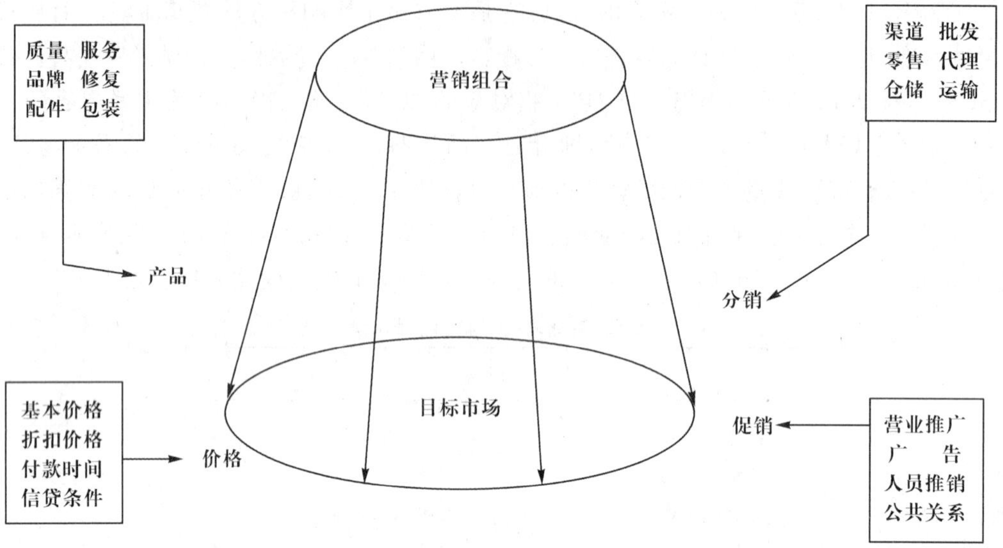

图 7-2 营销组合的动态结构

第二节 市场营销组合的特点、意义和约束条件

一、市场营销组合的特点

营销组合是企业对自己可以控制的营销因素的组合，它的组合方法可以是多样的，营销组合既要考虑到企业的资源能力，又要考虑营销目标。所以，营销组合又是全面精心策划的。企业的营销活动要受各种宏观环境和微观环境的影响，因此，营销组合又必须灵活地加以调整。市场营销组合作为企业一个非常重要的营销管理方法，具有以下特点：

（一）可控性

市场营销组合因素对企业来说都是"可控因素"，也就是说，企业根据目标市场的需要，可以决定自己的产品结构，制定产品价格，选择分销渠道和促销方法等，对这些市场营销手段的运用和搭配，企业有自主权。但这种自主权是相对的，是不能随心所欲的，因为企业市场营销过程中不但要受本身资源和目标的制约，而且还要受各种微观和宏观环境因素的影响和制约，这些是企业所不可控制的变量，即"不可控因素"。因此，企业的任务就是适当安排可控的市场营销组合，使之与不可控的环境因素相适应，这是企业市场营销能否取得成功的关键。

（二）复合性

市场营销组合由许多层次组成，就整体而言，"4P's"是一个大组合，其中每一个"P"又包括若干层次的要素。这样，企业在确定营销组合时，不仅更为具体和实用，而且相当灵活；不但可以选择四个要素之间的最佳组合，而且可以恰当安排每个要素内部的组合。

(三)动态性

构成营销组合的“4P’s”的各个自变量,是最终影响和决定市场营销效益的决定性要素,而营销组合的最终结果就是这些变量的函数,即因变量。从这个关系看,市场营销组合是一个动态组合。只要改变其中的一个要素,就会出现一个新的组合,产生不同的营销效果。例如,某化妆品公司选择的营销组合是:产品——优质、成套化妆品,提供美容指导;价格——提供价格折扣并放宽付款时间;分销——委托零售商销售;促销——利用电视、报刊做广告。以上是一套完整的营销组合,假设企业改变分销方式,改由地区代理商代理,就会引起整套营销组合发生变化。产品——只提供优质、成套化妆品;价格——实行价格折扣优惠;促销——不必做大量广告。

(四)整体性

营销组合追求的是通过企业可控因素的组合实现最佳的整体效应。因此,企业在实施营销策略组合时必然要考虑各种因素的协调、融合,形成较强的合力,尽力避免互相排斥,互相对立。例如,有的知名品牌产品为了扩大销售,而将自己产品的价格大幅下降,变成低档产品,尽管它的销售量增加了,但是它的品牌形象却大大下降了,而且还引起了品牌忠诚者的反感。为此,企业重新考虑营销策略组合时采取对低档产品重新设计品牌名称的方法,以与高档产品加以区分。这样,既留住了老顾客又吸纳了新顾客,市场扩大了,效益也增加了。可见,营销组合具有整体性。

二、市场营销组合的意义

对于企业来说,营销因素组合在企业实际工作中的意义表现在以下几个方面:

(一)制定营销战略的基础

营销战略本质上就是企业经营管理的战略,而营销战略主要是由企业目标和营销因素协调组成的。由于制定市场营销战略的出发点是完成企业的任务与目标,以投资收益率、市场占有率或其他目标为比较选择的依据来进行营销组合是比较符合实际的。作为企业营销的战略基础,营销因素组合既可以四个因素综合运用,也可以根据产品与市场的特性,分别重点使用其中某一个或某几个因素,设计相应的销售策略,这是一个细致复杂的工作。

(二)应付竞争的有力手段

企业在运用营销因素组合时,必须分析自己的优势和劣势是什么,以便扬长避短。在使用营销因素组合作为竞争手段时,要特别注意两个问题:一是不同行业不同产品,侧重使用的营销因素应当不同。二是企业在重点使用某一营销因素时,要重视其他因素的配合作用,才能取得理想的效果。

(三)提供系统管理思路

在实践中,人们认识到,如果以市场营销组合为核心进行企业的战略计划和工作安排,可以形成一种比较系统的、从点到面、简明扼要的经营管理思路。许多企业根据市场营销组合的各个策略方向去设置职能部门和经理岗位,明确部门之间的分工关系,划分市场调研的重点项目,确定企业内部和外部的信息流程等。企业的财务部门也会在完成财务报表的同时,按照 4P’s 数据列表,为企业分析资金运用、固定成本与变动成本支出等情况提供信息。运用营销因素组合,可以较好地协调各部门工作。

三、市场营销组合策略应用的约束条件

企业市场营销组合策略的应用要受到以下条件的约束:

（一）企业营销战略

在运用市场营销因素组合时，应首先通过市场分析，选择最有利的目标市场，确定目标市场和市场发展策略，在此基础上，再对营销因素组合策略进行综合运用。

（二）企业营销环境

企业在市场营销因素组合活动中面临的困难和所处的环境是不同的。自20世纪70年代以来，世界各国政府加强了对经济的干预，宏观环境对企业的市场营销活动的影响越来越大，有时起到了直接的制约作用。企业选择市场营销组合时，应把环境看作是一个主要因素，时刻重视对宏观环境各因素的研究与分析，并对这些不可控制因素做出营销组合方面的必要反应。

3.目标市场的特点

目标市场的需要决定了市场营销组合的性质。企业要制定合理的市场营销组合，首先要分析目标市场以下三个方面的条件：一是目标市场消费者情况；二是目标市场消费者选购商品的意愿；三是，目标市场竞争状况。企业根据这三个条件，分析它们对各个基本策略的影响，从而判断哪种营销组合更切实可行、更具有吸引力和更有利可图。

（四）企业资源状况

企业资源状况包括企业公众形象、员工技能、企业管理水平、原材料储备、物质技术设施、专利、销售网、财务实力等。这就决定了选择合适的市场营销组合必须与企业实际相符合。企业不可能超出自己的实际能力去满足所有消费者与用户的需要。

本章小结

本章主要内容是介绍市场营销组合概念，阐述4P's营销组合包括产品、价格、分销和促销四大因素。市场营销组合策略的基本思想在于：从制定产品策略入手，同时制定价格、促销及分销渠道策略，组合成策略总体，以便达到以合适的商品、合适的价格、合适的促销方式，把产品送到合适地点的目的。本章还介绍了营销组合结构是一个复合结构，也是一个动态结构。市场营销组合具有可控性、复合性、动态性和整体性四个特点。市场营销组合策略在应用时要受到企业营销战略、企业营销环境、目标市场的特点以及企业资源状况等条件的制约。

案例应用

康佳市场营销战略

1998年7月至11月的零售量统计来看，康佳产品的市场占有率连续五个月雄踞第一，且1月至11月累计零售占有率也一举跃居榜首。

康佳的产品开发贯穿着两种思路：每年以销售额的5%用于技术投入，以30%的速度更新设备，开发全新产品和变更产品工艺技术。一方面开发了等离子平板显示电视、倍场电视、多媒体电视、画中画电视、丽音电视、阔屏电视等彩电产品；另一方面自主开发和生产工艺设备，已有多项成果在国内外获奖。结合自身产品开发，康佳集团未雨绸缪，不断推出新产品，以引导和顺应消费潮流，实现科技、产品和市场的统一。

康佳除了在产品、技术上下足功夫外，同时还双眼盯着市场，双手做着促销，不断开拓城市市场和农村市场。在城市，康佳运用了大量新的媒体、新的意境，让人处处感受到康佳的存在和魅力；在农村，对市场进行细分，精耕细作。首先启动创建"康佳彩电县"计划，促使市场占有率达50％以上。在顺利创建康佳彩电县后，康佳提出"消灭彩电空白县"的号召，各分公司在县级以上城镇全部设立专卖店或专柜，很快就在农村市场建立了广泛的通路。

康佳在强化国内市场的同时，也开始挑战国际市场，采取境外投资办厂、建立分公司以及委托经销商等灵活多样的方式，稳扎稳打，抢占了一个又一个国际市场。

在价格策略上，康佳不同系列彩电往往采用不同的定价方法：福临门彩电用成本导向定价法，小画仙系列用需求导向定价法，超平一族则采用竞争导向定价法。100 Hz 倍场彩电 T3498 高档精品，采取高价策略，零售价超过 9 000 元，比国内一般 34 寸彩电价格高出 30％，而对于像"福临门"这样面向大众的产品，其 21 寸的市场价才 1 400 元上下，十分适合普通消费者水平。采用不同的定价方法面对具有不同特性的目标顾客群体，从而更好地满足其需求。

康佳为了使顾客更满意，建立了星罗棋布的服务网络，售后特约维修站遍布城乡，其大拇指服务工程及快速反应部队更是深得顾客赞誉。康佳以追求百分之百的用户满意为目标，将产品经营与服务经营有机结合，通过建立全套高效有序的电脑管理系统，组建遍及全国各地的完善服务网络，推出五星服务。快速反应部队向用户提供及时快速，热情周到的服务。同时，总部开通售后服务监督热线，专人跟踪，将服务承诺落到实处。通过这些扎扎实实的服务措施，解除消费者的后顾之忧，提高企业及产品的美誉度，树立起完美的企业形象。

案例思考

结合上述案例资料，你认为康佳企业采用了怎样的市场营销组合策略？

练习题

一、单项选择题

1. 市场营销组合中企业进行优化组合和综合运用的营销因素是（　　）。

A. 不可控制的　　B. 可控制的　　C. 可购买的　　D. 不可购买的

2. 市场营销组合是（　　）。

A. 动态组合　　B. 不变组合　　C. 随意组合　　D. 随想组合

3. 营销战略是将（　　）与企业的目标协调组成。

A. 营销因素　　B. 消费需求　　C. 竞争对手　　D. 国际环境

4. 宏观环境对企业的市场营销活动有（　　）作用。

A. 直接制约　　B. 间接制约　　C. 积极影响　　D. 消极影响

5. 4C's 策略是代表（　）的观点。

A. 卖方　　B. 买方　　C. 中间商　　D. 批发商

二、多项选择题

1. 4P’s 营销组合包括的因素有(　　)。

A. 产品　　B. 价格　　C. 政治力量　　D. 促销

2. 4C’s 组合包括因素有(　　)。

A. 顾客　　B. 成本　　C. 便利　　D. 沟通

3. 6P’s 营销组合是在 4P’s 基础上增加了(　　)因素。

A. 销售渠道　　B. 政治力量　　C. 公共关系　　D. 产品

4. 市场营销组合的特点有(　　)。

A. 可控性　　B. 复合性　　C. 动态性　　D. 整体性

5. 市场营销组合策略的应用要受到(　　)条件约束。

A. 企业营销战略　　B. 企业营销环境

C. 企业资源情况　　D. 系统管理思路

三、名词解释

1. 市场营销组合

2. 4C’s 策略

3. 4P’s 策略

四、简答题

1. 市场营销组合策略的基本思想是什么?

2. 市场营销组合有什么特点?

五、论述题

论述市场营销组合的意义。

实践应用讨论

产品调查

一、实训内容

每组选择一个企业,对其所处的行业现状和产品布局进行分析。

二、实训程序

学生先进行分组,分组调研分享。学生提交报告,教师点评。

三、考核要点

企业选择是否适合,对行业特点和产品布局是否了解,操作流程是否熟悉。

第八章

产品策略

学习目标和要求

掌握整体产品概念，明确整体产品的层次；了解消费品及工业品的分类；了解产品生命周期的概念及意义，掌握生命周期各阶段的市场特征及营销策略；理解产品组合的相关概念；了解市场营销学中的新产品含义，掌握新产品开发的程序；理解品牌策略和包装策略。

学习重点

整体产品概念与层次、生命周期各阶段的市场特征及营销策略、新产品开发的程序。

案例导入

日本资生堂化妆品公司的产品策略

日本著名化妆品公司资生堂，在1872年时还是一家卖牙膏的药物公司。在1897年，资生堂凭借其几款领先于市场的新产品，一直保持着它在日本国内的竞争优势。当日本妇女还在使用白色粉饼时，资生堂推出了七种深浅不同的粉饼，并于1959年生产男用护肤品、化妆品。到1997年，资生堂已成为排在欧莱雅、宝洁、联合利华之后的第四大化妆品公司。它是唯一能与香奈儿、CD、倩碧等著名品牌共同在著名商店出售的日本化妆品。

现在，有1/6的日本妇女加入资生堂俱乐部，这样就能收到有关化妆品的实时信息，而且还可以享受折扣优惠。资生堂将其市场发展战略放在开发特殊市场加工产品上，如日本青少年使用的是该公司珀利·简生产线上的产品，而富裕的成年人使用卡蒂波化妆品。在欧洲，他们发展的重点是香水；而在亚洲，资生堂更重视护肤品与彩妆产品。另外，资生堂雄心勃勃，要在2000年使海外销售量增加3倍，达到17亿美元。为了实现这一宏伟目标，资生堂将亚洲作为发展对象，引进了两条全新的产品线——波蒂·诺斯和ZA，并已开始生产。黑色唇膏、荧光眼影和涂抹于颈部的闪光胶是波蒂·诺斯的特色；而ZA瞄准的是青少年市场，它的价格与科福女和美莲宝相比很具竞争性。在广告方面，波蒂·诺斯和ZA都是以邀请当地著名人士加盟拍摄而著称。波蒂·诺斯已邀请了香港演员以及日本模特和女艺人为它拍摄广告，而ZA则选中了香港歌手莫文蔚担任广告主角。资生堂成功的故事强调了营销组合中的第一个也是最重要的要素——产品。如果消费者认为某个产品是不相关的或讨厌、烦人的，那么任何广告和促销都不能使他们转向这一产品。

第一节　产品概述

一、产品的概念和层次

（一）产品的概念

营销学中，产品是指能够提供给市场，以满足顾客需要和欲望的任何东西。菲利普·科特勒对于产品的定义是："产品是指为留意、获取、使用或消费以满足某种欲望和需要而提供给市场的一切东西。"随着社会经济的发展，产品的形态也不断发展，产品包括有形的产品、服务、体验、事件、人物、场所、产权、组织、信息和想法等。

（二）产品的层次

在规划市场供应物时，作为营销人员要强调产品的五个层次，这五个层次构成了顾客价值层级。这五个层次包括核心产品、基础产品、期望产品、附加产品和潜在产品，如图 8-1 所示。

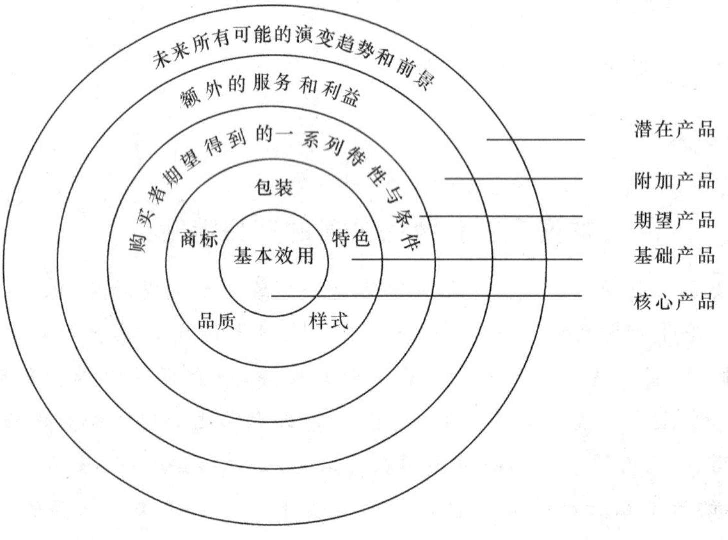

图 8-1　产品的层次

1. 核心产品

核心产品是指顾客真正购买的服务或者利益，即产品的基本效用。如顾客购买电视、音响的目的是"娱乐"，购买汽车的目的是"运输、载重、身份象征"，购买化妆品的目的是"美丽"，入住酒店的顾客购买服务是为了休息，营销人员必须把自己看作是利益提供者。

2. 基础产品

基础产品即产品和服务对购买者的实体表征，包括商标、品质、包装、特色和式样。如酒店应包括房间、床铺、卫生间、浴室、衣橱、桌椅等。

3. 期望产品

期望产品是顾客在购买某种产品时通常期望得到的一系列特性和条件。如酒店顾客的期望是有一张干净的床铺，一条新毛巾，一盏台灯，网络通信设备，一个安静的环境。

4. 附加产品

附加产品是产品向顾客额外提供的服务和利益，如提供免费送货、安装维修、售后服务、产品保证等。发达国家，品牌定位和竞争就产生在这个层次，发展中国家的新生市场，竞争大多发生在期望产品层次。

5. 潜在产品

潜在产品是未来所有可能的演变趋势和前景，企业在这一层次中寻找新的方式来满足顾客，并将它们的供应物差异化。如酒店提供豪华专车接送，建立客户生日档案，寄送生日礼品或者生日贺卡；购买车辆车行提供大礼包，免费办理年检等、提供汽车自驾游指导等。

上述五个层次的产品构成了整体产品，整体产品是企业贯彻市场营销观念的基础，也是企业竞争的手段。

二、产品的分类

产品的分类方法，按照耐用性和有形性可以分为非耐用品、耐用品和服务。按照用途可以分为消费品和生产资料。消费品按照消费者的购买习惯分类，可以分为便利品、选购品、特殊品和非渴求品。按生产资料可以分为材料和部件、资本项目、供应品和业务服务。

（一）按耐用性和有形性分类（图 8-2）

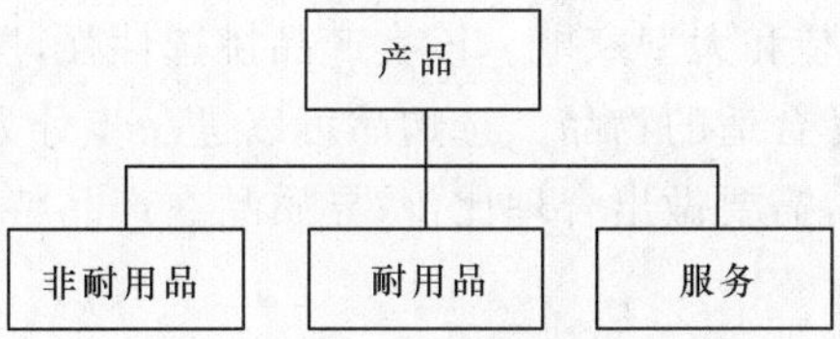

图 8-2　按耐用性和有形性分类

1. 非耐用品

非耐用品是消费者通过一次或者多次使用或消费，产品利益可以全部用光的有形产品。这类产品使用时间一般较短，购买频率高。营销上要注重消费者购买的病理性，大力开展广告宣传，引导消费者优先购买和使用本企业产品。如啤酒、洗发水等。

2. 耐用品

耐用品是消费者需要通过较长时间或者多次使用才能实现全部产品利益的有形产品。这类产品使用时间较长，营销上多采用人员推销和服务的方式，应获得较高的利润和更多的卖方保障。如电视机、电脑、住宅房子等。

3. 服务

服务是无形的产品，是为满足消费者的某种欲望或需求而出售的活动或利益。具有无形性、不可分割性、多样化和不能储存的特点。营销中更需要质量控制，供应商可信性和适应性。如美发、法律咨询和旅游等。

(二)按用途分类

1. 消费品(8-3)

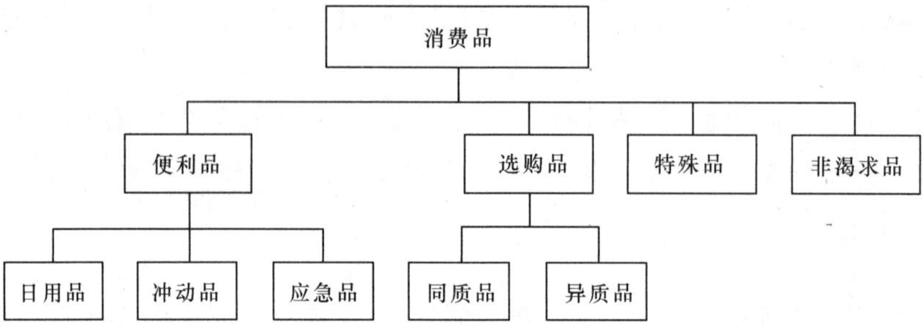

图 8-3　按用途分类

(1)便利品

便利品是消费者频繁购买或即刻购买到的产品,一般不需要花费太多时间和精力即可获得。如香烟、报纸、饮料等。便利品都是非耐用品,进一步划分可以分为日用品、冲动品和应急品。日用品是消费者规律购买的产品,比如牙膏、洗发水等;冲动品是事先没有计划购买,但是也是不需花费精力即可买到的产品,比如杂志等。应急品是在急需情况下购买的产品,比如雨天时买雨伞。一般而言,便利品多分布在居民住宅区附近、车站、码头和公路旁的零售商店,以便消费者随时随地购买。消费者购买便利品基本上都很熟悉其品牌、价格、质量和出售地点,因此所需要花费的时间和精力很少。

(2)选购品

选购品是消费者在购买过程中,对产品的适用性、质量、价格和款式等进行有针对性的比较的产品。例如家具、服装和大型家电。该类产品挑选性强,所以消费者有必要和可能花费较多的时间和精力去选择合适的物品。选购品可以进一步分为同质品和异质品。同质品质量相似,但是价格差异大,需要做出合理比价;异质品在产品特性和服务存在差别,这些差别比价格更为重要。

(3)特殊品

特殊品是具有独一无二特征和品牌标记的产品。一般而言,多数消费者为购买此类产品会付出更多时间和精力。这类产品通常包括一些特殊品牌、有造型的奢侈品、可供收藏的特殊邮票和钱币等。通常,特殊品无须比较,消费者对产品的特点、品牌有充分认识,投入的仅仅是到达产品购买地的时间。

(4)非渴求品

非渴求品是消费者未曾听说或者通常不会想要购买的产品。企业必须加强广告宣传,推销工作,刺激消费者对这些产品产生兴趣并购买。如烟雾报警器、墓地等。

2. 生产资料(图 8-4)

(1)材料和零部件

材料和零部件是最终要转化到生产商生产中去的产品。可以根据是否加工,进一步分为原材料及加工材料和部件。

①原材料。原材料包括农产品(小麦、棉花、家畜、水果和蔬菜)和天然产品(鱼、木材、原油和铁矿石等)。

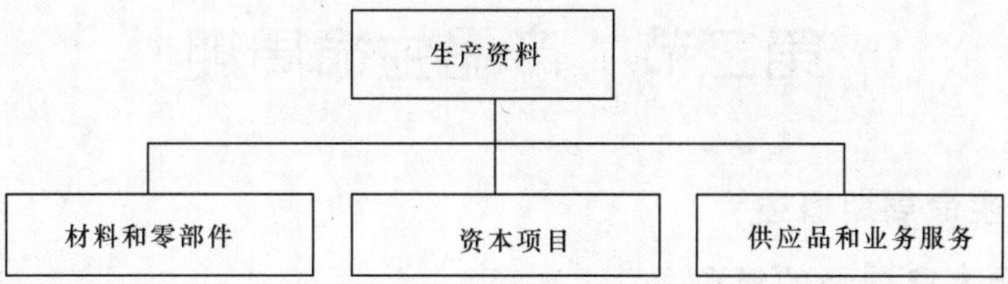

图 8-4　按生产资料分类

许多农产品供应商将产品转卖给中间商，他们提供配货、分级、储存、运输和销售服务。农产品的易腐性和季节性特征需要特殊的营销实践，因此他们几乎不需要广告和促销活动。

天然产品的供应有限，体积较大，单位价值较低，必须从生产商运输到用户。因此，为数不多的规模较大的生产商把产品直接卖给专业用户。这也需要用户签订长期的供应合同。天然产品的同质性决定了需求创造活动的数量。价格和送货的可靠性是影响供应商选择的主要因素。

②加工材料和部件。加工材料和部件可以划分为成分材料和组成材料。

成分材料是需要进一步加工的材料，如生铁炼成钢，纱线织成布。成分材料标准化的特性通常使价格和供应商的可靠性成为购买者考虑的关键因素。

组成材料是在制成最终产品时不发生形状上的改变。如小马达被装入真空吸尘器，轮胎被装上汽车。大多数已加工材料和零部件都直接销售给产业用户，价格和服务是主要的考虑因素，而品牌化和广告并不是关键。

(2)资本项目

资本项目是帮助开发和生产最终产品的长期持久的产品。资本项目可以分为设施和设备。

①设施。设施包括建筑（工厂、办公室）和中心设备（发电机、钻床、计算机主机、电梯）。设施是采购的大项目，消费者通常是从生产商直接购买，并在签订协议前有较长一段时间的谈判过程。这些生产商的销售队伍主要是一些技术人员。生产商要根据消费者的需要进行设计，提供售后服务。人员推销比广告重要。

②设备。设备包括轻型设备（手工工具、起重机）和办公设备（打字机、办公桌）。设备比设施的寿命更短，由于地理上分散，用户多，订购量少，大部分制造商利用中间商销售设备。质量、特色、价格和服务成为用户选择中间商时考虑的主要因素。

(3)供应品和业务服务

①供应品可以分为操作用品（润滑油、复印纸）和维修用品（油漆、小五金）。由于操作用品价格低，消费者人数多且分散，生产商一般通过中间商销售这些产品。由于供应品的标准性，消费者一般无品牌偏爱，而是将价格和服务作为重要的考虑因素。

②业务服务包括维护修理服务（清洁和修理复印机）和商业咨询服务（中介服务、法律咨询、管理咨询）。维护服务的提供者一般是小单位，修理服务的提供者一般是生产厂商，企业选择咨询服务的标准通常是提供者的声望和数字。

第二节　产品生命周期

一、产品生命周期概述

（一）产品生命周期的概念

产品生命周期理论是由美国哈佛大学教授雷蒙德·弗农(Raymond Vernon)于1966年在其《产品周期中的国际投资与国际贸易》一文中首次提出的。

产品生命周期，又称产品寿命周期，是指产品经过研究开发，从进入市场开始，直至最终退出市场为止所经历的全部时间。弗农认为：产品生命是指产品的的营销生命，产品和人的生命一样，要经历形成、成长、成熟、衰退这样的周期。就产品而言，也就是要经历一个开发引进、成长、成熟、衰退的阶段。而这个周期在不同的技术水平的国家里，发生的时间和过程是不一样的，其间存在一个较大的差距和时差，正是这一时差，表现为不同国家在技术上的差距，它反映了同一产品在不同国家市场上的竞争地位的差异，从而决定了国际贸易和国际投资的变化。为了便于区分，弗农把这些国家依次分成创新国(一般为最发达国家)、一般发达国家和发展中国家。

典型的产品生命周期一般可以分成四个阶段，即导入期、成长期、成熟期和衰退期。如图8-5所示。

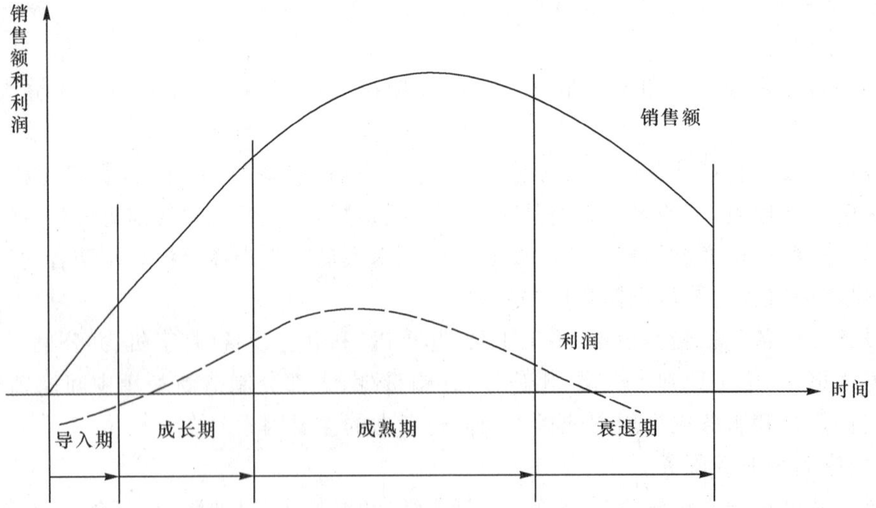

图8-5　典型的产品生命周期曲线

（二）产品生命周期各阶段特点

1. 导入期

导入期是指产品从设计投产直到投入市场进入测试阶段。新产品投入市场，便进入了导入期。导入期的特点包括以下几个方面：

(1)产品品种少，顾客对产品还不了解，除少数追求新奇的顾客外，几乎无人实际购买该产品。因此，销量小，相应地增加了单位产品的成本。

(2)生产者由于生产技术方面的限制，产品生产批量小，制造成本高，广告费用大，产品销售价格偏高，销售量极为有限，企业通常亏损多，只是在导入期末段，可能产生微量的利润。

(3)产品决策难以确定，高价可能限制了购买，低价可能难以回收成本。

(4)尚未建立理想的营销渠道和高效率的分配模式。

(5)竞争者极少。

2. 成长期

成长期是需求增长阶段。成长期的特点包括以下几个方面：

(1)产品被消费者接受，需求量和销售额迅速上升。

(2)产品已经定型，技术工艺比较成熟，由于规模效应，产品单位成本费用迅速下降，利润迅速增长。

(3)产品市场价格趋于下降。

(4)营销渠道已经逐步建立。

(5)竞争者纷纷进入市场参与竞争，使同类产品供给量增加，进一步导致产品价格下降，企业利润增长速度放缓，最后达到生命周期利润的最高点。

3. 成熟期

成熟期阶段可以分为以下三个时期：

(1)成长的成熟期

产品被大多潜在购买者所接受，市场需求趋于饱和，销售额增长缓慢。

(2)稳定的成熟期

由于市场饱和，消费平稳，产品销售稳定，如无新购买者将使得增长率停滞或者下降。

(3)衰退的成熟期

销售额会进一步下降，全行业的产品出现过剩。竞争进一步加剧，缺乏竞争能力的企业将逐渐被替代，新加入的竞争者少，原有的竞争者之间有自己特定的目标顾客，市场份额变动不大。

4. 衰退期

衰退期的产品进入了淘汰阶段。这一阶段的特点包括：消费者兴趣完全转移，产品销售量和销售额快速下降。产品价格下降到最低水平，成本较高的企业就会由于无利可图而陆续停止生产。留在市场的企业逐渐减少产品附带服务，削减促销预算，以维持最低水平经营。

二、产品生命周期各阶段的营销策略

产品生命周期和企业制定产品策略以及营销策略有着直接的联系。管理者要想使产品有一个较长的销售周期，以便赚取足够的利润来补偿在推出该产品时所做出的一切努力和经受的一切风险，就必须认真研究和运用产品生命周期理论，此外，产品生命周期也是营销人员用来描述产品和市场运作方法的有力工具。

(一)导入期的营销策略

1. 快速掠取策略

这种策略采取高价格和高促销费用的方式，以求在每一单位销售额中获取最大的利润，获得较高的市场占有率。采取该策略的市场条件是：市场上有较大的需求潜力；目标顾客有求新心理，并愿意高价购买，企业面临潜在的竞争威胁，需要及早树立品牌。

2.缓慢渗透策略

这种策略采取高价格和低促销费用的方式，以求企业获得更多的利润和更高的市场占有率。采取该策略的市场条件是：产品市场容量有限；市场上的消费者多数已熟悉该产品；购买者愿意支付高价；竞争者少，进入困难。

3.快速渗透战略

这种策略采取低价格和高促销费用的方式，以求达到最快的市场渗透率与最高的市场占有率。采取该策略的市场条件是：产品市场容量大，消费者对产品不熟悉，多数消费者对价格反应敏感，潜在竞争十分激烈，产品成本随着产量增加和生产经验的积累下降。

4.缓慢渗透策略

这种策略采取低价格和低促销费用的方式，以求使消费者较快地接受该产品，企业可以降低营销成本，获取更多的早期利润。采取该策略的市场条件是：产品市场容量大，消费者熟悉产品，消费者对价格反应敏感，存在一定潜在竞争。

（二）成长期的营销策略

这一阶段可以适用的具体策略有以下几种：

1.寻求新细分市场

通过市场细分，积极开拓新的市场，创造新的用户，以利于扩大销售。

2.改进商品

通过提高产品质量，增加产品式样和产品特色，改变产品包装，提高产品的竞争能力，以增强产品对消费者的吸引力。

3.利用价格机制

企业应选择在合适的时机降低价格，激发对价格敏感的潜在消费者购买该产品，从而扩大产品市场份额，增加产品的销售量。

4.进入新的分销渠道

企业应努力疏通并增加新的分销渠道，利用更多的中间商，扩大产品的销售面。

5.改变企业的促销重点

企业在广告宣传上，从介绍产品和传达产品信息等转移到树立企业品牌形象，进一步提高企业产品在社会上的声誉，从而激发更多的消费者购买企业的产品。

（三）成熟期的营销策略

这一阶段可以适用的具体策略有以下几种：

1.市场改良策略

这种策略通过努力开发新的市场，寻求新客户，来保持和扩大自己的商品市场份额。具体方法有：寻求新的细分市场，努力打进新的市场，如通过地理、人口、用途等细分；通过努力寻找市场中未被开发的部分，如使非使用者转变为使用者；通过宣传推广，促使顾客更频繁地使用或每一次使用更多的量，以增加现有顾客的购买量，如推崇每天洗头的广告宣传；争取竞争者的顾客。

2.产品改良策略

采用这种策略的企业可以通过改进产品的品质或服务后再投放市场，来提高销售量。产品的改良可以从以下三方面入手：

(1)质量改良

质量改良,即增加产品的功能性效果,通过改进的产品压倒竞争对手。比如增加产品的耐用性、可靠性、速度及口味等。

(2)特性改良

特性改良,即增加产品的新的特性,扩大产品的功能性、安全性和便利性。比如规格大小、重量、材料质量,添加物以及附属品等。

(3)式样改良

式样改良,即增加产品的美感,这样可以使企业获得一个独特的市场个性,如改进新的汽车模型,包装食品和家庭用品引进颜色和结构的变化,以及对包装实验的不断更新。

3.营销组合调整策略

采取这种策略的企业通过调整定价、销售渠道及促销方式来刺激销售,进一步延长产品成熟期。如通过降价来提高销售额;通过增加广告开支或重新设计广告策略提高广告效果,刺激销售;通过开拓新的分销渠道提高销售额;运用多种促销方式提高销售额。

(四)衰退期的营销战略

当商品进入衰退期时,产品老化,销售额迅速下降,企业必须研究商品在市场的真实地位,决定是继续经营,还是放弃经营。此时,可以采取的策略主要有以下几种:

1.维持策略

维持策略,即保持原有的细分市场和营销组合策略,把销售量维持在一个最低水平上。等时机合适再停止该产品的经营,退出市场。

2.收缩策略

收缩策略,即企业有选择地降低企业的投资水平,放弃前景不佳的顾客群,同时加强对小的细分市场的投资势头。

3.放弃策略

放弃策略,包括立即放弃策略和逐步放弃策略。

(1)立即放弃战略

立即放弃战略,即企业现有产品缺乏潜在市场机会或新一代产品已经上市且前途看好时,应当立即放弃老产品,转移到新产品的市场上。

(2)逐步放弃战略

逐步放弃战略,即企业逐步压缩衰退产品的产量,把资源集中在最有利的子市场和渠道上,放弃没有盈利机会的市场。

第三节 新产品

一、新产品开发概述

(一)新产品的概念

新产品有狭义和广义之分。狭义的新产品也可以称为首创产品,独创产品,指在世界范围内,首次推出的,能够以全新的技术和形式满足人类消费需求的产品。如第一台电脑,第一台电视机的出现,其意义非凡,但是,对企业而言,创造新产品比较少见。

广义的新产品是与老产品相对而言的，是指在产品结构、用途、性能、材质、原理等某一方面或几个方面具有显著改进、提高或独创的产品。

我国将新产品界定为在结构、材质、工艺等某一个方面或几个方面对老产品有明显改进或采用新技术原理、新设计构思，从而显著提高产品的性能或扩大了使用功能的产品。

从产品的定义可以看出，新产品一般具有如下特性：(1)原理、设计或思想创新；(2)采用新材料，使产品性能大幅度提高；(3)产品结构明显改进；(4)产品适用范围扩大。

（二）新产品的分类

1.全新产品

全新产品是指运用新原理、新技术、新结构和新材料研制出的市场上从未有过的产品。全新产品的开发时间长，难度大，需要大量的投入，成功率低，一旦成功，还需要一个普及推广、消费者适用的过程。一般而言，全新产品可以取得发明专利权，受国家法律保护。

2. 改进产品

通过新设计或采用新技术，在原有老产品的基础上，对产品的结构、功能、品质、花色、款式及包装进行改进，使其具有新特点。改进后的产品与原来的产品差别不大，易于被消费者接受。目前，市场上销售的大部分新产品属于这类产品。

3.增补产品

在原有的产品线上增补新规格、新花色或新款式产品。

4.再定位产品

保持现有产品不变，只是将产品销往新的目标市场或改变原有产品市场定位。

5.成本减少产品

以较低的成本提供同样性能的产品。

二、新产品开发程序

企业新产品的开发过程，包括产生构思、筛选构思、确定新产品概念、拟定营销战略、商业分析、新产品研制开发、新产品试销、商业性投产，工作内容和环节相当多，涉及面也很广。因此，新产品的开发，一般总是按照一定的阶段和程序展开的。

（一）产生构思

一个新产品的产生，始于创意的产生，创意不是凭空瞎想，而是有创造性的思维活动。一个好的创意，等于新产品成功了一半。新产品构思是把信息与人的创造力结合起来的结果。新产品构思的来源主要有：消费者、渠道成员、科技人员，同时还包括其他来源，比如中间商、企业生产人员和管理人员，甚至是竞争对手。新产品的构思内容包括产品的使用目的、基本功能、大致构造及制造方法。

（二）筛选构思

筛选构思是从各种新产品设想的方案中，挑选出一部分有价值进行分析、论证的方案。筛选的目的不是接受或拒绝这一设想，而是“去粗取精”。国外一家咨询公司指出，一般企业只有1/4的设想方案可以通过筛选阶段，大约只有7%的设想方案在经过筛选阶段后形成了新产品，并获得了成功。在筛选构思时需要考虑：市场成功的条件，包括产品的潜在市场成长率，竞争程度及前景，企业能否获得较高的利益；企业内部条件，包括企业的人力、物力、财力、技术等能否适应产品生产需要；销售条件，即企业现有的销售渠道是否适应新产品；利润收益条件，即新产品是否符合企业的营销目标，获利水平对企业原有产品销售可能的影响。

3. 确定新产品概念

产品构思仅仅是一个设想，要在已选定的新产品构思方案的基础上，具体确定产品概念，即已经成型的构思，用文字、图像、模型等予以清晰阐述，使之在顾客心目中形成一种潜在的产品形象。每个产品概念都要进行定位，以了解同类产品的竞争状况，来选取最优的产品概念。可以通过问卷方式将产品概念提交给目标市场有代表性的消费者群体进行测试与评估。测试的问题一般包括：(1)是否清楚该产品的概念？(2)是否喜欢这一产品概念？(3)是否认为该产品能够满足你的某种需要或解决某一问题？(4)目前是否有其他产品能满足这一需求并使你满意？(5)相对于新产品概念可能提供的价值而言，其价格定位是否合理？(6)谁会使用这一产品？使用频率如何？(7)是否会购买这种产品？

4. 拟定营销战略

经过测试的产品概念确定后，企业需要拟定一个将新产品投放市场的初步的营销策略报告书。报告书的内容包括：(1)描述目标市场的规模、结构和消费者的购买行为、产品的市场定位以及短期的销售量、市场占有率等；(2)概述新产品预期价格、分销渠道和营销预算；(3)描述预期的长期销售额、利润目标及不同时期的营销组合策略。

5. 商业分析

企业一般先要估算销售量的大小能否使企业获得满意的利润；审查类似产品的销售历史，调查市场意见；通过对最低和最高销售的预计来了解风险的幅度；在销售预测之后，研究开发部门、生产部门、营销部门和财务部门等进一步估算该项产品的预期成本和盈利状况。如果销量、成本几何利润预计能满足企业目标，那么产品概念就能进入产品开发阶段。即从经济效益分析新产品概念是否符合企业目标。

(1)估计总市场潜量

$$Q=nqp$$

(2)新产品的首次销售量

新产品的市场渗透率会趋向某一极限的渗透率，但不会达到100%，连续的利润潜量是递减的。

$$Q_t=r\cdot q(1-r)_{t-1}$$

式中　Q_t——在 t 时期预计试用该产品的家庭占家庭总数的百分比；

r——尚未开发的潜在渗透率；

q——预计最终试用该产品的家庭数占总数的面分比；

t——时间。

(3)新产品的重购销售量

某时期的销售＝该时期的首购者数量×平均购买量/金额＋

该时期的重购者数量×平均购买量/金额

(4)估计新产品的成本和利润

6. 新产品研制开发

新产品的概念通过商业分析后，进入产品开发阶段，该阶段的任务主要是将通过商业分析后的新产品概念交送研制开发部门或技术工艺部门试制成为产品模型样品或实际的产品实体，同时进行包装的研制和品牌的设计。这一阶段要力争把产品构思转化为在技术上和商业上可行的产品，需要大量的投资。

产品研制开发阶段的步骤包括：

(1)进行新产品设计

这是从技术经济上把新产品设想变成现实的一个重要的阶段，是实现社会或用户对产品的特定性能要求的创造性劳动。新产品的设计，直接影响到产品的质量、功能、成本、效益，影响到产品的竞争力。

(2)试制新产品

这是按照一定的技术模式实现产品的具体化或样品化的过程。它包括新产品试制的工艺准备、样品试制和小批试制等方面的工作。新产品试制是为实现产品大批量投产的一种准备或实验性的工作。

(3)对新产品进行测试

包括功能测试与消费者测试，功能测试是为了确保产品的安全有效；消费者测试是为了收集消费者对产品的意见、建议和偏好等。如宝洁每年花费 1.5 亿美元从事 4 000～5 000 个研究，测试项目从打开洗发水瓶过程的工效学研究到妇女的手每天可以在肥皂水中泡多久。路易威登用起重机测试皮包，装有 8 磅重物，从离地半米的高处扔下，反复持续 4 天。照射紫外线测试抗褪色能力，反复开包 5 000 次。

7. 新产品试销

新产品试销是把经过鉴定的样品少量投入生产，按企业指定的营销策略计划，将产品小范围投放市场，以观测用户的反应，并把用户的意见及时反馈，对新产品进一步改进后再试销，这样往复多次，最终确定产品正式上线的战略。

8. 商业性投产

商业性投产即新产品的正式批量投产和销售工作。试销成功后，产品即可正式批量生产，全面推向市场。新产品的上市，企业应把握好推出时机、推出地域、目标顾客及营销策略。

第四节　产品组合策略

一、产品组合概述

(一)产品组合的概念

产品组合(Product Mix)又称产品品种搭配，是指一个特定销售者售与购买者的一组产品，它包括所有产品线和产品项目。产品组合由各种各样的产品线组成，每条产品线又由许多产品项目构成。

产品线是指一组密切相关的产品项目。密切相关是指这些产品都能满足某种需要(即使用功能相同而规格不同)，或必须被同时使用，或卖给同一顾客群体，或同属于某种价格范围之内。

产品项目是指目录上列出的每一个产品。

(二)产品组合的变数

产品组合包括四个变数：即宽度、长度、深度和黏度(关联性)。

1. 宽度

宽度是产品组合中所拥有的产品线的数目。产品系列多，就称为产品组合宽，反之称为产品组合窄。企业增加产品组合宽度,实行多元化经营,可以扩大经营范围,壮大企业声势,使企业资源得到充分利用,有利于提高经济效益和减少风险。

2.长度

长度是产品组合中产品项目的总数。增加产品长度可以满足更多消费者的不同需求,吸引更多的消费者,提高竞争力。但同时由于产品品种规格增多,会给组织生产增加难度,从而导致生产成本增加。

3.深度

深度是指产品线中的每一产品项目有多少个品种(如大小、口味等)。

4.黏度

黏度又称为关联性,是各条产品线在最终用途、生产条件、分销渠道或其他方面相关联的程度。

二、产品组合的扩大与缩小

根据产品组合的宽度、长度、深度和黏度,企业可根据自己的内部条件和外部环境,确定产品组合的扩大与缩小。

(一)产品组合的扩大

产品组合的扩大包括拓展产品组合的宽度和加强产品组合的深度。拓展产品组合的宽度是在原有产品组合中增加一个或几个产品大类,扩大产品的经营范围。加强产品组合的深度是在原有产品大类中增加新的项目。当企业预测现有产品线的销售额和盈利率在未来可能下降时,可以考虑在现有产品组合中增加新的产品线,或加强其中有发展潜力的产品线。

(二)产品组合的缩小

市场繁荣时期,较长较宽的产品组合会给企业带来更多的盈利机会。市场不景气时或原料、能源供应紧张时,缩减产品线即增加或削弱产品相关性,或剔除产品组合中那些获利很小甚至不获利的产品大类或产品项目,企业可以集中力量发展活力大的产品线和产品项目,反而能使总利润上升。

三、常用的产品组合策略

产品组合策略就是企业根据市场需求、竞争形势和企业自身能力对产品组合的宽度、长度、深度和黏度方面做出的策略。

(一)产品线延伸策略

产品线延伸策略是全部或部分地改变公司原有的市场定位。具体有向上延伸、向下延伸和双向延伸。

1.向上延伸

向上延伸是原来生产低档产品,后来决定增加高档产品。实施这一策略是由于高档产品畅销,销售增长较快,利润率高;企业估计高档产品市场上竞争者较弱,容易被击败;企业想使自己生产的产品种类齐全。

2.向下延伸

向下延伸是原来生产高档产品,后来决定增加低档产品。实施这一策略是由于发现高档产品销售缓慢,不得不将产品线向下延伸;高档产品竞争激烈,必须用侵入低档产品市场的方式来进行反击；增加低档产品是为了填补空隙，不让竞争者有机可乘；当初进入高档产品市场是为树立其质量形象，然后再向下延伸。

3. 双向延伸

双向延伸是原定位于中档产品市场的企业掌握市场优势以后，决定向产品线的上、下两个方向延伸，一方面增加高档产品，另一方面增加低档产品。实施这一策略是为了扩大市场阵地，为更多顾客服务，获取更大的利润。

（二）产品线填补策略

产品线填补策略是在原有的产品组合中添加一个或几个新的产品线，扩大经营范围，或将产品线拉长，在现有产品线的范围内增加一些产品项目。

产品线填补策略的目的是为了获取增量利润；满足那些经常抱怨由于产品线不足而使销售额下降的经销商；充分利用剩余的生产能力；争取成为领先的产品线完整的公司；设法填补市场空缺，防止竞争者入侵。

（三）产品线现代化决策

产品线现代化决策是强调把现代科学技术应用于生产经营过程中，并不断改进产品线使之符合现代化顾客需求的发展潮流。在某些情况下，虽然产品组合的宽度、长度都很恰当，但产品线的生产形式却可能已经过时，这就必须对产品线实施现代化改造。如果企业决定对现有产品线进行改造，产品线现代化决策首先面临这样的问题：是逐步实现技术改造，还是以最快的速度用全新设备更换原有产品线。逐步现代化可以节省资金，但缺点是竞争者很快就会察觉，并有充足的时间重新设计产品线；而快速现代化决策虽然在短时期内耗费资金较多，却可以做到出其不意，击败竞争对手。

（四）产品线特色化决策

产品线特色化是推出特色化产品项目、产品线吸引顾客。产品线特色决策的方法主要有：一是降价促销产品线上一些较低级的产品来制造销售声势，以吸引消费者光顾，并顺便购买其他产品。二是以较高级的产品项目来提高整个产品线的水准。

第五节　品牌与包装策略

一、品牌

（一）品牌的概念

品牌是一个集合概念，包含品牌名称、品牌标志、商标等概念在内。

品牌(Brand)是一个名称、术语、符号、标志、设计，或者是所有这些的组合，它们代表一个或一组生产者或销售者的产品或服务，并与其他竞争者的产品或服务区别开来。所以，一个品牌代表一个产品的制造者或销售者。它包括品牌名称和品牌标志。

1. 品牌名称

品牌名称(Brand Name)是指品牌中可以用语言称呼的部分。例如，可口可乐(饮料)、奔驰(汽车)等。

2. 品牌标志(Brand Mark)

品牌标志是指品牌中可以被识别但不能用言语称呼的部分。它包括专门设计的符号、色彩、图案、文字等。例如，苹果电脑的苹果图案，奔驰的三叉星图案。它主要产生视觉效果。

3. 品牌含义

(1)属性

使人想到某些特定的属性。

(2)利益

能带给消费者的利益。

(3)价值

反映该制造商的某些价值。

(4)文化

可以表达一定的文化内涵。

(5)个性。

可能反映一定的个性。

(6)使用者

品牌建议或暗示购买或使用该产品的消费者类型，它反映了品牌的用户形象。

(二)品牌和商标

商标(Trademark)是个法律名词，是指依法向相关机构申请的，经过审查，予以批准，并授予商标专用权的品牌或者品牌的一部分。

商标与品牌既密切联系又有所区别。品牌与商标都是用于识别不同生产经营者的不同种类、不同品质产品的商业名称及其标志。在营销中，品牌与商标是不完全等同的，品牌是市场概念，实质上是品牌使用者对顾客在产品特征、服务和利益等方面的承诺。商标是法律概念，商标是受法律保护的品牌，是获得专用权的品牌，是品牌的一部分。

(三)品牌的作用

1. 对营销人员的作用

品牌有助于促进产品销售，树立企业形象；品牌经注册后获得商标专用权，有利于保护品牌所有者的合法权利；品牌对品牌的使用者的市场行为也起到约束作用，督促企业着眼于长远利益、消费者利益和社会利益，规范自己的营销行为；品牌有利于扩大产品组合，有利于企业实施市场细分战略。

2. 对消费者的作用

品牌有助于消费者辨别、识别所需商品；消费者也可以在厂商维护自身品牌形象的同时获得稳定的购买利益；保证消费者获得的商品质量不变，有助于消费者提高购物效率。

(四)品牌策略

1. 品牌归属策略

企业决定使用品牌后，还要决定品牌的归属问题。品牌归属包括以下三种情况：企业品牌或生产者品牌、中间商品牌、混合品牌。

(1)企业品牌

大多数企业都选择使用自己的品牌。使用企业品牌可以保持生产经营的独立性，可以全面掌控品牌的各种属性，最大限度地获得品牌带来的利益。它适用于财力比较雄厚，生产技术和经营管理水平比较高的企业。

(2)中间商品牌

中间商品牌也称为经销商品牌，这是随着大型批发商和零售商出现而产生的品牌类型，如家乐福、沃尔玛等大型零售商都有自己品牌的商品。使用中间商品牌，企业可以节省品牌成本，在企业进入一个新的市场时，借助中间商品牌的影响力，可以较快地开拓市场。但是企业可能丧失生产经营的独立性，沦为中间商的“生产车间”，同时企业所获得的品牌利润较少。

(3)混合品牌

混合品牌是将企业品牌与中间商品牌结合使用，可以扬长避短，企业一方面可以使用自身品牌树立品牌形象，另一方面进入市场时可以借助中间商品牌的影响力快速占领市场，打开销路后，再使用自己的品牌，这样既有利于短期的市场开拓，也有利于保持生产经营的独立性和长远发展。

2. 品牌统分策略

品牌的所有者必须考虑对所有产品如何命名的问题，因此，品牌统分策略一般包括：统一品牌策略、分类品牌策略、多品牌策略以及“企业名称＋个别品牌”策略。

(1)统一品牌策略

统一品牌策略是指企业所有产品使用同一品牌。这样可以利用现有品牌的声誉推出新产品，节省新产品的市场推广费用，特别是广告费，单个产品的声誉关系着企业所有产品的声誉。它适用于企业采用的品牌已在市场上获得一定的声誉，并保持领先地位，企业产品具有相同质量水平的情况。如海尔集团的产品包括冰箱、空调、洗衣机等统一使用“海尔”品牌。

(2)分类品牌策略

企业对所有产品在分类的基础上分别使用各自的品牌。这样一方面更适合该品牌的特点，还可以分散风险，但是这样的策略会增加企业的成本。它适用于企业生产许多不同类别的甚至截然不同的产品，如宝洁公司对其旗下的洗发水、纸尿片、牙膏和洗衣液等产品分别使用不同品牌。

(3)多品牌策略

企业对生产或经营中的同一种产品使用两个或两个以上品牌的策略，这样可以提高市场细分的强度，尽可能地覆盖细分市场，满足消费者的差异化需求。但是这样的策略会增加企业成本，分散企业资源，同时各品牌之间可能发生内战，因此，它适用于企业生产的同一类产品中存在着不同质量水平的产品。如宝洁公司的洗发水有“海飞丝”“飘柔”“潘婷”和“沙宣”等品牌。

(4)“企业名称＋个别品牌”策略

这种策略可使新产品利用企业现有声誉迅速打开市场，使不同产品各有特色，企业声誉不会受到单个产品声誉的影响。它适应于企业具有一定的声誉，且企业产品具有不同的特色。

3. 品牌延伸策略

品牌延伸也称品牌扩展，是指企业利用其成功品牌的声誉来推出改良产品或新产品。品牌延伸策略包括纵向延伸、横向延伸和多样化延伸。

(1)纵向延伸

纵向延伸是将品牌延伸应用于原产品的上、下游产品。

(2)横向延伸

横向延伸是将品牌延伸应用于与原产品在生产技术、销售渠道和目标市场等方面具有密切关联的产品上。

(3)多样化延伸

多样化延伸是将品牌延伸应用于与产品关联度低或者完全无关的品牌上。

4.品牌再定位策略

品牌再定位也称品牌重新再定位，是指全部或部分调整或改变品牌原有市场定位的做法。某一品牌在市场上最初定位即使很好，随着时间推移也必须重新定位。品牌再定位策略可能的原因如下：一是竞争者推出一个品牌，把它定位于本企业的品牌旁边，侵占了本企业品牌的一部分市场，使本企业品牌的市场占有率下降。二是有些消费者的偏好发生了改变，他们原来喜欢本企业的品牌，现在喜欢其他企业的品牌，因而市场对本企业的品牌的需求减少。企业应对品牌重新定位方案进行分析，权衡利弊，从中选优。

二、包装策略

(一)包装概述

1.包装的概念

包装是指产品的容器或外部包装物。从市场营销角度来看，包装和装潢属于产品整体概念中的形式产品。

包装通常有三个层次的材料，分别是内包装、中包装和外包装。内包装是最接近产品的容器；中包装是保护第一层次包装的材料，当产品使用时，它即被丢弃，为产品提供了进一步的保护和促销的机会；外包装是指产品储存、辨认和运输的包装，这是产品必备的包装。此外，标签也是包装的一部分，它可能单独附在包装物上，也可能与包装物融为一体，用以标记产品的制造日期、产品说明、有效期、等级分类等信息，促进产品的销售。

2.包装的作用

产品的包装有以下五个方面的作用，分别为保护产品、便于储运、促进销售、增加利润和美化产品。

(1)保护产品

产品从生产出厂到使用者手里，经过多个环节的运输与储存，运输中，会受到不同程度的震动、挤压、碰撞、冲击及风吹雨淋等损害，储存中，由于储存条件的限制，可能受到损坏与污染，到达使用者手里，也可能存放一段时间才使用。因此，包装可以保护商品本身可能遭受的损害，保护产品的使用价值。对某些特殊产品，如易燃、易爆、放射性物品，对其进行包装，还起到保护环境的作用。

(2)便于储运

有的商品外形不固定，比如液态、气态或者粉状，对其进行包装，方便运输和储藏，同时加快交货时间。

(3)促进销售

商品给顾客的第一印象，不是来自商品的内在质量，而是商品的外观包装。产品包装美观大方、漂亮得体，不仅能吸引顾客，还能起到良好的广告作用，激发顾客的购买欲望。

(4)增加利润

包装提高了产品成本，但是由于装潢精美，提高的售价远远大于其成本。消费者乐于接受较高的价格购买。

(5)美化产品

有些产品本身不能使消费者产生美感,但通过精心设计的包装,就能满足消费者美感的需要,特别是那些新颖又精美的包装,本身就是一件工艺品。

(二)包装使用策略

随着商品经济的迅速发展以及人们消费习惯的不断变化,要求产品包装除了图案设计美观新颖,装潢艺术精致高雅之外,还要选择适当的包装使用策略,适应消费者多种多样的购买要求。常用的包装使用策略有以下八种。

1.类似包装策略

类似包装策略是指企业生产经营的各种产品采用相似的图案、颜色和色彩等。这种策略的优点是:容易提高企业信誉,节约包装设计费用,在新产品推出时,可以利用自己的声誉,让顾客首先从包装上辨认出产品,迅速打开市场。缺点是:一损俱损,一旦企业信誉出问题,所有产品的销售都将受到影响。

2.差异包装策略

差异包装策略是指各种产品都有自己独特的风格、色调等。避免某一产品失败而影响其他商品的声誉。

3.相关包装策略

相关包装策略是指将数种有关联的产品放在同一容器内进行包装。方便顾客购买和使用,有利于新产品的销售。

4.复用包装策略

复用包装策略是指包装内产品使用过后,包装物本身还可以作其他用途使用。这样,通过给消费者额外利益而扩大产品销售。比如,设计精巧的糖果盒,糖果吃完后消费者可用于装小零食。

5.分等级包装策略

分等级包装策略是指企业对同一种商品采用不同等级的包装,通过包装体现产品的质量等级,用以满足消费者不同的购买能力。如高档商品,精致包装;中低档商品,包装简单,节约成本。

6.分类包装策略

分类包装策略是指企业根据消费者购买目的不同,对同一产品采用不同包装。如送礼的商品,可以采用精致包装;自用的商品只需简单包装。

7.附赠品包装策略

附赠品包装策略主要是在包装上或包装物内附赠奖券或实物从而吸引消费者购买,有时还能造成顾客重复购买的意愿。这一策略对儿童特别有效。

8.改变包装决策

改变包装决策是指由于某些原因导致产品销量下降,市场声誉跌落时,企业通过改变原来的包装,使用新的包装设计等,从而使顾客产生新鲜感,有利于企业迅速恢复声誉,重新占领市场份额,扩大产品销售量。

本章小结

产品是指能够提供给市场，用以满足顾客需要和欲望的任何东西。核心产品、基础产品、期望产品、附加产品和潜在产品五个层次构成了整体产品，整体产品是企业贯彻市场营销观念的基础，也是企业竞争的手段。产品要经历一个开发引进、成长、成熟、衰退的阶段。产品生命周期每个阶段的特点和企业制定产品策略以及营销策略有着直接的联系。企业新产品的开发过程，包括产生构思、筛选构思、确定新产品概念、拟定营销战略、新产品研制开发、新产品试销、商业性投产，工作内容和环节相当多，涉及面也很广。产品组合由各种各样的产品线组成，每条产品线又由许多产品项目构成。根据产品组合的宽度、长度、深度和黏度，企业可根据自己内部条件和外部环境，确定产品组合的扩大与缩小。产品组合策略就是企业根据市场需求、竞争形势和企业自身能力对产品组合的宽度、长度、深度和黏度方面做出的决策。包括产品线延伸策略、产品线填补策略、产品线现代化决策和产品线特色化决策。企业在营销中可以采取如下品牌策略：品牌归属策略、品牌统分策略、品牌延伸策略和品牌再定位策略。常用的包装使用策略有八种：类似包装策略、差异包装策略、相关包装策略、复用包装策略、分等级包装策略、分类包装策略、附赠品包装策略和改变包装策略。

案例应用

美国化学品公司的产品策略

美国某化学品公司将其几十个不同的塑胶企业重组为一个企业之后，面临的首要问题就是如何对新企业进行竞争性定位。通过对其竞争对手的客户进行初步调查之后显示：在客户偏好方面，该公司只排在第三位，落后于处于行业领先地位的其他两家公司。同时调查还显示，客户对塑胶供应商的服务均不满意。有些客户评价说："塑胶的供应商就像沿街兜售小商品的小贩一样，仅在价格和供货上竞争，而不提供服务。"上述调研结果为该公司制定营销战略提供了依据，为了区别于竞争对手并建立自己的优势，该公司不再局限于仅提供优质的产品，而且还注重提供服务，并且开始寻求与客户建立密切的关系。也就是说，公司不仅出售产品，还出售服务；公司不仅满足于将产品销售给顾客，更为重要的是通过全方位的服务使客户满意。为此，他们在产品说明书、保证、安装、维修、送货、技术培训、客户咨询等方面为顾客提供全方位的服务。营销部门的一位高级经理说："不论顾客使用塑胶去做简单的安全带还是复杂的飞机设备，公司都要去帮助他们在市场上获得成功。"这种新的营销战略使公司真正成为一个顾客导向型企业。在"不仅销售塑胶，还销售服务，同时注重与客户建立伙伴型关系"战略思想的指导下，该公司取得了巨大的成功，很快成为塑胶行业的主导者。

案例思考

"不仅出售产品，还出售服务"体现了该化学公司对哪个产品层次的重视，请具体解释该产品层次的内涵并对该化学公司的这种做法进行评价。

练习题

简答题：

1. 整体产品的构成包括哪几个层次?
2. 简述产品生命周期各阶段的市场特征和相应的营销策略。
3. 新产品开发有哪些主要程序?
4. 产品组合有哪几种主要策略?
5. 企业营销中可采取的品牌策略有哪些?
6. 产品包装的策略有哪些?

实践应用讨论

产品策划实训

一、实训内容：

选择某一类产品(童装、药品、健身俱乐部、茶叶、旅游产品、化妆品、家电等),并合理选定目标市场及市场定位,完成产品策划方案。

1. 市场背景分析;
2. 竞争者产品策略调查;
3. 产品描述及核心利益分析;
4. 产品组合设计;
5. 撰写产品方案策划书。

二、实训程序

以小组为单位制作 PPT 进行课堂交流和讨论,教师点评。

三、考核要点

考核策划书,从策划书的格式、方案创意、可行性、完整性等方面进行考核。

第九章 定价策略

学习目标和要求

了解定价的主要影响因素；掌握成本导向定价、需求导向定价和竞争导向定价等一般定价方法；掌握定价的基本策略；熟悉价格变动的反应及价格调整原理。

学习重点

一般定价方法的内容、定价的基本策略。

案例导入

麦当劳与肯德基“价格战”卷土重来

就在肯德基强势推出“半价桶”不到两天，麦当劳也宣布将从今日起在全国推出全新超值计划。羊城晚报记者留意到，如今距离上一波洋快餐巨头在华比拼价格战已时隔四年，为何价格战卷土重来？对此，有业内人士分析称，相比此前的轮番涨价，洋快餐重新推出价格战，或是因为今年业绩同比有所下滑。

15 元超值晚餐 PK“半价桶”

近日，肯德基推出了仅限两周优惠的“半价桶”，吸引了大批顾客蜂拥而至，门店大排长龙。在客村附近上班的李小姐昨日与朋友去肯德基购买“半价桶”时吃了“闭门羹”。“我们 6 点 10 分去买的时候，那里的工作人员和我们说人比较多，让我们六点半再回去下单。结果六点半再回去的时候，发现排在我们前面的客人还没轮到。”

对于排不上队的人来说，享受不到优惠的“半价桶”自然是十分失望，但是买上了“半价桶”的林小姐依然有点失望，虽然“半价桶”标榜着优惠，但买了以后，她发现食物的量也随之减少了。

肯德基的促销活动才刚开始，麦当劳的超值优惠就气势汹汹地来了，其宣布从 30 日起推出全新超值计划：全面延长超值套餐 15 元起时段，并提供更丰富的超值产品种类。

此次活动是否为了反击肯德基？对此，麦当劳回应称：“2012 年 4 月 29 日起每天下午 5 点至晚上 8 点，麦当劳就在全国范围内(港澳台地区除外)推出 15 元起超值晚餐。此次优惠也是为了满足消费者的需求。”

有分析认为，两大洋快餐巨头重新开打价格战，或是受到尴尬业绩的刺激。

肯德基的母公司百盛集团日前公布，今年三季度净利润同比锐减 68%，仅为 1.52 亿美元。这已是其净利润在今年连续第三个季度下跌。在中国市场，百盛旗下餐饮品牌同店销售下降 11%，肯德基最大降幅达 13%。

而肯德基的老对手麦当劳今年的三季度财务报告则显示，当季净利润增长了 4.6%，增长额为 15.2 亿美元，全球同店销售额增长了 0.9%。但三季度其在日本和中国市场的同店销售都出现了下滑，从而拖累了整个亚洲地区的业绩。

业绩下滑只是一方面，由于多年来肯德基、麦当劳在中国的网点不断增多，消费者对洋快餐的新鲜感有所下降，中式快餐这两年的崛起也让洋快餐感到了压力。有调查表明，“中式快餐在中国的占有率已从 18%提升至 22%。”

有业内人士甚至预测，接下来估计洋快餐在中国的拓展步伐将放缓。

（资料来源：中国日报网，http://www.chinadaily.com.cn/hqgj/jryw/2013-10-30/content_10460512.html）

第一节　影响定价的因素

一、定价目标

由于受到资源条件的限制，处于不同行业、有着不同规模、采用不同管理方法的企业往往制定不同的战略目标，营销目标作为企业总体战略目标的组成部分，规定了企业产品价格制定策略。不同时期，体现企业战略目标的营销目标不同，因而有着不同的价格策略，乃至不同的定价方法和技巧。

通常，与企业产品价格制定直接相关的营销目标主要有以下几个方面：

（一）以获取当期最大利润为目标

获取最大利润是市场经济条件下企业从事经营活动的最终愿望。不过，利润最大化目标可以区分为当期利润最大化目标和长期利润最大化目标，这里所说的通常是指当期利润最大化目标。许多公司想制定一个能达到当期最大利润的价格。他们估计需求和成本，并据此选择一种价格，这个价格将能产生最大的当期利润、现金流量或投资报酬率。在一定经营时限内要获得最大利润，必须考虑产品价格对市场需求量以及需求量对产品成本的影响，还必须遵循一定的原则，如边际成本等于边际收益的原则，来确定产品的价格。最大利润价格在企业的实际定价中是很难确定的。因为它要求企业必须有非常完备和准确的市场需求变动和产品成本变动的有关资料，如需求函数、成本函数等。在实际工作中，取得这些资料是十分困难的，即使可以得到，其准确性也很难保证。并且，企业追求短期最大利润，不一定能使其长期利润最大。因此，企业通常都是通过提高市场占有率、扩大销售量、增强市场竞争优势、树立良好企业形象等方式，来追求长期利润最大化。

（二）以保持或扩大市场占有率为目标

以保持或扩大市场占有率为目标是指企业在保证一定利润水平的前提下，谋求最大的市场份额。从反映企业经营状况和产品竞争能力来看，市场占有率比其他指标更能说明问题。一般情况下，较高的销售额不一定能带来较高的利润，而高市场占有率却可以带来低成本，从而使企业可以获得较高的利润。据美国市场营销战略影响利润系统(PIMS)的分析表明：占有10%～20%市场份额的企业，其利润率平均水平为3.42%，而市场份额超过40%的企业，其利润率平均水平为13.6%。这其中的主要原因就在于拥有较高市场占有率的企业具有较强的市场支配能力，可以享受更大的规模经济效益，具有获取长期利润的可能性。这个目标的一个变种是追求一个特定的市场份额增长。

(三)以产品质量领先为目标

以产品质量领先为目标即企业以追求优质高档产品形象为目标。如果企业提供的产品质量、性能和服务等方面都与众不同、高人一筹，产品自然可以索取较高的市场价格，并通过较高的价格回收高额的科研费用和生产成本。

(四)以维持企业生存为目标

当企业面临市场需求的巨大波动和强大的竞争对手，以致受到破产威胁时，维持生存便成了企业的首要目标。为了保持工厂开工和使存货能出手，他们必须制定一个低的价格并希望市场是价格敏感型的。企业以维持生存为目标时，只能通过降低产品价格吸引顾客，这时产品价格只要能回收成本即可。在面对更为严重的危机时，企业甚至以变动成本为产品价格的下限。不过，求生存只能是企业的短期目标，从长期来看，企业必须设法在市场上提高产品价格，否则企业将面临灭亡。

(五)以适应竞争为目标

大多数企业对于竞争者的价格都十分敏感，制定产品价格时，以竞争对手的产品和价格为参考，在分析企业的产品竞争能力和市场地位后再制定本企业的产品价格策略。

在竞争中处于不同市场地位的企业，价格策略也不同。行业中的主导者往往通过主动变动价格阻止竞争对手的攻击；挑战者为取得更好的市场地位，经常以低价侵蚀竞争对手的市场占有率；而市场竞争力较弱的中小企业在制定价格时主要采取追随的策略。

除上述定价目标外，企业还可以有保持价格稳定、保持与中间商的良好关系、促进产品销售等目标。对于大多数企业来说，产品价格往往不是由单一定价目标所决定的。在这些定价目标中，企业可能会同时追求或兼顾几个目标，但其中各个目标的重要程度是不同的。

二、产品价值与成本

产品成本是制定产品价格的基础，产品价格必须能够补偿产品生产和市场营销的所有支出，并补偿产品的经营者所承担的风险支出。产品成本是影响产品价格水平的重要因素。根据产品定价需要，可以从不同角度对产品成本进行分析。

(一)固定成本

固定成本是指在一定时期内不随产品产量变化而变化的成本费用。如固定资产折旧费、产品设计费、管理人员工资以及办公费等。这些费用与产品产量的多少无关。但从长期来看，当企业规模发生变化时，固定成本也是会变动的。平均固定成本，即单位产品所分摊的固定成本，则随产量变动而变化。

(二)变动成本

变动成本是指在一定时期内，随产品产量的变动而呈比例变动的成本费用。如原材料费用、生产工人工资、销售费用等。平均变动成本，即单位产品的变动成本，它不会随产量变动而变动，而是在一定的时间范围内，保持相对稳定。

（三）总成本

固定成本与变动成本之和就是总成本。平均固定成本与平均变动成本之和称为平均总成本，或产品完全成本。企业在定价时，依据不同的成本，可能制定出不同的价格或做出不同的决策。这些成本中，平均变动成本更适合作为价格决策的依据。而平均总成本则适用于核算企业的实际收益或利润。这些成本各自有其不同的作用。

（四）边际成本

边际成本即在原有产量基础上，产品产量每变动一个单位（增加或减少一个单位），所引起的总成本的变动额（增加额或减少额）。企业研究边际成本的最大意义在于寻求最大利润的均衡产量和均衡价格。企业可以根据边际成本等于边际收入的原则，确定最佳产量和最佳价格。

与此相对应，边际收益就是多增加一个单位产品的生产而增加的收入，即最后一个产品的卖价。边际贡献＝边际收益－边际成本。

（五）机会成本

企业可能要为从事某项经营活动而放弃另一项经营活动，或利用一定资源获得某种收入而不得不放弃另一种收入。那么这个被放弃的经营活动所应取得的收益，即为正在从事的经营活动的机会成本。机会成本的分析对于企业在经营中正确选择经营项目、合理配置有限资源具有重要意义。

三、市场需求

不同的顾客对于不同产品的价格变化，会表现出不同的敏感性，即弹性。通常，我们用需求价格弹性来衡量顾客对价格变动的敏感程度。需求价格弹性表明了需求量对于价格变动的反应灵敏程度。

产品的需求量变动与价格变动之间有着密切的关系。但是对于不同类型的产品，价格变动对需求量变动的影响程度有着极大的差异，即这些产品的需求价格弹性不同。需求价格弹性的大小，可以根据需求价格弹性系数来测定。需求价格弹性系数反映单位价格变动导致的需求量变化的量。如果用 E 来表示价格弹性系数，其计算公式为：

$$E=\frac{\Delta Q/Q}{\Delta P/P}=\frac{\Delta Q}{\Delta P}\cdot\frac{P}{Q}$$

式中　ΔQ——需求量的变动量；

Q——需求量；

ΔP——价格的变动量；

P——价格。

一般而言，$E<0$，说明价格与需求量的变化方向是相反的。当 $|E|>1$ 时，表明需求价格弹性大；而 $|E|<1$ 时，表明需求价格弹性小。影响需求价格弹性大小的因素很多，主要有以下几方面：(1)产品被视为必需品的程度；(2)产品本身的独特性和知名度；(3)获得替代品的可能性；(4)产品质量和币值变化的影响；(5)价格在顾客收入中所占的比例。在正常情况下，需求和价格是反向关系，也就是说，价格越高，需求越低（或反之亦然）。就威望商品来说，需求虚线有时是呈正斜率的。

对于需求价格弹性大的产品，可通过降低价格来扩大销售量，以提高销售收入。对于需求价格弹性小的产品，降低价格使销售量增加的幅度较小，提高价格使销售量的减少的幅度也较小，所以，提价可以增加销售收入。另外，当企业以需求价格弹性为依据进行价格决策时，一定要注意，对于同一产品调价幅度不同时，弹性会不同；长期的价格弹性也会和短期的价格弹性有区别；提价时的弹性与降价时的弹性有差异。如图 9-1 所示。

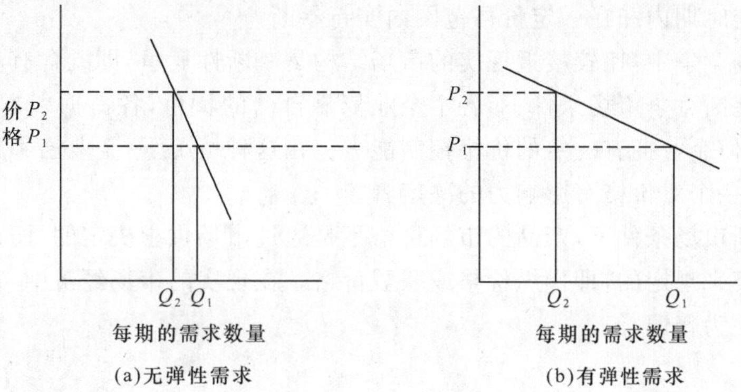

图 9-1　需求价格弹性

同时，价格弹性也要受到收入的影响。在收入增加时，生活必需品的需要变化不大，但高档品的需要变化却很大；且富有弹性的商品会逐渐变得缺乏弹性。

对于连带品或互补品而言，价格同向变化，需求变化不大，而价格反向变化，需求却变化很大。因而从利润最大化的角度来看，连带品一般反向定价较好。且连带品中耐用消费品应定低价，而易耗品应定高价。

四、竞争者的产品和价格

（一）市场的供求状况

商品价格与商品的供求状况有着密切的关系，商品的供求推动价格的变化。一般而言，在市场供给不变的条件下，市场对商品的需求上升则商品价格上涨，商品需求下降则价格下降；在市场需求不变的条件下，商品供给增加则价格下降，供给减少则价格上升。另外，商品价格也同时推动市场供求关系发生变化。一般情况下，价格上升则需求减少，供给增加；价格下降则需求增加，供给减少。当然，市场供求关系和价格变动的基础是商品的价值，商品价格总是围绕商品价值在上下波动。

对于某一具体企业而言，在研究市场供求与价格的关系时，还必须了解本企业产品价格的变化与竞争者产品价格的变化，以及与竞争者产品需求量变化的关系。

（二）市场结构

市场结构对产品的价格有着直接的影响。在现代市场经济中，按照市场的竞争程度可以把市场分为四种类型，即完全竞争市场、完全垄断市场、垄断性竞争市场和寡头垄断市场，不同市场结构下的市场价格表现出显著的差异性。

在完全竞争市场中，买卖双方都是价格的接受者，价格完全由市场供求关系决定。所有的促销活动都只会增加产品的成本，因而任何促销活动都是多余的。并且在完全竞争市场中，企业只能依靠提高生产效率、降低成本的方式而不可能采用提价的方式来增加利润。很明显，在实际生活中，由于不同企业采取的各种促销方式极易干扰顾客对商品的选择，以及各种难以预测的因素都可能影响产品的市场价格，使完全竞争市场不可能存在。

在完全垄断市场中，垄断企业完全操纵市场，有自主定价的能力。但实际上，这极易受到消费者的抵制和政府的干预，使垄断企业的价格决策不可能完全随心所欲。完全垄断市场在现实生活中也很少见，只局限于对某种产品拥有专利或拥有独家原料开采权的企业，以及某些国家特许的行业。在某些特殊地区，由于受运输成本或其他因素的影响，使得当地销售者可以在一定时期内和在一定价格范围内实行垄断。

在现代市场竞争中，比较接近现实的市场结构是垄断性竞争，即既含有垄断倾向又有竞争的市场。在垄断竞争市场条件下，各个企业依靠自己的特色，各占据一方市场，形成相对的局部垄断，这使企业拥有一定的价格控制能力。在这种情况下，企业已不是一个消极的价格接受者，而是一个对价格有影响力的决定者。

在寡头垄断市场条件下，产品的市场价格不是通过市场供求决定的，而是由几家大企业通过协议或默契来规定的，即操纵价格或联盟价格。在现实的市场经济中，寡头垄断市场形态比完全垄断更为普遍。

第二节　定价的程序与方法

一、成本导向定价法

成本导向定价法是一种以产品的完全成本为基础、按卖方意图确定价格的方法。其主要理论依据是：在定价时，首先要考虑收回企业在生产经营过程中投入的全部成本，然后再考虑取得一定的利润。

在采用成本导向定价法时，由于是以成本为基础的，所以，定价的关键在于准确测度产品成本。在测度产品成本时，除要考虑成本对价格的影响外，还要考虑产品成本随生产规模变化以及受经验曲线影响而发生的变化情况。另外，随着市场竞争的加剧，企业的各种促销费用也在不断增加，并且相当一部分促销费用会根据产品的市场销售情况随时发生变化。所以，在采用成本导向定价法对产品进行定价时，必须要对市场进行详细研究，使产品成本测算尽可能准确。成本导向定价法主要有以下三种具体的定价方法。

（一）加成定价法

加成定价法的计算方法包括成本加成定价法和售价加成定价法两种。

成本加成定价法是加成定价法中较简单的一种。其计算方法是在单位产品成本上加一定比例的预期利润。计算公式为：

$$P=C(1+R)$$

式中　P——产品价格；

　　　C——单位产品成本；

　　　R——加成率。

售价加成定价法是以产品的最后销售价格为基数，按销售价格的一定比率来计算加成，然后得出产品的价格。计算公式为：

$$P=C/(1-R)$$

式中　P——产品价格；

　　　C——单位产品成本；

　　　R——加成率。

例 1:某机械生产企业生产的某一型号饮料灌装机单位成本为 2 500 万元/套,预期利润率为 25%。如用成本加成法,每套饮料灌装机设备的销售价格为 2 500×(1+25%)=3 125 万元。如用售价加成法,则每套饮料灌装机设备的销售价格为 2 500/(1−25%)=3 333.33 万元。

上述两种方法的区别主要在于:(1)两种方法所确定的价格水平有较大差别。在加成率相同的情况下,售价加成法所确定的价格较高。如果要求用两种方法所确定的价格一样,则二者的加成率将是不同的,售价加成法的加成率将低于成本加成法。(2)成本加成法中的加成率实际上是成本利润率,而售价加成法中的加成率相当于销售利润率。(3)二者的适用范围也不同,成本加成法多用于大型设备制造业、建筑业、航空航天产品生产企业等。售价加成法更多地被商业零售业采用。消费品生产企业为使本企业产品在市场上的零售价控制在一定水平,在掌握中间商的加成率的情况下,也可以用售价加成法来倒推企业的出厂价。

加成定价法是一种传统的定价方法,由于没有考虑市场需求和竞争对手的情况,而经常被认为是落后的、不合逻辑的,是生产者导向观念指导下的产物。但是,由于其操作简便易行,并且如果市场需求稳定,所有企业都采用这一方法定价,价格竞争就会降到最低限度,购买者也会感到价格比较公平。所以,这一方法至今仍然盛行不衰。

(二)目标利润定价法

这是一种根据企业所要实现的利润来确定产品价格的方法。这种方法一般是运用“盈亏平衡图”,反映不同销售量的总成本和总收入。并通过分析销售量、固定成本、单位变动成本、目标利润、价格之间的内在关系,确定能够实现目标利润的价格。其计算公式为:

$$P=V+(F+G)/Q$$

式中　P——产品价格;

V——单位变动成本;

F——固定成本;

G——要实现的目标利润;

Q——预期销售量。

例 2:某企业固定成本为 600 万美元,单位产品的变动成本为 5 美元/件,企业的目标利润定为 200 万美元,如果企业的产品销售量能达到 80 万件,产品的价格应定为多少?

根据上面给定的价格计算公式,产品价格应定为 15 美元,即:

$$P=V+\frac{F+G}{Q}=5+\frac{6\ 000\ 000+2\ 000\ 000}{800\ 000}=15(\text{美元})$$

采用目标利润定价法进行定价的关键是能否实现预期销售量,而预期销售量的实现,要受到产品的需求价格弹性和竞争者产品价格的制约。因此,在采用这一方法时,首先应明确所要实现的目标利润是多少;再根据产品的需求价格弹性考虑各种价格水平对产品销售量的影响;最后将价格定在切实能够使企业目标利润得以实现的水平上。

(三)投资收益定价法

这种定价法的出发点是通过定价来达到一定的投资收益率,以期在一定时期内收回全部投资。其基本步骤如下:

(1)确定投资收益率

投资收益率=(1/ 投资回收年限)×100%

(2)确定目标利润额

目标利润额=总投资额×投资收益率

(3)预测每年的总成本

总成本=固定成本+变动成本

(4)确定预期的每年销售量

(5)确定产品价格

产品价格=(总成本+目标利润额)/预期销售量

例 3:某企业投资400万元开发生产一新产品,预期年销售量为5万单位,每年总成本为50万元,期望在4年内收回投资,则:

投资收益率=(1/4)×100%=25%

目标利润额=4 000 000×25%=1 000 000(元)

产品价格=(500 000+1 000 000)/50 000=30(元)

一个新投产的企业往往会把投资收回作为自己经营中最重要的目标,即使是老企业,有时在科研和新产品的开发上花费了巨额投资,当新产品投入市场后,企业首先考虑的也是投资收回问题。所以,这种定价方法常为一些大型企业和一些关系国计民生的公用事业单位所采用。

(四)边际成本定价法

边际成本定价法又称边际贡献定价法。这种方法在定价时不考虑价格对全部成本的补偿,而只考虑价格对变动成本的补偿,并力争取得更多的边际贡献来补偿固定成本。所谓边际贡献,就是从销售收入中扣除变动成本后的收益,即销售收入与变动成本的差值。

边际成本定价法是建立在这样一种基本思想之上的,即在产品成本中,固定成本不管企业是否生产产品都要发生,而变动成本则只有生产产品才发生,它与产品的产量有直接的关系。企业销售产品所获得的收入应首先补偿产品的变动成本,只要销售收入能完全补偿产品的变动成本并有剩余,即销售收入大于变动成本,亦即边际贡献大于零,就说明产品对企业有收益贡献,销售这种产品是有意义和有价值的。当边际贡献大于固定成本时,销售这种产品将为企业创造利润。当边际贡献小于固定成本时,销售这种产品所带来的边际贡献可以补偿一部分固定成本,为企业减少亏损。但是,如果销售收入低于变动成本,则边际贡献小于零,这表明销售该产品,不仅不能增加企业的收益,而且还会使收益减少,这种产品销售得越多,企业的收益就越少。

因此,销售收入与变动成本的差值,即边际贡献,对于企业决策分析特别重要。边际贡献的大小,从根本上说,取决于产品价格和单位变动成本。产品价格大于单位变动成本,边际贡献就大于零,反之,就小于零。所以,单位变动成本是产品价格的最低限,价格必须大于单位变动成本。即

边际贡献=边际收入-边际成本或边际贡献=$P-V$

边际成本定价法实质上是一种低价格定价方法,采用这种定价方法的条件是:(1)市场需求对价格呈现高度的敏感性,降低价格可以使需求量大幅度提高。(2)较低的价格能够将竞争对手赶出市场,从而收回损失的市场份额。

边际成本定价法,一般是当市场竞争非常激烈,而使企业的市场份额大面积被竞争对手侵蚀时,或企业产品市场供过于求、企业生产任务不足、生产能力大量闲置时,为了保住市

场、维持生产，而在短时期内采用的一种灵活的定价方法。另外，有时企业为了开拓一个新的市场也会采用这种定价方法。

二、需求导向定价法

需求导向定价法是依据买方对产品的需求强度和对产品价值的认同程度来给产品定价的方法。它的突出特点是灵活有效地运用产品的价格差异。同类产品的价格差异与产品的成本不是直接相关的，平均成本相同的同一种产品，其价格随市场需求的变化而变化。需求导向定价法包括两个主要的定价方法，即认知价值定价法和需求差异定价法。

（一）认知价值定价法

所谓认知价值，又称感受价值或理解价值，是指买方在观念上对产品价值的认同程度，而不是产品的实际价值。日益增多的企业把产品的价格建立在产品的认知价值的基础上。他们明白，定价的关键不是卖方的成本，而是购买者对价值的认知。

当产品的价格水平与买方对产品价值的理解和认识水平大体一致时，买方就会接受这个价格。反之，买方就不会接受这个价格，产品就将卖不出去。买方对产品价值的感受，主要不是由产品成本决定的。例如，一瓶成本仅几元钱的号称具有减肥效果的饮料，售价在两三元时无人问津，当价格达到十几元时顾客却争相购买，因为消费者认为十几元的减肥饮料才是货真价实的。又如，同样一份煎蛋配吐司的早餐套餐价格，在高档酒店里会比在一般小餐馆里高出几倍甚至更多，这就是由于高档酒店里的环境、气氛、服务等因素提高了产品的附加价值，使消费者感到值得支付那么高的价格。

因此，采用这种定价方法时，卖方可灵活运用各种营销策略和手段影响买方的感受，使之形成对卖方有利的价值观念，然后再根据产品在买方心目中已经形成的产品价值为产品定价。为了建立起市场的认知价值，作为有效定价的一种指南，市场调研也是必需的。

认知价值定价法的基本步骤如下：

1. 决定初始价格

根据产品的性能、用途、质量及市场营销因素组合的策略水平，确定顾客对产品的认知价值，决定产品的初始价格。认知价值定价法运用的关键是准确地分析和测定顾客对产品的价值认知水平，否则，对价值认知水平过高或过低的估计都会导致产品销售上的损失。目前经常采用的测评方法主要有以下三种：

(1)直接评议法

邀请有关人员(如顾客、中间商等)直接评议。

(2)相对评分法

即对市场上的多种同类产品按顾客的接受程度进行评分，再按分数的相对比例和现行市场平均价格推算顾客对产品的认知价值。

(3)诊断评议法

由有关专家和顾客组成诊断小组，用评分法对产品的信誉、功能、质量、服务水平等多项指标分别进行评分，找出各指标间的相对认知价值，再根据不同指标的重要程度，用加权平均的方法计算出产品的认知价值。

2. 预测产品的市场销售量

即估计在特定的市场营销因素组合策略及初始价格的条件下，企业可能实现的销售量。

3.预测目标成本

即在初始价格水平下达到预期的销售量水平时，销售收入中扣除企业的目标利润及税金后所余下的部分。目标成本也称为产品的控制成本。计算公式如下：

目标成本＝销售收入－目标利润－应缴税金

或

单位产品目标成本＝产品价格－单位产品目标利润－单位产品应缴税金

4.决策

企业在产品的生产经营过程中，应严格将产品的成本控制在目标成本以内，以确保整体营销目标的实现。如果企业测算的实际产品成本高于目标成本，则说明在初始价格水平下，目标利润得不到保证，需进一步做出调整，或降低目标利润，或设法进一步降低实际成本。否则，只能放弃该产品的投产方案。

从认知价值定价法的基本步骤可以看出，认知价值定价实质上是一种逆向定价，即企业依据顾客能够接受的最终销售价格，在保证企业目标利润和税金实现的基础上，逆向推算出产品的批发价、出厂价和目标成本，然后通过努力控制产品成本，力求按顾客认知的价格水平进行销售。

(二)需求差异定价法

需求差异定价法，是企业根据市场需求在时间、数量、地区、消费水平及消费心理等方面存在的差异，来确定产品价格，以满足不同的需求，促进产品销售。需求差异定价法主要有以下几种形式：

1.按顾客差异定价

按顾客差异定价即同一种产品以不同的价格销售给不同的顾客群体。如工业用电与居民用电的电价不同，成人与学生、儿童乘坐火车的票价不同，同一种产品卖给批发商、零售商或消费者的价格不同，有稳定业务关系的老顾客与新建立关系的顾客或临时顾客的价格也会有差异等。

2.按地区(场所)差异定价

按地区(场所)差异定价即同一种产品卖给不同地区、不同地点、不同场所的顾客，其价格不同。

3.按时间差异定价

按时间差异定价即产品的价格随时间的不同而变化。如季节性销售的产品，在销售旺季时价格较高，在销售淡季时则价格较低，节假日时产品价格与平日不同，甚至在一天的不同时段，有些产品也可以定出不同的价格，如长途电话费、电视广告收费等。

采用需求差异定价可以满足不同顾客的需求，促进产品销售，对买卖双方都有利，但在实际经济生活中，实行需求差异定价必须具备一定的前提条件：(1)市场必须是可细分的，并且各个细分市场的需求有明显差异。(2)顾客不可能把低价买进的产品以高价转手倒卖。(3)高价的市场上不可能有竞争者以低价竞销。(4)实行需求差异定价导致管理费用增加，增加的管理费用不能超过从实行差异定价中获得的好处。(5)需求差异定价法的形式必须合法，并能获得社会公众的认同。

三、竞争导向定价法

在激烈竞争的市场上，企业为了应付竞争局面，争取顾客，常常采取竞争导向定价方法。

这种定价方法是通过研究竞争对手的产品价格、生产条件、服务状况等，以竞争对手的价格为基础，确定本企业同类产品的价格。

竞争导向定价法的特点是产品的价格与产品成本、市场需求没有直接关系，而主要与竞争者的产品价格有关，企业产品的价格随竞争者的产品价格变化而改变。竞争导向定价法主要有以下几种形式：

（一）随行就市定价法

随行就市定价法即依据本行业平均价格水平的定价方法。对于市场竞争激烈、需求弹性难以预测或市场供需基本平衡的产品，为避免同行业企业之间爆发价格战、减少经营风险，往往采用这种定价方法。

随行就市定价既能充分利用同行业的集体智慧、反映市场的正常供求情况，又能保证适当的收益，也有利于同行业企业之间的友好相处。因此，这种定价方法特别适合于实力较弱的中小企业。

（二）投标定价法

投标定价法即买方通过引导卖方竞争取得最低商品价格的定价方法。一般用于建筑工程、大型设备制造、政府或社会集团的大宗采购等。买方公开招标，卖方则密封递价，竞争投标。买方按物美价廉的原则择优选取，到期公布中标企业名单。中标企业与买方签约成交。

采用这种定价方法时应注意，投标定价是以竞争者可能的定价为基础的。定价低于竞争者可增加中标机会，但最低不能低于平均变动成本，否则难以保证合理的收益。另外，买方为保证产品的质量，还要全面衡量投标企业，不可单纯以价格作为唯一的标准。

（三）拍卖定价法

拍卖定价是指卖方预先展示所要出售的产品，在一定的时间和地点、按一定的规则，由买方公开叫价竞买，不再有人竞争的最高价格即为成交价格，卖方按此价格当场拍板成交。在艺术品、古董、房地产等交易中常采用这种定价方法。

第三节　定价的基本策略

价格是影响企业市场营销活动的重要因素，企业在价格的制定过程中，除了要考虑各种价格影响因素，采用不同的定价方法，确定适当的产品价格之外，还需要根据不同的市场情况，采取各种灵活多变的价格策略和技巧，对产品价格进行必要的调整，以使企业能通过产品价格策略的具体实施，有效地实现企业的营销目标。企业可以采用的价格策略很多，主要包括折扣与折让定价策略、地区定价策略、心理定价策略、差别定价策略、新产品定价策略及产品组合定价策略等。

一、折扣与折让定价策略

（一）现金折扣

现金折扣是对约定日期付款或提前付款的顾客给予一定的折扣。例如，顾客在 30 天内必须付清货款，如果 10 天内付清货款，则给予 2%的折扣。这有利于加速资金周转，减少坏账损失。

（二）数量折扣

数量折扣是指按购买数量多少，给予不同的折扣，购买数量越多，折扣越大，鼓励顾客购买更多的物品。因为大量购买能使企业降低生产、销售、储运、记账等环节的成本费用。目前网络流行的团购模式就是将分散的客户需求通过网络集中起来，积少成多，从而获得一定的数量折扣。例如，顾客购买某种物品 100 单位以下，每单位 15 元；购买 100 单位以上，每单位 12 元。这就是数量折扣。

（三）功能折扣

功能折扣又称贸易折扣。功能折扣是指制造商给予某些批发商或零售商的一种额外折扣，促使他们执行某种市场营销功能（推销、储存、服务）。

（四）季节折扣

生产季节性商品的企业对销售淡季来购买商品的购买者，给予折扣优惠；零售企业对于购买过季商品或服务的顾客给予一定的折扣，均属于季节折扣。这有利于企业的生产和销售在一年四季保持稳定。例如，滑雪橇制造商在春夏给零售商以季节折扣，以鼓励零售商提前订货；旅馆、航空公司等在营业额下降时给顾客以季节折扣。

（五）价格折扣

价格折扣是另一种类型的价目表价格的减价。例如，一台电视标价为 1 988 元，顾客以旧电视折价 100 元购买，只需支付 1 888 元，这叫以旧换新折扣。如果经销商同意参加制造商的促销活动，则制造商卖给经销商的物品可以打折，则为促销让价。

二、地区定价策略

一般地说，一个企业的产品，不仅卖给当地顾客，而且同时卖给外地顾客。而卖给外地顾客，把产品运到顾客所在地需要装运费用。所谓地区定价策略，就是企业要决定：对于卖给不同地区的顾客的某种产品，是分别制定不同价格，还是制定相同的价格。也就是说，企业要决定是否制定地区差价。

（一）FOB 原产地价

所谓 FOB 原产地价，就是顾客按照厂价购买某种产品，企业只负责将这种产品运到产地某种运输工具（如卡车、火车、船舶、飞机等）上交货。交货后，从产地到目的地的一切风险和费用概由顾客承担。如果按产地某种运输工具上交货定价，那么每一个顾客都各自负担从产地到目的地的费用。这样定价对企业也有不利之处，即远地的顾客有可能不愿意购买外地企业的产品，而购买其附近企业的产品。

（二）统一交货定价

这种形式正好与 FOB 原产地价相反。统一交货定价就是企业对于卖给不同地区的顾客的某种产品，按照相同的厂价加相同的运费（按平均运费计算）定价。也就是说，对于全国不同地区的顾客，不论远近，都实行一个价格。因此，这种定价又叫邮资定价。

（三）分区定价

分区定价介于前二者之间。所谓分区定价，就是企业把全国（或地区）分成若干价格区，对于卖给不同价格区的顾客的某种产品，分别制定不同的地区价格。距离企业远的地区，价格定得较高；距离企业近的价格区，价格定得较低。在各个价格区范围内实行一个价格。企业采用分区定价也存在问题。

(1)在同一价格区内，有些顾客距离企业较近，有些顾客距离企业较远，前者就不划算。

(2)处在两个相邻价格区界两边的顾客,他们相距不远,但是要按高低不同的价格购买同一种产品。

(四)基点定价

所谓基点定价,是指企业选定某些城市为基点,然后按一定的厂价加从基点城市到顾客所在地运费来定价,而不管货实际上是从哪个城市起运。有些公司为了提高灵活性,选定许多个基点城市,按照顾客最近的基点计算运费。

(五)运费免收定价

有些企业因为急于和某些地区做生意,负担全部或部分运费。这些企业认为,如果生意做大,其平均成本就会降低,因此足以抵偿这些费用开支。采取运费免收定价,可以使企业加深市场渗透,并且能在竞争日益激烈的市场上站得住脚。

三、心理定价策略

产品定价不但要考虑经济因素,也需要分析研究心理因素。许多顾客把价格作为质量的一种指标,利用消费者的不同心理需要和对价格的不同感受,制定多种不同的心理定价策略。常见的心理定价策略有以下几种:

(一)声望定价策略

声望定价策略是指利用顾客仰慕名牌产品或产品生产销售企业的声望的心理来确定产品价格的策略。采用这种策略往往把产品的价格定得较高。

声望定价策略尤其适用于产品质量不易鉴别的产品。以自我感觉为主的产品,用声望定价法是特别有效的。由于顾客不容易区分不同品牌产品的质量,就会以品牌及价格来决定取舍,认为著名企业生产销售的产品,其质量理所当然会比较好,即使价格较高也会乐意购买。另外,一些"炫耀"性产品的价格也必须保持较高的价格水平,以符合其购买心理。当然这类产品的价格也不能过高,使顾客不能接受,甚至产生反感。

(二)尾数定价策略

尾数定价策略即利用顾客对数字认识上的某种心理,使用特殊的价格尾数。这一策略在一些发达国家已经有了比较深入的研究和普遍的应用,在我国的经济生活中,很多企业也在进行这方面的实践探索,尤其在消费品的零售当中得到了较为普遍的应用。例如,国外很多企业的产品价格宁可将产品价格定为0.99元,而不定价为1.00元,这可以使顾客认为产品定价准确。我国的很多企业将产品价格的尾数定为8,就是由于广东话中8与"发"同音,顾客有讨个发财吉利的心理需求。但这一定价策略在我国的进一步应用,还要结合我国消费者的购买心理进行更深入的研究。

(三)招徕定价策略

招徕定价策略即企业利用顾客求廉的心理,特意将某几种产品的价格定得较低,以此作为吸引顾客的手段,带动其他产品的销售。所以,这一定价策略又被称为特价品定价策略或"牺牲品"定价策略。在采用这一策略时应注意,作为招徕顾客的"引子"产品,一般应为受到顾客喜爱的畅销产品,否则起不到吸引顾客的作用。

四、差别定价策略

所谓差别定价,也称价格歧视,是指企业按照两种或两种以上不反映成本费用的比例差异的价格销售某种产品或服务,包括以下三种价格歧视:

(一)一级价格歧视

厂商对每一单位产品都按消费者所愿意支付的最高价格出售。

(二)二级价格歧视

垄断厂商根据不同购买量,确定不同价格。

(三)三级价格歧视

垄断厂商对不同市场的不同消费者实行不同的价格,在实行高价格的市场上获得超额利润。

在以下条件下,差别定价都是适用的:

(1)能以合理的成本进行市场细分,需求程度不同。

(2)低价产品没有可能倒卖给别人,不存在套利空间。

(3)竞争者没有可能以低价竞销。

(4)细分市场和控制市场的成本费用不超过实行价格歧视而得到的额外收入。

(5)不会引起顾客反感。

(6)不能违法。

五、新产品定价策略

新产品定价是企业产品定价中一个十分棘手的问题。新产品上市之初,产品定价没有可以借鉴的依据。价格定得高,顾客不接受,很可能会使一个原本很有前途的产品夭折,给企业造成巨大损失;价格定得低,不仅会影响企业的效益,还可能影响企业的产品形象,也给企业其他产品的销售带来不利影响。所以,新产品定价时企业一般都很慎重。

不同类型的新产品,由于其生产经营条件不同及顾客对其需求状况不同,企业定价时可以根据具体情况选择不同的定价策略。

(一)撇脂定价策略

撇脂定价策略即为新产品定一个较高的上市价格,以期在短期内获取高额利润,尽快收回投资。这一方法的出发点是认为在新产品投放市场初期,竞争者与替代品都很少,因而可以乘机大捞一把,就好像要把牛奶上面的一层奶油撇出来独自拥有一样。这样不仅能迅速收回前期产品研制投资,还可以获得较高的利润。

美国杜邦公司对他发明的许多新产品都采取这种定价策略。他首先通过比较新产品和原有的将被替代的产品的特点,估计出足以使某些细分市场接受的新产品的最高价格,并以此价格将产品投放市场。随后视销售情况逐渐降低产品价格,不断吸引下一层次的顾客。使用这一方法,杜邦公司从不同的细分市场中撇去了最大限度的高额利润。

采用这一定价策略的前提条件是:(1)新产品有足够多的购买者,并且需求弹性较小。(2)索取高价带来的好处必须大于由于小批量生产而导致的产品成本的增加。(3)新产品较难仿制,高价格不会迅速引来大量竞争对手。(4)较高的价格能够使顾客对新产品产生高档的感觉,而不会被认为是牟取暴利。(5)企业的产品质量与所定的高价格相符合。

企业采用这一定价策略有利有弊。其好处是:第一,可以利用新产品刚上市的有利时机和顾客的求新好奇心理,通过高价获取较高利润,在尽可能短的时间内收回开发研制和开拓市场的投资,并在竞争者进入该产品市场之前利用时间差获得应有的利润回报。第二,产品上市初期的高价格为企业以后的降价留下了余地,使企业可以随着市场情况的变化以及不同细分市场的实际情况灵活调整价格。第三,较高的价格在产品上市之初抑制了一部分需求，从而不至于由于初期市场需求量过大，产品供不应求，导致一部分潜在顾客的需求转移。

采用这一定价策略有两个不利之处，第一，假如没有特殊的技术、资源等优势，高价格带来的高利润率有可能迅速引来大量的竞争对手，不仅高价格维持不了很久，还会对企业日后的经营带来不利影响。第二，当新产品在顾客心目中尚未树立起相应的声誉时，高价格不利于市场开拓，甚至可能会引起公众的反感。

（二）渗透定价策略

渗透定价策略即为新产品定一个较低的上市价格。目的是使新产品一上市就能吸引大量的顾客购买，迅速打开市场，并赢得较大的市场占有率。同时，有效地阻止竞争者进入市场，从而为企业长期占领市场打下坚实基础。采用这一定价策略的企业，在进入市场的初期可能会有亏损，但随着产品产销量的扩大，产品成本下降，不仅可以弥补亏损，还会因为较高的市场占有率而获得丰厚的利润。

由此可见，企业采用渗透定价策略，需要经过较长的时间才能获得利润、收回投资，但由于市场基础稳固，市场占有率也较高，因而一旦开始赢利，利润将会十分稳定。所以，这是一种着眼于企业长期发展的策略。

采用渗透定价策略也需要具备一定的前提条件：(1)顾客对产品的价格非常敏感，产品的价格弹性较高，采取低价能刺激需求迅速增长。(2)企业能采用大量生产方式生产这一产品，并且随着产品产销量的增加，产品的平均成本能够下降，即具有规模效益。(3)低价能够有效地阻止现有竞争对手和潜在竞争者进入新产品市场。(4)新产品的潜在市场需求量非常大。

对于企业来说，采用哪一策略更合适，应根据市场需求状况、竞争形势、生产能力等各种因素综合考虑，来加以判断和选择。

六、产品组合定价策略

对于绝大多数企业来说，生产经营的产品都不止一种，每一种产品都是企业整个产品组合中的一个组成部分，这时，企业就需要针对整个产品组合的具体状况，为每一种产品定出合适的价格，从而使整个产品组合所取得的总利润最大。一般而言，企业产品组合中的各种产品，由于它们的功能相近、市场定位相似，或者技术密切相关，使得这些产品在成本和需求方面相互影响，甚至相互竞争，某一产品价格定得合适与否，会对其他产品的销售产生巨大影响。

在现实生活中，企业既要使每种产品的销售利润最大，又要使整个产品组合的整体利润最优是非常困难的，因为每个产品的需求不同、成本不同、市场竞争状况也不同。所以，对于生产多种产品的企业来说，必须从整个产品组合的总收益出发，考虑各种产品之间的相互关系，来确定每一种产品的合理价格。

（一）产品线定价策略

在同一产品线中，由于各个产品项目有着非常密切的关系和相似性。如果产品项目之间的价格差别不大，顾客就会倾向于购买功能和性能较先进的、价格较高的产品，这时，如果产品之间的成本差别更小，即成本差别小于价格间的差别，价格高的产品项目利润大，则企业会获得较多的利润。而这时，如果成本差别大于价格间的差别，价格低的产品项目利润较大，对企业不利。相反，如果产品项目间的价格差别较大，顾客就会倾向于购买价格较低的产品。这时，整个产品组合的获利水平，同样取决于产品项目间成本差异与价格差异大小的比较，只不过结果相反。

所以，当企业对整个产品线进行定价时，首先，必须对产品线内推出的各个产品项目之间的特色，顾客对不同特色的评估，以及竞争对手的同类产品价格等方面的差别进行全面考虑。其次，以某一产品项目为基点定出基准价。然后，围绕这一基准价定出整个产品线的价格，使产品项目之间存在的差异，既能够通过价格差别明显地体现出来，又不至于使产品项目间的销售波动太大。

（二）附带产品定价策略

附带产品就是与主要产品配套使用的产品，它可以分为必须附带产品与任选附带产品两大类。

1.必须附带产品

必须附带产品，如复印机与复印纸、遥控玩具与电池以及剃须刀架与刀片等。由于主导产品都可以多次反复使用，而附带产品属易耗品，顾客买了主导产品就必须不断地购买附带产品。一般情况下，同时生产主导产品和附带产品的大企业，往往把主导产品的价格定得较低，目的是以主导产品的大量销售带动附带产品的销售。例如，吉列公司的剃须刀架的价格就定得较低，为的是消费者更多地购买其剃须刀片。另外，在一些服务行业中，如邮电通信行业，以预存话费送手机等方式，吸引顾客大量使用移动电话，然后通过收取通话费用、增值服务费用和网络流量费用带来盈利。

2.任选附带产品

任选附带产品，如汽车与行车导航、电脑与手写输入板等。这类附带产品与主导产品的使用关系密切，但顾客在购购买者导产品时可买可不买，并且这类产品的成本与价格远远低于主导产品。这类产品价格的确定，就需要认真分析市场环境、顾客偏好等因素。如果任选附带产品的有无会影响到顾客对主导产品的选择，就可把其价格定得很低，甚至免费赠送。如果顾客对主导产品的偏好十分强烈，选择比较固定，这时任选附带产品的价格反而会定得较高，如特色餐馆里的酒水价格就定得较高。

（三）产品群定价策略

为了促进产品组合中所有产品项目的销售，企业有时将有相关关系的产品组成一个产品群成套销售。例如，化妆品的配套销售，公园内所有娱乐项目成套销售以及体育比赛的各个项目门票的整套出售等。由于顾客本来无意购买全部产品，企业通过将产品配套销售，使顾客感到成套购买比单独购买便宜和方便，从而带动整个产品群中某些不太畅销产品的销售。但在采用这一策略时要注意避免硬性搭配。

第四节　价格调整策略

一、企业降价与提价

企业产品价格并非一成不变，必须随着市场环境的动态变化进行调整。企业进行产品价格调整有以下两种情况：一是根据市场需求变化或企业战略、策略实施的需要进行主动调整；二是当竞争对手产品价格变动后为应付竞争对手进行的应变调整。

经营过程中，企业主动降低或提高价格的可能原因主要有以下几个方面：

（一）降低价格的可能原因

(1)企业的生产能力过剩需要扩大销售，而通过其他营销策略扩展销售的余地很小。

(2)在强大的竞争压力之下，企业的市场份额明显下降。

(3)企业的成本费用低于竞争对手，降低价格可以扩大销售，提高市场占有率。

（二）提高价格的可能原因

(1)由于通货膨胀，企业成本费用提高，因而不得不提高产品价格进行弥补。

(2)企业产品供不应求，不能满足市场旺盛的需求。

二、顾客对价格变动的反应

顾客对产品价格调整的敏感程度依据不同产品类型等因素的反应是有差异的。一般情况下，价值较高、购买频率高的产品价格变动对顾客的影响会比较大，反之，价值较低、不经常购买的产品价格变动时顾客反应的敏感程度较低；需求弹性大的产品调价时，顾客反应的敏感性一般比较高。当然，顾客反应的具体情况还主要依赖于当时当地的市场实际状况。

顾客对于产品价格调整的理解有时也会与企业调整产品价格的初衷产生偏差，甚至还可能导致完全不同于企业调整价格目的的理解。如企业在经营成本降低的情况下，为了进一步扩大市场销售采取的降低价格策略，可能被顾客理解为产品质量下降或属于淘汰的产品项目等。企业提高产品价格也可能会使顾客在某些心理预期下产生更加强烈的购买欲望。所以，作为企业价格调整的一个必要准备，就是调整价格的同时并附着可有效消除误解的详细说明与解释。

三、竞争者对价格变动的反应

预先估计和及时了解竞争对手的反应关系到企业产品调价后市场竞争格局的变动。而了解竞争者的反应比了解顾客的反应更加复杂。竞争者对其他企业挑起的产品市场价格变动可能有相对固定的整套应对策略，也可能每次采取不同对策。企业必须对竞争对手的市场应对方式经常进行深入的情报收集与分析评估，以掌握不同竞争对手的反应模式。

如果竞争对手有完整的价格应对体系，企业可以运用收集的情报资料，采用统计分析方法，建立起竞争对手的“市场价格应对模型”来对竞争对手可能的反应进行推测。如果竞争对手属于随机型，对每次市场价格变动没有较为固定的反应模式，就要根据其当时的财务状况、生产和销售能力、顾客忠诚情况以及企业营销目标等因素，分析、推测其可能的反应。

四、企业对竞争者价格变动的反应

一般而言，如果产品的同质化程度高，竞争对手降低产品市场价格往往迫使其他企业不得不随之降低，而提高产品价格时其他企业跟随的可能性非常小，迫使其提价的图谋流产。如果不同企业产品之间差异性较大（尤其是在顾客心目中的形象差异），各企业产品在市场上具有一定的垄断性，则应对竞争对手产品价格变动的自由度就比较高，可以在综合分析评估竞争对手产品价格变动意图、本企业的反应可能对市场竞争格局产生的影响以及竞争对手对本企业反应的再反应等问题后，决定应对策略。

面对竞争者变动价格，企业必须认真调查研究如下问题：一是，竞争者为什么变动价格；二是，竞争者打算暂时变动价格还是永久变动价格；三是，如果对竞争者变动价格置之不理，将对企业的市场占有率和利润有何影响；四是，其他企业是否会做出反应；五是，竞争者和其他企业对于本企业的每一个可能的反应又会有什么反应。

通常企业应对竞争对手产品价格调整的策略主要考虑以下几点：

第一，如果竞争对手产品价格变动对本企业产品销售影响不大，或影响会很快消除，则维持原有产品价格不变。

第二，如果运用非价格手段能消除竞争对手价格变动的影响，或非价格手段对顾客更具吸引力，则在保持原产品市场价格不变的情况下，调整营销组合其他策略。

第三，在以上两点不能有效维持本企业产品正常的市场销售时，为了保证与竞争对手既有的竞争格局，企业需要进行价格调整以跟进竞争对手的价格变动。

如果企业决定对竞争者的降价行为采取有效的行动，那么他可能会采取以下几种反应：

1. 降低价格

企业可将价格降低到竞争对手的价格水平，以便与竞争者的价格相匹配。企业可以这样做的原因是：

(1)随着销量的增加，成本下降；

(2)市场对价格十分敏感，不降价就会使市场份额下降。市场份额一旦下降，以后就将难以恢复。

2. 维持原价

企业可能会维持原价，这是因为：

(1)如果降价会使利润减少过多；

(2)如果不降价，市场份额不会失去太多；

(3)需要时自己夺回市场份额。

3. 提高价格并改善质量

较高的质量可以用来证明较高的价格，较高的价格能使企业保持较高的利润。

4. 推出低价进攻性产品

最好的做法是在产品线中增加较低价格的产品，或者单独创立一种较低价格的品牌。当正在丢失的细分市场对价格很敏感且不会对较高质量的说法感兴趣时，这样做就很有必要。

本章小结

企业定价目标主要有维持生存、当期利润最大化、市场占有率最大化和产品质量最优化。企业定价有三种导向：一是成本导向定价法。这是一种主要以成本为依据的定价方法，包括成本加成定价法和目标定价法，其特点是简便、易用。二是需求导向定价法。这是一种以市场需求强度及消费者感受为主要依据的定价方法，包括认知价值定价法、反向定价法和需求差异定价法三种。三是竞争导向定价法。即随行就市定价法和投标定价法。定价的基本策略包括折扣定价策略、地区定价策略、心理定价策略、差别定价策略、新产品定价策略和产品组合定价策略。在必要的时候，企业会主动地提高或降低价格，此时企业应考虑顾客、竞争者变动价格的反应。同时，在面对竞争者进行价格调整时，企业也应考虑如何进行相应的反应。

案例应用

小米手机的定价策略

小米手机是小米公司(全称北京小米科技有限责任公司)研发的一款高性能发烧级智能手机。手机2011年8月发布,售价1 999元,主要针对手机发烧友,采用线上销售模式,是世界首款双核1.5GHz的智能手机。小米公司宣称小米手机搭载的Scorpion双核引擎比其他单核1GHz处理器手机的性能提升了200%,与双核智能手机相比也提升了25%。经过系统优化后还能提高30%的性能。

小米手机于2011年10月20日产量出货,并只接受网购。小米公司拟定了先满足9月份30万订单客户然后再广泛出售的战略。截至12月17日售出302 601台。12月18日限量10万台发售。

2012年1月4日中午13:00开始,第二轮开放购买正式开始,10万台小米经3小时疯抢后,售罄!为了满足广大米粉,2012年1月11日又放出50万台,与前两次不同的有两点:一是此次开放购买,每人预付100元。二是成功购买后,赠送小米会员后盖一个。经约35小时抢购之后,50万台再次售罄!此次成功订购的小米手机会从2月1日开始发货,发货前三天会收到短信通知付余款。

2月8日,CDMA版小米手机于正式发布,售价2 199元。小米科技CEO雷军表示,电信版小米手机将于3月中下旬批量上市。从2月16日起,用户将可以1 699元的优惠价格购买首批1 000台纪念版,但需要用户使用133和189电信号码注册。雷军介绍说,与WCDMA版相比,CDMA用户合约机占比较大,研发成本较高,因此手机售价相对较高,基本上双模单待贵500元以上,双模双待甚至贵1 000元左右。而中国电信版的CDMA小米手机处理器从高通MSM8260升级为MSM8660处理器,支持双模单待,支持GSM/WCDMA/CDMA2000/,也就是同时支持中国联通、中国电信两家公司的3G制式。

2月16日,CDMA版本小米手机纪念版用了12小时取得45万预订用户的佳绩,为此雷军召开紧急会议回报米粉的热情:将于3月底正式销售的CDMA版小米,最终售价跟WCDMA版本的M1售价同为1 999元。

2月28日,CDMA版本小米手机半小时15万台售罄。

案例思考

结合上述案例材料,思考小米手机采用了哪种定价策略?

练习题

一、单项选择题

1. 随行就市定价法是(　　)市场的惯用定价方法。

A. 完全垄断　　　　B. 异质产品

C. 同质产品　　D. 垄断竞争

2.(　　)是企业把全国分为若干价格区,对于卖给不同价格区顾客的某种产品,分别制定不同的地区价格。

A. FOB原产地定价　　B. 分区定价

C. 统一交货定价　　D. 基点定价

3. 某服装店售货员把相同的服装以1 200元卖给顾客A,以900元卖给顾客B,该服装店的定价方法属于(　　)。

A. 顾客差别定价　　B. 产品形式差别定价

C. 产品部位差别定价　　D. 销售时间差别定价

4. 当产品市场需求富有弹性且生产成本和经营费用随着生产经营经验的增加而下降时,企业便具备(　　)的可能性。

A. 渗透定价　　B. 撇脂定价　　C. 尾数定价　　D. 招徕定价

5. 企业的产品供不应求,不能满足所有顾客的需要。在这种情况下,企业就必须(　　)。

A. 降价　　B. 提价　　C. 维持价格不变　　D. 降低产品质量

二、多项选择题

1. 企业定价目标主要有(　　)。

A. 维持生存　　B. 当期利润最大化

C. 市场占有率最大化　　D. 产品质量最优化

E. 成本最小化

2. 价格折扣主要有(　　)等类型。

A. 现金折扣　　B. 数量折扣　　C. 功能折扣　　D. 季节折扣

E. 价格折让

3. 市场领导者在遭到其他企业的进攻后,有(　　)策略可供选择。

A. 提高产品质量　　B. 提价

C. 维持价格不变　　D. 降价

E. 降低服务水平

4. 一般来说,顾客对于企业提价可能会有这样的理解(　　)。

A. 产品有某些缺点,销售不畅　　B. 价格会进一步下跌

C. 卖主想尽量取得更多利润　　D. 产品很有价值

E. 产品很畅销,不赶快买就买不到了

5. 引起企业提价主要有(　　)等原因。

A. 通货膨胀,物价上涨　　B. 企业市场占有率下降

C. 产品供不应求　　D. 企业成本费用比竞争者低

E. 产品生产能力过剩

三、判断题

1. 销售中的折价无一例外地遵循单位价格随订购数量的上升而下降这一规律。(　　)

2. 顾客对产品的降价既可能理解为这种产品有某些缺点,也可能认为这种产品很有价值。(　　)

3. 采用运费免收定价会使产品成本增加，不但给企业市场渗透带来困难，甚至难以在激烈的市场竞争中站住脚。（　　）

4. 产品形式差别定价是指企业对不同型号或形式的产品制定不同的价格，但它们的价格与成本费用之比却相同。（　　）

5. 产品差异化使购买者对价格差异的存在不甚敏感。因此，在异质产品市场上企业有较大的自由度决定其价格。（　　）

实践应用讨论

定价策略应用实训

一、实训内容

选择某一具体企业的产品，为你所选择的产品制定定价策略。

1. 对实训项目中的企业产品状况进行分析；

2. 结合企业实际和竞争状况，选择定价策略；

3. 根据定价策略，选择定价方法，进行定价。

二、实训要求

1. 学生自由组合，3～4 人组成一个项目学习小组；

2. 以小组为单位，课前收集、选择拟进行分析项目的相关资料；

3. 根据资料信息，进行定价策略的策划；

4. 在小组讨论的基础上，提交一份不少于 1 500 字的实训报告。

第十章 渠道策略

学习目标和要求

了解分销渠道的概念及职能；掌握分销渠道的类型；掌握批发商和零售商的主要功能；掌握分销渠道选择的主要影响因素；了解分销渠道的管理方法。

学习重点

分销渠道的类型、批发商和零售商的主要功能。

案例导入

零售商为何从 eBay 逃离

eBay 与亚马逊的对决本质在于零售商思维，eBay 输在了缺乏零售商思维上，而这也正是亚马逊的优势所在，因为它自身就拥有庞大的零售业务。

从 2014 年起，电商商家出现了一次“迁徙潮”，一大批商家从 eBay“逃离”，转移到亚马逊上，2013 年年底，亚马逊已有逾 100 万家商户，到 2014 年年底，其商户数量达到了 200 多万家，一年之间翻了一倍。

实际上，在亚马逊上开店成本并不低。它收取的各项费用，包括仓储、包装、物流等各种费用，大约占到一件商品最终售价的 15%，而 eBay 征收的费用约占 10%，即便如此，也挡不住商家“逃离”eBay，奔向亚马逊的脚步，原因在于同样的商品在亚马逊上的生意好得让 eBay 没有招架之力。

Vivo 技术是一家笔记本零配件公司，它在把一部分产品转移到亚马逊上销售后发现，产品在 eBay 上的销量下降了 10%，而在亚马逊上出现 10% 的增长；根据市场咨询公司 Channel Advisor 的统计数据，2014 年第四季度，零售商一年中最繁忙的销售旺季，它在亚马逊上的产品销量上升了 33%，相比而言，eBay 上的销量只有 5% 的增长。整个 2014 年，eBay 的收入增长仅为 6.4%，严重地拖了整个电商行业的后腿(22%)。

正因为如此，即便亚马逊的费用高于 eBay 的，商家也还在不断地转移平台，把生意搬到亚马逊上，因为他们觉得亚马逊的费用物有所值。

超越昔日的电商巨头 eBay，为商家带来销售增量，亚马逊有两大撒手锏：

1. 消费者基数大

亚马逊不仅是第三方零售商的销售平台，而且出售自有品牌产品，这吸引了更多的消费者登录亚马逊网站浏览购物。据互联网流量统计机构数据显示，仅 2015 年 2 月，亚马逊就吸引了美国 1.749 亿的独立访客，比 eBay 高出 46%。

从商家基数来看，eBay 在电商领域依然处于领先位置，过去两年里，eBay 上的商户数量一直维持在 2 500 万家，但亚马逊的消费者基数更大，对商家更有吸引力。尤其是对那些对发货要求较高的商品来说，亚马逊完善的配套服务，对商家来说是梦寐以求的。

2. 付费会员制

亚马逊有一项付费会员制，会员每年只需支付 99 美元，即可享受免费的 2 天到货、网上音乐和电影等服务，据亚马逊称，目前已有数千万的消费者成为它的付费会员，这些消费者也成为它极为重要的活跃买家。目前，亚马逊的活跃买家有 2.7 亿，而 eBay 的活跃买家则有 1.55 亿。亚马逊会员也是其他商家希望争取到的客户，他们甚至愿意付钱给亚马逊来帮自己处理和发送商品。

根据亚马逊最新的一项调查，75%使用亚马逊配送服务 Fulfilment（包括仓储、包装、运送服务）的商家，年销量有 20%的上升。亚马逊副总裁 Tom Taylor 认为，亚马逊所拥有的世界级的物流资源、全球化的销售水平和客户服务，让消费者对亚马逊充满了信心，商家也能从消费者信心中受益。

例如，一般在假期到来前，eBay 上的生意就会很惨淡，而亚马逊上还会持续红火到假期期间，原因在于消费者对亚马逊的配送有信心，他们相信即使在假期期间，自己买的物品依然还能及时送达。

第一节　分销渠道概述

一、分销渠道的职能

分销渠道作为连接生产与消费的中间环节，对生产企业的作用主要有以下几个方面：

（一）加速商品流通，为生产者开拓广阔的市场

企业的发展、壮大使得企业目标市场的范围不断扩大，使得大部分生产企业囿于资源和能力所限并不是将产品全部直接销售给最终消费者或用户，而是借助于一系列中间商，即分销渠道来完成。

生产企业的买卖能力毕竟是有限的，而商品交换的“天然属性”使商业渠道具有市场扩散的作用。有些企业忽视了这一作用，自己建立了庞大的销售机构，背上了沉重的包袱。企业只有合理地选择和利用分销渠道，才能降低成本，将产品高效率地销售给消费者，通过满足他们的需要来使商品的价值得以实现，从而使企业的生产经营活动能够获得进一步发展。

（二）提高生产企业市场营销活动的效率

如果离开中间商构成的分销渠道的支持，由生产企业直接将产品销售给顾客，产品生产企业将会陷入繁重复杂的购销交易工作之中，其复杂程度是难以想象的。

我们假定某一产品市场上有三个供应商（即制造商 M_1、M_2、M_3）和五个购买者（C_1、C_2、

C_3、C_4、C_5)，如果制造商与购买者均不利用中间商而直接进行交易，则如图 10-1(a)所示，双方共需进行 15 次交易；而利用中间商购销产品时，如图 10-1(b)所示，可以看出，制造商和购买者的数量没变，只是他们之间加入了一个中间商 D，但是交易次数却大大减少，原因就在于中间商将商品进行汇总和分类，简化了产品的购销交易过程，从而使生产企业从这种简化中获得了较高的营销效率。在现实的经济生活中，供应商与购买者都要比这个简单例子中的数量大得多，供应商与购买者的数量越多，中间商对营销效率的贡献就越明显。

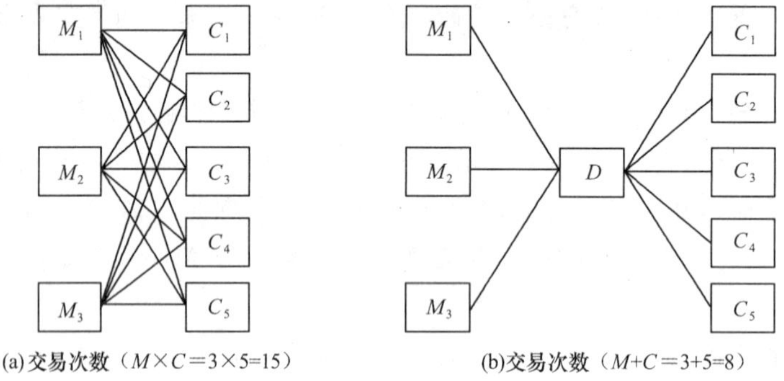

图 10-1　中间商的作用

(二)反馈市场信息，有助于企业进一步调整生产经营行为

对于一个生产企业来说，分销渠道不仅是将产品输送给消费者的工具，而且还要承担反馈市场信息的职责，要很好地实现市场信息反馈的功能。

商业起着纽带的作用，把产销联系在一起，在生产者和消费者之间传递信息，使商品生产得以不断改进，从而使消费者对生产者的商品感到满意。合理有效的分销渠道将使企业及时、准确地获得相关的市场信息，从而为下一阶段的生产计划调整提供依据；分销渠道选择不当，市场信息不能及时反馈或出现变形失真，将给企业的生产经营决策造成不良影响，以致使企业蒙受巨大的经济损失和声誉损失。

二、分销渠道的类型

在商品生产的发展史上，由于生产力水平的不同，产生了不同类型的分销渠道。在现实经济生活中，市场上的分销渠道是多种多样的，发挥着各自独特的优势。

分销渠道的设计是企业制定分销策略的一个关键环节。要设计一个合理、高效的分销渠道，首先必须对各种不同类型的分销渠道有一个深入的了解。按照不同的标准，可以将分销渠道从不同的角度进行具体分类，于是就有了不同类型的分销渠道，了解这些类型将有助于企业做出正确的渠道类型选择。

(一)长度不同的渠道

1.分销渠道长度的意义

在从生产者向消费者流通的过程中，商品每经过一个直接或间接地转移商品所有权的营销过程就称为一个流通环节或一个中间层次。分销渠道的长度取决于商品在整个流通过程中经过的流通环节或中间层次的多少，经过的流通环节或中间层次越多分销渠道就相应越长，反之分销渠道就比较短。

分销渠道的长短一般是按通过流通环节的多少来划分的，具体包括以下四层：

(1)零级渠道

制造商—消费者。

(2)一级渠道

制造商—零售商—消费者。

(3)二级渠道

制造商—批发商—零售商—消费者,或者是制造商—代理商—零售商—消费者。

(4)三级渠道

制造商—代理商—批发商—零售商—消费者。

长渠道好还是短渠道好,我们在实际进行渠道决策时不能一概而论,必须具体问题具体分析。分销渠道长度决策的指导原则是:企业选择的渠道类型应具有较高的分销效率和经营效益。企业在选择自己的分销渠道时,关键是要针对自身条件和环境要求,权衡利弊得失,选择适合本企业和产品的渠道。

在现实经济生活中,许多企业会根据产品的实际市场需求情况,建立多条分销渠道,有长有短,长短搭配。一般情况下,当企业产品是在较小的地区范围内销售,或产品销售的时效性较强时,采用较短的分销渠道。否则,分销渠道要长一些,这样可以提高产品在市场上的渗透能力。

2.直接渠道和间接渠道

按照分销渠道中是否有中间环节,可以将企业的分销渠道划分为直接渠道和间接渠道。

(1)直接渠道

直接渠道是指生产企业不通过中间商环节,将产品直接销售给最终消费者或用户的分销渠道。产品的商业流通功能由生产企业自己承担,产品的产和销全部都由生产企业直接完成,即直销,属于第一层的零级渠道。

直接渠道的优点是:销售及时、易于了解市场信息、便于生产企业开展维护服务工作等;更重要的是直销可以使购销双方在营销方式上相对稳定。一般来说,按直销渠道进行商品交换,交换的数量、时间、价格、质量、服务等都按合同规定履行,购销双方的关系以法律的形式于一定时期内固定下来,使双方把精力用于其他方面的战略性谋划。

直接渠道的不足表现在,生产企业必须承担销售所需的全部人力、物力和财力,在市场相对分散的情况下将会给企业带来沉重的负担;更重要的是,生产者将失去中间商在销售方面的协作,产品价值的实现增加了新的困难,目标顾客的需求难以得到及时满足。

直接渠道是工业品分销的主要类型。采用这种直接渠道的主要是一些大型设备、专用工具、技术复杂程度较高需要提供专门技术服务的生产资料类产品的生产企业。在消费品市场中,鲜活商品和部分手工业制品也有着传统的直销习惯。目前,随着新技术尤其是计算机技术在流通领域的广泛应用,使直销渠道有了进一步扩大的趋势。

直接渠道不太适应于消费品的销售,除鲜活商品、某些手工业品以及少数使用复杂、维修不便的高档电器产品可以在一定程度上采用直接渠道外,大多消费品都采用间接销售的形式。

(2)间接渠道

间接渠道是指生产者利用各种不同类型的中间商,包括代理商、批发商、零售商等把产品销售给消费者或用户的分销渠道。间接渠道包括一、二和三级渠道,中间商参与和介入了商品的交换活动。

中间商在产品流转的起点同生产者相连，在其终点与消费者相连，从而有利于调节生产与消费在品种、数量、时间与空间等方面的矛盾。因为大多数生产企业缺乏直接销售产品的财力和经验，采用间接渠道能够充分利用中间商在市场已有的广泛业务关系以及人力、物力、财力等，以较高的效率和准确性向目标市场提供产品，既有利于满足目标顾客的需求，也有利于企业产品价值的实现，更能使产品广泛分销，巩固已有的目标市场，扩大新的市场，使产品生产者获得高于直接销售所取得的利润。所以，市场中的绝大多数产品都是通过这种形式进行销售的。

间接渠道是消费品销售采用的主要渠道，有些产业用品如次要设备、零部件等也经常使用这种渠道。

（二）宽度不同的渠道

1.分销渠道宽度的意义

分销渠道的宽度，取决于分销渠道内每个层次上使用同种类型中间商数目的多少。在分销渠道的每个层次上，使用同种类型中间商数目越多分销渠道越宽，反之分销渠道就越窄。

在企业的营销实践中，究竟是采用较宽的渠道还是较窄的渠道，主要取决于生产企业的分销策略和产品本身的特点。如果生产企业的分销策略是扩大产品的市场覆盖面，或者企业生产的产品是便利品，就应该选择较宽的渠道，以便占据更大的市场；而对于选购性较强的产品和特殊产品，或者如果企业是以维护良好的产品信誉、建立稳固的市场竞争地位作为自己分销策略的重点，分销渠道就可以相对窄一些，使企业可以集中资源和能力来实现其营销战略。

例如，洗衣液、酱油等日用品的制造商通过较多批发商、零售商将其产品销售给广大地区的消费者，这种产品的分销渠道就比较宽；家用电器、手机等产品的制造商只通过较少的批发商、零售商经销其产品，或者在某一地区仅授权给一家批发商或零售商经销其产品，这种分销渠道就比较窄。

2.企业的销售策略对渠道宽度的影响

分销渠道的宽度是企业营销渠道决策中一个不容忽视的方面。企业在销售其产品时，究竟在每一个流通环节或层次上要使用多少个批发商或零售商，企业的销售策略将会对这一决定产生重大的影响。一般来说，企业采用的销售策略主要有以下三种：

(1)密集分销策略

密集分销即企业尽可能多地扩大批发商、零售商的数量，以密集的销售网点推销其产品，以求扩大市场覆盖面或快速进入并覆盖一个新市场。这种策略比较适合于便利品(如日用品、低值易耗品等)的销售，工业用品中的通用机具也经常采用这种策略。

(2)选择分销策略

选择分销即企业在某一地区仅选择几个有实力的、有信誉的中间商经销自己的产品，目的在于维护产品的品牌信誉，建立稳固的市场，形成比较固定的消费群体。这种策略比较适合于消费品中的选购品(如时装、家用电器等)的销售，尤其是一些新产品在试销阶段适宜采用这种策略。

(3)独家分销策略

独家分销即企业在某一地区只选择一个中间商经销自己的产品，双方通过签订经销合同的方式来确定各自的权利与义务，以达到调动中间商的积极性，扩大经营规模，充分利用中间商的商誉和经营能力，有效地控制市场的目的。这种策略比较适合于特殊品的销售（如专利产品、具有品牌优势的产品以及面向专门用户的产品等）。

三、渠道系统的新发展

随着社会经济的发展，分销渠道系统突破了由生产者、批发商、零售商和消费者组成的传统模式和类型，新型的渠道形式不断出现。新型渠道是一种实施专业化管理和集中计划的组织网，渠道上的各个成员之间采取了不同程度的一体化经营或联合经营的方式，从而形成了经营规模，加强了交换能力，提高了整体运行效率和经营效益，有效地增强了环境适应力和市场竞争力。

新型的渠道系统主要有垂直渠道系统、水平渠道系统、多渠道营销系统、网络营销系统等。

（一）垂直渠道系统

这是由生产企业、批发商和零售商组成的统一系统。垂直渠道系统的特点是专业化管理、集中计划，销售系统中的各成员为共同的利益目标，都采用不同程度的一体化经营或联合经营 。某个渠道成员拥有其他成员的产权，或者是一种特约代营关系，或者这个渠道成员拥有相当雄厚的实力，其他成员愿意与之合作。垂直渠道系统主要有三种形式：

1. 公司型

公司型指一家公司拥有和统一管理若干工厂、批发机构和零售机构，控制分销渠道的若干层次甚至整个分销渠道，综合经营生产、批发、零售业务。实际上，当一条分销渠道中两个或两个以上环节存在着共同所有权，或者一个层次的职能被另一个层次的成员所取代时，也就形成了公司系统。公司系统有两种形成方式或经营方式：由生产企业主导的工商一体化的经营方式和商业企业主导的商工一体化经营方式。

2. 管理型

制造商和零售商共同协商销售管理业务，其业务涉及销售促进、库存管理、定价、商品陈列、购销活动等，如宝洁公司与其零售商共同商定商品陈列、货架位置、促销及定价。由于管理型系统不是通过所有权和合同，而是在有关成员自愿加入、互利合作的基础上，通过相互尊重、相互支持来协调与维持系统的存在与运行，因而在制造商拥有深受广大消费者欢迎、赢得顾客信赖的产品或品牌，各方面利益都有所保障的情况下管理型系统才易于成功。

3. 合同型

合同型垂直渠道系统也称契约型垂直渠道系统，是指不同层次的独立制造商和经销商为了获得单独经营达不到的经济利益、以契约为基础建立的一种关系较为紧密的联营分销系统。特许经营、自愿连锁和零售店合作社是合同型垂直渠道系统的三种一般形式。

（二）水平渠道系统

水平渠道系统是指同一层次的两家或多家相互不关联的企业联合起来，集合其资金、技术、生产设备及市场营销设施等方面的优势共同开发和利用市场机会，以实现最佳协同效应。他们可实行暂时或永久的合作。这种系统可发挥群体作用，共担风险，获取最佳效益。

（三）多渠道营销系统

多渠道营销系统是指对同一或不同的分市场采用多条渠道营销系统。这种系统一般分为两种形式：一种是生产企业通过多种渠道销售同一商标的产品，这种形式易引起不同渠道间激烈的竞争；另一种是生产企业通过多渠道销售不同商标的产品。多渠道营销系统是指公司建立两条或多条营销渠道到达一个或更多的顾客细分市场。这种多渠道分销，比通过某单一渠道分销更能实现市场渗透，在市场商品供过于求以及竞争较为激烈时，采用此种策略往往能收到较好的效果。

（四）网络营销系统

网络营销是以互联网为传播渠道，通过对市场的循环营销传播，达到满足消费者需求和商家诉求的过程。

网络营销是电子商务背景下一种新型销售方式。它不仅仅是一种技术手段的革命，而且包含了更深层的观念革命。它是目标营销、直接营销、分散营销、顾客导向营销、双向互动营销、远程或全球营销、虚拟营销、无纸化交易、顾客参与式营销的综合体。

网络营销的特点主要表现在以下几个方面：

1. 营销形式的变化

传统的市场营销是单向式的。以广告为例，电视、报纸、广播、路牌都是通过单向信息吸引受众的视觉、听觉，试图将有关信息强加给受众。而在网络营销中，消费者手中掌握着鼠标，他们能够由被动接受转为主动参与到双向互动营销过程中来。

2. 网络营销的经济性

网络营销具有快捷性，因此将极大地降低经营成本，提高企业利润。形成和促成网络营销的经济性有诸多原因，如资源的广域性，地域价格的差异性，交易双方的最短连接性，市场开拓费用的锐减性，无形资产在网络中的延伸增值性，以及所有这一切对网络营销经济性的关系和影响，都将使我们极大地降低交易成本，给企业带来经济利益。网络营销的经济性以及由此带来的显著效果，必将清晰地、鲜明地显现出来。

3. 商品交易的范围发生了变化

网络的连通性决定了网络营销的跨国性，网络的开放性决定了网络营销市场的全球性。在此之前，任何一种营销理念和营销方式，都是在一定的范围内去寻找目标客户。而网络营销，则是在一种无国界的、开放的、全球的范围内去寻找目标客户。在网络营销中，所有企业，不管实力强弱、规模大小、产品多少，只要是国际互联网络成员，都能平等地参与国际营销。

第二节　中间商

一、中间商存在的必要性

在商品流通过程中，中间商所起的作用非常重要，他们是生产者和消费者之间的桥梁与纽带。实际上，分销渠道策略的中心问题就是中间商的选择以及生产者与中间商、最终消费者之间关系的协调问题。

中间商在企业的产品分销过程中，除了能够协助或代理企业销售产品之外，还具有许多其他重要的职能。一般来说，中间商具有以下六方面的职能：

（一）信息沟通及调研

这是企业选择中间商的主要原因之一，中间商通过搜集与反馈营销环境中的有关市场供求状况、顾客、竞争对手以及其他方面的信息，为生产企业的营销决策工作提供可靠的数据支持。

(二)风险承担

中间商参与到企业产品的销售环节中可以承担部分市场营销风险，从而降低了生产企业的经营风险，有助于保持生产企业的经营稳定性。

(三)产品促销

对于促销活动的开展，中间商起到越来越积极的作用，双方合作开展旨在吸引顾客、增进产品销售的促销活动，提高各自的经济效益和社会影响力。

(四)洽谈及订货

这是中间商的基本经济活动，通过双方的协商或协议，力求以最有利的条件实现产品所有权的转移。

(五)实体分配及产品分类

这是属于物流的范畴，中间商通过自营或委托物流实现产品实体从生产者到最终顾客的连续性储运工作，有时还必须同时承担按顾客的要求对产品进行分类搭配等工作。

(六)筹集资金

这是中间商生存和发展的前提和保证，上述功能的实现必须建立在这一基础之上。为了经营活动的顺利开展以及保持一定水平的存货等，中间商必须设法筹集存储产品所需要的资金。

二、中间商的类型

根据中间商在商品流转过程中的基本职能的差异性，可将中间商分为批发商和零售商两种类型。

(一)批发商

批发商是指从生产企业或其他中间商处大量购进商品，批量供应零售商用作转卖，或供应生产企业用作生产加工为基本业务的中间商。

批发商是产品流通的大动脉，是关键性的环节，是连接生产企业和商业零售企业的枢纽，是调节商品供求的蓄水池，是沟通产需的重要桥梁，对企业改善经营管理及提高经济效益、满足市场需求、稳定市场具有重要作用。

1. 批发商的职能

由于批发商拥有专业批发技术，与顾客建立了广泛的联系，当生产企业面对各种类型或者地区分布较广的顾客时，利用批发商能取得较高的销售效率。不管是实力雄厚的生产企业还是实力弱小的生产企业，为了获得更高的效益，都要积极有效地利用专业批发商。

(1)销售促进职能

批发商通过其销售人员的业务活动，可以使制造商有效地接触众多的小客户从而可以发挥促进销售的作用。

(2)采购与货物分类职能

独立批发商采购产品后，通过分类、分等、分割，使各个生产商生产的各类商品分配成零售商所需要的货色，供应给零售商，可以缩短顾客选购产品的时间，以满足消费者的多样化需求。这一职能对于中小零售商来讲尤为重要，可满足他们勤进快销、品种杂、数量少、加快资金周转的需要。

(3)运输、仓储服务职能

独立批发商还通过运输、仓储等业务,调节不同时间、不同地区的供求。这种调节生产与消费之间客观上存在的时间和空间矛盾的作用,被称为时间效用或地点效用。批发商将货物储存到出售为止,从而可以降低零售商的存货成本与风险。

(4)提供信息职能

批发商把来自生产商和零售商的购销信息汇集在一起,成为沟通信息的中枢。批发商通过向制造商和零售商提供有关的市场信息,可以减少制造商、零售商因盲目生产、盲目进货而造成的损失。

2.批发商的类型

批发商主要有三种类型,即商人批发商、经纪人和代理商、制造商的分销机构以及零售商的采购办事处。

(1)商人批发商

商人批发商,也称独立批发商,是批发商的最主要的类型,指的是自己进货,取得商品所有权后再批发出售的商业企业。商人批发商是独立企业,对其所经营的商品拥有所有权。根据他们向顾客提供服务项目的多少又可具体分为完全服务批发商和有限服务批发商两大类型:

①完全服务批发商

完全服务批发商执行批发商的全部职能,他们提供的服务主要有保持存货、提供信贷、运送货物以及协助管理等。这类批发商之间也有一定的分工,按照面向的对象不同,可以分为工业分销商和批发商人。工业分销商主要是向制造商销售商品,批发商人主要是向零售商销售商品。前者要求经营的产品的品种、规格及型号齐全,后者则对交货期以及各种服务要求较高。

②有限服务批发商

有限服务批发商为了减少成本费用,降低批发价格,因而只能实现批发商的部分职能和提供一部分的服务。有限服务批发商主要有五种类型:现购自运批发商、承销批发商、卡车批发商、托售批发商和邮购批发商。这些批发商都是承担一些专业的职能,在各自的领域发挥着积极的作用。

(2)经纪人和代理商

经纪人和代理商是从事购买、销售或二者兼有的洽商工作,但不取得商品所有权的商业单位。他们不存货,不卷入财务,不承担风险,多见于食品、不动产、保险和证券经纪人。通过经纪人和代理商促进交易开拓市场,是现代市场营销的一种通用手段,在市场经济发达国家十分普遍,目前在我国也有较快的发展。

经纪人和代理商主要有以下几种:商品经纪人、制造商代理商(也称为制造商代表)、销售代理商、采购代理商和佣金商(也称为佣金行)。

(3)制造商的分销机构以及零售商的采购办事处

制造商的分销机构以及零售商的采购办事处,属卖方或买方自营批发业务的内部组织。

①制造商的分销机构和销售办事处

随着生产企业的发展壮大,为了更好地了解市场、把握市场、开拓市场,制造商往往在国内不同地区建立自己的产品销售机构,执行产品储存、销售、送货以及销售服务等职能;制造商的销售办事处主要从事产品销售业务，没有仓储设施和产品库存。制造商设置分销机构和销售办事处，目的在于掌握当地的市场动态，便于促销活动的开展。

②零售商的采购办事处

许多零售商在大城市及商品集散地设立采购办事处，这些办事处的作用与经纪人或代理商相似。

(二)零售商

零售指的是直接向最终消费者销售商品或提供服务的活动。零售商就是从事这些活动的中间商。不论是制造商、批发商还是零售商都从事零售业务，但零售商仅指那些主要服务于广大消费者，满足个人或家庭多样化、小批量消费需要，销售量和销售额主要来自零售活动的中间商。

1.零售商的职能

由于零售商直接面向广大消费者，能够经常地、灵活地向消费者供应在数量、质量、价格、花色、品种、规格等方面适销对路的产品，能够灵活地适应不同消费者的多变的需求。零售商的基本任务是直接为最终消费者服务，他的职能包括购、销、调、存、加工、拆零、分包、传递信息、提供销售服务等；同时他又是连接生产企业、批发商与消费者之间的桥梁，在分销途径中具有重要作用。

(1)直接为最终消费者服务

零售交易与批发交易的不同之处在于零售交易要直接面向最终消费者，必须通过良好优质的服务来赢得顾客，所以对营业员的业务素质和服务水平有较高的要求。

(2)信息沟通的主要纽带

零售商与顾客直接接触，可以对消费者的需求和消费倾向有最及时和准确的了解，并据此安排企业的生产活动，同时也可以向消费者不断输送商品的信息，使消费者对企业产品产生信赖，开创企业的品牌之路。

(3)提供综合服务

除了优质的产品和服务质量之外，零售现场的展示也是不可或缺的，如美丽的橱窗、温馨的环境等；有的零售商店还设有公用电话、中介、家政、娱乐等服务项目和设施。

2.零售商的类型

随着商品经济的迅猛发展，零售业进入了一个高速发展时期，经营活动领域扩大，市场辐射能力增强，整体规模迅速扩大，新的零售组织形式层出不穷，呈现出种类繁多、网点密布的特点，形成了错综复杂的商业零售体系。

(1)商店零售商

①专用品商店

这类零售商店往往只经营某一类产品，产品组合较窄，但所经营的产品的花色品种、规格型号较为齐全。一般以经营的主要商品类别为店名招牌，如服装商店、五金商店、饮食商店等。这种商店的专业化程度较高，如专营纽扣的商店、专营婚纱的商店。这种专用品商店将会随着细分市场的再细分和目标市场的再发展而更加完善和成熟。

②百货商店

百货商店是指经营的商品类别多样，每一类别的商品品种齐全，经营部门按商品的大类进行设立，是多个专业店的集中或集合。经营特点是类别多、品种规格全、服务程度高。

百货商店大多设在城市繁华区和郊区购物中心，店内装饰富丽堂皇，橱窗陈列琳琅满目。经营的商品主要是优质、时髦、高档商品和名牌货，其价格也高于一般的超级市场(约高出10%～20%)，经营的目标顾客是中产阶层及中产以上阶层。

③超级市场

这是一种以薄利多销、顾客自我服务为特点的零售商店，主要经营各类中低档日用消费品。其营销策略是通过减少服务项目，降低营销成本，以低价格吸引顾客。超级市场主要经营各种食品、洗涤用品和家庭日用品等，其主要竞争对手是方便食品店、折扣食品店和超级商店等。

早期超级市场以销售食品和少量杂货为主。为了满足消费者需要和低成本竞争的要求，超级市场越来越向多品种发展，一般拥有商品2万种以上，多提供中低档商品，但包装精美、说明详细，以吸引顾客和代替售货员讲解。

其他的零售商店形式有：方便商店、超级商店、联合商店、特级商场、折扣商店、仓储商店以及产品陈列推销店等。

(2)非商店零售商

①直复市场营销

直复市场营销，是使用一种或多种广告媒体宣传商品信息，以使得广告信息所到之处迅速产生需求反应并最终达成交易的销售系统。直复市场营销人员利用广告介绍产品，顾客可通过写信、打电话等形式订货，订购的货物一般通过邮寄交货，顾客使用信用卡付款。

②直接销售

直接销售主要有挨门挨户推销、逐个办公室推销和举办家庭销售会推销等形式。由于需要支付雇佣、训练、管理和激励销售人员的费用，因而直接销售的成本费用很高。目前，直接销售所存在的问题已经引起很多人对这种销售方式的反感。

③自动售货

自动售货就是利用自动售货机进行商品销售。自动售货机主要设置在人流量较高的交通要道以及车站、码头、机场、邮局、影院等场所，以用硬币开动机器、自动向顾客出售商品的售货方式销售商品。自动售货的成本很高，因此商品的销售价格比一般水平要高15%～20% 。目前，自动售货的领域还在进一步扩展，自动售货的硬件也在不断得到完善。

(3)零售组织

零售组织主要有连锁商店、消费者合作社、零售商合作社、自愿连创商店和零售店合作社五种类型，以下着重介绍前三种。

①连锁商店

连锁经营起源于美国，1859年美国纽约的“大西洋茶叶公司”开启了连锁经营的先河，从世界各国的情况来看，连锁经营方式已经渗透到零售、饮食、服务业的各个领域，现已发展为大型百货店、大宾馆饭店、综合批发企业的连锁，但是在深度和广度方面仍存在着进一步发展的空间。在发达国家和地区，连锁销售一般都占到市场销售额的较大比例。目前，连锁经营在我国仍处于起步阶段，因而发展前景十分广阔。

连锁经营主要有三种形式：即正规连锁、自由连锁和特许连锁(也称为特许经营)。

不管是何种形式的连锁商店，一般都包括两个或者更多的共同所有和共同管理的商店，他们销售类似产品线的产品，实行集中采购和销售，还可能具有相似的建筑风格。概括地说，连锁商店能够在市场竞争中取得成功的根本原因，就在于连锁经营形式能够促使其实现成本优势、价格优势、品牌效应、大销售量的良性循环。

②消费者合作社

消费者合作社是一种消费者自发组织、自己出资、自己拥有的零售单位。消费者合作社采用出资人投票方式进行决策，并推选出一些人对合作社进行管理。消费者合作社可以定价较低，也可以按正常价格销售，年终根据每个人的购货数量给予惠顾红利。

③零售商合作社

零售商合作社是一种由中小零售商为对抗大零售商和零售集团而自发地、以契约形式进行横向联合的合作社，其通过统一进货和联合进货获得价格优势，从而在商品销售中获得与大零售商相抗衡的条件，并通过综合性、整体性的管理运作为所属零售商创造良好的经营环境与条件。

第三节　渠道选择

一、选择分销渠道的基本原则

分销渠道对于企业的营销活动成果具有举足轻重的作用，因此在选择分销渠道时应慎重，遵循以下基本原则：

（一）把分销渠道延伸至目标市场原则

这是建立分销渠道的基本目标，也是选择分销商的基本原则。企业选择分销商，建立分销渠道，就是要把自己的产品打入目标市场，让那些需要企业产品的最终用户或消费者能够就近、方便地购买，随意消费。根据这个原则，分销管理人员应当注意所选择的分销商是否在目标市场拥有其分销通路（如是否拥有分店、子公司、会员单位或忠诚的二级分销商），是否在那里拥有销售场所（如店铺、营业机构）。

（二）分工合作原则

分工合作原则即所选择的中间商应当在经营方向和专业能力方面符合所建立的分销渠道功能的要求。尤其在建立短分销渠道时，需要对中间商的经营特点及其能够承担的分销功能严格掌握。一般来说，专业性的连锁销售公司对于那些价值高、技术性强、品牌吸引力大、售后服务较多的商品，具有较强的分销能力。各种中小型百货商店、杂货商店在经营便利品、中低档次的选购品方面力量很强。只有那些在经营方向和专业能力方面符合所建分销渠道要求的分销商，才能承担起相应的分销功能，组建一条完整的分销通路。

（三）树立形象原则

在一个具体的局部市场上，显然应当选择那些目标消费者或二级分销商愿意光顾甚至愿意在那里支付较高价格购买商品的分销商。这样的分销商在消费者的心目中具有较好的形象，能够烘托并帮助企业树立品牌形象。

（四）共同愿望和共同抱负原则

联合分销商进行商品分销，不单是对生产厂商、对消费者有利，对分销商也有利。分销渠道作为一个整体，每个成员的利益来自成员之间的彼此合作和共同的利益创造活动：从这个角度上讲，联合分销进行商品分销就是把彼此之间的利益"捆绑"在一起，只有所有成员具有共同愿望、共同抱负，具有合作精神，才有可能真正建立一个有效运转的分销渠道。在选择分销商时，要注意分析有关分销商分销合作的意愿、与其他渠道成员的合作关系，以便选择良好的合作者。

二、影响分销渠道选择的主要因素

分销渠道的设计应充分考虑各种限制性因素，制定出适合组织产品或服务特性的分销渠道，促使组织营销目标的实现。企业在选择和设计分销渠道时，首先应对影响渠道选择与设计的因素进行综合分析，以取得必要的决策依据，从而做出合理的决策。影响分销渠道选择与设计的因素主要有以下几个方面：

（一）市场特性

市场状况直接影响产品销售，因此，市场特性是影响分销渠道设计的一个重要因素。市场特性主要涉及目标市场范围、顾客的集中程度、顾客的购买习惯、购买频率、需求的季节性、购买行为以及市场竞争状况等因素。

（二）竞争特性

企业分销渠道的设计往往要受到竞争对手的分销渠道的影响。竞争特性主要涉及竞争者的实力、营销目标、营销战略以及市场营销组合策略等因素。

（三）产品特性

产品的价格、产品的体积和重量、产品的类型和品种规格、产品的式样、产品组合的状况、产品的自然生命期、产品的标准性和专用性、产品的市场生命周期以及产品的销售量等因素都属于产品的特性，这些因素将会影响企业的分销渠道决策。

（四）中间商特性

不同的中间商实力、特点各有不同，诸如广告、运输、储存、信用、训练人员、送货频率等方面具有不同的特点，从而影响生产企业对分销渠道的选择。中间商特性主要涉及中间商的类型、执行的职能与可能提供的服务、实力状况、市场声誉、分销业绩与经验等方面。

（五）企业自身特性

企业自身特性涉及企业的规模和声誉、营销战略与政策、管理能力与经验以及企业控制渠道的愿望和能力等。

（六）宏观经济环境特性和法规特性

宏观经济环境特性涉及的因素较多，如经济形势、交通运输条件、民族传统与民族习惯等，一些关系国计民生的重大商品，必须按国家统一规定的分销渠道进行，像粮食、棉花、石油等；所涉及的法规主要有专卖制度、反垄断法、进出口规定和税法等，如税收政策、价格政策等因素都影响企业对分销渠道的选择，烟酒的专卖制度就要求企业应当依法选择分销渠道。

三、选择分销渠道的策略

选择中间商作为企业的渠道成员，要注意以下几个方面：

1. 确定中间商类型：一般批发企业和零售企业、外贸进出口公司、新型的连锁商业企业如连锁超市、专营连锁和便利连锁，对中间商类型的选择，要从产品属性、销售区域、物流载体以及售后服务要求等方面综合考虑。

2.根据本企业的经营缺陷和中间商的经营能力，在经销规模、销售点分布、资金能力与信用、信息、物流和服务条件等方面，选择那些经营能力强、条件齐全或能明显弥补本企业经营缺陷的中间商。

3.所选择中间商的市场范围是否与本企业产品的目标营销范围相一致。如果不具备这一条件，就不能使企业的产品有效地到达目标顾客，从而使企业营销目标的实现受到极大影响。如果没有合适的中间商独家代理，在同一目标市场和销售空间内物色若干中间商，形成区域性分销系统内的竞争压力，同时也要适当控制同一区域内中间商的数量和密度。

4.与中间商业务方式的选择，即采用独家代理、多家普通代理，还是采用经销约定或与各种中间商的随机性合作方式。

5.所选择中间商的资金及信用状况是否良好，其采用的付款方式能否为本企业所接受。在以代销方式进行合作时，这一点显得尤为重要，否则会严重影响到生产企业资金的回收。在市场竞争行为不太规范，假冒伪劣产品盛行的环境中，对中间商的业务行为应当有较高的标准予以约束，对中间商的信用状况进行考核，物色那些商业信誉好、消费者信赖的中间商作为其主要的分销合作对象。

6.所选择中间商的经历及发展潜力如何、是否具备较高的管理水平，也是生产企业选择合作伙伴的重要参考因素。这是一项综合性因素，能全面反映某一中间商能否成为一个良好的合作伙伴。与中间商进行长期的、卓有成效的合作是生产企业自身发展所必不可少的重要条件。所以，必须对备选中间商的从业年限、协作能力、声誉以及经营思想、经营作风、管理风格、内部组织机构设置、管理体制等方面进行全面考查。

上述六个方面是企业在对其分销渠道进行选择时一般要考虑的因素，在实践中企业还要根据企业营销战略和战术、企业资源以及企业发展阶段等因素做出一些取舍，选择那些对企业发展有重大影响的要素进行严格、详细的考核和评估，同时运用一些数学方法进行决策的量化，从而使决策更具有规范性、科学性和合理性。

一般来讲，企业在选择分销渠道的过程中，要了解中间商经营时间的长短、成长记录、人员的素质与数量、清偿能力、合作态度、经销的其他产品大类的数量与性质、商店的位置、经常光顾的顾客类型、市场形象与声望、未来发展潜力等情况，以便做出合理、科学、高效的决策。

企业在选择分销渠道时经常出现两种情况：一是毫不费力地找到愿意加入渠道系统的中间商；二是必须费尽心思才能找到期望数量和质量的中间商。不论遇到哪一种情况，企业利用、选择中间商构架企业的分销渠道与分销体系，就要发掘和发挥中间商的优势与特长，尽量使不同中间商之间、企业与中间商之间能够相互补充、协调配合，从而使分销系统的功能更强，效率更高。

第四节　渠道管理

一、激励中间商

营销渠道成员激励是渠道管理的重要内容之一。对营销渠道成员的激励是否有效，直接关系到渠道管理目标能否顺利实现。事实上，营销渠道成员激励不仅是渠道管理的重要组成部分，更是企业实现渠道管理目标的重要手段之一。

营销渠道成员激励，简称渠道激励(Channel Activation)，是指生产企业为促进渠道成员努力完成企业制定的分销目标而采取的各种激励或促进措施的总称。

(一)激励渠道成员的原因

需要渠道激励的根本原因在于，大多数情况下，构成营销渠道系统的各个渠道成员与生产企业属于完全独立的不同经济实体，维系渠道成员之间、渠道成员与生产企业之间的合作关系的纽带则是双方对利益的一致追求。

中间商需要激励以尽其职，使他们加入渠道的因素和条件已构成部分的激励因素，但仍需企业不断地督导与鼓励。

1. 中间商并不属于某一个制造商，而是一个独立的市场营销机构。事实上，渠道成员，大多数情况下均是以独立的企业法人存在的，他们并非受雇于企业，虽然他们是企业营销渠道系统中的一个组成部分。

2. 在营销实践中，渠道成员大多首先是顾客的采购代理人，其次才是企业的销售代理人。企业若不给中间商特别激励，中间商绝不会保存所销售的各种品牌的记录。那些有关产品开发、定价、包装和激励规划的有用信息，常常保留在中间商很不系统、很不标准、很不准确的记录中，有时甚至故意对供应商隐瞒不报。

3. 渠道成员，作为一个重要而特殊的"阶层"，不仅数量众多，而且分布广泛。企业对于渠道成员的"话语权"的大小，与企业的实力和品牌知名度成正相关。即便如此，任何企业对渠道成员也不可能具有绝对的"话语权"，否则，企业因为渠道成员的动荡将遭受不可估量的损失。

在市场竞争如此激烈的情况下，对于渠道成员的有效管理就显得格外重要，但现代管理更多地强调通过激励来营造整个渠道系统的和谐气氛，通过激励来调动渠道成员的积极性。因此，对于渠道成员的有效激励，就成了几乎任何企业渠道管理中一项不可或缺的重要内容。

(二)渠道激励的类型

渠道激励的分类方法有很多种。依据激励措施针对的对象不同，可以分为针对总代理、总经销的激励以及针对二级代理商或经销商的激励甚至零售终端的激励。依据激励实施的时间不同，可以分为年度激励、季度激励和月度激励等。依据激励采取的手段不同，可以分为直接激励和间接激励等。

事实上，在营销实践中，企业大多同时采用两种或两种以上的激励方式配合使用，这样可以根据企业设计的渠道激励目标组合成各种各样的激励方案，以达到最大的激励效果。下面重点介绍依据激励对象分类的几种常用的激励方案。

1. 针对总代理、总经销的激励

(1)年终奖励

企业事先设定一个销售目标，如果总代理商或总经销商在规定的时间内达到了这个目标，则按照事先的约定给予奖励。若为区域总代理制或总经销制，则为兼顾不同地区差异，可以分别设立不同等级的销售目标，其奖励额度也随不同的销售目标而不同。

针对年终销售目标奖励，常见的奖励方式有销售额的折扣率、出国旅游、出国考察等，或者选择一些有助于总代理商或总经销商进一步发展所需之实物或服务，比如奖励汽车、配置电脑、管理软件或组织人员培训等。

(2)阶段性奖励

企业根据不同的特定阶段，为总代理商或总经销商制定一个销售目标，如果在这个特定阶段内，总代理商或总经销商完成了这个销售目标，则给予阶段性奖励。比如，在中国IT市场上，很多企业都对总代理商或总经销商设定了特别的暑假销售奖励和寒假销售奖励等。

2. 对二级代理商或经销商的激励

对二级代理商或经销商的激励，不仅可以加速产品的流通和分销能力，而且还能起到培养渠道成员忠诚度的作用。

不过在执行对二级代理商或经销商的激励政策时，应该把握好一个度的问题，应该着重将奖励的考核依据放在实际的销售量上，否则可能造成短期的"销售繁荣"，实则形成"窜货"，这将直接导致价格体系混乱，影响市场的正常发展。为此，企业必须高度重视这个问题。

3. 对零售终端的激励

除了鼓励总代理商或总经销商、二级代理商或二级经销商之外，还应该激励零售终端，增加他们进货、销货的积极性。常见的激励方法有提供一定数额的产品进场费、货架费、堆箱陈列费、POP张贴费、人员促销费、店庆赞助、年终返利、商店DM的赞助等。

(三)激励过分与激励不足

当生产者给予中间商的优惠条件超过取得合作与努力水平所需条件时，就会出现激励过分的情况，其结果是销售量提高而利润下降；当生产者给予中间商的条件过于苛刻以致不能激励中间商努力工作时，则会出现激励不足的情况，其结果是销售量降低、利润减少。激励过分和激励不足都会给企业的营销渠道策略带来消极的影响，所以，生产者必须确定采用何种方式以及花费多少力量来鼓励中间商。

二、检查中间商

中间商作为渠道成员的重要组成部分，对企业的营销活动有着至关重要的影响，中间商的绩效如何在很大程度上决定了企业营销活动是否成功，因此需要对中间商的绩效进行评估，以使企业能随时掌握营销渠道的运作情况，并且以此作为渠道调整的依据。对中间商的评估内容主要包括渠道运行环境评估、渠道战略与战术评估、渠道运行绩效评估、中间商及销售人员评估。

中间商绩效评估主要包括以下七个方面：对销售额的贡献、对利润的贡献、分销商的能力、分销商的顺从度、分销商的适应能力、对增长的贡献、顾客满意度。

渠道销售人员的业绩评估指标包括以下十个方面：定额完成情况、一定时期新客户增加与老客户失去数目、访问客户次数及平均时间、访问效果、销售成本、助销次数及效果、客户投诉率、遵守渠道政策情况、资金回笼情况、市场信息反馈情况。

对中间商及销售人员的考核和评估指标的运用要依据企业的具体情况，为每一项指标规定权重，结合每一项得分求出最终的分值，并把这一最终分值作为对中间商及销售人员的奖惩依据。

中间商和销售人员的销售绩效低于群体平均水平或未达既定比率而排名偏后，可能是主观原因所致，也可能是一些客观原因造成的，如当地经济衰退、某些顾客不可避免地流失、主力推销员的丧失或退休等。因此，企业应根据具体情况采取有针对性的措施来加以扭转。

三、调整分销渠道

企业不仅需要建立良好的分销渠道系统并使之投入运行，而且还需要对渠道系统进行定期的调整，以适应市场环境的变化，这也是企业分销策略的一项重要内容。事实上，为了适应市场需要的变化，整个渠道系统或部分渠道成员必须随时加以调整。

分销渠道的调整可以从三个层次来考虑：从经营的具体层次来看，可能涉及增减某些渠道成员；从特定市场规划的层次来看，可能涉及增减某些特定分销渠道；在企业系统计划阶段，可能涉及整个分销系统构建的新思路。

（一）增减某些渠道成员

在分销渠道的管理与改进活动中，最常见的就是增减某些渠道成员的问题。由于个别渠道成员的经营不善而造成市场占有率下降，影响到整个渠道效益时，可以考虑对其进行削减，以便集中力量帮助其他渠道成员搞好工作，同时可重新寻找几个渠道成员替补；市场占有率的下降，有时可能是由于竞争对手分销渠道扩大而造成的，这就需要考虑增加渠道成员数量。

（二）增减某些分销渠道

当企业在某一目标市场中仅通过增减个别渠道成员不能解决根本问题时，就要采取增减某一条分销渠道的做法。如营养保健品生产企业前些年主要以药品批发零售渠道来销售产品，近几年，随着医疗保健制度的改革，这类产品的销售受到一定程度的影响，许多企业开始寻求新的销售渠道。但是，做这种决策时需要对可能带来的直接、间接的市场反应及经济效益进行系统分析，以便获得最大的收益。

（三）调整整个分销渠道系统

调整整个分销渠道系统即对企业以往的分销渠道进行通盘调整。对企业来说最困难的渠道变化决策就是调整整个分销渠道系统，因为这种调整不仅是渠道策略的彻底改变，而且产品策略、价格策略、促销策略也必须作相应调整，以期和新的分销系统相适应，所以必须慎重对待。

本章小结

分销渠道是指某种产品和服务在从生产者向消费者转移过程中，取得这种产品和服务的所有权或帮助所有权转移的所有企业和个人。分销渠道的主要职能有研究、促销、接洽、配合、谈判、物流、融资和风险承担。分销渠道按长度来划分，可以分为直接渠道和间接渠道；按宽度来划分，可以分为密集分销、选择分销和独家分销。批发商主要有三种类型：商人批发商、经纪人和代理商、制造商的分销机构以及零售商的采购办事处。零售商就是直接向最终消费者销售商品或提供服务的中间商。影响渠道设计的主要因素有顾客特性、产品特性、中间商特性、竞争特性、企业特性和环境特性。生产者在设计其分销渠道时，需要在理想渠道与可用渠道之间进行抉择。企业管理人员在进行渠道设计之后，还必须对个别中间商进行选择、激励与定期评估。

案例应用

移动通信行业3G竞争时代下的渠道转型

一、区域分销模式

由于三家运营商(中国移动、中国联通、中国电信)采用不同的3G制式标准,终端不兼容,在业务、资费、服务趋同的形势下,从某种意义上而言3G的竞争就是终端竞争,占领终端市场几乎等于占领通信市场,中国移动可以尝试全网包销之外的区域分销模式。

国际上一般运营商都采取成立终端公司的方式来解决自有终端的定制、定价、销售等工作,中国电信和中国联通采取的也是这种模式。目前中国移动并没有成立自己的终端公司,而是选用类似于总代销售的全网包销模式,由多家渠道商负责全国范围内的渠道拓展、分销商管理及产品销售。这种模式多见于中小品牌和刚进入市场的品牌,它能充分借助代销商的资源,但也带来不少弊端,一是代销商的话语权加大,管理成本增高;二是代销商会占据大量价值链利益,终端销售末梢渠道利益偏低,积极性不高。

对于中国移动而言,除了现有的全网包销之外,还可以尝试区域分销模式,这也是目前主流IT厂商较多采用的模式。引入省级代销商(最好是全省范围的连锁零售商),由省公司或者国包代销商与省级代销商合作并供货,直接对接管理当地分销商,协助其进行渠道拓展及产品销售,平衡整个价值链利益,同时充分利用省级代销商在当地的渠道资源和社会关系。

二、多渠道相互渗透与协作

3G竞争初期,造势和宣传非常重要,也是3G发展初期最重要的工作之一,需要营业厅与社会渠道在多方面进行相互渗透与协作。目前,三家运营商都加强了3G品牌店的建设,中国移动自不必说,中国联通在全国285个城市建设了统一标准的3G“WO”品牌店,中国电信在全部省会城市和重点城市建设了“天翼”品牌店。但仅靠运营商自有营业厅的宣传远远不够,还需要借助社会渠道的覆盖和规模将自有营业厅渗透到社会网点中去,在其中设置营业柜台,强化末梢场所的覆盖和管理,特别是写字办公楼、宾馆酒店、商场超市、区域格子(住宅小区/厂区/矿区/外来人员集中居住地/工地等)、街巷弄以及行政村。

同时,自有营业厅无论从人员还是经验,都难以承担大量的终端销售工作。但是又需增强自有营业厅在3G终端销售中的份额,降低社会渠道合作风险,因此,可尝试将终端销售商引入营业厅中,在营业厅中设置终端销售合作商的柜台,以营业厅的名义,借助社会渠道的力量销售3G终端,提高自有渠道对整体终端销售的影响力和控制力。

三、做大做强电子商务平台

终端销售模式和成本优势,决定了电子商务网站的销售额和影响力日渐增强,已经成为3G时代的重要渠道。电子渠道在3G竞争时代的重要性将会进一步增强,原因有二:一是3G发展在终端补贴、折扣折让、销售佣金上将会花费公司大量成本,普通业务办理和服务,更需要分流到低成本的电子渠道;二是电子商务网站培养了相当一部分用户的网站购物习惯。为了降低终端销售对社会渠道的依赖性、强化终端销售能力,需要将电子渠道进一步发展为电子商务平台,或者与合作伙伴一起打造针对中国移动终端的电子商务平台。

竞争对手利用资源优势和终端优势，在电子商务平台建设上走到了中国移动的前面。2009年，中国电信将电子“百事通”网上商城正式上线运营，并将118114语音平台与互联网相结合；同时与各种电子商务开展合作，借助终端销售商的渠道资源大力扩展终端销售社会渠道，从集团层面积极与具有渠道优势的企业合作，签署战略合作框架协议，如京东、当当、宏图三胞等。中国联通则利用终端自身的吸引力，在京东、淘宝等大型电子商务网站开设专卖店，促进销售量的同时也赚取了相当多的人气。

对于中国移动而言，电子商务平台是不得不做、必须要做。可以充分利用现有的网站、WAP、短信、10086来发展自己集网站平台、支付、手机平台、客服为一体的电子商务平台，但必须要解决大额支付和物流配送问题。事实上我们也看到，2009年12月25日，中国移动已经启动了自己的B2B电子商务网络。在此基础上，中国移动更是采取“借船出海”的手段，在集团层面同淘宝、当当这种电子商务网站进行合作，在终端全网包销之外开拓网络销售渠道。

四、社会渠道的主动营销

2G时代，中国移动的排他性专营店和代理点数量是联通的两倍以上、电信的四倍以上。能取得这么高的排他率，主要的原因是中国移动的市场占有率很高。在新增用户市场上有90%甚至100%的份额，导致社会渠道的佣金绝大部分来自中国移动，再加上中国移动房屋补贴、佣金标准等优惠政策，因此主观和客观上都导致社会渠道愿意跟着中国移动走。即便是部分省份竞争对手佣金标准高于中国移动，也改变不了这种趋势。但3G竞争时代，无论是政策管制还是竞争格局，都决定了客观上在用户份额上中国移动很难达到2G时期的占有率水平。同时TD终端对于社会渠道而言吸引力不足，政策管制对推广渠道的排他性也进行了严格禁止。从竞争对手来看，无论是电信还是联通，都在伺机策反中国移动的社会渠道。例如中国联通采取高额终端补贴、放号返单高标准、坐支坐扣式返单等酬金政策，吸引中国移动小规模社会渠道网点，甚至对于与移动公司签约的高星级社会渠道在策反时给予合同违约补偿金；中国电信采取提高酬金返还比率，增加店面补贴等方式，抢夺小规模社会渠道网点。因此，综合来看，政策管制和市场格局变化，决定了2G时代大规模的社会渠道排他性难以延续到3G时代。3G竞争时代，社会渠道必然会流失，限于成本压力和管理需要，中国移动也完全有必要主动放弃一部分非核心社会渠道，对社会渠道的完全掌控在3G时代不可为，这是管理层必须正视的问题。

对于中国移动而言，要通过合作、博弈和情感维系来实现社会渠道的主动营销和首推，而不是简单地经营和宣传排他。前几年陆续开展了社会渠道的分层分级管理，解决了核心社会渠道的识别问题，接下来要通过策略性合作、资源配置的倾斜、多方博弈、酬金之外的情感维系，加强对社会渠道营销主动性和首推率的激励，尤其是终端销售渠道。

案例思考

在已经到来的4G时代，根据上述案例材料你认为中国移动通信行业在渠道建设方面应该做哪些工作？

练习题

一、单项选择题

1. 生产牙膏产品的企业一般应选择的渠道策略是(　　)。

A. 直接渠道　B. 间接渠道　C. 专营渠道　D. 供应渠道

2. (　　)是工业用品分销渠道的主要类型。

A. 专营渠道　B. 供应渠道　C. 直接渠道　D. 间接渠道

3. 当产品进入成长期和成熟期后，随着产品销量的增加，市场范围的扩大，竞争的加剧，企业可采用(　　)策略。

A. 长渠道　B. 短渠道　C. 中渠道　D. 零渠道

4. 许多小企业因规模有限不值得建立自己的销售力量，也不值得与代理商签订长期契约，(　　)就是较合适的选择。

A. 代理商　B. 信托商　C. 特许经营　D. 经纪人

5. (　　)策略适用于一些选择性较强的耐用消费品、高档消费品和专用性较强的零配件以及技术服务要求较高的工业品的销售。

A. 广泛性分销　B. 选择性分销　C. 差异性分销　D. 独家分销

二、多项选择题

1. 短渠道的好处是(　　)。

A. 产品上市速度快　B. 节省流通费用

C. 市场信息反馈快　D. 产品渗透力强

E. 有利于杜绝假冒伪劣

2. 下列(　　)情况适宜采取广泛性分销策略。

A. 消费分布面广　B. 企业生产量大

C. 产品技术性强　D. 产品体积大

E. 需求时效性强

3. 根据产品因素选择渠道策略，主要考虑的因素有(　　)。

A. 产品的属性　B. 产品的价格

C. 产品的时尚性　D. 产品的技术性

E. 产品的生命周期

4. 根据生产商条件选择渠道策略，主要考虑的因素有(　　)。

A. 企业规模、声誉和财力　B. 企业的销售能力

C. 企业的服务能力　D. 企业的产品组合

E. 企业控制渠道的愿望

5. 为了保证企业产品顺畅通过各个流通环节，生产企业有必要明确渠道结构中各成员(　　)方面的权利和义务。

A. 产品的价格　B. 支付条件及保证

C. 给予地域权利　D. 产品的供货

E. 企业控制渠道的愿望

三、判断题

1. 一般来说，生产者市场多采用长渠道，消费者市场多采用短渠道。（　）

2. 对体积大而重，价格又昂贵的工业品，应采取间接渠道策略。（　）

3. 某食品厂选择尽可能多的超市销售其产品，其采用的是广泛性分销策略。（　）

4. 代理商与经销商的本质区别在于是否拥有对产品的所有权。（　）

5. 专业商店是指规模较大，能够满足顾客对时尚商品多样化选择需求的零售业态。（　）

实践应用讨论

渠道策略应用实训

一、实训内容

选择某一具体企业的产品，为你所选择的产品制定渠道策略。

1. 调查了解项目竞争者目前的渠道状况；
2. 找出目前营销渠道的问题；
3. 设计渠道模式。

二、实训要求

1. 学生自由组合，每3～4人组成一个项目学习小组；
2. 以小组为单位，课前收集、选择拟进行分析项目的相关资料；
3. 根据资料信息，进行渠道策略的策划；
4. 在小组讨论的基础上，提交一份1 500字以上的实训报告。

第十一章 促销策略

学习目标和要求

掌握促销的概念及基本策略；了解促销组合，掌握促销组合的影响因素；了解广告的特点、作用，掌握不同形式广告的优缺点；掌握广告媒体选择的影响因素；理解网络广告的形式；理解广告媒体的测定方法；了解人员推销的含义，掌握推销队伍的规模与任务、销售人员的管理；掌握销售促进的形式、宣传的形式。

学习重点

促销的概念及基本策略、促销组合的影响因素、不同形式广告的优缺点、销售促进的形式。

案例导入

苹果公司的促销策略

苹果公司自成立以来，一直以产品创新闻名于世。其主要产品线包括苹果电脑、iPod及相关音乐产品、iPhone手机、显示器等配件以及软件。乔布斯在回到苹果公司之后为了挽救苹果公司除了上述的企业管理上的改革外，还进行了一个主题为“Think Different”的广告活动。这个广告活动奠定了现在苹果公司的主流文化，也为以后企业的整个营销传播描绘了主色调。

苹果公司每年只能开发出1～2款产品，但几乎每款产品都力求将每种科技发挥到极致，既能让人们吃惊、兴奋，又知道如何使用它，成为口碑营销成功的最强基石。苹果的保密工作做得非常出色，但是总裁乔布斯也很会利用Mac—world年度大会为媒体和消费者创造谈资，在每个新产品发布前引发社会各界热烈地谈论苹果产品。

在iPhone的营销中苹果公司呈现出区别于其他同类型产品的生命周期策略的创新应用：尽可能压缩产品的上市期(包括介绍期和成长期)和退市期，给予产品更多的成熟期，为换代产品让出更大的市场。同时，利用“苹果应用程序商店(App Store)”网络平台寻求iPhone新的商业模式和价值，为iPhone注入新的生命力量。

在iPod的营销中，苹果公司与知名音乐家进行联袂演出；与多家汽车制造商进行合作；

对于iPod产品的宣传，一位充满金属感的舞者形象将苹果反潮流文化的倾向体现得淋漓尽致，在配以奇幻的色彩和另类的音乐打破了广告表现方式上的3B定律，它没有明确的诉求目的，传播的观念只是：iPod everywhere，翻译成中文是“音乐无处不在”，而这最终使iPod成为追逐新潮感的用户的最爱。

第一节 促销组合

一、促销概述

（一）促销的概念

现代市场上，企业拥有一流的产品、合理的价格和畅通的渠道已经远远不够，还需要有一流的促销。市场竞争是质量、价格和渠道的竞争，更是促销的竞争。美国IBM公司创始人沃森曾说过：“科技为企业提供动力，促销为企业插上翅膀。”促销是一种信息沟通的活动。企业实施有效的促销方法，一方面可以突出其自身产品的特点，提高产品竞争力，强化企业形象，树立产品在消费者心目中的地位，另一方面可以引发、刺激消费者产生购买行为，进一步开拓市场。

促销是指企业利用各种有效的方法和手段，使消费者了解和注意企业的产品，激发消费者的购买欲望，并促使其实现最终的购买行为。

（二）促销的作用

1. 传递信息

销售产品是市场营销活动的中心任务，信息传递是产品顺利销售的保证。促销过程中，企业向消费者传递企业信息、产品特点、价格等诱导消费者对其产品及劳务产生欲望并购买，消费者向企业传递其对产品价格、质量等是否满意的信息。促销过程是双向的信息传递过程。

2. 突出特点

在市场上同类商品进行激烈竞争，并且有些商品差别很小，消费者不容易区别。企业通过促销活动，宣传本企业产品的特点，使消费者认识到购买本企业产品所带来的利益，引导消费者的购买行为。

3. 引导消费

促销活动中，营销人员通过对产品消息的传递，刺激消费者购买欲望，引导消费者的消费行为。

4. 形成偏爱

在激烈的市场竞争中，企业产品的市场地位波动大，企业开展促销活动，可以使较多的消费者对本企业的产品产生偏爱。

（三）促销的基本方式

促销的基本方式包括广告、人员推销、销售促进及公共关系等。

（四）促销的基本策略

促销的基本策略从总的指导思想上可以分为“推”式策略与“拉”式策略。

1."推"式策略

"推"式策略,又称为推动策略,是指主要通过以人员推销方式为主的促销组合,把商品推向市场。其目的在于说服中间商,使他们接受企业和产品,从而使产品渗透分销渠道中,最终抵达消费者。"推"式策略一般用于单位价值较高、性能复杂、需要做示范的产品,根据客户需求特点涉及的产品,流通环节较少、流通渠道较短的产品,市场比较集中的产品等。

2."拉"式策略

"拉"式策略,又称为拉动策略,是指主要通过以广告为主的促销组合,把消费者吸引到企业的特定产品上来。这种策略首先设法引起消费者对产品的需求和兴趣,促使消费者向中间商询购这种产品,最后导致中间商向生产者进货。"拉"式策略一般用于单位价值较低的日常用品,流通环节较多、流通渠道较长的产品,市场范围较广、市场需求较大的产品。

"推"式策略和拉式策略如图 11-1 所示。

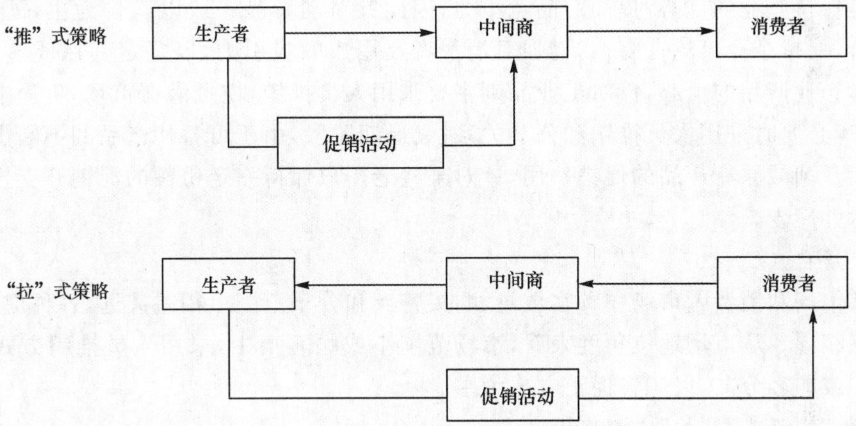

图 11-1 "推"式策略和"拉"式策略

二、促销组合

(一)促销组合的构成

促销组合,是指企业根据产品的特点和营销目标,在综合分析各种影响因素的基础上,对各种促销方式的选择、编配和运用。促销组合的基本原则是以最低的促销费用取得最佳的促销效果。促销组合的综合运用包括广告、人员推销、销售促进和公共关系。

(二)影响促销组合策略的因素

1.促销目标

企业在不同时期、不同市场环境下所进行的促销活动都有其特定的目标,根据目标的不同,促销组合也随之变化。相同的促销工具在实现不同的促销目标上,其成本效益会有所不同。当企业目标是树立企业形象,提高知名度时,多选择广告为主、公关宣传为辅的组合;当企业目标为增加销量,扩大企业的市场份额时,多采用广告和销售促进的组合的方式;当企业目标是让消费者充分了解产品时,则一般采用广告、人员推销与销售促进的组合。整体而言,广告具有广而告之的作用,在消费者购买决策过程的初始阶段使用最多,后期再采用人员推销及销售促进加强促销效果。

2. 产品因素

(1)产品性质

从产品特点来看,技术复杂、价格昂贵的产品适用人员推销方式,如生产设备、计算机等高技术产品;结构简单、标准化程度较高、价格低廉的产品适合广告促销。从产品性质来看,工业品的购买者多为专门用户,较多采用人员推销的方式;消费品购买人数众多,多采用广告促销。

(2)产品生命周期

在产品生命周期的不同阶段,企业采取的促销方式是不一样的。投入期阶段,主要为介绍产品,因此多以广告为主,广告以提高产品知名度为主;成长期阶段,产品已被消费者所接受,为了提高销量,增强信心,一般采用广告配合人员推销为主,广告的重点应从提高产品知名度转移到提高产品的偏好度,应对原有广告内容重新挑选和调整;成熟期阶段,促销的主要目标是保持企业的优势,提高产品竞争力,因此针对消费品一般以广告为主,配合销售促进的组合,保持企业市场占有率,增强对消费者及用户的吸引力,以坚定其在成熟期阶段继续购买本企业产品的信心,针对工业品则主要采用人员推销,挖掘潜在市场,巩固老用户,争取新用户,必要时采用人员推销和公共关系;衰退期阶段,由于可替代产品的不断出现,这一时期应大量削减原有产品的促销费用,针对某些老用户保持一定份额的促销开支投入,配合少量提示性广告。

3. 市场特点

产品市场和消费者市场在顾客数量、购买特点和分布范围上相差甚远,各种促销方式的效果也不相同。从市场地位角度来看,市场范围小或顾客集中,采用人员推销方式为主;市场范围大或顾客分散,以广告促销方式为主。

4. “推”式策略与“拉”式策略

促销组合策略还取决于公司选择“推”式策略还是“拉”式策略来创造销售。一般来说,对于需求比较集中、技术含量高、销售批量较大的产品,宜采用“推”式策略,对于需求分散、销售批量较小的产品,宜采用“拉”式策略。

5. 促销预算

企业开展促销活动,必然需要支付一定的费用。费用是企业经营过程中最关心的问题,并且企业能够用于促销活动的费用往往有限。因此,在满足促销目标的前提下,要使投入的费用达到最好的效果,并且能适应竞争的需要,避免盲目性。

第二节 广 告

广告是营销策略中重要的组成部分。对于市场营销人员而言,企业的知名度和美誉度是最重要的、最有价值的财富,有利于打造自身良好品牌。利用自身品牌效应,加上知名度和美誉度才能“招天下商客”,才能进一步推动企业发展。在过去了的二十世纪中,广告的威力在市场营销中几乎整整影响了一个世纪。在新产品上市、市场拓展、企业招商、渠道构建、打击竞争对手等诸多方面,广告凭借其猛烈的攻势横扫了整个营销领域。

一、广告概述

(一)广告的概念

广告一词,源于拉丁文 Advertere,其意为注意、诱导。广告是由明确的广告主以公开支付费用的做法,通过一定的媒体有计划地向受众传递有关产品、服务和其他信息,借以影响消费者或受众的态度,进而诱发或说服其采取行动(如购买)的一种大众传播活动。

广告有广义和狭义之分,广义的广告包括非经济广告和经济广告。非经济广告是指不以营利为目的的广告,如政府行政部门、社会事业单位乃至个人的各种公告、启事、声明等。狭义的广告仅指经济广告,即商业广告,是指以营利为目的的广告,通常是指商品生产者、经营者和消费者之间沟通信息的重要手段,或企业占领市场、推销产品、提供劳务的重要形式。

广告一般具有以下内涵:(1)广告是一种有计划、有目的的活动。(2)广告的主体是广告主,客体是消费者或其他受众。广告主不仅包括商业性企业,而且还包括各种非营利性组织与政府机构,它可对各种目标公众做广告宣传。(3)广告的内容是产品或服务的有关信息。(4)广告的手段是借助广告媒体直接或间接传递信息。(5)企业的广告目的是促进产品销售或树立良好的企业形象。

(二)广告的特点

广告是市场营销策略中的一部分,作为信息的载体,发挥的作用在于提高产品品牌的曝光度、知名度,从宣传上拉近与消费者的距离,从而为产品的进一步推广提供条件。同时,为后续产品的销售,扩大市场占有率提供动力。特别是现在随着经济开放程度的加深,竞争者的增多,生产产品的过剩,市场由卖方市场转变为买方市场,消费者的选择权进一步得到扩大。没有广告的"先声造势"桥接消费者,产品的推广就会变得很困难。营销策略的实现或产品的推广都离不开广告的推动。

广告一般包括以下特点:

1.公开性

广告是一种高度公开的信息传播方式。它的公开性赋予产品一种合法性,同时也使人想到一种标准化的信息提供。因为许多人接受相同的信息,所以购买者知道他们购买这一产品的动机是众所周知的。

2.普及性

广告是一种普及性的媒体,它允许销售者多次重复这一信息,也允许购买者接受和比较各种竞争者的信息。

3.表现力强

广告可通过巧妙地应用视频、音频、图片、文字等手段,提供将一个企业及其产品艺术化的展示机会。

4.非人格化

广告不会像企业的销售代表那样具有强制性,受众不会感到有义务去注意或做出反应,广告对受众只能进行独白而不是对话。

(三)广告的形式

1.报纸广告

通过报纸刊登广告,其读者面宽广,发行量大,宣传效果好,影响大,制作简单,收费较低;但是时效短,印刷效果欠佳,转阅读者少。

2. 杂志广告

通过杂志的色彩效果，可以吸引目标读者，其可靠且有信誉，印刷效果好，时效长，可传阅性强；但广告购买前置时间长，有些发行量是无效的，刊登的位置不能保证。

3. 广播广告

广播可以发挥先声夺人的特色，主要靠语言搭配音乐介绍产品，要求文笔简练。语言通俗易懂。这种载体传播速度快，及时，听众多，普及性强，成本低；但仅有音响效果，视觉效果不强，费用率非标准化。

4. 电视广告

电视广告兼有光、声和动作，吸引力强，送达率高；但成本较高，展露时间瞬间即逝，对受众无选择性。

5. 邮寄方式

邮寄形式多样，较能选择接受者，有弹性，无同一媒体的广告竞争；但成本较高，存在"垃圾邮件"的现象。

6. 户外广告

户外广告包括霓虹灯广告、橱窗广告、路牌广告等。这类广告主要针对路人宣传，画面大，宣传效果好，竞争少；但是不能选择对象，创造力受到局限。

二、广告预算的方法

有计划的广告促销离不开成本的预算。在有限的预算之内开展战略或争取达到资源的最大效用。因此，应制定预算方法，才能依据切实可行的预算方案进行工作，以实现目标。确定理想的预算金额是非常困难的，即使同一行业，广告费用都可能不同。

（一）确定广告预算的方法

1. 量力而行法

这种方法确定广告预算的依据是企业自身所能拿得出的资金数额。只有在其他所有的预算项目，如制定广告成本等，都在预算之内，才可以将剩余部分投入促销活动之中。这种方法技术难度小，小型企业、以生产为主的企业通常采用这种方法。该方法不重视促销工作，没有将支出和目标联系起来，一旦资金紧张，预算就可能被取消。

2. 销售额比例法

这种方法是指公司按照销售额（销售业绩或预计销售额）或单位产品的售价的一定百分比来计算和决定广告开支。企业将促销预算费用同销售收入联系起来，在第一年确定一个促销费用同销售额之间的比率。

3. 竞争平衡法

公司比照竞争者的广告开支来决定本公司广告开支的多少，以保持竞争上的优势。

4. 目标任务法

企业首先确定广告目标，然后决定必须执行的工作任务，最后估算所需的各种费用，这些费用的总和就是计划广告预算。

（二）影响广告预算的因素

制定广告预算时要考虑以下五个特定因素：

1. 产品生命周期

产品在投放期和成长期前期的广告预算一般较高，在成熟期和衰退期的广告预算一般较低。

2.市场份额和消费者基础

市场占有率越高，产品广告预算的绝对额越高，但面向广大消费者的产品的人均广告费用却比较低；反之，市场占有率越低，产品广告预算的绝对额也越低，但人均广告费用并不低。

3.竞争与干扰

广告预算的多少与竞争激烈程度的强弱成正比。

4.广告频率

广告频率的高低与广告预算的多少成正比。

5.产品替代性

高度同质性的产品，消费者不管购买哪家企业生产的都一样，广告的效果不明显，广告预算低；高度差异化的产品，因为其具有一定的垄断性，不做广告也会取得较好的销售效果。而具有一定的差异化但这种差异又不足以达到垄断地位的产品，因为市场竞争激烈，广告预算反而比较多。

显然，广告活动的有效性远比广告花费的金额更为重要。

三、广告媒体的选择

选择广告媒体时应考虑如下因素：

（一）产品因素

1. 产品特性

不同产品在不同媒体上投放广告，效果也不同。不同产品选择同一媒体，效果差别也很大。因此，企业在选择广告媒体时，应首先考虑产品特性。

各种产品的特性不一样，应该按产品特性来考虑媒体的选择。例如，消费者（生活）用品广告和工业用品广告的媒体策略完全不同，前者面对的是全体消费大众，后者面对的是特定的工厂、老板或董事，很显然，千万元的别墅广告和普通公寓广告的媒体使用也应当有所区别。

产品功能多，需要使用较多文字表述的产品，多以平面媒体为主。特别是功能复杂，且不为消费者所熟悉的新产品，需要向消费者详细介绍产品特点和功能，使消费者对产品有全面了解。因此，报纸和杂志为首选。产品功能单一，为公众所熟悉的产品，不需要过多文字表述，而需要画面和音响形象秒回的产品，应选择电视广告。

2.产品的销售范围

产品市场究竟是全国性的销售，或是限于地方区域性市场的销售，这关系到广告接触者的范围大小，由此才可决定选择何种较经济有效的媒体，以免使用不适当的广告媒体而毫无传播效果。

3.产品生命周期与广告策略

产品生命周期是指产品进入市场，经历发展、衰退直至被市场淘汰的全部持续时间。根据产品生命周期的不同阶段，把握广告的不同作用，进而调整广告的投入。产品导入期，广告的作用是告知产品功能，扩大知名度，广告费的投入最大；进入成长期和成熟期，广告主要为“差别化战略”和产品的“多样化战略”服务，广告投入稍稍减少；进入衰退期，广告的作用主要是减少损失，确保品牌形象，为新产品的上市打下基础，广告投入逐步减少。

（二）目标受众因素

目标受众即广告投放的对象。

1. 消费群

企业首先要确定消费群，这就需要考虑人口、性别、年龄、教育程度以及收入水平等社会人口统计学、社会心理学、消费者行为学等。

确定了消费群体后，企业应通过调查分析和统计分析，区分重度消费群、中度消费群和轻度消费群。其中重度消费群是媒体投资的核心群体，要考虑这一消费群与产品的关系。

2. 消费群接触媒体习惯

消费群体确定后，还应考虑其接触媒体的习惯，这与其自身习惯、兴趣和社会、经济因素有关。不同教育或职业的消费者，对媒体的接触习惯都不相同。一般地说，教育程度较高者，偏重于印刷媒体；教育程度较低者，偏重于电波媒体。青年男子看体育报刊机会多，年轻女性看时尚杂志机会多，行政机关的人看报纸机会多，儿童对电视少儿节目兴趣大。因此要配合消费者的性别、年龄、教育程度、职业及地域性等因素来决定应用何种媒体。

（三）媒体因素

1. 媒体量的价值

如报纸的发行量、杂志的发行量、电视的收视率、电台的收听率，只有综合考虑媒体量的价值，才能了解广告的效果。

2. 媒体的价值

即考虑媒体的接触层次，应仔细分析其类型，以期与产品消费者的类型相符合。同时需考虑媒体的特性、优缺点，节目或编辑内容，是否与广告效果有关。

3. 媒体的经济价值

要慎重考虑各媒体的成本费用，不仅要考虑“绝对成本”，即媒体的实际支付费用，同时亦应考虑“相对成本”，如印刷媒体的每日读者数，或电波媒体的每分钟每千人的视听成本。

（四）广告预算因素

企业选择媒体要根据自身的经济实力，安排好媒体的有限顺序和资金分配比重。总体原则是以最小的投入，购买最有效的媒体，进行最优化的组合，获得最佳的传播效果。当企业广告预算多，可以采用多媒体立体组合方法，并拉长广告时间。但当企业广告预算少时，可以优先选择一至两种媒体，在一个时段内集中投放，可以有效利用有限资金，在短时间内提高知名度。

（五）广告因素

1. 广告主销售方式的特征

销售方式究竟以推销员为主还是以零售商为主，这要看采用什么样的销售策略。销售策略不同选择媒体的标准也不同。

2. 广告主的促销战略

如计划一个赠送样品的广告活动，就要用能配合赠送活动的媒体。

3. 广告主活动的基本目的及广告预算的分配额和广告主的经济能力

此外对于同行竞争者使用广告媒体的情况与战略也应列入媒体考虑范围，以达到“知己知彼”的效果。

(六)广告促销方案的制定

企业的广告促销方案的制定,一般包括以下五个重要步骤:

1.确定广告目标

企业广告决策的第一步是确定广告目标。广告目标是企业通过广告活动所要达到的目的,根据产品生命周期不同阶段中广告的作用和目标的不同,一般可以把广告的目标大致分为告知、劝说和提示三大类。

(1) 告知性广告

告知性广告主要用于向市场推销新产品,介绍产品的新用途和新功能,宣传产品的价格变动,推广企业新增的服务以及新企业开张等。告知性广告的主要目标是为了促使消费者产生初始需求。

(2) 劝说性广告

在产品进入成长期,市场竞争比较激烈的时候,消费者的需求是选择性需求。此时企业广告的主要目标是促使消费者对本企业的产品产生偏好。具体包括,劝说顾客购买自己的产品,鼓励竞争对手的顾客转向自己,改变消费者对产品属性的认识,以及使顾客有心理准备乐于接受人员推销等。劝说性广告一般通过现身说法、权威证明、比较等手法说服消费者。

(3)提示性广告

产品的成熟期和衰退期使用的主要广告形式为提示性广告,其目的是提示顾客购买。比如提醒消费者购买本产品的地点,提醒人们在淡季时不要忘记本产品,提醒人们在面对众多新产品时不要忘记继续购买本产品等。

2.确定广告预算

广告目标确定后,企业必须确定广告预算。广告预算是否合理对企业来说是一个至关重要的问题。预算太少,广告目标不能实现;预算太多,又造成浪费,有时甚至决定企业的命运。

3.确定广告信息

广告的效果并不主要取决于企业投入的广告经费,关键在于广告的主题和创意。广告主题决定广告表现的内容,广告创意决定广告表现的形式和风格。只有广告内容迎合目标受众的需求,表现具有独特性,广告才能引人注目,并给目标受众带来美好的联想,促进销售。

4.选择广告媒体

广告表现的结果就是广告作品。广告作品只有通过恰当的广告媒体投放才能实现广告传播的目标。

广播、电视、报纸和杂志是传统的四大大众传播媒体,因特网被称为第五大大众媒体。除大众传播媒体以外,还有招牌、墙体等户外媒体,车身、车站等交通媒体,信函、传单等直接媒体等众多种类。

5.评估广告效果

广告的效果主要体现在三个方面,即广告的传播效果、广告的促销效果和广告的社会效果。广告的传播效果是前提和基础,广告的销售效果是广告效果的核心和关键,企业的广告活动也不能忽视对社会风气和价值观念的影响。

四、现代广告媒体的发展——网络广告

随着经济和新媒体的蓬勃发展，网络营销创造的价值不断增加，网络广告的重要性亦彰显出来。网络广告在广告结构中的比重逐年递增，并有继续扩大的趋势。研究数据表明，2011—2014年，电视广告仍然稳居中国广告市场的首位，但网络广告的市场规模则超过了报纸广告，跻身第二位，同时网络广告的市场规模连续保持高速增长。

（一）网络广告的概念

网络广告是通过网络平台投放的广告。它是基于计算机、通信等多种网络技术和多媒体技术的广告形式，狭义的网络广告指的是在互联网上刊登、发布、传递到互联网用户的一种广告运作方式，即互联网网络广告。广义的网络广告还包括通过移动终端等新媒体发布的网络广告。

网络广告的表现形式具体而言指的是网络广告的表现手法、广告信息传递方式和广告位置。随着互联网的迅速普及和通信技术的飞速发展，网络广告的表现形式日新月异。

（二）网络广告的特点

相比于报纸、杂志、电视、广播等传统传播媒体，网络广告发展速度更快、传播手法更新颖，效果更明显，发展前景更广阔。

1. 传播范围广

网络广告传播不受时间的限制，只要连接网络，浏览者便能浏览网络广告信息。随着智能终端和移动网络的普及，随时随地接受信息的优势显得越发明显。

2. 传播成本低

网络广告具有持续性和易修改的特点。同时新兴媒体的成本花费也远低于传统媒体，网络广告的花费也低于传统媒体。通过网络广告进行营销，可以节约大量成本，使消费者直接获益。

3. 受众目标有活力

网络的使用群体大多是年轻人，通常是最有活力和实力进行消费的人群，从而使得网络广告更能得到想要的投递效果。

4. 形式多样化

网络广告能将文字、图像和声音等多种媒体有机地组合在一起。通过丰富的表现方式，消费者可以获取自己感兴趣的产品信息。图文并茂、声像俱全的广告方式，极大地增强了网络广告的投放实效。

（三）网络广告的形式

依据广告在网络上的载体和发布方式来划分，当前流行的网络广告形式主要有按钮广告、网页广告、搜索引擎广告、软件广告、插播式广告、E-mail广告、Rich Media广告等。

1. 按钮广告

按钮广告是网络广告最早的表现形式，按钮链接的是商家的主页，我们打开网页看到的“Click me”，就是按钮广告，点击此按钮就能够进入想要浏览的页面，查看其中的信息。这种广告形式尺寸较小，表现方式单一，传播方式较为被动，现只作为提示性广告，一般放置在网页的左右边缘，现采用Java语言增强其交互性，运用Flash增强其表现力。

2. 网页广告

网页广告主要是指用户打开网络浏览器时自动显示在屏幕上的广告，由于使用浏览器

阅读信息是网民上网的主要方式，网页广告在网络上应用最为普遍。网页广告形式多样，制作简单方便，但用户容易对其产生反感，发布时要注意其数量，尺寸、显示位置和播放时间。否则，容易使用户在遇到网页广告时直接关闭，降低了广告的传播效果。

3. 搜索引擎广告

Google、百度等网站的核心技术就是搜索引擎，搜索引擎广告可以将用户输入的关键词和商家的广告信息相匹配，广告可以显示在用户搜索结果页面的一侧，也可以显示在搜索结果中。

搜索引擎广告一般和用户查询的信息具有一定的联系，因此易于被用户接受，传播的效果好，效率高，近年来，商家不断增加这类广告的投资，因此，逐渐成为网络广告市场上的主流。

4. 软件广告

软件广告又称搭载广告，软件广告通常依附在聊天软件、工具软件上。软件作者把含有广告代码的插件或者链接捆绑在软件中，用户在安装软件的同时，插件同时也安装到电脑上，广告标识也显示在软件的界面中，使用者如果使用该软件或者点击界面上的广告按钮，广告信息就会弹出，或者调用浏览器打开广告信息页面。软件广告使用户在使用软件时不得不浏览广告，可以说是一种强迫性广告。

5. 插播式广告

插播式广告在英文中称为“Interstitial”，顾名思义就是穿插播放广告。它是指网站在两个网页互换时出现的空隙时间中插入的网页广告，类似于电视剧播放过程中夹杂于两集之间的广告，但其延续时间相对较短。插播式广告一般出现在网页的最前方且处于移动状态，更容易吸引受众的眼球，提高广告点击率，利用智能下载技术，用户还能够将其保存。

6. E-mail 广告

E-mail 广告的使用比较广泛，这是一种通过网络将广告发送到用户电子邮箱的网络广告形式，这种方式可以直接发送，也可以搭载发送，具有节约成本、简便快捷、覆盖率高、反应迅速等优点。

7. Rich Media 广告

Rich Media 广告是指使用浏览器插件或其他脚本语言、Java 语言等编写的具有丰富视觉效果和交互功能的网络广告，此类广告对服务器的客户机的配置有一定的要求。因此，这些网络广告的效果和功能是否有效，不仅取决于站点的服务器端设置，还与访问者浏览器的设置有关。一般来说，Rich Media 能表现更多、更精彩的广告内容，容量大、互动性强、表现力更丰富。

五、广告效果的测定

1. 沟通效果测定

沟通效果测定在于分析广告活动是否达到预期的信息传播效果。常用的测定方法有直接评分、组合测试、实验室测试和广告的后测。

(1)直接评分

直接评分由目标消费者的一组规定样本或广告专家来评价这个广告，并填写评分问卷。

(2)组合测试

组合测试是指给测试者看试验用的广告，然后回忆并描述。

(3)实验室测试

通过测定受试者的生理反应来评估一个广告的可能效果。

(4)广告的后测

主要用来评估广告出现于媒体后所产生的实际传播效果。主要测量方法有以下两种：其一，回忆测试，请受试者回想或复述所能记得的广告。其二，识别测试，请受试者反复阅读，然后进行识别。良好的广告计划和控制在很大程度上取决于对广告效果的衡量。

2. 销售效果的研究

销售效果也称为广告的直接经济效果，它反映的是广告费用与商品销售量(额)之间的比例关系。广告的销售效果较之其传播效果更难于测量。销售效果是广告的核心效果。

(1)历史资料分析法

由研究人员根据同步或滞后的原则，利用最小平方回归法求得公司过去的销售额与公司过去广告支出二者之间关系的一种测量方法。

(2)实验设计分析法

可选择不同地区，在其中某些地区进行比平均广告水平强50%，在另一些地区进行比平均广告水平弱50%的广告活动。

3. 社会效果的评估

主要评定广告的合法性以及广告对社会文化价值观念的影响。一般可通过专家意见法和消费者评判法进行评估。

第三节　人员推销

一、人员推销概述

(一)人员推销的概念

人员推销在促销组合中是一种最为古老而又充满活力的方式，也是一项专门的艺术，在现代企业市场营销活动中仍然起着十分重要的作用。国内外许多企业在人员推销方面的费用支出要远远大于在其他促销方面的费用支出。实践证明，人员推销与其他促销手段相比具有不可替代的作用。

人员推销是企业运用推销人员直接向顾客推销产品和服务的一种促销活动。推销人员直接与潜在顾客接触、洽谈、介绍商品、进行说服，促使其购买产品，达成交易，实现既销售产品，又满足顾客需求的目的。人员推销在购买过程的某些阶段，特别在建立购买者的偏好、信任和行动时，是最有效的工具。

(二)人员推销的特点

人员推销的主要特点有：

1. 信息传递的双向性

推销并非只是由推销人员向推销对象传递信息的过程，而是信息传递与反馈的双向沟通过程。推销人员在向顾客提供有关产品、企业及售后服务等信息，解答顾客疑问的同时，也在了解顾客对企业产品及其服务的意见与要求。

2. 推销过程的灵活性

推销人员与顾客直接联系，面对面洽谈，容易形成一种直接而友好的相互关系。通过交谈与观察顾客，推销人员可以掌握顾客的购买动机，有针对性地把握有利时机促成交易；可以根据不同顾客的特点和反应，调整自己的沟通策略和方式，投其所好地进行说服与诱导，及时消除顾客的疑虑，有利于顺利达成交易。

3. 推销对象的针对性

与广告促销相比，人员推销的对象更具有针对性，每次推销之前，可以选择好具有较大购买可能的顾客进行推销，并有针对性地对未来顾客做一番研究，拟订具体的推销方案、策略、技巧等，以便提高推销成功率。这是广告宣传所不及的，广告促销往往包括许多非可能顾客在内。

4. 推销目的的多重性

人员推销能够通过提供信息、技术、服务来激发顾客的购买欲望；推销人员能够当好顾客的参谋，帮助其进行购买决策，并能通过提供优质服务，更好地满足其需求；通过双方的交流和沟通，能够密切企业与顾客之间的关系，建立长期的协作关系，使其成为企业稳定的客户。

尽管人员推销的优点明显，但是并不意味着在所有场合都适用。人员推销的接触面相对狭窄，人员推销的最大弱点是费用高，特别是目标市场比较分散时，人员推销的成本更高。一般来说，单位价值高、技术性较强的产品，或是销售对象明显集中，一次成交量较大的产品，适宜采用人员推销方式。此外，推销人员的素质往往决定了企业在消费者心目中的形象。如果推销人员的素质较差，不为顾客着想，将产品销售作为唯一目的，产品出售之后，对顾客置之不理，这样就会损害企业形象。

二、人员推销的形式

一般而言，人员推销的形式包括三种：上门推销、柜台推销和会议推销。

（一）上门推销

上门推销是最常见的推销形式。它是由推销员携带样品、说明书和订货单等上门走访顾客，推销商品的一种推销形式。这种推销形式，可以针对顾客的需要提供有效的服务，方便顾客，是一种积极主动的，名副其实的“正宗”推销形式。

（二）柜台推销

柜台推销又称门市推销，是指企业在固定地点开设固定营业场所，由营业员接待进入商店的顾客销售商品的一种推销形式。他们在与顾客的当面接触交谈中，介绍商品、回答问题、洽谈成交。这种推销形式是等客上门的推销形式，由于门市里产品种类齐全，能满足顾客多方面需求，为顾客提供较多的购买方便，并且可以保证商品安全无损，因此，顾客更乐于接受这种形式。柜台推销适合于零星小商品、贵重商品和易损坏商品。

（三）会议推销

会议推销是指企业利用各种会议介绍和宣传商品的一种推销形式。洽谈会、展销会、订货会等都属于会议推销的形式，这种推销形式具有接触面广、推销集中、成交额大的特点。在推销会上，往往是许多企业同时参加活动，各自都有明确的目标，价格合理，容易达成大批量的交易。

三、销售队伍的规模与任务

（一）销售队伍的规模

销售人员是企业的重要资产，也是花费最多的资产，销售人员的规模与销售量和成本具有密切联系。合理确定销售人员规模是销售管理的一个重要问题。一般而言，销售队伍的规模可以通过以下方法确定。

1. 销售百分比法

销售百分比法是指企业根据历史资料计算销售队伍的各种耗费占销售额的百分比以及销售人员的平均成本，然后对未来销售额进行预测，从而确定销售人员数量的一种方法。

2. 分解法

分解法是先决定预测的销售额，然后估计每名销售人员的销售额，用预测的销售额除以销售人员的销售额来确定销售队伍的规模大小。

3. 工作量法

上述两种方法比较简单，但都忽视了销售人员的数量与销售量之间的内在联系，因而实际意义不大。

工作量法分为以下五个步骤：

(1)按年销售量的大小将顾客分类；

(2)确定每类顾客所需要的访问次数；

(3)每类顾客的数量乘以各自所需的访问次数就是整个地区的访问工作量；

(4)确定一名销售代表每年可进行的平均访问数；

(5)将总的年访问次数除以每名销售代表的平均年访问数，得出销售队伍的规模。

（二）销售队伍的任务

销售队伍的任务除了销售以外，在整个营销活动中还包含以下任务：

1. 寻找客户

销售代表负责寻找新客户或主要客户。

2. 设定目标

销售代表决定怎样在寻找工作和客户之间分配有限的时间。

3. 信息传播

销售代表应熟练地将公司产品和服务的信息传递出去。

4. 推销产品

销售代表要懂得“推销术”这门艺术——与客户接洽、向客户出样报价、回答客户的疑问并达成交易。

5. 提供服务

销售代表要为顾客提供各种服务——对顾客的问题提供咨询意见，给予技术帮助，安排资金融通，加速交货。

6. 收集信息

销售代表要进行市场调查和情报工作，并认真填写访问报告。

7. 分配产品

销售代表要对顾客的信誉做出评价，并在产品短缺时将稀缺产品分配给顾客。

四、销售人员的管理

（一）销售人员的甄选与培训

销售人员的甄选和培训是销售管理的一项重要工作。企业能否招聘到合适的销售人员，尤其是优秀的推销人才，是人员推销成功的基础。对销售人员进行培训是提高他们素质和能力的主要手段，这不仅出于企业的需要，同时，也是销售人员个人成长的需要。

1. 销售人员的甄选

首先应确定优秀销售人员的条件。大多数顾客认为，销售人员应该具备诚实、可靠、有知识和设身处地为他人着想等素质。成功的销售人员的共同之处在于：敢于承担风险、强烈的使命意识、有解决问题的决心、认真对待顾客并仔细做好每次访问工作等。其次，要确定合适的招聘途径进行招聘。企业可以通过销售人员推荐、人才市场、刊登广告或直接从大学应届毕业生中招聘等方式选拔销售人才。

销售人员应具备的特质包括：(1)感同力，即善于从顾客角度考虑问题，并使顾客接受自己；(2)自信力，即让顾客感到自己的购买决策是正确的；(3)挑战力，即具有视各种异议、拒绝或障碍为挑战的心理；(4)自我驱使力，即具有完成销售任务的强烈欲望。

2. 销售人员的培训

对销售人员的培训，要求销售人员要了解公司各方面的情况，包括公司历史和经营目标、组织结构状况、主要负责人、财务状况和措施，主要的产品及销量等。培训中还要介绍公司的产品制造过程、品种构成、用途以及公司为各种产品所概括出的推销要点和推销说明等，讲述公司目标市场各类顾客和竞争对手的特点，并且要演示一些有效推销的方法，同时，要明确销售人员实际工作的程序和责任。

销售人员培训的方法通常有三种：

(1)讲授培训

通过课堂教学讲授培训方法，邀请专家、教授和有丰富推销经验的优秀销售人员讲授；

(2)模拟培训

模拟某种实战场景，通过实例研究、角色扮演和业务模拟等形式进行；

(3)实践培训

让有经验的销售人员与甄选的销售人员建立师徒关系，通过传、帮、带，使受训者较快地熟悉业务、积累经验。

（二）销售队伍的组织结构

企业的销售人员在合理规模的基础上，还应该科学规划和组织，形成合理的结构。企业可以按照不同的标准决定销售人员的队伍结构。

销售队伍组织结构设计关系到推销工作的效率和资源最佳利用问题。销售队伍组织结构可按照市场区域、产品、顾客以及这三个因素的结合进行调整和组织。

1. 按地区结构设计(图 11-2)

这是一种最简单的推销人员结构，这种组织结构的好处是：第一，结构清晰，便于整体部署。第二，销售人员的活动范围与责任边界明确，有利于管理与调整销售力量，能鼓励销售人员努力工作。第三，有利于销售人员与当地商界及其他公共部门建立良好关系。第四，相对节省往返旅途费用。

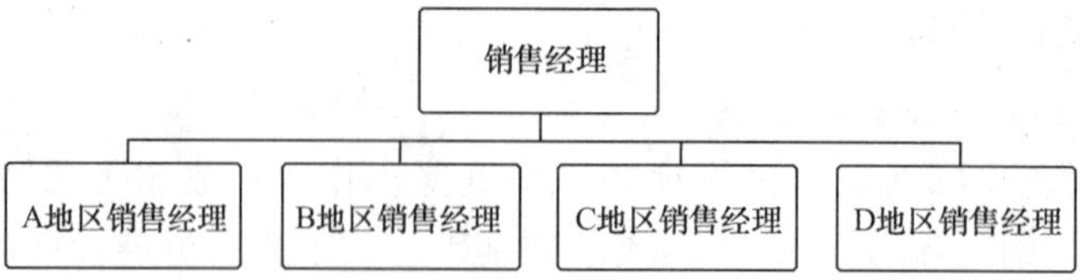

图 11-2　按地区结构设计

企业在规划地理区域时,要充分考虑地理区域的某些特征:各区域是否易于管理、各区域销售潜力是否易于估计、他们用于推销的全部时间可否缩短等。

2. 按产品结构设计(图 11-3)

这是按产品线来设计的推销结构,推销人员负责一种或一类产品的推销工作。

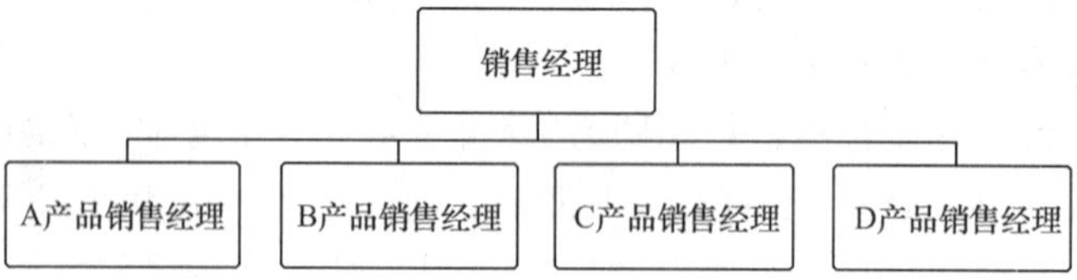

图 11-3　按产品结构设计

这种设计一般适用以下情况:

(1)产品技术性强,生产工艺复杂,不同产品线的推销人员应具有专门知识,否则很难有效地推销。

(2)企业产品种类繁多。

这种类型的组织设计的优点主要有:第一,产品经理能够实现产品的最佳营销组合。第二,产品能较快地成长起来。第三,能够对市场出现的问题及市场状况的变化迅速做出反应。

当然,这种组织设计也存在一些问题:第一,缺乏整体观念。在产品型组织中,各个产品经理相互独立,他们会为保持各自产品的利益而发生摩擦。第二,部门冲突。产品经理的工作未必能获得广告、生产、财务等方面的理解和支持。第三,多头领导。由于权责划分不清晰,具体推销人员可能会得到多方面的指令。

3. 按顾客结构设计(图 11-4)

企业也常常按顾客类别来分配推销人员。如企业对不同行业安排不同的销售队伍,一般来说,分类方法有:行业类别、用户规模、分销途径等。

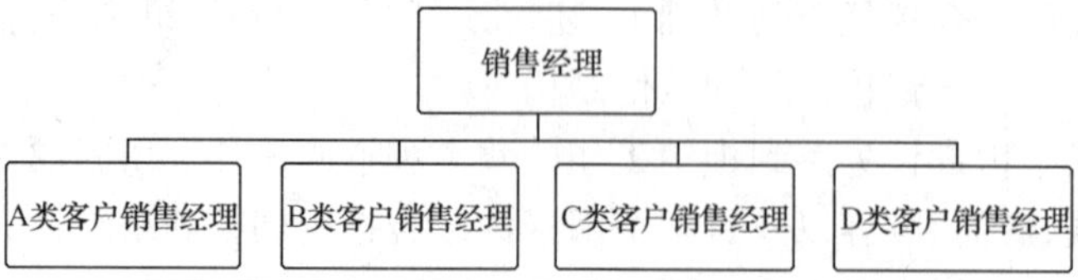

图 11-4　按顾客结构设计

这类设计能针对不同顾客采取不同的推销策略。但是,一名销售人员可能要横跨若干省份或大区域,整个销售队伍有可能重复交叉出现在同一个地区。

4. 复合型结构

综合以上各种结构因素组织起来销售人员队伍称为复合型结构。这种销售结构可以综合以上各种方法的优势，适用于企业产品种类繁多、顾客类型不一、销售区域比较广阔等情况，比较适合大企业使用。

（三）销售人员的报酬与激励

销售人员的报酬包括薪金制、佣金制和混合制。

1. 薪金制

薪金制即固定工资制。销售人员能得到固定的薪金和完成各项任务所需要的费用。

这种制度的优点在于提供给销售人员稳定的收入，使他们更愿意去完成非销售活动，并非用刺激来增加对顾客的销售。从公司的角度来看，薪金制使管理简单化并降低了销售队伍的流动性。这种制度的缺点在于缺少刺激作用，销售人员的积极性不高，对公司而言，业务下降时，薪金制因缺少灵活性，会使销售费用成为沉重负担，业务好转时，薪金又不能起到激励销售人员的作用，较难吸引和留住进取心强的销售人员。

2. 佣金制

佣金制即按销售额或利润额的一定比例获取佣金。此方法吸引了更好的销售人员，提供了更多的激励，减少了监督和控制销售的成本。

这种制度的优点显著，激励性很强、操作简便，维护成本低。但是在该种薪酬模式下，销售人员面临着全部的销售风险，一旦受经济和市场因素影响，其收入会非常不稳定，并且此种情况下销售人员会受经济利益驱使，热衷于进行有利可图的交易，为了个人的短期收益甚至会出现损害企业形象及长远利益的情况。同时，这种薪酬模式还会导致销售人员之间的恶性竞争，削弱了销售队伍的稳定性和凝聚力。

3. 混合制

多数企业采用薪金和佣金混合的制度，取长补短。这种混合制在不同企业不同阶段又衍生出不同的组合模式。主要有“底薪＋奖金”“底薪＋业务提成”和“底薪＋业务提成＋奖金”三种形式。

(1)底薪＋奖金

“底薪＋奖金”指的是销售人员的薪酬收入由企业按期支付的基本工资和完成一定销售目标的奖金两部分构成。基本工资的获得是稳定的，奖金是指在销售人员完成期初制定的销售目标之后给予的激励奖赏。

这种薪酬管理模式的优点是在确保销售人员有保障收入的基础上，通过奖金激励为销售人员设定的一系列与企业发展相关的指标，引导其合理的销售行为，促进企业的和谐、持续发展。但由于该薪酬模式下销售人员的当期销售额与薪酬并不直接关联，会使销售人员对销售额的获得缺乏必要的动力。

(2)底薪＋业务提成

“底薪＋业务提成”是指销售人员的工资收入由企业按期支付的基本工资和与其销售业绩直接挂钩的销售提成两部分构成。一般情况下，销售越是困难，销售业绩对销售人员的主观能动性依赖越大，则相应的销售业务提成比例就会相对越高。

该薪酬模式在为销售人员生活提供基本保障的同时，对销售业绩良好的销售人员具有很大的激励性，是目前许多企业广泛采用的一种销售人员的薪酬模式。但是，该薪酬模式会引致销售人员时刻关注自身利益，而忽视了销售团队的凝聚力和企业的整体利益。

“底薪＋业务提成”的薪酬模式又可分为“高底薪＋低提成”与“低底薪＋高提成”两种薪

酬管理模式。前者更注重的是销售人员的稳定性，用较高的稳定工资收入稳定销售人员与企业之间的合作关系；后者则以销售人员的工作业绩为导向，以销售人员的业绩核定其绝大部分的工资收入。

(3)底薪＋业务提成＋奖金

“底薪＋业务提成＋奖金”是指销售人员的薪酬收入由企业按期支付的基本工资、按期根据销售业绩发放的业务提成及完成企业一定销售目标的奖金三部分构成。

该薪酬模式同时综合了基本工资、业务提成和奖金三种报酬的优势，能充分发挥薪酬在调动销售人员主观能动性方面的激励性。其中，业务提成能激励销售人员追求优秀的业绩，而奖金则会促使销售人员更加关注其销售行为。但是该薪酬模式在无形中增加了企业的薪酬管理成本，增加了薪酬制度操作的专业性，并且在销售额的核定、业务提成率、奖金发放率等方面的核定也存在较大的困难。

(四)销售人员的监督与评价

销售人员的监督与评价是企业对销售人员工作业绩考核与评估的反馈过程。它不仅是分配报酬的依据，也是企业调整市场营销战略，促进销售人员更好地为企业服务的基础。

1.评估资料获取

销售人员销售报告是主要的评估资料，销售报告包括工作计划和完成任务的记录，其中，工作计划是销售人员对其下一步工作提出的安排，包括销售人员准备要访问和要走访的路线，完成任务报告书则提供了销售活动的成果。

2.建立评估指标

评估指标要基本能反映销售人员的销售绩效。在建立指标中要注意客观条件对销售效果的影响，如销售区域的潜力、区域形状的差异、地理状况、交通条件等。

3.工作绩效的正式评估

工作绩效的正式评估通常可以采用以下两种方法：

(1)横向比较

横向比较即比较不同销售人员在一定时期的销售量和销售效率，这种比较必须建立在各区域市场的销售潜力、工作量、环境、企业促销组合大致相同的基础上。

(2)纵向比较

纵向比较即比较同一销售人员现在和过去工作业绩。这一比较包括销售额、毛利、销售费用、新增顾客数、丧失顾客数等方面。这种比较有利于全面了解每名销售人员的业绩，督促和鼓励销售人员努力改进下一步工作。

第四节　销售促进与宣传

一、销售促进概述

(一)销售促进的概念

销售促进，是指企业运用各种短期诱因鼓励消费者和中间商购买、经销或代理企业产品或服务的促销活动。

当今市场品牌数量不断增加，产品差异化程度不断减少，信息过度使广告效果相对减弱，并且经济环境的不稳定使得消费者更倾向于精打细算，企业增加销售额面临更大的压力。在这些因素的综合作用下，销售促进作为促销组合的重要工具之一，正在被越来越多的高层管理人员所接受和运用。

（二）销售促进的特点

销售促进对刺激需求具有立竿见影的效果。它可以在短期内刺激目标市场需求，使之大幅度增长，特别是对一些优质名牌和具有民族风格的产品效果更佳。这种促销方式向消费者提供了一个特殊的购买机会，它能够唤起消费者的广泛注意，具体、实在、针对性强、灵活多样，对想购买便宜东西和低收入阶层的顾客等颇具吸引力。绝大多数企业都运用这一促销工具，非营利组织也同样如此，例如当前许多地方政府在经济危机背景下为刺激旅游业的发展而免费发放旅游代价券等。

广告对消费者购买行为的影响往往是间接的，而销售促进的影响则是直接的。如果将广告和销售促进组合运用效果会更佳。一项研究表明，单纯运用以价格为核心的销售促进工具仅能使销售量增加15%，但当它与广告相结合时，销售量可以增加19%，当它与广告以及售点展示相结合时，销售量就可以增加24%。

开展销售促进不仅要考虑市场供求和产品性质，而且还要考虑消费者的购买动机和购买习惯、产品的生命周期、竞争状况以及目标市场的环境因素。销售促进使用不当可能会降低消费者对品牌的长期忠诚度，因为更多的消费者会形成重视优待的倾向而不是重视广告的倾向。此外，不合理的销售促进还可能会导致促销费用大大超过预算，因为一部分促销费用不可避免地落入了非目标消费者手中。

（三）针对消费者的销售促进

销售促进的方式丰富多彩。据调查，仅针对消费者的销售促进就有530多种方式。根据这些方式涉及的不同主题将之概括为以价格、赠品、奖励和展示为核心的四种销售促进方式。

1. 以价格为核心的销售促进

这种形式的销售促进以产品或服务的价格变化（通常是价格减让）作为刺激消费者的主要手段。

（1）折价销售

折价销售是针对消费者的销售促进中运用最普遍的手法之一，它指的是商家在一定的时间里进行价格上的减让，特定时间过后又恢复原价。使用这一推销方式时要注意在特定时间过后一定要恢复原价，否则容易模糊产品的市场价位，甚至损害产品的品牌形象。

（2）优惠卡（券）

优惠卡（券）一般由商家或厂家通过邮寄、报刊发送，或者夹放在产品包装内或者在销售现场发送给消费者，使持有者在购物时享受一定数量的减价优惠，吸引那些有一定消费兴趣和消费能力的老顾客不断重复消费。优惠卡（券）对那些购买频率高的产品促销效果较好。

（3）特价包装

厂家对其产品的正常零售价格以一定幅度的优惠，并将优惠金额标示在产品包装或价格标签上。特价包装的形式灵活多样，可以直接在包装上印出原价与供应特价。特价包装适用于购买频率高、价格水平低的产品促销。

（4）退款优惠

消费者购买产品后，可将产品证明（如注册商标、产品条码等）连同购货发票一起寄回厂家，厂家接到材料后将一部分货款退还给消费者。退款优惠的功能与折价销售及优惠卡（券）等相似，它主要用于鼓励顾客试用新产品，其运作成本相对较低。

（5）以旧换新

顾客在购买产品时交出同类产品的废旧品，便可享受一定价格折扣的优惠。以旧换新的"新"与"旧"，可以是同一种品牌，也可以是不同品牌。我国政府为进一步促进扩大内需，根据我国家电、汽车产业发展和消费市场实际，决定实施鼓励汽车、家电"以旧换新"的政策措施。这不仅有利于扩大消费需求，也有利于提高能源资源利用效率，减少环境污染，促进节能减排和循环经济发展。对交回补贴范围内旧家电且购买新家电的消费者，原则上按新家电销售价格的10%给予补贴，分品种确定最高补贴额度；对回收补贴范围内旧家电并送到拆解处理企业的运输费用，国家给予定额补贴。

2. 以赠送为核心的销售促进

赠送是厂家或商家为影响消费者行为，通过馈赠或派送免费品，介绍产品的性能、特点和功效，建立与消费者之间友好感情联系的有效促销形式。

（1）赠品

消费者购买某种产品时，企业免费或以较低的价格向消费者提供的产品称为赠品。赠品的形式多种多样，有的赠品就是产品本身，有的是与产品无直接关系的纪念品，还有的赠品为相关产品。

（2）赠券

当消费者购买某种产品时，企业给予一定数量的交易赠券，消费者将赠券积累到一定数额时，可到指定地点换取赠品。赠券的实施对刺激消费者大量消费本企业产品，扩大企业的市场占有率具有较大的影响力。

（3）样品

在新产品引入阶段，通过向消费者免费提供样品供其试用，使之亲身体验产品所带来的利益，而后促使消费者购买的促销活动。

3. 以奖励为核心的销售促进

奖励是指企业为激励消费者的购买行为而提供的现金、实物、荣誉称号或旅游奖券等销售促进方式。

（1）竞赛

由企业制定竞赛规程，让消费者按竞赛要求参与活动并获得预定的现金、实物、荣誉称号或旅游奖券等奖项。竞赛的内容一般要求与主办单位的自身特征或产品相关。

（2）抽（摇）奖

顾客进行消费时为其提供一个获奖的机会。获奖者既可以由抽取票号来确定，也可以由摇转数码来确定。由于抽（摇）奖的奖励分量通常都比较大，使消费者能在正常的消费中获得意外的惊喜，因而消费者的参与积极性较高。

（3）猜奖

让消费者猜测某一结果，猜中者给予奖励。猜奖与抽（摇）奖不同，抽（摇）奖的奖项是事先预定的，因而也是固定的；而猜奖却很难事先确定有多少人能中奖，有可能自始至终无人获奖，也有可能夺奖者若干。所以在设定奖项时要做好充分准备，以防消费者中奖后却得不到企业承诺的奖励。

(4)现场兑奖

消费者根据消费额的多少领取奖票，现场刮号或揭底，中奖者可现场兑奖。现场兑奖通常是将具有较强吸引力的奖品展销在销售场点，形成强烈的现场刺激，营造人气。

以奖励为核心的促销活动要取得良好效果，关键是活动的主题设计和奖品的选择，并且要创造浓厚的参与氛围，使消费者乐于参与。

4. 以展示为核心的销售促进形式

展示是让产品直接面对消费者，使产品与消费者进行心灵对话的直观性促销方式。

(1)展销会

企业将产品分主题展示出来并进行现场售卖，以便消费者了解产品信息，增加销售机会。常见的展销形式有为适应消费者季节购买特点而举办的“季节性产品展销”，或者为新产品打开销路的“新产品展销”等。

(2)售点陈列

有效的售点陈列是增加产品销售量的重要手段。售点陈列首先应选择好的陈列点，一般来说，柜台后面与视线等高的货架上、台秤旁边、收银机周围以及柜台前面的空地等都是很好的陈列点。其次要考虑陈列的视觉吸引力。同种产品堆放在一起显示气势，弱势品牌尽量陈列在第一品牌旁边。运用指示牌、插卡等手段有效传达产品信息等。再次要注意陈列品拿取的方便性，保证在货架上至少有 80% 的产品可以让消费者方便地自行拿取。

(3)现场示范

销售人员在现场对产品的用途与操作进行实际的演示和解说，以吸引消费者注意、消除消费者对产品的疑虑。现场示范一般适用于新产品上市或产品功能改进宣传。

由于展示是把产品直接呈现在消费者面前，因此要求采用此法进行销售促进的产品质量必须绝对过硬，要经得起消费者挑剔，并力求外形美观、包装精致、质感精良。

(四)销售促进的管理

1. 确定销售促进目标

就消费者而言，销售促进目标包括鼓励消费者更多地使用产品和大批量购买；争取未使用者试用；吸引竞争者品牌的使用者。就零售商而言，销售促进目标包括吸引零售商经营新的产品品目和维持较高水平的存货，鼓励他们购买过季产品，鼓励贮存相关品目，抵消竞争性的促销影响，建立零售商的品牌忠诚和获得进入新的零售网点的机会。就销售队伍而言，销售促进目标包括鼓励他们支持一种新产品或新型号，激励他们寻找更多的潜在顾客和刺激他们推销过季产品。

2. 选择销售促进工具

许多销售促进工具可用于实现上述销售目标。选择工具时，促销计划者应该把市场的类型、促销目标、竞争情况以及每一种促销工具的成本效益考虑进去。

3. 制订销售促进方案

在制订促销方案时，营销人员必须考虑以下几个因素：

(1)确定所提供刺激的大小

若要使促销获得成功，最低限度的刺激物是必不可少的，低于这个程度，销售促进不能充分发挥作用。较高的刺激程度会产生较高的销售反应，但单位推广费用效率却是递减的。许多企业在推销老产品时，只要求销售促进收入能大于支出，或者收支基本平衡就可以了。

有时,企业为了推销长期积压的产品,甚至只要求通过销售促进把产品卖出去,而不考虑收支状况。

(2)制定参与条件

销售促进刺激物提供的对象通常是鼓励产品的购买者。但企业有时可以有意识地限制那些不可能成为长期顾客的人或购买量太少的人参加。限制条件不宜过宽,也不宜过严,否则达不到预期的效果。

(3)决定持续时间

如果销售促进持续的时间太短,许多顾客可能来不及购买,如果持续的时间太长,交易优待则会失去其"立竿见影"的效力。理想的销售促进周期长度要根据不同产品种类、消费的季节性、产品的供求状况、生命周期阶段以及商业习惯等因素来确定。

(4)选择恰当的途径

销售促进的途径和方式不同,推广费用和效益也不一样,企业必须结合自身内部条件、市场状况、竞争动态、消费者购买动机等因素进行综合分析,选择最佳的销售促进途径和方式。

(5)选择合适的时机

不同的产品,在不同的环境条件下,销售促进的时机也是不同的。市场竞争激烈的产品,同质性较强的产品,刚进入市场的产品,滞销产品等多在销售淡季或其他特殊条件下运用销售促进策略。

(6)确定预算

销售促进总预算可以通过两种方式拟定:一是根据所选用的销售促进方式来估计总费用。二是按习惯比例来确定销售促进预算占总促销预算的百分比。

4.预试销售促进方案

虽然销售促进方案是在经验的基础上制订的,但须经过预试以明确所选用的工具是否适当,刺激的规模是否最佳,实施的方法效率是否最高。企业可邀请消费者对几种不同的方式做出分析和评价,也可以在有限的地区范围内进行测试。

5.实施和控制销售促进方案

营销管理者必须对每一项销售促进工作确定实施和控制计划。实施计划必须包括前置时间和销售延续时间。前置时间是开始实施这种方案前所必需的准备时间。销售延续时间是指从开始实施优待办法起到大约95%的采取此优待办法的产品已经到达购买者手里的持续时间。

6.评价销售促进效果

企业可用销售数据、消费者调查和实验三种方法对销售促进的效果进行衡量。营销人员可通过销售数据分析各种类型的消费者对销售促进的态度,销售促进前的行为,购买销售促进产品的消费者后来对品牌或其他品牌的行为。营销人员可通过消费者调查去了解多少人记得这次销售促进,他们的看法如何,多少人从中得到好处,以及这次销售促进对于他们随后选择品牌行为的影响。此外,营销人员还可以通过实验加以评估,这些实验可随着销售促进措施的属性(如刺激价值、促销期间长短和分销商等)的不同而不同。

二、宣传策略

（一）宣传策略的概念

宣传策略也称为公共关系，菲利普·科特勒对宣传策略的定义为：通过有利宣传与有关公众建立良好的关系，树立良好的企业形象，处理不利的谣言、传闻和事件。

（二）宣传策略的作用

1. 树立企业信誉，建立良好的企业形象

树立良好的信誉是企业经营成功的诀窍，企业的良好形象和声誉是无形的宝贵财富。公共关系的根本目的是通过深入细致、持之以恒的具体工作树立企业的良好形象和信誉，以取得公众理解、支持、信任。从而有利于企业推出新产品，有利于创造“消费信心”，有利于企业筹集资金，有利于吸引、稳定人才，有利于寻找协作者，有利于协调和社区的关系，有利于政府和管理部门对企业产生信任感，最终促进组织目标的实现。

2. 搜集信息，为企业决策提供科学保证

美国管理学家西蒙说：“管理就是决策，而决策的前提正是信息”。现代企业要利用各种渠道和网络搜集与企业发展有关的一切信息，为企业决策科学化提供强有力的保证。搜集信息包括企业战略环境信息、产品声誉信息及企业形象信息等。

3. 协调纠纷，化解企业信任危机

企业与公众的许多矛盾和摩擦都起源于误解和不了解，缺乏信息交流是造成不了解的根本原因。通过建立良好的公共关系机制，增强企业与公众之间的相互了解，企业就有可能避免与公众的纠纷，并可通过公关手段将已经发生的信任危机所造成的组织信誉、形象损失降到最低限度，进而因势利导，使坏事变为好事。这种功能是广告、人员推销、营业推广所不具有的。

（三）宣传策略的具体形式

1. 通过媒体新闻宣传

这是企业以最低成本获得媒体的宣传。大多数企业同媒体之间建立良好的关系，并尽量对媒体提供对企业有利的消息，以扩大企业的影响，加深消费者对本企业的印象。

2. 组织各种专题活动

企业可以通过举办新闻发布会、展览会、订货会等各种社会活动，介绍企业情况，推荐企业产品，增进与相关中间商、渠道商及顾客等的交流，提高他们对企业产品的兴趣与信心，在举办活动前，企业也可以通过媒体，扩大专题活动的宣传效果。

3. 通过广告宣传

企业为了使社会公众充分地了解企业，提高企业及产品的社会知名度，赢得社会信任与合作进行广告宣传。这种公关广告宣传与传统的商业广告最大的不同之处就在于：公关广告着重于宣传企业的宗旨、形象和经营方针，目的在于引导和更新人们的消费观念，并使消费者对企业及产品留下深刻的印象。公关广告要想取得成功，在构思和制作中必须讲究技巧和艺术性。

4. 赞助和开展公益性活动

企业可以通过赞助和开展公益性活动，以获得一定的形象传播效益，比如，体育赞助、社会福利活动、基金捐献等。

5. 利用名流效应宣传

企业可以通过一些身份特殊、影响大、声誉高的公众人物进行宣传，这是人际传播里常用的手段。这种利用名人光环效应对公众的影响力的宣传手段比一般的传播效果要好。

本章小结

促销的基本策略从总的指导思想上可以分为“推”式策略与“拉”式策略。促销组合，就是企业根据产品的特点和营销目标，在综合分析各种影响因素的基础上，对各种促销方式的选择、编配和运用。广告媒体选择应考虑如下因素：产品因素、目标受众因素、媒体因素、广告预算因素。人员推销在购买过程的某些阶段，特别在建立购买者的偏好、信任和行动时，是最有效的工具。销售队伍组织结构可按照市场区域、产品、顾客以及这三个因素的结合进行调整和组织。销售促进对象有如下三种：针对消费者的销售促进、针对中间商的销售促进和针对推销人员的销售促进。企业制定销售促进策略，必须包括以下内容和步骤，即确定销售促进目标、选择销售促进工具、制定销售促进方案、预试方案、实施和销售促进控制方案以及评价销售促进效果。企业通过有利宣传与有关公众建立良好的关系，树立良好的企业形象，处理不利的谣言、传闻和事件。宣传策略的具体形式：通过媒体新闻宣传、组织各种专题活动、通过广告宣传、赞助和开展公益性活动和利用名流效应宣传。

案例应用

“冰皮月饼”的促销

D公司是一家食品生产商，准备进入月饼市场。市场调查显示，人们已经厌倦了月饼甜、腻的传统口味，转而渴望清爽、清淡的口感。据此，该公司准备推出“冰皮月饼”，该月饼采用进口原料制作，不经烘焙，毫不油腻，颜色也一反传统的金黄色，而呈现清雅的蛋青色。对“冰皮月饼”这一概念的测试表明，人们愿意接受这一新产品，并对月饼的独特颜色也不排斥。之后，D公司对“冰皮月饼”展开市场推广活动，推广活动主要针对“潮流领先者”这一细分市场，鼓励他们尝试购买。

基于上述推广目标，D公司制定并实施了如下营销策略：

• 产品：以与众不同的清爽口味为其定位，以精美包装衬托其独特、高贵的形象。

• 价格：高价格通常意味着高质量。D公司对其“冰皮月饼”采取了远高于传统月饼的定价，以与其高质量、高档次的形象相匹配。

• 促销：配合高价策略，D公司“冰皮月饼”采取了高促销策略。高价格、高促销有利于建立品牌偏好，同时亦向消费者说明该产品定价虽高，但物有所值。在具体促销方式的选择上，首先，D公司在当年的食品博览会以及D公司的专卖店中提供免费品尝，对先期购买的顾客，则给予100%折扣。其次，D公司“冰皮月饼”的电视广告颇具新意，整体风格显得轻松有朝气，充满活力。电台的广告也秉承这一特色，强化这种风格。此外，广泛散发的精美宣传画册也不断传达着“冰皮月饼”独具特色的信息。

D公司精心策划的推广活动使“冰皮月饼”一经推出就大获成功。

案例思考

结合案例说明D公司采取了哪些促销方式。试说明该促销组合和产品所处生命周期是否匹配并阐述理由。

练习题

简答题

1. 促销有哪些作用？
2. 人员推销与其他促销方式相比，其优点表现在哪些方面？
3. 试论广告媒体选择的影响因素。
4. 如何认识广告效果的好坏？

实践应用讨论

制定促销方案实训

一、实训内容

选择以下某一项目，制定相应的促销方案。

1. 某品牌空调(或电视、洗衣机等)节日卖场促销。
2. 某品牌洗发水(或洗衣粉、牙膏、香皂等)春季新产品上市，针对消费者的卖场促销。
3. 某品牌休闲食品(或方便面、饼干、糖果等)卖场试尝试吃活动。
4. 某品牌化妆品商业中心广场路演活动方案。
5. 某超市端午节粽子促销策划。
6. 其他项目(自选或根据实际情况由实训教师另行指定)。

二、实训程序

以小组为单位制作PPT，进行课堂交流和讨论，教师点评。

三、考核要点

考核的促销方案应包含基本的要素，要求格式规范，文字通顺。要有一定的合理性，符合基本的商业规律。

第五部分

市场营销管理

第十二章 企业战略与营销计划

学习目标和要求

正确认识和理解企业战略和营销计划对企业的意义；熟练掌握企业战略的制定和营销计划的编写。

学习重点

企业战略的制定、营销计划的编写。

案例导入

韩国LG公司的企业战略

除了核心技术，“设计经营”正在成为全球消费电子市场竞争的一个方向，而韩国的LG、三星正是抓住了这股潮流，让韩国的消费电子品牌开始在世界范围内掀起一阵阵“韩流”，成为挑战原有日系企业索尼、松下等最强有力的竞争对手。LG电子中国区总裁孙晋邦表示，“LG在核心技术和设计经营方面无疑都具有明显的优势，作为一个国际化的企业，我们一直致力于研发全球发展趋势，开创引领全球时尚的设计，并要将更高端、更前沿的产品提供给中国消费者。”LG在韩国的地位，相当于海尔之于中国，尤其在这个民族性非常强的国家，国产品牌的受欢迎程度还要更高。不过，就像海尔的国际化道路探索充满艰难一样，LG也曾经面临同样的苦恼，尤其是如何打入品牌林立的欧美市场。在两年以前，当欧美消费者听到LG的名字时，还十有八九会把它与品质不高的产品联系在一起。但是，仅仅两年的时间，LG就一举改变了自己在世界消费电子品牌中的形象。LG在美国拉斯维加斯规模宏大的世界消费电子产品博览会上大放异彩。不仅是它琳琅满目的产品吸引了人们的眼光：从售价180美元、只有火柴盒大小的MP3播放器，到价格高达7.7万美元的71英寸等离子电视机。更重要的是，在此次展会上LG一举夺得了16项创新奖，超过了其他任何一家参展公司。能在两年内“翻身”，是与LG在亚洲金融危机后坚持走设计经营化道路分不开的。LG最早被人们所认识，还是最初的品牌“乐喜—金星”(Lucky-Goldstar)。1958年创办时它还只是一家小小的电扇生产商，一年后开始生产收音机，成为韩国有史以来第一家从事电子产品制造的企业，1995 年以后它正式更名为 LG 公司。现在，LG 的营销人员更希望人们彻底忘掉这个品牌原来的含义，因为一年前他们绞尽脑汁为 LG 这个名字赋予了新的品牌意义——“生活真美好”(Life’s Good)，并希望强化这个理念。现在，LG 的触角已经延伸到了家电、电梯、手机、监控系统、化妆品、电池、塑料制品等各个领域，其中甚至包括竹盐牙膏和蝶妆这样的日用品和化妆品品牌。可是 LG 的扩张道路并非一帆风顺，它在亚洲金融危机时遭遇了挫折。直到 20 世纪 90 年代中期，LG、三星还在为争夺韩国电子产品制造商头把交椅而相互较量，那时他们也难分伯仲。但此后双方共同经历了金融危机，而三星很快便进行了痛苦的结构调整，并投入巨资进行品牌塑造，结果一下子跨入了全球电子业领导者的行业。而 LG 却把赌注错押在了电信产业上，包括有线通信、移动电话服务和交换机系统等，这些后来一路滑坡的行业，造成了 LG 股票的暴跌。如今，LG 那一度不切实际的电信战略已经成为历史，取而代之的是对“设计”的理解与坚持。此后它不仅迅速恢复了元气，而且由此完成了从制造型企业向设计创新型企业的成功转型。

第一节　企业战略概述

一、企业战略的概念

企业战略是指企业根据环境的变化，结合自身的资源和实力选择适合的经营领域和产品，形成自己的核心竞争力，并通过差异化在竞争中取胜，随着世界经济全球化和一体化进程的加快和随之而来的国际竞争的加剧，对企业战略的要求愈来愈高。

企业战略是对企业各种战略的统称，其中既包括竞争战略，也包括营销战略、发展战略、品牌战略、融资战略、技术开发战略、人才开发战略、资源开发战略等。企业战略是层出不穷的，例如信息化就是一个全新的战略。企业战略虽然有多种，但基本属性是相同的，都是对企业整体性、长期性、基本性问题的计谋。各种企业战略有同也有异，相同的是基本属性，不同的是谋划问题的层次与角度。总之，无论哪个方面的计谋，只要涉及的是企业整体性、长期性、基本性问题，都属于企业战略的范畴。

二、企业战略专家介绍

(一)伊戈尔・安索夫(Igor Ansoff)

伊戈尔・安索夫是企业战略学科的创始人。安索夫在战略管理中的特殊地位集中表现在对战略管理(Strategic Management)的开创性研究，他的开创性研究使他成为这门学科的一代宗师。作为战略管理的一代宗师，他首次提出公司战略概念、战略管理概念、战略规划的系统理论、企业竞争优势概念以及把战略管理与混乱环境联系起来的权变理论。因此，管理学界把安索夫尊称为战略管理的鼻祖。伦敦商学院客座教授加里・哈默尔(Gary Hamel)是这样评价安索夫的：安索夫无愧于公司战略鼻祖的称号。尽管用今天的眼光来看，安索夫的方法过于强调结构完美和确定性，但他毕竟是在历史上第一次运用适当的语言、程序，分析现代工业企业并明确地界定公司战略中的深层次问题，包括公司如何成长，如何寻求合作，如何借用外力等。著名管理学评论家罗伯特・海伦(Robert Heller)把安索夫誉为战略规划之父。

(二)迈克尔·波特(Michael E. Porter)

迈克尔·波特是当今全球战略权威,被誉为"竞争战略之父",是现代伟大的商业思想家之一。32 岁即获哈佛商学院终身教授之职,是当今世界上竞争战略和竞争力方面公认的权威。他毕业于普林斯顿大学,后获哈佛大学商学院企业经济学博士学位。目前,他拥有瑞典、荷兰、法国等国大学的 8 个名誉博士学位。波特获得的崇高地位缘于他所提出的"五种竞争力量""三种竞争战略"。目前,波特博士的课程已成了哈佛商学院学院的必修课之一。他的三部经典著作《竞争战略》《竞争优势》《国家竞争优势》被称为竞争三部曲。

(三)米尔顿·科特勒(Milton Kotler)

米尔顿·科特勒毕业于芝加哥大学,从师于著名经济学家哈耶克,是"现代营销学之父"菲利普·科特勒(Philip Kotler)之弟,全球顶尖营销顾问公司——美国科特勒咨询集团(KMG)的主席、美国营销协会成员,也是总部位于华盛顿的美中商务发展委员会主席兼创始人,在全球享有"世界营销实战大师"的美名。美国民主党竞选委员会特别顾问。他是一个拥有多年丰富专业经验的世界著名实战派企业战略大师,现代营销学的创始人之一。他将菲利普·科特勒的理论成果运用到实践中加以验证,然后再把实践的结果反馈给菲利普作为进一步发展理论的基础。

三、企业的战略类型

企业的战略类型包括:发展型战略、稳定型战略、收缩型战略、成本领先战略、差异化战略和集中化战略。

(一)发展型战略

发展型战略包括一体化战略、多元化战略、密集型成长战略。一体化战略包括纵向一体化战略和横向一体化战略。以面向用户为前向,获得对经销商或者零售商的所有权或对其加强控制,称为前向一体化。获得对供应商的所有权或对其加强控制,称为后向一体化。横向一体化可以通过以下途径实现:购买、合并、联合。多元化战略的类型包括:同心多元化和离心多元化。同心多元化也称为相关多元化,是以现有业务为基础进入相关产业的战略。当企业在产业内具有较强的竞争优势,而该产业的成长性或者吸引力逐渐下降时,比较适宜采取同心多元化战略。离心多元化,也称为不相关多元化。采用离心多元化的目标是从财务上考虑平衡现金流或者获取新的利润增长点。密集型成长战略,也称为加强型成长战略,包括三种类型:市场渗透战略、市场开发战略和产品开发战略。

(二)稳定型战略

稳定型战略,也称为防御型战略或维持型战略,包括四种类型:暂停战略、无变化战略、维持利润战略、谨慎前进战略。

(三)收缩型战略

收缩型战略,也称为撤退型战略,包括三种类型:转变战略、放弃战略、清算战略。

(四)成本领先战略

成本领先战略的优势包括:可以抵御竞争对手的进攻,具有较强的对供应商的议价能力,形成了进入壁垒。

成本领先战略的适用条件:市场需求具有较大的价格弹性;所处行业的企业大多生产标准化产品,价格因素决定了企业的市场地位;实现产品差异化的途径很少;多数客户以相同的方式使用产品;用户购买从一个销售商改变为另外一个销售商时,转换成本很小,因而倾向于购买价格最优惠的产品。

(五)差异化战略

采取差异化战略的风险包括:竞争者可能模仿,使得差异消失;保持产品的差异化往往以高成本为代价;产品和服务差异对消费者来说失去了意义;与竞争对手的成本差距过大;企业要想取得产品差异,有时要放弃获得较高市场占有率的目标。

(六)集中化战略

集中化战略可以分为集中成本领先战略和集中差异化战略。集中化战略的条件包括:企业资源和能力有限,难以在整个产业实现成本领先或者差异化,只能选定个别细分市场;目标市场具有较大的需求空间或增长潜力;目标市场的竞争对手尚未采用统一战略。实施集中化战略的风险包括:竞争者可能模仿;目标市场由于技术创新、替代品出现等原因而导致需求下降;由于目标细分市场与其他细分市场的差异过小,大量竞争者涌入细分市场;新进入者重新细分市场。

四、战略的三种形态

战略形态是指企业采取的战略方式及战略对策,按表现形式可以分为:拓展型、稳健型、收缩型三种形态。

(一)拓展型战略

拓展型战略是指采用积极进攻态度的战略形态,主要适合行业龙头企业、有发展后劲的企业及新兴行业中的企业选择。具体的战略形式包括:市场渗透战略、多元化经营战略、联合经营战略。

1.市场渗透战略

市场渗透战略是指实现市场逐步扩张的拓展战略,该战略可以通过扩大生产规模、提高生产能力、增加产品功能、改进产品用途、拓宽销售渠道、开发新市场、降低产品成本、集中资源优势等单一策略或组合策略来开展,其战略核心体现在两个方面:利用现有产品开辟新市场实现渗透、向现有市场提供新产品实现渗透。

市场渗透战略是比较典型的竞争战略,主要包括:成本领先战略、差异化战略、集中化战略三种最有竞争力的战略形式。成本领先战略是通过加强成本控制,使企业总体经营成本处于行业最低水平的战略;差异化战略是企业采取的有别于竞争对手经营特色(从产品、品牌、服务方式、发展策略等方面)的战略;集中化战略是企业通过集中资源形成专业化优势(服务专业市场或立足某一区域市场等)的战略。

2.多元化经营战略

多元化经营战略是指一个企业同时经营两个或两个以上行业的拓展战略,又称"多行业经营",主要包括三种形式:同心多元化、水平多元化、综合多元化。同心多元化是利用原有技术及优势资源,面对新市场、新顾客增加新业务实现的多元化经营;水平多元化是针对现有市场和顾客,采用新技术增加新业务实现的多元化经营;综合多元化是直接利用新技术进入新市场实现的多元化经营。

多元化经营战略适合大中型企业选择,该战略能充分利用企业的经营资源,提高闲置资产的利用率,通过扩大经营范围,缓解竞争压力,降低经营成本,分散经营风险,增强综合竞争优势,加快集团化进程。但实施多元化战略应考虑选择行业的关联性、企业控制力及跨行业投资风险。

3. 联合经营战略

联合经营战略是指两个或两个以上独立的经营实体横向联合成立一个经营实体或企业集团的拓展战略，是社会经济发展到一定阶段的必然产物。实施该战略有利于实现企业资源的有效组合与合理调配，增加经营资本规模，实现优势互补，增强集合竞争力，加快拓展速度，促进规模化经济的发展。在工业发达的西方国家，联合经营主要采取控股的形式组建成立企业集团，各集团的共同特点是：由控股公司（母公司）以资本为纽带对子公司实施控制，集团成员之间采用环行持股（相互持股）和单向持股两种持股方式，且分为以大银行为核心对集团进行互控和以大生产企业为核心对子公司进行垂直控制两种控制方式。在中国，联合经营主要采用兼并、合并、控股、参股等形式，通过横向联合组建成立企业联盟体，其联合经营战略主要可以分为：一体化战略、企业集团战略、企业合并战略、企业兼并战略四种类型。

（二）稳健型战略

稳健型战略是采取稳定发展态度的战略形态，主要适合中等及中等以下规模的企业或经营不景气的大型企业。稳健型战略具体可分为：无增长战略（维持产量、品牌、形象、地位等水平不变）和微增长战略（竞争水平在原基础上略有增长）两种战略形式。该战略强调保存实力，能有效控制经营风险，但发展速度缓慢，竞争力量弱小。

（三）收缩型战略

收缩型战略是采取保守经营态度的战略形态，主要适合处于市场疲软、通货膨胀、产品进入衰退期、管理失控、经营亏损、资金不足、资源匮乏、发展方向模糊状态的危机企业。收缩型战略具体可分为：转移战略、撤退战略、清算战略三种战略形式。转移战略是通过改变经营计划、调整经营部署，转移市场区域（主要是从大市场转移到小市场）或行业领域（从高技术含量向低技术含量的领域转移）的战略；撤退战略是通过削减支出、降低产量，退出或放弃部分地域或市场渠道的战略；清算战略是通过出售或转让企业部分或全部资产以偿还债务或中止经营活动的战略。收缩型战略的优点是通过整合有效资源，优化产业结构，保存有生力量，能减少企业亏损，延续企业生命，并能通过集中资源优势，加强内部改制，以图新的发展。其缺点是容易荒废企业部分有效资源，影响企业声誉，导致士气低落，造成人才流失，威胁企业生存。调整经营思路、推行系统管理、精简组织机构、优化产业结构、盘活积压资金、压缩不必要开支是该战略需要把握的重点。

五、影响战略管理的要素

影响战略管理的第一个因素应该是远景规划。使命、核心价值观和远景是远景规划的三个组成部分，也是一个企业存在时最核心的部分。在战略规划的过程中，使命和远景始终指引着战略制定的方向和要求；而核心价值观则引导着战略的思考方式以及执行策略。

影响战略管理的第二个因素是外部环境。这个外部环境，包括了宏观环境和产业环境。所谓宏观环境主要是指区域的经济状况以及每个经济周期的经济状况。而产业环境则可以借鉴波特的五力模型。具体包括供应商、客户、竞争者、替代者以及潜在的竞争者。

同时战略管理也和内部因素是相关的。内部因素包括两个方面，第一是哈默尔和普拉哈拉德所推崇的所谓企业核心竞争力。第二是企业文化，企业文化对公司战略的影响主要包括以下几点：决策风格、阻止战略的转变、克服对战略改变的阻碍、主导价值观、文化冲突。

第二节 企业战略流程与管理

一、战略流程

我们究竟应该如何理解企业战略和业务流程之间的关系呢?

企业战略是指对企业整体性、长期性、基本性问题的计谋,其中包括竞争战略、营销战略、发展战略、品牌战略、融资战略、技术开发战略、人才开发战略、资源开发战略等。

而战略管理定义为是企业确定其使命,根据组织外部环境和内部条件设定企业的战略目标,为保证目标的正确落实和实现进行谋划,并依靠企业内部能力将这种谋划和决策付诸实施,以及在实施过程中进行控制的一个动态管理过程。

因此,我们可以将战略管理分解成以下三个过程。第一,战略制定,确定企业任务,认定企业的外部机会与威胁,认定企业内部优势与弱点,建立长期目标,制定可供选择的战略以及选择特定的实施战略。第二,战略实施,树立年度目标、制定政策、激励员工和配置资源,以便使制定的战略得以贯彻执行。第三,战略评价,重新审视外部与内部因素,度量业绩,采取纠偏措施。

二、公司战略的流程管理

(一)战略分析

战略分析在于总结影响企业目前和今后发展的关键因素,并确定在战略选择步骤中的具体影响因素,它包括以下三个主要方面:

1. 确定企业的使命和目标

把企业的使命和目标作为制定和评估企业战略的依据。

2. 对外部环境进行分析

外部环境包括宏观环境和微观环境。

3. 对内部条件进行分析

战略分析要了解企业自身所处的相对地位,具有哪些资源优势以及战略能力;了解企业有关的利益相关者的利益期望,在战略制定、评价和实施过程中,这些利益相关者会有哪些反应。

(二)战略制定

企业战略的制定,首先需要企业管理者根据行业内部和外部需求,通过顾客调查、销售人员估计、经济趋向关系、技术进步和舆论等手段提前预测出准确的企业产成品信息,进而根据产成品信息预测有效地制订年度经营计划和具体的销售计划。年度计划应分解为每个月度的滚动计划。

(三)战略选择

战略选择阶段所要解决的问题是“企业向何处发展”。

根据不同层次管理人员介入战略分析和战略选择工作的程度,将战略形成的方法分为三种形式:

1. 自上而下

先由企业最高管理层制定企业的总体战略,然后由下属各部门根据自身的实际情况将企业的总体战略具体化，形成系统的战略方案。

2. 自下而上

企业最高管理层对下属部门不作具体规定，但要求各部门积极提交战略方案。

3. 上下结合

企业最高管理层和下属各部门的管理人员共同参与，通过上下级管理人员的沟通和磋商，制定适宜的战略。

三种形式的主要区别在于战略制定过程中对集权与分权程度的把握上。

(四)评估战略备选方案

评估战略备选方案通常使用两个标准：一是考虑选择的战略是否发挥了企业的优势，克服了劣势，是否利用了机会，将威胁削弱到最低程度；二是考虑选择的战略能否被企业利益相关者所接受。

(五)选择战略

选择战略是指最终的战略决策，即确定准备实施的战略。如果采用多个指标对多个战略方案的评价产生不一致时，确定最终的战略可以考虑以下几种方法：

(1)把企业目标作为选择战略的依据。

(2)提交上级管理层审批。

(3)聘请外部机构。

(4)战略政策和计划。

(六)战略实施和控制

战略实施和控制就是将战略转化为行动。主要涉及以下一些问题：

(1)在企业内部各部门和各层次间如何分配使用现有的资源？

(2)为了实现企业目标，还需要获得哪些外部资源以及如何使用？

(3)为了实现既定的战略目标，有必要对组织结构做哪些调整？

(4)如何处理出现的利益再分配与企业文化的适应问题，如何通过对企业文化的管理来保证企业战略的成功实施？

三、管理模式中资源战略管理

(一)正确认识和理解资源战略管理

基于资源的观点认为，公司内部环境同外部环境相比，具有更重要的意义，对企业创造市场优势具有决定性的作用。核心能力的形成需要企业不断地积累，战略制定所需的各种资源，需要企业不断学习、超越和创新。企业内部所拥有的资源是决定一个企业能否取得竞争优势的关键，决定了一个企业在市场中的竞争地位。企业可以通过资源关联性增长，实现企业市场的扩展，最优的企业成长战略就是实现开发已有资源潜力与发展新资源间的平衡。

(二)能力战略管理

基于能力的观点认为组织是一个知识系统，在组织中通过学习创造新的知识并把创造的新知识传递到组织层面制度化能够更好地提升企业的动态能力。公司能力是公司所积累的存在于公司成员或职能机构中完成某项工作的可能性，是一种主观的行为能力。公司之间的竞争本质在于公司能力的竞争，因而考察公司的竞争战略与竞争优势不能仅从公司外部的产业环境入手，而且还应该关注公司的内部，公司竞争优势来源于公司的能力，特别是公司的核心能力。

（三）国际市场中资源与能力的协调运用

从战略角度来看，跨国公司进入国际市场是建立在对资源的有效利用与核心能力的构建的基础上的。由于跨国经营存在着诸多的不确定性，因而跨国公司需要发展公司的管理结构以降低资源控制的成本。跨国公司可以通过外国直接投资来降低不确定性，但公司在未来战略的实施方面增加了资产成本与机会成本并降低了灵活性。因此，跨国公司在国际市场中的资源与能力很大程度上依赖于之前战略所带来的影响，也就是说，一个成功的跨国公司往往先以在该国市场上的成功为基础。但是，不同市场的特质与环境是不同的，这也是中国很多企业至今尚未真正走向世界的主要原因之一。并不是所有资源与能力都适合跨国公司，尤其是在新环境中，有些资源与能力根本就不适用。

基于资源与能力的战略管理模式在跨国公司的发展中扮演了至关重要的角色，跨国公司在国际市场上的发展离不开对资源与能力的协调运用。甚至可以说，全球化的跨国公司是市场不能满足其发展目标时，将资源和能力，尤其是无形资产的资源与能力，跨国进行传送的机制。跨国公司要想在国际市场上崭露头角，开拓出一片新的市场空间，就要从资源与能力的角度来分析并实施其战略。综上所述，在国际市场中合理地利用各种资源与能力才是跨国公司取得核心竞争力从而获得利润的保证。

四、战略迷失

（一）战略迷失的影响因素

战略迷失的主要影响因素是感性因素。榜样、利益、错觉、自大等影响战略的因素都是缺乏客观理性思考与判断的结果，这也正验证了西方那句谚语："理性是天使，冲动是魔鬼"。

（二）战略出现迷失时机

战略出现迷失通常出现在组织或个人发展的非常顺利的时候，这是因为人性的弱点所致——在逆境中我们对信念无比执着与坚定，但到了顺境时却因为有太多的选择与诱惑而摇摆不定。

五、战略管理注意事项

在企业管理中，战略管理是指企业根据组织外部环境和内部条件设定企业的战略目标，为保证目标的正确落实进行谋划，并依靠企业内部能力将这种谋划和决策付诸实施。

（一）重视战略的评价与更新

由于战略管理不只是计划"我们正走向何处"，而且也计划如何淘汰陈旧过时的东西，以"计划是否继续有效"为指导，重视战略的评价与更新，这就使企业管理者能不断地在新的起点上对外界环境和企业战略进行连续性探索，增强创新意识。

（二）重视对经营环境的研究

由于战略管理将企业的成长和发展纳入了一个变化的环境之中，管理工作要以未来的环境变化趋势作为决策的基础，这就使企业管理者们重视对经营环境的研究，正确地确定公司的发展方向，选择公司合适的经营领域或产品—市场领域，从而能更好地把握外部环境所提供的机会，增强企业经营活动对外部环境的适应性，从而使二者达成最佳的结合。

（三）重视战略的实施

由于战略管理不只是停留在战略分析及战略制定上，而是将战略的实施作为其管理的一部分，这就使企业的战略在日常生产经营活动中，根据环境的变化对战略不断地评价和修改,使企业战略得到不断完善,也使战略管理本身得到不断的完善。这种循环往复的过程,更加突出了战略在企业管理实践中的指导作用。

第三节 企业营销业务计划

一、企业营销业务计划概述

企业营销的业务计划是指针对企业特定的营销战略项目和其目标的文件,并在规定的时间必须完成或达到。计划的思路、方法以及其充分性、适宜性、有效性将对年度的工作方向及效率产生较大的影响。

二、企业营销业务计划的编制要求

(一)前期策划方面

规划公司的经营战略发展方向时,公司中高层领导要从业务计划、经营结果、内/外部绩效数据比较、顾客满意度、员工满意度这五个方面进行讨论。将公司内部的销售收入、质量成本、利润和外部竞争对手的数据等作为公司的战略组成部分。

(二)主要内容

业务计划分为中长期业务计划和短期业务计划两种,主要包括成本、销售、企业总体、开发和过程与质量五方面的内容,业务计划活动要跨部门实施。

(三)使用的方法

在制定业务计划时,要使用SWOT等战略工具进行分析,确定公司在整个行业中所处的水平,从国际和国内中设定标杆公司,找出差距,识别公司的劣势和不足,利用公司的优势,抓住机会,建立预警机制,进行风险管理,提升企业形象和凝聚力,不断的持续改进。

(四)目标要求

业务计划是以使企业营利为最终目的,重点关注成本和利润,在设定业务计划目标时要遵循SMART原则,明确目标期、目标质、目标量和成本,依据目标周期对达成结果进行监控。

(五)衡量标准

从专业技术含量和使用的战略工具两方面衡量业务计划制订的是否合理。

第四节 市场营销计划

一、营销计划概述

(一)营销计划的概念

营销计划,是指在对企业市场营销环境进行调研分析的基础上,制定企业及各业务单位对营销目标以及实现这一目标所应采取的策略、措施和步骤的明确规定和详细说明。

营销计划是企业的战术计划,营销战略对企业而言是“做正确的事”,而营销计划则是“正确地做事”。在企业的实际经营过程中,营销计划往往碰到无法有效执行的情况,一种情况是营销战略不正确，营销计划只能是“雪上加霜”，加速企业的衰败；另一种情况则是营销计划无法贯彻落实，不能将营销战略转化为有效的战术。营销计划充分发挥作用的基础是正确的战略，一个完美的战略可以不必依靠完美的战术，而从另一个角度看，营销计划的正确执行可以创造完美的战术，而完美的战术则可以弥补战略的欠缺，还能在一定程度上转化为战略。

（二）营销计划的类型

1. 按计划时期的长短划分：可分为长期计划、中期计划和短期计划

(1)长期计划

长期计划的期限一般5年以上，主要是确定未来发展方向和奋斗目标的纲领性计划。

(2)中期计划

中期计划的期限一般为1—5年。

(3)短期计划

短期计划的期限通常为1年，如年度计划。

2. 按计划涉及的范围划分：可分为总体营销计划和专项营销计划

(1)总体营销计划

总体营销计划是企业营销活动的全面、综合性计划。

(2)专项营销计划

专项营销计划是针对某一产品或特殊问题而制订的计划，如品牌计划、渠道计划、促销计划、定价计划等。

3. 按计划的程度划分：可分为战略计划、策略计划和作业计划

(1)战略计划

战略计划是对企业将在未来市场占有的地位及采取的措施所做的计划。

(2)策略计划

策略计划是对营销活动某一方面所做的计划。

(3)作业计划

作业计划是各项营销活动的具体执行性计划，如一项促销活动，需要对活动的目的、时间、地点、活动方式、费用预算等做计划。

二、营销计划的内容

（一）计划概要

计划概要是对主要营销目标和措施的简短摘要，目的是使高层主管迅速了解该计划的主要内容，抓住计划的要点。

（二）营销状况分析

这部分主要提供与市场、产品、竞争、分销以及宏观环境状况有关的背景资料。具体内容有：

1. 市场状况

列举目标市场的规模及其成长性的有关数据、顾客的需求状况等。如目标市场近年来的年销售量及其增长情况、在整个市场中所占的比例等。

2. 产品状况

列出企业产品组合中每一个品种近年来的销售价格、市场占有率、成本、费用、利润率等方面的数据。

3. 竞争状况

识别企业的主要竞争者，并列举竞争者的规模、目标、市场份额、产品质量、价格、营销战略及其他的有关特征，以了解竞争者的意图、行为，判断竞争者的变化趋势。

4. 分销状况

描述公司产品所选择的分销渠道的类型及其在各种分销渠道上的销售数量。如某产品在百货商店、专业商店、折扣商店、邮寄等各种渠道上的分配比例等。

5. 宏观环境状况

主要对宏观环境的状况及其主要发展趋势做出简要的介绍，包括人口环境、经济环境、技术环境、政治法律环境、社会文化环境，从中判断某种产品的命运。

（三）机会与风险分析

首先，对计划期内企业营销所面临的主要机会和风险进行分析。其次，对企业营销资源的优势和劣势进行系统分析。最后，在机会与风险、优势与劣势分析基础上，企业可以确定在该计划中所必须注意的主要问题。

（四）营销目标

拟定营销目标是企业营销计划的核心内容，在市场分析基础上对营销目标做出决策。计划应建立财务目标和营销目标，目标要用数量化指标表述出来，要注意目标的实际、合理，并应有一定的开拓性。

1. 财务目标

财务目标即确定每一个战略业务单位的财务报酬目标，包括投资报酬率、利润率、利润额等指标。

2. 营销目标

财务目标必须转化为营销目标。营销目标由以下指标构成，如销售收入、销售增长率、销售量、市场份额、品牌知名度、分销范围等。

（五）营销策略

拟定企业将采用的营销策略，包括目标市场选择和市场定位、营销组合策略等。明确企业营销的目标市场是什么市场，如何进行市场定位，确定何种市场形象；企业拟采用什么样的产品、渠道、定价和促销策略。

（六）行动方案

对各种营销策略的实施制定详细的行动方案，即阐述以下问题：将做什么？何时开始？何时完成？谁来做？成本是多少？整个行动计划可以列表加以说明，表中具体说明每一时期应执行和完成的活动时间安排、任务要求和费用开支等。使整个营销战略落实于行动，并能循序渐进地贯彻执行。

（七）营销预算

营销预算即开列一张实质性的预计损益表。在收益的一方要说明预计的销售量及平均实现价格，预计销售收入总额；在支出的一方说明生产成本、实体分销成本和营销费用，以及再细分的明细支出，预计支出总额。最后得出预计利润，即收入和支出的差额。企业的业务单位编制营销预算后，送上层主管审批。经批准后，该预算就是材料采购、生产调度、劳动人事以及各项营销活动的依据。

（八）营销控制

对营销计划执行进行检查和控制，用以监督计划的进程。为便于监督检查，具体做法是将计划规定的营销目标和预算按月或季分别制定，营销主管每期都要审查营销各部门的业务实绩，检查是否完成实现了预期的营销目标。凡未完成计划的部门，应分析问题原因，并提出改进措施，以争取实现预期目标，使企业营销计划的目标任务都能落实。

三、营销计划的保障

（一）制度保障

1.基础性管理制度

(1)绩效考核制度

将营销计划要达到的目标，与营销人员的绩效考核联系起来，由此来规范营销人员围绕营销目标开展工作，使营销计划落到实处。

(2)部门协作制度

围绕营销计划的重点，解决好各部门之间的协作关系，在部门之间确立合作关系，明确责权利，另外也可以采取项目小组的形式开展工作，提高营销计划的运作效率。比如在营销计划中的新产品开发业务，关系着企业的持续竞争力提升，其参与的部门涉及市场、生产、技术、供应等，要提高新产品开发的速度和效率，一方面要确立市场部在新产品开发过程中的领导关系，另一方面又可以通过责任书的确认，使其他部门都能按照要求完成新产品开发各环节的工作。

2.职能性管理制度

重点是提高营销计划实施效率的管理制度，如营销推广管理制度、区域管理制度、渠道管理制度、销售业务管理制度等，这些制度一方面为销售人员提供了开展工作的规范，另一方面则为衡量销售人员的工作成效提供了标准，另外，管理制度还影响着销售人员的思想意识和行为模式，其根本点都是围绕着营销计划的有效执行而进行的。

（二）流程保障

1. 围绕营销计划的关键业务内容优化运作流程

营销关键业务流程的优化甚至重组，对营销计划的有效实施有着重要的作用，往往一份营销计划是好的，但在实际运作过程中，由于业务流程的运作不合理，造成营销计划实施的效率低下，直接影响营销目标的实现。

2.通过重组业务流程调整部门结构

在一些关键性的业务流程中，如产品研发流程、营销推广流程、营销计划流程、订单处理流程等，其运作效率的高低，反映着整个组织结构和部门职能是否合理，因此要真正做到业务流程重组后企业能够高效运转，就要根据业务流程的要求，从组织和职能上加以保障，确保业务流程能为企业带来根本性的利益。

（三）权限保障

1.权限保障是对各部门业务职能的落实

营销计划的有效执行在很大程度上取决于各部门能否充分发挥各自的职能，营销计划在实施时，一定要赋予各职能部门相应的权限，否则将会影响到营销计划执行的效率。

2.总部和分部之间的权限分配

总部对于执行营销计划应该强化专业方面的权限，而分部对于执行营销计划则应该加强针对性方面的权限,使营销计划在执行过程中可以得到很好的整体配合。

3. 营销计划各项业务活动的权限分配

也就是对营销计划中的业务内容进行合理分配,使各个职能部门都能找到相对应的工作内容,主要是解决业务活动开展过程中的决策权限,比如新产品研发由哪个部门领导和推动,销售计划由哪个部门分析、整合和落实等。

(四)资源保障

1. 为达成营销计划的目标所必需配备的各种资源

营销计划的制订是一回事情,而在执行中对计划的资源保障又是另外一回事情,虽然营销计划中包含了费用预算,但往往有些项目所分配到的资源并不能保障计划的实现,而且有的企业在面对销量下滑的状况时,往往坚持不住按计划进行,总是会把费用倾斜到能立即提升销量的项目上,比如渠道返利促销,但这只是一种短期行为,并不会对企业的长期发展带来根本的帮助。

2. 对关键项目的资源保障

比如有的企业在营销计划中准备开发大型超市和卖场,但是在开发费用上却没有相应的分配,如进场费、条码费、陈列费、堆头费、促销费等,只能使终端的开发工作举步维艰;又如有的企业在营销计划中准备实施深度分销,但在区域市场只派驻了少量的人员(如一省一人或数人),根本无法做到深度分销,只能采用依靠经销商的粗放经营模式。因此在营销计划实施中,一定要通过制度对关键项目进行确定,并与绩效考核结合起来,通过政策来加以保障,使营销目标能够得以顺利实现。

四、营销计划的管理、调整和评估

(一)营销计划过程管理

1. 销售报表

销售报表可以反映营销计划执行过程的详细情况,通过报表可以看出销售人员有无抓住营销计划实施的重点,在实施过程中存在的问题,同时还可以了解营销目标的完成情况,掌控营销计划实施的进度。

2. 销售工作程序

这是正确执行营销计划的保障,比如要完成既定的终端铺货计划和铺货率目标,就要提高拜访客户的效果,如果对销售人员的铺货工作建立一个规范的程序或步骤,就可以在不用增加任何资源的情况下达成目标,比如规定销售人员必须按照以下程序开展工作:整理客户资料、选择目标客户、选择拜访路线、做好拜访准备工作、拜访客户、检查客户卡、检查海报张贴、整理仓库和货架、收集竞争信息、填写客户卡、建议客户订货量、道谢离开,将会为销售人员提供一个良好的工作规范,增强他们的信心,提高营销计划的实施效率。

3. 销售会议

销售会议将会对营销计划的执行状况进行双向沟通,及时发现销售人员工作中出现的问题,并提供帮助和指导,同时也教给销售人员一些销售技巧和方法,提高他们的应变能力;另外对于营销计划在实际过程中遇到的困难,也要通过销售人员的反馈信息给予重新审视,对营销计划进行动态调整。

4. 销售培训

销售培训是激励销售队伍、提高工作效率的最佳方法,包括对执行营销计划所需要的技能进行培训，同时对营销计划的核心思想、营销策略进行灌输，使销售人员能充分领会营销计划的要求，把握营销工作的重点。

（二）动态调整

1. 滚动式营销计划

营销计划制订后，并不意味着一成不变，而要根据市场的变化主动对营销计划进行调整，这就需要对营销计划进行分解，包括月度分解和区域分解，只有这样才能既保证营销计划的稳定性，又能保证营销计划的适应性。

滚动式营销计划需要从部门和制度上加以保障，要有专门的职能部门对营销计划的执行状况进行评估，并对各区域的营销计划进行综合平衡，这样才能使营销计划可以保持整体性的动态发展。

滚动式营销计划执行的核心就是：先“由大到小”，再“由小到大”。也就是先从年度计划、季度计划、月度计划到周度计划，然后再从周度计划、月度计划、季度计划到年度计划，前一个阶段是对营销计划的整体性进行掌控，后一个阶段就是通过富有层次的滚动执行和调整，来达到对整个营销计划在适应性方面的保障。

2. 对市场态势的判断

（1）竞争环境判断

竞争环境既包括整个大环境，又包括各区域的小环境，由于不同企业的市场重点不同，资源的投入也有差异，造成不同区域之间的竞争环境各有特点，因此营销计划的执行也不能一刀切，应该根据不同区域市场竞争环境的差异进行相应调整，使营销计划符合实际状况。

（2）行业趋势判断

某些行业的发展趋势变化很快，而各区域之间行业的发展是不平衡的，因此营销计划在执行过程中根据行业发展状况的分析，提出相应的应对措施，使营销计划能符合行业在不同发展阶段的特点。

（3）消费趋势判断

消费趋势指的是消费心理和消费行为模式的变化趋势，比如现在超市和卖场等现代零售业态的迅速发展，使消费者的行为模式发生了很大的变化，以前买东西是在批发市场、批发点和百货商场，而现在买东西大多数都是在超市和卖场，因此一份加强批发通路建设的营销计划，就只能是用于以传统业态为主的市场，而在发达城市，就只能调整这份营销计划，使之适应当地零售业态发展的现状。

3. 对区域性营销计划的强化

企业的区域性组织是营销计划实施的基础部门，其关系着营销计划能否真正执行到位，而且这又是最接近市场变化的层面，因此只有强化区域营销计划的执行效果，才能使营销计划真正达到动态地调整。

强化区域营销计划的执行效果，也就是提高分支机构对营销计划实施的系统性，一定要规定区域做好营销计划的分解工作，真正发挥区域执行营销计划的能动性，使营销计划在实施过程中更有针对性。

4. 营销计划动态调整的稳定性

（1）动态调整在不同层次上各有不同

营销计划强调适应性和针对性，并不是说就可以任意对营销计划进行调整，而应该在不同层次上进行不同程度的调整。动态调整通过在不同层次上的差异，其实是一种共同性基础上的调整，既考虑了各区域市场的特点，又保持了统一的共性。

(2)动态调整是在稳定性基础上的调整

动态调整除了上点提到的层次性，还有时间性的问题，而时间性就构成了营销计划的稳定性，也就是说动态调整并不是随时对营销计划进行调整，同样，也要反映一年、一季、一月和一周的共性，同时还要兼顾各种共性之间的协调，从而在整体上保持一种动态、平衡的发展。

5.营销计划目标管理

目标管理是营销计划有效执行的良好工具。

(1)使营销计划评估具体可行

营销计划执行得效果如何，营销计划是否应该调整，这些问题的答案涉及对营销计划的评估，而评估的一个重要标准就是营销计划的目标，如果将目标从结果转变为过程中的一个环节，就能客观准确地评估营销计划的实施效果。

(2)使营销计划执行成效得以控制

其要点在于通过对目标的管理，把握营销计划执行的重点，并掌握评估的依据，使目标可以成为指导营销计划执行或者调整的方向。目标管理作为有效的工具，将与营销计划的分解结合起来，配合对营销分解计划的评估，使营销计划的执行过程能够得到控制。

6.目标的分类管理

(1)硬性目标

销量目标、占有率目标、费用目标、利润目标、铺货率目标等，对硬性目标的管理容易衡量，在这些目标中，有的能反映结果(如销量和利润目标)，有的能反映过程(如铺货率和费用目标)，良好的目标管理，其关键在于对目标进行综合评估，但在实际过程中，很多企业只关心销量目标，也相应地引导销售人员只看中销量，而忽视了其他目标的实现，最终也无法体现营销计划的效果。

(2)软性目标

管理制度、客情关系、价格体系、市场秩序、信息分析等，这些目标可以说是为了达成硬性目标的保障，如果说硬性目标是结果，那么软性目标就是过程，只有将过程管理起来，才能确保结果的有效达成。

7.目标的绩效管理

(1)对目标结果的绩效管理

其衡量绩效的重点是将结果与目标对比，通过这种差异性来判断营销目标的完成程度，如果企业的营销目标包含了结果型和过程型两种，那么这种结果与目标的差异，可以反映一定的原因，但是如果只采用结果型的目标，那么绩效考核就无法反映真实的状况。

(2)对目标过程的绩效管理

其衡量绩效的重点是将过程与目标对比，看看营销计划所要求的工作有无做到位，有什么因素影响到了硬性目标的实现，这种软性目标的绩效考核，能够比较真实地反映实际状况，但是它在促进销售人员动力方面不如硬性目标直接，因此最好是将其与硬性目标绩效考核结合起来，更全面地反映销售人员的业绩。

8. 目标的细分管理

(1)分阶段目标管理

根据营销计划的阶段分解实施过程,根据营销计划的要求设置相应的营销目标,并规定完成的时间进度。阶段可以按照市场发展阶段来分解,也可以按照市场推广的阶段来分解,比如淡季目标和旺季目标,其目的在于使各个阶段的衡量标准能够统一。

(2)分时期目标管理

将营销计划目标的完成分成不同的时期,在每个时期设定相应的标准,比如月度目标和季度目标,然后对这些目标进行管理和评估。

(3)分项目目标管理

分项目是指设置一些项目类型,比如费用和销量项目,推广项目如广告和促销,将每类项目的目标完成状况进行整理统计,分析各项目在整个营销计划中所占的比例是否合理,是否满足了营销计划的要求。

(4)分产品目标管理

对产品实行类别目标管理,衡量每类产品为企业带来的利益,可以按新老产品分类,也可以按产品性质分类,衡量的目标有销量、利润、费用、时间、完成率等。

(5)分渠道目标管理

对不同性质的渠道实行分类管理,衡量不同渠道为企业带来的效益,比如批发渠道和零售渠道、商业渠道和特殊渠道、超市和杂货店等,评估各种渠道的价值,为企业制定渠道开发策略和管理政策提供依据,同时也为营销计划的有效实施提供一种工作指导。

(三)对营销计划执行过程的评估

1. 目标评估

对营销计划执行过程的综合目标、硬性目标和软性目标的完成程度进行评估,随时掌握营销计划的实施进度。

2. 过程评估

对销售人员的工作方式和效率进行评估,了解销售工作中存在的问题,为销售人员提供销售指导。

3. 投入产出评估

对营销计划执行的效率进行评估,同时衡量营销计划为企业带来的效益,并且对这种效益所体现的价值程度进行判断。

4. 推广效果评估

对实际执行过程中销售人员在营销战术的创造性方面进行评估,衡量现行推广方式对营销计划所起的作用,并且评估推广方式的价值,有无可能在更大范围内进行推广。

5. 执行政策评估

对销售人员执行营销计划的到位程度进行评估,一方面是了解销售人员对营销计划的认同程度,另一方面则是了解销售人员对营销计划的重点有无把握,同时也评估政策是否有助于营销业务活动的开展。

6. 竞争对手评估

对竞争对手的营销工作进行评估,重点是树立标杆,对营销计划的各个环节与竞争对手进行对比,找到真正的差异或差距,进一步提高营销计划的针对性。

本章小结

本章第一、二节剖析了企业战略的意义，阐述了企业战略的演变过程，认识到公司战略对整个公司的重要作用；同时对企业战略的不同类型和状态做了介绍和分析，让大家了解在实际生活中，公司采取了什么样的战略，为采取这样的战略提供一个良好的理论基础；最后，分析了影响公司战略的因素，以便于更好制定、选择、实施适合企业实际的战略，以及企业战略过程管理，事后的总结和改进。本章第三、四节通过介绍企业营销计划的意义，通过对企业营销状况的分析、机会与风险的分析，明确公司的营销目标，从而制定符合企业实际的营销策略，并且制定具体、操作性强的行动方案，然后编制符合战略实际并且公司可以接受的财务预算，最终落实相应的保障因素，确保在营销战略实施时，做到过程控制有章可循；最后做好相应的计划总结，以便于下次改进。

案例应用

沃尔玛的辉煌成就

沃尔玛的辉煌成就很难令人置信，它从无到有，直至独霸一方的发展历程仅有短短数十年。1950 年山姆·沃顿在美国阿肯色州本顿威尔镇，开办了一家名不见经传的廉价商店。1962 年，沃尔玛公司开办了第一家连锁商店，1970 年建立起第一家配送中心，走上了快速发展之路。1983 年，第一家山姆俱乐部建立。1988 年，第一家沃尔玛超级购物中心(Supercenter)开设。1991 年，沃尔玛年销售额突破 400 亿美元，成为全球大型零售企业之一。

目前，该公司在国内外共有上千家连锁店，分为折扣商店、购物广场、山姆会员店、家居商店四种形式，全部由该公司控股，实行直营连锁。遍布美国、墨西哥、加拿大、波多黎各、巴西、阿根廷、南非、中国、印尼等处。它在短短几十年中有如此迅猛的发展，不得不说是零售业的一个奇迹。

一、以顾客为导向

沃尔玛坚信，“顾客第一”是其成功的精髓。

沃尔玛这种服务顾客的观念并非只停留在标记和口号上，而是深入到经营服务行动。沃尔玛力图让顾客在每一家连锁店都感到“这是他们的商店”，都会得到“殷勤、诚恳的接待”，以确保“不打折扣地满足顾客的需要”。正是这事事以顾客为先的点点滴滴为沃尔玛赢得了顾客的好感和信赖。

二、天天低价

沃尔玛一直特别注重价格竞争，长期奉行薄利多销的经营方针。沃尔玛提出了一个响亮的口号：“销售的商品总是最低的价格”。在同类商品中，沃尔玛的价格要比最大的竞争对手之一凯马特的价格低 5%。然而，维持长期低价并不是一件轻而易举的事，沃尔玛之所以能长期保持价格优势还得益于其有效的成本控制。

(一)争取低廉进价

沃尔玛避开了一切中间环节直接从工厂进货，其雄厚的经济实力使之具有强大的议价能力。更重要的是，沃尔玛并不因自身规模大、实力强而以肆意损害供应商来增加自身利润，而是重视与供应商建立友好融洽的合作关系，保护供应商的利益。

（二）完善的物流管理系统

沃尔玛被称为零售配送革命的领袖。其独特的配送体系，大大降低了成本，加速了存货周转，成为“天天低价”的最有力的支持。沃尔玛的补充存货的方法被称为“交叉装卸法”。这套“不停留送货”的供货系统共包括三部分：

1. 高效率的配送中心

沃尔玛的供应商根据各分店的订单将货品送至沃尔玛的配送中心，配送中心则负责完成对商品的筛选、包装和分拣工作。沃尔玛的配送中心具有高度现代化的机械设施，送至此处的商品85%都采用机械处理，这就大大减少了人工处理商品的费用。同时，由于购进商品数量庞大，使自动化机械设备得以充分利用，规模优势充分显现。

2. 迅速的运输系统

沃尔玛的机动运输车队是其供货系统的另一无可比拟的优势。快速的送货，使沃尔玛各分店即使只维持极少存货也能保持正常销售，从而大大节省了存贮空间和费用。由于这套快捷运输系统的有效运作，沃尔玛85%的商品通过自己的配送中心运输，而凯马特只有5%，其结果是沃尔玛的销售成本因此低于同行业平均销售成本2%～3%，成为沃尔玛全年低价策略的坚实基石。

3. 先进的卫星通信网络

斥巨资建立的卫星通信网络系统使沃尔玛的供货系统更趋完美。这套系统的应用，使配送中心、供应商及每一分店的每一销售点都能形成连线作业，在短短数小时内便可完成“填妥订单→各分店订单汇总→送出订单”的整个流程，大大提高了营业的高效性和准确性。

（三）营销成本的有效控制。沃尔玛对营销成本的控制非常严格。沃尔玛的广告开支仅相当于美国第二大连锁店西尔斯的三分之一，每平方英尺销售额比美国第三大连锁店凯马特高一倍。沃尔玛的营销成本仅占销售额的1.5%，商品损耗率仅为1.1%，而一般美国零售商店这两项指标的平均值分别高达5%和2%。这些都使得沃尔玛实施低价策略的实力进一步加强。

三、“一站式”购物新理念

在沃尔玛，消费者可以体验“一站式”购物（One-Stop Shopping）的新概念。在商品结构上，它力求富有变化和特色，以满足顾客的各种喜好。其经营项目繁多，包括食品、玩具、新款服装、化妆用品、家用电器、日用百货、肉类果菜等等。

案例思考

沃尔玛为什么能够发展这么迅速，公司战略在其中起到什么作用？

练习题

一、单项选择题

1. 下面哪一个不属于公司战略形式？（　　）

A. 拓展型　B. 并购型　C. 稳健型　D. 收缩型

2. 下面哪一个不属于收缩型战略？（　　）

A. 暂停战略　B. 转变战略　C. 放弃战略　D. 清算战略

3. 下列哪一个不属于多元化经营战略的形式？（　　）

A. 同心多元化　B. 水平多元化　C. 综合多元化　D. 横向多元化

4. 下面哪一项不是密集型成长战略？（　　）

A. 市场渗透战略　B. 市场开发战略　C. 产品开发战略　D. 多元化战略

二、简答题

1. 什么是营销业务计划？

2. 企业战略的类型有哪些？

3. 为了更好地完成营销计划，我们需要哪些保障？

实践应用讨论

编制公司营销计划实训

一、实训内容

查询某大公司的市场营销计划。

二、实训要求

1. 学生每 4～5 人组成一个小组。

2. 以小组为单位收集相关资料。

3. 独立编写一份市场营销计划。

第十三章 市场营销的组织与控制

学习目标和要求

企业营销战略目标能否实现，很大程度上取决于营销计划、营销组织和营销控制。本章主要介绍市场营销组织的演进、主要类型、设计以及市场营销活动的控制。合理的营销组织为实现企业营销战略目标提供了保障，营销组织也是营销计划和营销控制的基础；营销组织设计既是营销战略的具体化，又是营销控制的重要依据；营销控制则是保证企业营销计划执行和营销目标实现的基本方法和技巧。本章要求学生理解和掌握营销组织的演进、主要类型、影响因素、设计以及市场营销控制的内容。

学习重点

营销组织的主要类型、影响因素、设计。

案例导入

云南白药的组织构架调整

"云南白药"是云南著名的中成药，由曲焕章在1902年创制，享有"伤科圣药""药冠南滇"的美誉。然而，百年过后，云南白药却面临生存危机，几乎一度"销声匿迹"。

1999年6月，37岁的王明辉调任云南白药总经理。他的任务是，为公司找到新的增长点，"寻求超常规的发展速度"。这几乎是不可能完成的任务，"云南白药"是拥有百年历史的国家级中药保护品种，要在它的保密配方上搞创新，几乎是不可能的事情。公司管理层经过市场调研，发现云南白药产品在市场中存在四大方面问题：从未认真研究过购买产品的客户；产品一成不变；仍试图以品质来保证自己与众不同；把出售产品作为唯一的价值获取方式。1999年年度报告中，王明辉向云南白药公司董事会全面阐述了以塑造中国中成药驰名品牌为目标的公司全方位设计和重组计划：整合资本结构，改造产权结构；创新营销模式和内部运行机制；着手建立真正能适应市场要求、为市场服务的科研生产和后勤保障体系；进一步强化管理和内部机制，为公司市场发展战略的全面实施奠定坚实的基础；最大限度集合两大事业部资源，有效应对市场变化，成立药品事业部，调整公司组织架构。

2010年，云南白药又开始调整公司的组织架构和推进集团内部资源整合工作。公司具体整合的方向已经转变成了以产品为导向，目的之一是充分利用已有的渠道资源。具体措施包括：丽江、文山、兴中、云健、大理五家子公司的产品销售相继整合进入药品事业部，产品生产纳入集团层面统一规划部署；收购西双版纳制药厂有限公司100%股权；金殿制药变更为云南白药集团健康产品有限公司，作为健康产品事业部子公司，专注于牙膏等健康产品的生产经营，下设云南白药楚雄健康品有限公司，专注于健康产品的生产经营。

2014年，公司以科学高效的运作模式，坚定不移地推动“新白药，大健康”战略的纵深开展。对内大力实施精细化管理，深入开展“降费节支、开源节流、改革创新”；对外围绕主业深耕市场，全力促进营销改革升级，公司生产经营规模、资产运行质量、收益率等指标均保持了持续稳健的增长；营业总收入同比增长18.97%。

第一节　市场营销组织的演进

一、市场营销组织的概念

市场营销组织是指企业根据其营销战略需要，为研究市场环境、履行营销职能、贯彻营销策略、实施营销计划、提高营销工作效率而建立的岗位结构。

建立结构合理、反应灵活、信息畅通的营销组织，是企业对营销工作实施科学管理的组织保证。通过系统的营销管理，企业可以动员全体员工为共同的经营目标进行有组织、有计划、有秩序地协同工作；同时，科学、合理的市场营销组织，也是企业提高营销工作效率、降低营销费用的必要前提。

二、有效的市场营销组织

合理而有效的市场营销组织，对企业进行高效率营销管理、实现企业营销战略目标、调动营销人员的积极性、扩大产品市场占有率以及提高销售效率，都具有十分重要的意义。

（一）有效的市场营销组织应具备的能力

1. 完成企业营销战略目标

营销组织的建立依据首先是企业的营销战略目标，企业根据营销战略目标确定营销组织的结构和规模。营销组织的一切活动都应以企业营销战略目标为中心，营销组织的结构是否健全、层次结构是否合理、职权划分是否得当也都应以是否符合企业营销战略目标为依据。营销组织完成企业营销战略目标的能力，是衡量企业营销组织效用的尺度。高效能的营销组织，应当能够以最快的速度、最少的消耗实现企业营销战略目标。

2. 传递营销信息

营销组织的成员代表企业直接与市场和顾客发生联系，因而具有收集和传播信息的功能。企业通过营销组织把企业的产品、服务、观念、行为方式等经营信息传递给市场和顾客，又通过营销组织收集市场信息、反馈顾客意见，并在此基础上完善企业营销战略，了解并分析企业的经营效果。

3. 协调及引导企业行为

市场营销组织处于企业与市场间的交界点，企业适应环境的能力，取决于营销组织对环境反应的灵敏度。营销组织准确、及时地了解市场，把握消费者需求及竞争者动态，通过综合归纳和分析判断，提出正确的营销方案与营销策略，形成企业整体营销战略。在此过程中，企业的各个部门、各个系统、各个环节都必须协调一致，为完成共同的企业营销战略目标而协同工作，任何一方协调不好，都会影响企业营销战略目标的实现；同样，如果营销组织所反馈的市场信息不真实、不准确或滞后，也会误导或延缓企业的营销决策，使企业蒙受损失、阻碍其发展，严重时甚至会危及企业的生存。

（二）有效的市场营销组织应能够完成的任务

1. 营销调研

营销调研与市场调查不同。市场调查是与传统推销观念相适应的概念，其职能范围仅限于流通领域，只对某一特定市场进行研究。营销调研的范围更加广泛，它研究的是企业把产品从生产者转移到消费者手中的全过程，即系统地搜集、记录与分析所有与企业市场营销问题有关的资料。

2. 市场预测

市场预测的主要内容有：(1)市场需求，即在一定的市场环境中，某一顾客群在某一时期内可能购买某一产品的总数量。(2)市场潜量，即市场需求的最高限量。在一定的市场环境中，市场需求会随推销费用的增加而增加，此时，市场需求便是市场潜量。(3)销售潜量，是指一个企业在营销费用不断增加的情况下，可能获得的最高销售量，即企业的市场占有量。

3. 制订市场营销计划

对企业营销活动进行全面、有效的规划与控制，是营销管理的中心内容，因而制订营销战略和营销计划是营销组织的主要工作任务。任何企业的营销计划都应能反映以下三个问题，即：公司现在处于何种位置？公司将走向何处？公司如何实现目标？围绕解决这三个问题，营销计划的基本内容就应包括分析现状、确定营销目标和制定战略战术三个方面。企业营销组织在制订中、短期计划（一般以季度或月、日为单位）的基础上，还应从较长时期（一年以上）的角度去制订战略营销规划，即企业的长期营销计划。

4. 广告策划与宣传

除了复杂的工业产品和特种专用产品外，绝大多数商品或服务的销售都或多或少的需要借助广告进行推销，广告推销正在逐步替代人员推销而居于促销的主导地位，广告策划、宣传和管理已成为营销组织的重要工作任务，其主要内容有：确定广告策略、制订广告活动方案、进行广告预算等。

5. 组织人员推销

人员推销业务是营销组织经常性的主要任务，包括访问客户、签订销货合同、送货、回收货款、处理顾客投诉、售后服务等。

6. 评估营销效益

营销效益评估是企业监督、检查、控制营销活动的有效手段。通过营销效益评估，企业可以及时了解各种营销策略的运用是否得当、费用开支是否合理、人员与任务分配是否科学。

三、市场营销组织的演变和特征

（一）市场营销组织的演变

1. 单纯的销售部门

20 世纪 30 年代以前，所有企业建立之初都是从财务、生产、销售、人事、会计这五个基本职能部门开始发展的。在这个阶段，企业通常以生产作为经营管理的重点。生产什么、生产多少及产品价格主要由生产和财务部门决定。销售经理的主要职责是管理推销人员，促使他们卖出更多的产品。

2.销售部门兼营其他营销职能

20世纪30年代经济大萧条后，市场竞争日趋激烈，大多数企业随着规模的扩大，需要经常进行市场营销调查、广告宣传及顾客服务等方面的工作，当工作量达到一定程度时，会专门聘请一位市场主管，指挥、控制那些非推销职能。在这个阶段，营销组织的功能扩大了，比第一阶段增加了两方面的职能：一是市场调研、营业推广和广告宣传等职能；二是人员培训、销售分析及售前、售后服务活动。不过，尽管如此，销售部门在企业中的地位仍很低。

3.市场营销部门与销售部门并存

随着市场营销业务活动的不断增加，许多企业先后将市场营销发展成一个独立的部门，配备主管营销活动的经理。市场调研、广告宣传与营销推广、顾客服务、包装设计等业务，均由市场营销经理分工负责。这时，企业仍只有一个销售部门。这种组织结构的优点是强化了营销活动及其管理，但缺点也很突出，即两个并立的部门经常发生冲突，销售活动与其他营销活动脱节。

4.现代市场营销部门

虽然市场营销与销售部门的工作目标一致，但平行和独立又常使两者的关系充满竞争与矛盾。如销售经理注重短期目标和眼前销售额，而市场营销经理注重长期目标和开发满足消费者长远需求的产品。由于两者之间冲突太多，最终导致企业又将它们合并为一个部门，成为以市场营销为中心的市场营销部，下设销售、市场调研、新产品开发、广告宣传等分部。这时，营销组织在企业的地位大大提高，并受到高度重视，有的大型企业还成立专业的营销公司。

（二）现代市场营销组织的特征

1.灵活性

市场具有多变性，影响企业经营的因素也是多样的，企业营销组织必须根据市场需求的变动态势，及时把握营销环境各要素的变动，并对变动给企业带来的影响做出准确判断，从而适度调整自身系统的运行规则，使之符合营销环境的要求。

2.开放性

企业营销任务的完成并不单纯取决于推销人员的业务素质，还取决于企业预测未来信息的能力。信息视野越宽、活动视野越广，营销组织的环境适应性就越强。因此，企业营销组织必须是一个开放性的系统，能及时吸收环境信息、扩散企业信息，不断与外界进行信息交换，使企业营销系统愈加完善。

3.系统性

营销活动不仅是推销人员与顾客达成产品成交的简单行为，在这种成交行为背后，还需做大量的售前售后工作。这些工作，涉及企业的各个部门，如科研、生产、财务、人事、广告、仓储、物流、售后部门等。任何一笔交易的完成，都必须取得这些部门的支持和配合，是企业全员合作的结果。

第二节 市场营销组织的设计

一、市场营销组织设计的程序

企业对市场营销组织进行设计时一般要经历分析组织环境、确定组织内部活动、建立组织职位、设计组织结构、配备组织人员和组织调整等环节。

(一)分析组织环境

市场状况对企业营销组织的影响主要来源于三个方面:市场产品结构、产品生命周期、购买行为类型。除了市场状况外,竞争者的状况也是企业在确定其营销组织形式时所必须考虑的一个环境因素。

(二)确定组织内部活动

市场营销组织内部的活动主要有职能性活动和管理性活动两种类型。职能性活动涉及市场营销组织的各个部门,范围相当宽泛,企业在制定战略时要确立各个职能在市场营销组织中的地位,以便开展有效的竞争;管理性活动涉及管理任务中的计划、协调和控制等方面。

(三)建立组织职位

企业在建立组织职位时应考虑三个要素:职位类型、职位层次和职位数量,从而弄清楚各个职位的权力、责任及其在组织中的相互关系。通常,对职位类型的划分有三种方法:一是划分为直线型和参谋型;二是把职位划分为专业型和协调型;三是把职位划分成临时型和永久型。职位层次是指每个职位在组织中地位的高低。职位数量是指企业建立组织职位的合理数量。企业可以把市场营销活动分为核心活动、重要活动和附属性活动三种。

(四)设计组织结构

企业在设计组织结构时必须注意两个问题:一是把握好分权化程度,即权力分散到什么程度才能使上下级之间更好地沟通;二是确定合理的管理幅度,即确定每一个上级所能直接控制的合理的下级人数。

(五)配备组织人员

在分析市场营销组织人员配备时,必须考虑两种组织情况,即新组织和再造组织(在原组织基础上加以革新和调整)。

(六)组织调整

市场营销组织需要调整的原因主要有以下几方面:

1.外部环境的变化。

2.组织主管人员的变动。

3.改组是为了证明现存组织结构的缺陷。

4.组织内部主管人员之间的矛盾,也可以通过改组来解决。

二、建立市场营销组织应考虑的因素

建立市场营销组织应考虑以下几方面因素:

（一）经济性

企业应在满足营销任务需要的前提下，优化企业营销队伍，把人员减至最少，使企业营销组织规模与企业营销任务相适应。

（二）系统性

企业要使营销组织成为一个系统。一方面要让营销组织与企业其他机构，如生产、财务、人事等部门保持协调；另一方面要能够使企业营销组织内部的各部门相互配合。

（三）效率与效益

高效率、高收益，是评价企业营销组织是否有效的重要考量指标。

（四）权责对等

权责对等即职权与职责对应的原则。职权是履行职责的条件和保障，职责是享受职权所付出的代价，是承担某种职务的义务，二者必须对等。

（五）管理幅度与管理层次相适应

管理幅度是指一个上级领导者能够直接、有效领导的下级人数。管理幅度的大小受到各级管理人员的知识、能力、经验和精力、管理活动相似性和复杂性、管理销售业务量的大小及组织机构在空间上的分散程度等条件的制约。在设置企业营销组织机构时，企业应从实际出发，正确处理好管理幅度与管理层次之间的关系，使之相适应，防止两者之间出现不协调。

三、市场营销组织的主要类型

市场营销组织的类型有三种，即职能型、地区型和产品型。其他的组织类型，都是在这三种类型的基础上加以改进的。

（一）职能型

这是最古老也是最常见的市场营销组织形式。它强调市场营销各种职能如销售、广告和市场研究等的重要性。该组织把销售职能当成市场营销的重点，而广告、产品管理和市场研究职能则处于次要地位。当企业只有一种或很少几种产品，或者企业产品的市场营销方式大体相同时，按照市场营销职能设置组织结构才比较有效。但是，随着产品品种的增多和市场的扩大，这种组织形式就暴露出发展不平衡和难以协调的问题。既然没有一个部门能对某产品的整个市场营销活动负全部责任，各部门就会强调各自的重要性，以便争取到更多的预算和决策权力，可能致使市场营销工作无法进行有效协调。职能型营销组织机构如图13-1所示。

（二）地区型

一个产品在全国范围销售的公司，通常都按照地理区域安排它的销售队伍。该机构设置包括：一名负责全国业务的销售经理领导几位区域销售经理，一位区域销售经理领导几位地区销售经理，一位地区销售经理领导几名销售经理，每位销售经理再领导几位销售人员。为了使市场营销活动更为有效，地区型组织通常都是与其他类型的组织结合起来使用。地区型营销组织结构如图13-2所示。

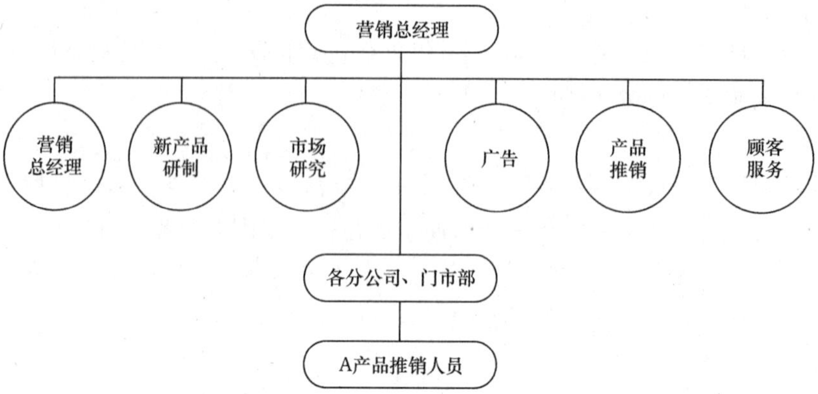

图 13-1　职能型营销组织结构

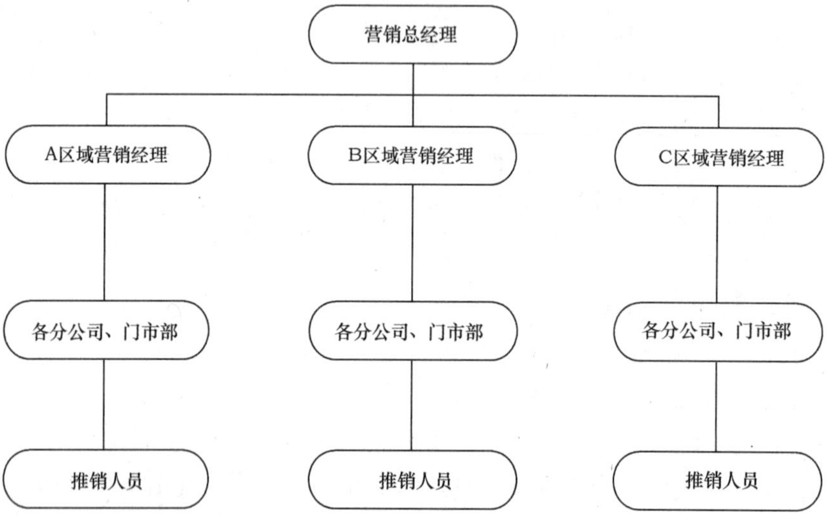

图 13-2　地区型营销组织结构

(三)产品型

产品型组织是指在企业内部建立产品经理组织制度,以协调职能型组织中的部门冲突。在企业所生产的各类产品差异很大、产品品种太多,以致出现按职能设置的市场营销组织无法处理的情况时,建立产品型组织制度是适宜的。产品型组织由一名产品主管经理负责,下设几个产品大类经理,产品大类经理之下再设各个具体产品经理去负责各具体产品。产品型组织形式的优点在于产品市场营销经理能够有效地协调各种市场营销职能,对市场变化做出积极反应。不过,该组织也存在以下缺陷:当企业产品品种繁多时,所需的人员多,因而费用高,分管人员只致力于所辖品种的经营,对整个市场缺乏总体了解;多头管理难以协调,影响企业整体形象的传播。产品型营销组织结构如图 13-3 所示。

在实践中,很少有企业只使用一种组织方法,大多数企业、特别是大型企业,都综合采用三种方法。

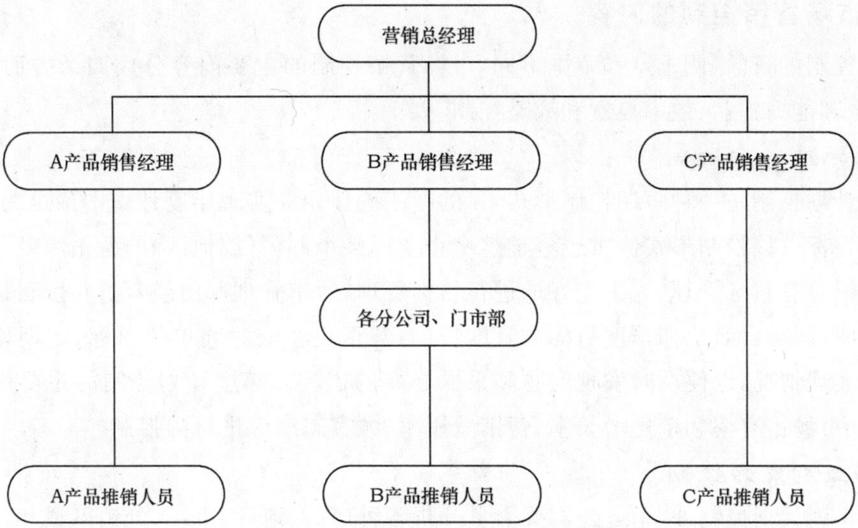

图 13-3 产品型营销组织结构

第三节 市场营销活动的控制

一、市场营销活动控制的概念

市场营销活动控制是指在市场营销计划的执行过程中，市场营销管理部门通过检查市场营销计划方案的实施情况，将营销计划与实际进行对比，考察实际情况与原定计划的偏差，分析原因、采取必要对策，对偏离原市场营销计划的行为加以限制和纠正，调节部门间的不协调、不平衡，保证市场营销计划完成的过程。

由于未来环境大多是未知的，而计划通常是根据对未来诸多不确定因素的变化趋势的预测结果制订的，在实施过程中难免会出现许多意外情况，而且计划的实施情况与环境之间的相互作用往往也是难以预计的，因此，在市场营销计划的实施过程中，对计划本身或计划的实施过程进行监督、检查与调整是十分必要的。市场营销控制有助于及早发现问题，避免事故，充分挖掘和利用企业潜力，找到更高效的管理方法；此外，市场营销控制也能对企业营销人员起到监督与激励的作用。

企业为达到预期目标，市场营销控制大体会经过以下步骤：第一步，确定应对哪些市场营销活动进行控制。第二步，设置控制目标，这是将控制有计划连接起来的主要环节。第三步，建立一套能测定营销效果的衡量尺度，如目标销售收入、利润率、市场占有率、销售增长率等，确立控制标准。第四步，比较营销实际结果与控制标准的差距。第五步，分析偏差原因。产生偏差可能有两种情况：一是实施过程中出现问题，这种偏差相对比较容易分析；二是计划本身存在问题，确认这种偏差相对较难；而现实中，这两种情况往往交织在一起，致使分析偏差的工作成为企业营销控制过程中的一大难点。第六步，采取改进措施。如果企业在制订计划时，还制定订了应急计划，改进的速度相对会更快。

二、市场营销控制的内容

根据控制的目的、侧重点和范围不同，市场营销控制的主要内容分成四个方面：年度计划控制、盈利能力控制、效率控制和战略控制。

（一）年度计划控制

年度计划控制是一种短期控制形式，目的在于确保企业实现年度计划中预定的销售、利润和其他目标。该控制形式侧重于考核整个企业或某个部门（或地区）的营销绩效。年度计划控制的核心是目标管理，为了更好地进行目标管理，营销管理部门经常把年度目标分解成更小的时间单位目标，比如季度目标或月度目标，甚至更小的时间单位目标，定期检查这些分目标的实现情况，以便及时发现问题和采取必要的措施。年度计划控制的主要内容包括对销售额、市场占有率和销售增长率、营销费用率、顾客态度等进行的控制。

（二）盈利能力控制

除了年度计划控制外，企业还需要衡量分析各种产品、地区、市场、分销渠道和订货批量等方面的盈利水平，由企业决定营销活动哪些应该扩大，哪些应该缩减甚至放弃。盈利率分析是对盈利能力进行控制的重要手段。盈利率分析是通过对财务报表的有关数据进行一系列分析处理，把所获利润分摊到不同产品、不同地区、不同渠道或不同市场上，从而衡量每一种产品、地区、渠道或市场对企业最终利润贡献的大小以及获利能力的高低。其分析步骤是：第一步，确定功能性费用。即将营销费用开支分摊到销售、推广、包装、储运、运输等营销职能活动上。第二步，将功能性费用按不同产品、地区、渠道或者市场进行分配，最后编制出销售/支出损益表，如产品损益表、地区损益表、渠道损益表、市场损益表等。盈利率分析的目的在于找出妨碍获利的因素，并采取相应措施排除或削弱这些不利因素的影响。市场营销获利性分析能提供企业在不同产品、地区分销渠道、客户群获利能力方面的资料，但是它不能说明最好的办法是放弃哪些不赚钱的产品、地区或分销渠道，也不能证明放弃它们企业的利润就能提升。

（三）效率控制

效率控制的任务是提高诸如人员推销、广告、促销、分销等工作的效率。假 如盈利能力分析里显示出企业关于某一产品、地区或市场所得的利润很差，那么企业马上应该考虑是否有高效率的方式来管理销售、广告、销售促进及分销等人员及工作。

（四）战略控制

营销战略控制是指市场营销管理者采取一系列措施和方法，使营销活动实际与营销规划尽可能保持一致，在控制中通过不断评审和信息反馈，对战略不断进行修订和协调。营销战略控制的目的是要能确保企业营销目标、政策、战略和战术措施与市场营销环境相适应，促进企业协调稳定发展。营销战略控制有两种工具可以利用，即营销效益等级评定和营销审计。

1. 营销效益等级评定

营销效益等级评定可从顾客宗旨、整体营销组织、足够的营销信息、营销战略导向和营销效率等五个方面进行衡量。并以这五种属性为基础，编制营销效益等级评定表。由各营销经理或其他经理填写,最后综合评定。每一种属性的分数都反映了有效营销行动的哪些因素最需要注意。这样,各营销部门便可据此制订、校正计划,用以纠正其营销薄弱环节。

2. 营销审计

营销审计是指对一个企业或一个业务单位的营销环境、线路、组织、制度、生产率和功能所做的全面的、系统的、独立的和定期的检查,其目的在于发现问题和机会,提出行动建议和计划,以提高企业的营销业绩。营销审计通常由企业主管和营销审计机构共同完成,审计的内容主要包括:营销环境审计、营销战略审计、营销组织审计、营销制度审计、营销生产率审计、营销职能审计等。

本章小结

营销组织是企业营销决策的执行机构。营销组织的发展大体经历了四个阶段。现代营销组织具有灵活性、开放性和系统性的特征,具有完成营销战略目标、传递营销信息和导向企业行为的功能,具有营销调研、市场预测、制订营销计划、策划广告宣传、组织开展推销业务、进行营销效益评估等任务。营销组织的类型主要有职能型、地区型和产品型三种。年度计划控制、盈利能力控制、效率控制和战略控制是营销控制的四种主要类型。市场营销审计具有综合性、系统性、独立性和定期进行等特征。营销审计主要包括营销环境审计、营销战略审计、营销组织审计、营销系统审计、营销效率审计和营销职能审计等方面。

案例应用

英国钢铁公司的营销组织

英国钢铁公司成立于1967年,由14个国有化钢铁生产商组成。在此之前的几十年里,公司尝试过多种组织形式:按地区或者按产品构造,但为了整合其零乱的业务,一直加强中央控制。1983年,英国钢铁公司拥有了"事业部",但管理权仍牢固地保留在总部,贸易、购买和工业关系职能都是集中化的。在事业部缺乏对投入或产出政策控制的情况下,英国钢铁公司实际是以职能模式组织的。

1988年,公司进行了私有化,转向一种更注重盈利的组织形式。1990年,该公司收购了英国主要的钢铁批发商 Walker Group,随之组成了批发事业部。1992年,英国钢铁公司发动了名为"组织、深度变革、风格"的重组。该计划旨在大幅度地削减总部职能和成本,并将管理责任分散到12个业务单位。其中关键的一条是业务领导不再在董事会任职,而是向相对独立的执委会成员报告。

案例思考

英国钢铁公司改变营销组织结构的原因是什么?

练习题

简答题

1. 简述现代营销组织的特征与功能。

2. 简述建立市场营销组织应考虑的方法。

3. 简述市场营销控制的内容。

实践应用讨论

市场营销组织的类型分析

一、实训内容

选择一家企业，搜集这家公司市场营销组织的相关资料，分析该企业的营销组织类型及选择这种组织类型的依据。

二、实训程序

以小组为单位制作PPT演讲，由教师点评。

三、考核要点

通过分析该企业，理解建立市场营销组织应考虑的因素及现代营销组织的功能。